高职高专金融投资专业教材

商业银行信贷实务

唐友清　主　编

邱立军　副主编

清华大学出版社

北　京

内 容 简 介

本书分为三篇，共 13 章内容。第一篇为理论与制度篇，重点介绍商业银行信贷运行、商业银行信贷业务制度等方面的基本理论知识；第二篇为信贷业务篇，主要介绍商业银行存款业务、企业流动资金贷款业务、项目融资贷款业务、个人消费信贷业务和票据贴现及表外业务的基本理论与实务的知识；第三篇为信贷业务管理篇，重点介绍信贷业务基础管理、贷款担保与合同管理、客户信用分析管理、贷款风险管理、不良贷款管理与信贷业务的营销等方面的基本理论知识。

本书内容完整、结构合理、条理清晰、语言通俗、突出实用，体现了现实性和时代感的特点。本书可以作为高职高专金融专业学生的教材，也可以作为银行信贷工作人员以及对信贷知识感兴趣的人士的自学参考用书。

图书在版编目(CIP)数据

商业银行信贷实务/唐友清主编；邱立军副主编. --北京：清华大学出版社，2011.11（2016.7 重印）
(高职高专金融投资专业教材)
ISBN 978-7-302-26809-3

Ⅰ. ①商…　Ⅱ. ①唐… ②邱…　Ⅲ. ①商业银行—信贷管理—高等职业教育—教材　Ⅳ. ①F830.5

中国版本图书馆 CIP 数据核字(2011)第 186893 号

责任编辑：孟　攀
装帧设计：杨玉兰
责任校对：周剑云
责任印制：何　芊

出版发行：清华大学出版社
　　　网　　　址：http://www.tup.com.cn，http://www.wqbook.com
　　　地　　　址：北京清华大学学研大厦 A 座　　　　邮　　　编：100084
　　　社　总　机：010-62770175　　　　　　　　　　邮　　　购：010-62786544
　　　投稿与读者服务：010-62776969，c-service@tup.tsinghua.edu.cn
　　　质　量　反　馈：010-62772015，zhiliang@tup.tsinghua.edu.cn
印　刷　者：清华大学印刷厂
装　订　者：北京市密云县京文制本装订厂
经　　　销：全国新华书店
开　　　本：185mm×230mm　　　印　　　张：26.25　　　字　　　数：631 千字
版　　　次：2011 年 11 月第 1 版　　　　　　　　　印　　　次：2016 年 7 月第 4 次印刷
印　　　数：7001～8000
定　　　价：43.00 元

产品编号：032992-01

前　　言

　　商业银行信贷管理与实务是研究商业银行的信贷业务运行机制，以及信贷业务与经济发展之间辩证关系的一门应用经济学科，是经济类专业的核心课程，也是金融专业的主干课程。

　　本教材按"高职高专金融投资专业教材"的编写要求编写，适合高职高专投资专业和金融专业的学生使用。在编写过程中，我们根据培养目标的要求，坚持"基础理论教学以应用为目标，以必需、够用"为原则，合理地处理商业银行信贷基础理论与信贷业务应用实践的关系，力求做到：内容完整、结构合理、条理清晰、语言通俗、凝练，突出实用，真正体现高等职业教育的教学特色。

　　本教材以现代市场经济的运行机制为背景，系统地介绍了商业银行信贷业务、商业银行信贷管理等基础理论知识；以商业银行信贷业务运行为主线，概括性地介绍了商业银行、银行信贷资金运动和商业银行信贷业务的基本理论，详细阐述了商业银行存款业务、商业银行信贷业务的理论与实践知识。同时，本书还结合现代融资业务的新发展，紧密联系当代国内外金融改革与发展的实践，增加了项目融资贷款业务、担保业务管理、不良贷款业务管理与信贷业务营销等方面的基本理论与实践业务知识内容，体现了现实性和时代感的特点。

　　全书分三篇，共 13 章。第一篇为理论与制度篇，重点介绍商业银行信贷运行、商业银行信贷业务制度等方面的基本理论知识；第二篇为信贷业务篇，主要介绍商业银行存款业务、企业流动资金贷款业务、项目融资贷款业务、个人消费信贷业务和票据贴现及表外业务的基本理论与实务的知识；第三篇为信贷业务管理篇，重点介绍信贷业务基础管理、贷款担保与合同管理、客户信用分析管理、贷款风险管理、不良贷款管理与信贷业务的营销等方面的基本理论知识。

　　本书由唐友清副教授拟定提纲，各章编者如下：唐友清(重庆电子工程职业学院)编写第1、5、13 章；周科成(重庆电子工程职业学院)编写第 2、4、8 章；李峰(重庆电子工程职业学院)编写第 3、9、10 章；邱立军(长春高等金融专科学校)编写第 6、7、11、12 章。初稿完成以后，由唐友清总纂并负责定稿。

　　在编写过程中，我们参阅了国内外大量关于货币银行学、银行信贷管理方面的专著和教材，各种相关的金融、银行法律法规以及其他参考书和报刊杂志，并且借鉴了某些内容。对此我们谨向有关作者表示诚挚的谢意！

由于我国乃至世界的金融制度、商业银行经营机制，尤其是商业银行的业务正处于改革创新的时期，新举措、新政策不断涌现，新产品也层出不穷，加上时间仓促，作者水平有限，难免会有错误和不当之处，恳请读者批评指正。

编　者

目　　录

第三篇 商业银行信贷业务管理篇

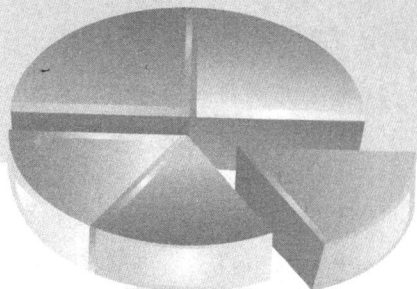

第一篇

商业银行信贷理论与制度篇

　　商业银行是商品经济发展到一定阶段的产物，它产生于资本主义市场经济，随着人类市场经济社会的发展而发展，商业银行的货币信用业务对社会经济的发展起着极其重要的作用。本篇系统地介绍了商业银行的信贷业务与信贷管理等基础理论知识；以商业银行信贷业务运行为主线，概括性地介绍了商业银行、银行信贷资金运动和商业银行信贷业务的基本理论。通过学习，学生应能够了解商业银行、信贷业务、商业银行信贷管理等基础理论知识，理解银行信贷资金运动和商业银行信贷业务的规律，掌握银行信贷资金运动和商业银行信贷业务的基本原理，并能较熟练地将其运用到商业银行的信贷业务操作中。

第一章 商业银行信贷业务的基本知识

【学习目标】

- 掌握商业银行信贷的概念，区分贷款与信贷。
- 掌握商业银行信贷业务及其业务经营原则，商业银行信贷业务的主要品种与信贷业务分类。
- 理解与掌握商业银行信贷资金的概念、构成及其运动规律。
- 了解商业银行信贷业务的构成要素，其中，掌握好信贷业务的本息计算方法与偿还方式的计算方法。
- 熟悉商业银行信贷业务的办理程序与操作方法。

【重点难点】

- 商业银行信贷业务的主要品种与信贷业务分类。
- 商业银行信贷资金的概念、构成及其运动规律。
- 信贷业务的本息计算方法与偿还方式的计算方法。

章前导读

贷款调查人员的主要技能

银行信贷业务很多，从大类看有法人信贷业务、个人信贷业务。其中法人信贷业务包括项目贷款、流动资金贷款、小企业贷款、房地产企业贷款等。个人信贷业务包括个人住房贷款、个人消费贷款、个人经营贷款等。

这些贷款下面还有很多品种，各个品种的贷款条件和流程不一。如果你要进银行做信贷业务，应先从贷款调查人员做起，积累经验后再做其他岗位。

贷款调查人员的主要技能有以下几项，按重要程度区分如下：

第一项是法律知识，特别是民商法律知识，信贷人员应当非常熟悉合同法、担保法、房地产相关法律、民事诉讼法等法律知识，如果对比较专业的部门贷款，如船舶企业、高速公路企业、医院贷款，还要知晓相关专业的法律知识；

第二项是财务会计知识，不要求会做账，但一定要能看懂账，并且能通过常理分析，知道他人是否做假账，并且能提出非常专业的问题；

第三项是文字写作能力，同意不同意，均要写出理由，让人口服心服。

（资料来源：金融网）

关键词：信贷　银行信贷　商业银行信贷业务　信贷资金

第一节　信贷业务概述

一、商业银行信贷的概念

信贷业务是商业银行各项业务的核心和主体，是商业银行盈利的主要来源。信贷业务在各国商业银行的资产中，始终是最重要、最稳定的盈利资产，而且对商业银行拓展其他业务，包括存款业务、中间业务、表外业务等也有十分重要的作用。科学地认识信贷的本质，加强信贷管理，对管好、用好信贷资金，充分发挥信贷的经济杠杆作用，提高信贷资金运用效益，具有十分重要的意义。

(一)信贷(Credit Loan)

信贷是从属于商品货币关系的一种行为。具体是指债权人贷出货币，债务人按约定期限偿还，并支付给贷出者一定利息的信用活动。

1. 信贷的定义

信贷有广义和狭义之分。广义的信贷是指以银行为中介、以存贷为主体的信用活动的总称，包括存款、贷款和结算业务。狭义的信贷通常指银行的贷款，即以银行为主体的货币资金的发放行为。

2. 信贷的特征

(1) 信贷是价值的单方面运动：指以偿本付息为前提条件的价值单方面(资金所有权与使用权相分离)的让渡或转移。

(2) 信贷是需要偿还的价值运动：信贷是体现一定经济关系的不同所有者之间的借贷行为，是以偿还为条件的价值运动的特殊形式。

(3) 信贷是有偿的价值运动：信贷是债权人贷出货币，债务人按期偿还并支付一定利息的信用活动(通过转让资金使用权获取收益)。

(二)商业银行信贷

1. 商业银行信贷的定义

商业银行信贷是指商业银行通过吸收存款，动员和集中社会上一切闲置的货币资本，再通过贷款或投资方式将这些资本提供给资金的需求者，充当了资金供给者和资金需求者的中介活动。

2. 商业银行信贷的特点

(1) 商业银行信贷是一种合同法律行为，同时也是受国家法律严格规制的合同法律行为，同其他合同行为相比较，当事人的意识自治的空间相对要小一些。

(2) 商业银行信贷的借贷法律关系中，当事人一方是特定的，即只有商业银行才能作为商业贷款人，其他企业与部门只能作为特殊贷款人而存在，如政策性银行从事政策性贷款，财政部门的政策支工与支农贷款等。

(3) 商业银行信贷法律关系的客体是特定的，即货币，包括本币与外币。

(三)贷款与信贷的区别

贷款是借贷者在资金短缺时，以自己的资产作为抵押向银行或债权人借钱的一种融资方式。

信贷是一种以存贷关系为纽带的信用关系。它的特殊性主要体现在以下几个方面：

(1) 信贷是体现一定经济关系的不同所有者之间的借贷行为，是以偿还为条件的价值运动的特殊形式，是债权人贷出货币，债务人按期偿还并支付一定利息的信用活动(即通过转让资金使用权获取收益)。

(2) 信贷是指中央银行和各商业银行、信用社等金融机构同其他法人、公民之间发生存款和贷款关系。

(3) 信贷也是一种法律制度，它包括两个重要组成部分：一是存款，它是指货币的持有人将货币存入银行；二是贷款，它是指银行暂时将货币借给需要货币的单位或公民个人。

(4) 信贷是体现一定经济关系的不同所有者之间的借贷行为。它由三个基本要素组成：表示一种债权债务关系、有一定的时间间隔、要以书面契约方式确认。

二、商业银行信贷业务

信贷业务是商业银行最重要的资产业务，通过放款收回本金和利息，扣除成本后获得利润，所以信贷是商业银行的主要赢利手段。

(一)商业银行信贷业务的概念

商业银行信贷业务是指商业银行利用自身的资金实力或信誉为客户提供资金融通或代客户承担债务的行为，并以客户支付融通资金的利息、费用和偿还本金或最终承担债务为条件。

(二)商业银行信贷业务的原则

商业银行在贷款业务中必须遵循以下原则。

1. 坚持"三性、四自"原则

商业银行以安全性、流动性、效益性为经营原则，实行自主经营，自担风险，自负盈亏，自我约束。这是商业银行的经营原则，也是贷款业务的基本原则。在贷款业务中，必须以"三性"为基本前提，保持稳健经营。

2. 对关系人贷款限制的原则

商业银行不得向关系人发放信用贷款；向关系人发放担保贷款的条件不得优于其他借款人同类贷款的条件。关系人指商业银行的董事、监事、管理人员、信贷业务人员及其近亲属以及这些人员投资或者担任高级管理职务的公司、企业和其他经济组织。

3. 实行借款担保的原则

商业银行贷款，借款人应当提供担保。商业银行应当对担保人的偿还能力，抵押物、质物的权属和价值以及实现抵押权、质权的可行性进行严格审查。

4. 实行贷款审查的原则

商业银行贷款，应当对借款人的借款用途、偿还能力、还款方式等情况进行严格审查。商业银行贷款，应当实行审贷分离、分级审批的制度。

5. 坚持贷款行为的书面原则

商业银行贷款，应当与借款人订立书面合同。合同应当约定贷款种类、借款用途、金额、利率、还款期限、还款方式、违约责任和双方认为需要约定的其他事项。

6. 坚持资产负债比例管理的原则

商业银行的贷款必须遵守资产负债比例管理的有关规定。

(三)银行信贷业务分类

银行信贷业务的种类很多，从大类看有法人信贷业务和个人信贷业务。

法人信贷业务包括项目贷款、流动资金贷款、小企业贷款、房地产企业贷款等；个人信贷业务包括个人住房贷款、个人消费贷款、个人经营贷款、助学贷款等。

三、商业银行的主要信贷业务品种

(一)按归还期限不同划分

(1) 短期贷款：指贷款期限在一年以内(含一年)的贷款。

(2) 中期贷款：指贷款期限在一年以上(不含一年)五年以下(含五年)的贷款。

(3) 长期贷款：指贷款期限在五年以上(不含五年)的贷款。

(二)按贷款性质的不同划分

1. 自营贷款

自营贷款是指贷款人以合法方式筹集的资金自主发放的贷款，其风险由贷款人承担，并由贷款人收回本金和利息。

2. 委托贷款

委托贷款是指由政府部门、企事业单位及个人等委托人提供资金，由贷款人(即受托人，一般为商业银行)根据委托人确定的贷款对象、用途、金额、期限、利率等代为发放、监督使用并协助收回的贷款。贷款人(受托人)只收取手续费，不承担贷款风险。

其特点是：①借款人由委托方指定；②受托方按委托人的要求发放贷款，并负责监督和收回贷款；③金融机构不承担贷款风险。

3. 特定贷款

特定贷款是指经国务院批准并对贷款可能造成的损失采取相应补救措施后责成国有独资商业银行发放的贷款。

4. 信托贷款

信托贷款是指单位或个人将款项存入金融机构后，不指定具体的贷款对象、用途、金额、期限与利率等内容，由金融机构自行发放贷款的一种信贷形式。

其特点是：①借款人(用资人)由金融机构决定；②金融机构对贷款的用途、金额、期限、财产具有决定权；③金融机构承担全部风险。

(三)按利率的计算方法不同划分

1. 固定利率贷款

固定利率贷款是指银行为借款人提供的，在一定期间内贷款利率保持固定不变的人民币贷款业务。

2. 非固定利率贷款

非固定利率贷款(亦称浮动利率)即以现行的利率加一个差额。现行的利率可以是某一固定利率，如国库券利率、国家规定的利率、伦敦同业拆借利率(即"LIBOR")等。

(四)按贷款对象的不同划分

1. 工商业贷款

工商业贷款也称为工商贷款(Commercial and Industrial Loans)是银行放给工商企业的

贷款。

1)　工商贷款的基本对象

根据《贷款通则》的规定：贷款对象应当是经工商行政管理机关(或主管机关)核准登记的企(事)业法人、其他经济组织、个体工商户或具有中华人民共和国国籍的具有完全民事行为能力的自然人。

2)　贷款条件

贷款条件，是指具备什么条件的对象才能取得贷款，是对贷款对象提出的具体要求。凡在"对象"之内，而又满足"条件"要求的企业单位就可取得银行贷款。

确定贷款条件的依据是：企业单位设置的合法性、经营的独立性、自有资本的足够性、经营的盈利性及贷款的安全性。因此，凡需要向银行申请贷款的企事业贷款单位、个人必须具备以下基本条件。

(1)　经营的合法性，必须是经工商行政管理机关(或主管机关)核准登记的企(事)业法人、其他经济组织、个体工商户或具有中华人民共和国国籍的具有完全民事行为能力的自然人。除自然人和不需要经工商行政管理机关(或主管机关)核准登记的事业法人外，其法人资格均应当经工商部门办理年检手续。依法登记注册的企(事)业法人应持企业法人营业执照，特殊行业要持有有关部门颁发的生产、营业许可证。

(2)　经营的独立性，必须实行独立的经济核算。只有实行独立核算的借款人才能与银行签订借款合同，建立债权债务关系，保证贷款的按期归还；同时，符合该条件的借款人，会计核算资料要比较齐全，便于银行了解其经营情况以及检查、监督其贷款的使用。

(3)　有一定数量的自有资本，贷款人自有资本的多少，是衡量其自我发展能力大小、承受风险能力、偿还债务能力大小的重要标志。同时，只有把银行贷款与借款人自有资本结合起来，才能充分调动借款人和银行两方面合理使用贷款的积极性，提高贷款的经济效益。

(4)　在银行开立基本账户，或者已经开立基本账户和一般存款账户；有按期还本付息的能力，原应付贷款利息和到期贷款已经清偿；没有清偿的，已经做了贷款人认可的偿还计划。

(5)　有按期还本付息的能力。要求做到：除国务院规定外，有限责任公司和股份有限公司对外股本权益性投资累计额未超过其净资产总额的 50%；借款人的资产负债率符合贷款人的要求；申请中期、长期贷款的，新建项目的企业法人所有者权益与项目所投资的比例不低于国家的投资项目资本金比例。

(6)　按规定取得了中国人民银行颁发的《贷款证》。

3)　工商贷款用途的规定

在我国，现行的工商贷款的用途主要是用于存货和固定资产更新改造的资金需要。从流动资金看，工业企业的贷款主要用于原材料储备、在产品和产成品存货的资金需要。商业企业的贷款主要用于商品存货的资金需要，以及工商企业在商品销售过程中结算在途资金需要。从固定资金看，主要用于企业技术进步、设备更新的资金需要，企业新建、改造、扩建的资金需要，以及企业进行科技开发的资金需要(包括部分流动资金)。在消费领域主要用于民用商品房和汽车的购置而引起的资金需要。

2. 金融机构贷款

金融机构贷款是指商业银行之间或商业银行与其他金融机构之间，所发生的相互借贷的行为，如同业间的拆借、转贴现等行为。

3. 消费者贷款

本书第六章将会进行详细介绍，在此不再赘述。

(五)按贷款有无担保抵押划分

1. 信用贷款

信用贷款是指以借款人的信誉发放的一种无担保贷款，如信用贷款的一种特殊形式——授信制度，指商业银行给予开设账户的企业一定限度的透支权限，实际上为一种信用贷款。

2. 担保贷款

担保贷款是指保证贷款、抵押贷款和质押贷款。

(1) 所谓保证贷款是指按《中华人民共和国担保法》规定的保证方式以第三人承诺在借款人不能偿还贷款时，按约定承担一般保证责任或者连带责任而发放的贷款。

(2) 所谓抵押贷款是指按《中华人民共和国担保法》规定的抵押方式以借款人或第三人的财产作为抵押物发放的贷款。

(3) 所谓质押贷款是指按《中华人民共和国担保法》规定的质押方式以借款人或第三人的动产或权利作为质物发放的贷款。

3. 票据贴现

票据贴现是指贷款人以购买借款人未到期商业票据的方式发放的贷款。

(六)几种特殊的消费信贷(即消费者贷款)

特殊的消费信贷主要有：个人住房贷款、汽车消费贷款、信用卡消费贷款和助学贷款等。本书第六章将进行详细介绍，在此不再赘述。

(七)商业银行信贷的风险综合管理分类法

按中国人民银行发布的《贷款风险分类指导原则(试行)》，将贷款分为五类(以前是三类，即"一逾二呆"——逾期贷款、呆滞贷款、呆账贷款)，即正常贷款、关注类贷款、次级类贷款、可疑类贷款和损失类贷款(后三类统称为不良贷款)。

1. 正常类贷款

正常类贷款是指借款人能够履行合同，有充分把握按时足额偿还本息。其特征为：①借款人一直能正常还本付息；②借款人不存在影响贷款本息及时全额偿还的消极因素。

2. 关注类贷款

关注类贷款是指借款人尽管目前有能力偿还本息，但存在一些可能对偿还产生不利影响的因素，其不利因素主要表现如下：

(1) 企业改制对银行债务可能产生不利影响；

(2) 借款人的主要股东或母公司等发生了重大不利变化；

(3) 借款人未按规定用途使用贷款；

(4) 贷款保证人的财务状况出现疑问等。

3. 次级类贷款

次级类贷款是指借款人的还款能力出现了明显问题，依靠其正常收入已无法保证足额偿还本息，有以下几种情形：

(1) 借款人不能偿还其他债权人的债务(此种情形在国际借款合同条款中称之为"交叉违约")；

(2) 借款人采用隐瞒事实等不正当手段套取贷款；

(3) 借款人已不得不寻求拍卖抵押品；

(4) 履行保证等还款来源不足以全额抵偿贷款；

(5) 逾期六个月以上，依靠新的融资来偿还旧的贷款。

4. 可疑类贷款

可疑类贷款是指即使执行抵押或担保，也无法足额偿还本息，肯定会造成一定损失的贷款，其主要表现情形如下：

(1) 借款人处于停产或半停产状态；

(2) 银行已诉诸法律来收回贷款；

(3) 企业重组后，还贷仍然逾期或仍然不能归还本息。

5. 损失类贷款

损失类贷款是指在采取所有可能的措施和一切必要的法律程序之后，本息仍然无法收回或收回极少部分的贷款，其主要表现情形如下：

(1) 借款人和担保人经依法宣告破产，进行清偿后未能还清贷款本息的；

(2) 经国家主管部门批准核销的逾期贷款；

(3) 借款人生产经营活动已经停止，无复工可能，经确认无法还清贷款的。

小常识　瑞士信贷银行

瑞士信贷银行是瑞士信贷集团的投行部，瑞士信贷集团成立于 1856 年，此后逐渐从一个主要为瑞士基础设施和工业建设与扩建提供融资的开发银行，发展成为一个在全球 60 个国家有经营业务的国际金融机构。瑞士信贷集团由四个银行部、一个保险部组成。目前，瑞士信贷集团是世界上最大的金融集团之一，资产总值达到 4 350 亿美元。按全球收入计算，瑞士信贷集团居世界第二位；按资本基础计算，瑞士信贷集团居世界第 16 位。集团的投资银行部 CSFB 是全球最大的五家投资银行之一；私人银行部资产总值为 2 800 亿美元，居世界第二位，而丰泰保险公司是欧洲第五大保险公司。瑞士信贷集团现有雇员 63 000 人，其中 60 % 在瑞士本土，其余则分布在世界各地。集团董事长为穆雷珂，瑞士信贷第一波士顿的总裁为约翰·麦克。1998 年 6 月，瑞士信贷银行上海分行获准经营人民币业务，以满足上海地区的外国以及合资企业对人民币的需求。同时，瑞士信贷银行在外国直接投资的配套人民币市场上，脱颖而出，成为一家主要的外国银行。服务包括参与为上海柯达提供的 2.5 亿美元的联合贷款。1999 年 8 月 2 日，瑞士信贷第一波士顿银行上海分行又得到许可，有权满足浙江和江苏两省外国和合资企业对外汇和人民币的需求。

(资料来源：金融网)

第二节　银行信贷资金来源与运用

一、信贷资金的含义、来源与运用

(一)信贷资金的含义

1. 信贷资金的定义

信贷资金是指在再生产过程中存在和发展的以偿还为条件的供借贷使用的货币资金。其来源主要有：各种形式的存款(财政性存款、企业存款、城乡居民储蓄存款等)以及银行自有资金。信贷资金主要用于对企业和社会的贷款，以满足社会生产和商品流通的需要。在现实生活中，信贷资金主要是指银行等金融机构以信贷的方式(即以偿还付息为条件)积聚和分配的货币资金。

有两点需要说明：①这里的资金是指一定量的货币资金，既不是指商品资金，也不是指生产资金；②之所以是货币资金是因为它既是资金作用的货币，即从这里开始了资金的循环，又是起货币作用的货币，即流通中发挥流通手段和支付手段职能。

2. 信贷资金的特点

(1) 信贷资金是一种所有权和使用权相分离的资金；

(2) 信贷资金是一种具有价格(利率)的资金；

(3) 信贷资金是一种有期限约定的资金；

(4) 信贷资金是一种具有特殊运动形式的资金。

(二)信贷资金来源与运用

我们可以从宏观和微观两个层次进行银行信贷资金来源与运用结构的分析。

1. 宏观层次上的信贷资金来源与运用

宏观层次上的信贷资金来源与运用是从整个金融体系范围内考察信贷资金来源与运用结构。

1) 信贷资金来源

(1) 各项存款，主要由企业存款、财政性存款、储蓄存款构成；

(2) 债券的发行；

(3) 对国际金融机构的负债；

(4) 流通中的货币；

(5) 银行自有资金，主要包括：国家拨付的信贷资金，银行留用资金，银行待分配的利润；股份制银行发行股票方式筹集到的资本金。

2) 信贷资金运用

信息资金运用主要有五项：①各项贷款；②证券投资；③黄金、外汇占款；④在国际金融机构的资金；⑤财政借款。

2. 微观层次上的信贷资金来源与运用

1) 微观层次的含义

所谓从微观层面，也即从某一商业银行的角度来分析信贷资金的来源渠道和运用方向。

2) 来源渠道

一般来说，商业银行的资金来源(负债)项目主要包括：

(1) 各项存款；

(2) 从债券市场获取资金；

(3) 向中央银行借款；

(4) 同业存款和同业拆借；

(5) 其他资金来源；

(6) 银行资本金。

3) 运用方向

商业银行的资金运用(资产)项目一般包括:

(1) 各项贷款;

(2) 证券投资;

(3) 在中央银行账户存款;

(4) 同业存放和同业拆出;

(5) 其他资金运用。

商业银行的上述资产按性质划分为五类:①贷款资产;②现金资产;③固定资产;④证券资产和汇差资产。

(三)信贷资金来源与运用的关系

信贷资金的来源与运用,是一个事物两个方面的矛盾统一体。这种关系表现为以下两点。

1. 资金来源决定资金运用,资金运用又决定资金来源

1) 社会上现实存在的各种货币资金构成了银行信贷资金来源

社会上现实存在的各种货币资金主要有五种形式:

(1) 企业在生产经营活动中暂时闲置的货币资金,以企业存款形式反映在银行账户。

(2) 财政部门在以价值形式分配社会总产品或国民收入过程中形成的暂时闲置货币资金,以财政性存款形式反映在银行账户。

(3) 机关、团体、部队、学校等单位在日常财务收支活动中暂时闲置的货币资金,以财政性存款形式反映在银行账户。

(4) 社会公众生活节余的货币资金,以储蓄存款形式反映在银行账户。

(5) 社会公众和各企事业单位持有的现金,以流通中货币形式反映在银行账户。这样,社会上所有的闲散货币资金都纳入信贷资金来源。在银行全部资金来源中,企业的活期存款和流通中的货币构成了货币流通量,成为商品交换和劳务流动的媒介。

2) 信贷资金运用是银行对信贷资金来源进行有计划的分配使用

信贷资金运用是国民收入的再分配,主要是把国民收入初次分配以后形成的社会闲散资金,通过银行信用形式集中起来,有偿让渡给资金短缺部门使用。由于银行大部分资金是吸收社会上暂时闲置的资金,这些资金经过一定时期以后,资金所有者必然要加以使用,银行作为融资的中介部门,必须及时收回已经运用的信贷资金,以保证存款人的提取。

2. 银行信贷资金来源与运用之间存在着相互依存、互相转化的辩证统一关系

从价值创造角度看,是信贷资金来源决定信贷资金运用;从信用创造角度看,是信贷资金运用决定信贷资金来源。

(1) 银行信贷资金来源从价值基础看，实际上是体现了社会产品的价值量。

没有社会商品生产，没有商品生产的增长，没有新价值的创造和实现，也就不会有信贷资金来源的扩大。因此，信贷资金来源的规模取决于社会商品生产和流通的规模，取决于商品价值量和社会劳务量的增加。银行吸收的社会闲散资金，实际是把暂时不用的那部分社会产品(包括劳务，下同)以价值形式交由银行使用，银行运用信贷资金只能是运用银行吸收的那部分产品的价值量。社会产品价值量没有增加，银行资金来源实际上也不会增加。如果我们不顾经济发展的客观需要，盲目增加银行贷款，或者不适当地扩大其他信贷资金运用，人为地从货币形态上扩大信贷资金来源，而实际上并没有增加社会产品有效价值量，那么这种贷款的增加是没有物质基础的，只能给流通领域增加虚假的存款和多余的现金货币。由此可知，信贷资金运用是受信贷资金来源制约的。从根本上说，信贷资金来源决定着资金运用的规模和信用创造的范围，决定着资金运用的方向和运用的期限结构。

(2) 从银行信用创造能力看，银行贷款可以派生存款。即信贷资金运用创造着自身的来源。

在现代银行信用活动中，随着银行转账业务的不断发展，贷款使用中除了要提取小部分现金外，大部分都以转账方式支付，这种在银行贷款基础上形成的转存款，就是派生存款。当银行以派生存款作为资金来源再次发放贷款时，就会扩大整个贷款规模。同时，贷款发放以后，又会形成新的派生存款，由此循环往复，存款派生能力不断增强。由贷款派生出来的存款有两种情况：一种是以商品交换、物资转移为基础的存款，它代表相应物资的价值量，这种存款是真实存款。另一种是不以商品交换为基础，没有物资的相应转移，它本身不代表商品物资的价值量，这种存款是虚假存款。用虚假存款去发放贷款，最终会形成信用膨胀，导致通货膨胀。由此可知，形式上是信贷资金运用决定资金来源，实质上是资金来源决定资金运用。

二、信贷资金的运动过程及规律

(一)含义

信贷资金的运动过程即信贷资金从筹集、贷放、使用至最后归流到出发点的整个过程，通俗地讲，就是存、取、贷、还构成了信贷资金运动的整个过程。一般来说，我们用二重支付与二重归流(回流)形式来描述信贷资金在存、贷款过程中的形态变化。

(二)信贷资金运动过程的二重形式(特殊形式)

1. 信贷资金的运动过程

信贷资金的运动过程，即双重支出、双重回流的过程。

商品经济条件下信贷资金收支运动内在规律性的表现方式，就是双重支出、双重回流的运动过程。信用作为以偿还为条件的价值单方面转移形式，虽然银行信贷资金收支具体表现为存、取、贷、还的交错运动，但无论存款或贷款，其实质都是贷出和收回。马克思在分析资本主义经济中生息资本的运动形式时曾指出："把货币放出即贷出一定时期，然后把它连同利息(剩余价值)一起收回，是生息资本本身所具有的运动的全部形式"[①]。如果抽去资本所反映的经济关系，也同样适用于描述社会主义条件下信贷资金的运动形式。

2. 信贷资金运动的形式

信贷资金运动的形式，表现为双重支出、双重回流过程，如图 1-1 所示。

$$G\text{-}G\text{-}W\cdots P\cdots W'\text{-}G'\text{-}G'$$

图 1-1 信贷资金运动的形式表现

也可表述为 $G\text{-}G'(G+\Delta g)$。其中，G 代表贷出的资金，G'代表收回的资金，Δg 则代表利息。不过，这只是经过简化后的一个公式，在贷出和收回之间实际还有一个再生产过程。

这个包含有二重支付和二重归流的价值特殊运动过程可以划分为三个阶段。$G\text{-}G$ 为第一阶段，即由银行向企业提供生产经营资金。$G\text{-}W\text{-}G'$为第二阶段，信贷资金贷出后是作为资本使用的，要用于购买原材料、设备等生产资料，信贷资金在生产过程中被占用，只有新产品被制造出来并销售出去才能收回，并归还原贷出者。即生产经营资金发挥作用，通过生产过程，价值有了增值，并实现了已经增值的产品的价值。$G'\text{-}G'$为第三阶段，即银行收回贷款并取得利息。

其中，$G\text{-}G$ 表示银行信贷资金的贷出(第一次支出)，$G\text{-}W$ 表示企业经营资金第二次支出，用以购买生产资料和劳动力，$W'\text{-}G'$表示企业销售产成品和收回资金(第一次回流)，$G'\text{-}G'$ $(G+\Delta g)$表示银行收回贷出的本金和一定的利息(第二次回流)。在这里，信贷资金收支运动表现为两次支出、两次回流，同时说明信贷资金运动与物质生产和流通过程的结合，这就是信贷资金的运动规律。

3. 信贷资金运动过程的现实表现形式

信贷资金运动过程，在现实中的体现形式，表现如下：

(1) 信贷资金与产业资本的结合运动，表现形式如图 1-2 所示。

$$G \rightarrow G \rightarrow W \begin{cases} Pm \\ A \end{cases} \cdots P \cdots W' \rightarrow G' \rightarrow G'$$

图 1-2 信贷资金与产业资本的结合运动形式

---

① 《马克思恩格斯全集》第 25 卷，第 390 页。

其中，产业资本的运动如图 1-3 所示。

$$G \to G \to W \begin{cases} Pm \\ A \end{cases} \cdots P \cdots W' \to G'$$

图 1-3 产业资本的运动形式

在产业资本运动公式中，G 表示产业资本的货币经营资本；W 表示特殊商品(生产要素)，Pm 表示生产资料(生产手段和劳动对象)商品，A 表示劳动力商品；P 表示生产过程；W' 表示包含剩余价值的商品(即增值后的劳动产品中待出售的部分)；G'表示增值了的货币；实线箭头表示货币资本的流动过程；虚线表示在生产过程中，货币资本的流通中断。

在 → 两端的货币 G 代表了银行信贷资金的出发点(发放贷款)，G'代表了银行信贷资金的回流点(贷款的回收)。那么，银行信贷资金通过其运动过程就已经和产业资本的运动融合在一起了，它们之间形成了共存共荣的利益统一体的关系，共同推动着人类社会物质文明的进步。

生产－资金－生产在一定时期内，信贷资金需求与供给的数量，从根本上取决于社会再生产状况。

从信贷资金的供给方面看，信贷资金来源于社会各方面暂时闲置的货币资金，但归根结底都是由企业销售收入分解而形成的。因此，没有生产的增长，没有企业产品销售收入的扩大，就没有信贷资金供给量的增长。信贷资金供给规模受生产规模和社会资金周转速度这两个再生产因素的制约。在资金周转速度既定的条件下，生产规模越大，信贷资金可供量越大。在生产规模既定的条件下，社会资金周转速度加快，则游离出来的货币资金就越多，从而信贷资金来源也扩大，反之则越小。而社会资金周转速度的快慢，又取决于包括生产时间和流通时间在内的再生产周期的长短，这又要受再生产中诸多因素的制约。

从信贷资金的需求方面看，在社会资金周转速度既定的条件下，生产规模扩大，在原材料、在制品和产成品储备上的资金占用一般要相应增加，同时在流通领域占用的成品资金和结算资金也要增加。这些都表明，资金占用规模扩大，对信贷资金的需求量增长。

总之，信贷资金的供给和需求都要受再生产状况制约，这种规律性被表述为：生产－资金－生产－资金。即生产发展了，信贷资金需求一般会相应扩大，信贷资金供给也更为充裕。

(2) 信贷资金与商业资本运动的结合。

商业资本的运动形式是 $G \to W \to G'$，信贷资本与商业资本结合的运动形式则是 $G \to G \to W \to G' \to G'$；而整个借贷资本或者金融资本的运动形式，则可以简化为 $G \to G'$。

从表面上看，简化后的借贷资本(或信贷资金)运动过程，只简单地表现为"钱生钱"的运动过程，但是，这只是一种表面现象。信贷资金从来没有单独的运动过程，而总是以产业资本运动、商业资本运动和其他资本运动为基础而运动。因此，信贷资金的运动总是表现出二重支付，二重回流的运动过程，这也就是信贷资金的运动规律。

(三)信贷资金周转条件

信贷资金能否灵活周转，关键在于贷出的资金是否及时收回。但是，由于贷出和收回之间存在一个再生产过程，因此它又取决于再生产过程中资金能否顺利周转。社会再生产资金顺利周转的条件有以下两点。

(1) 从个别企业看，是供产销衔接，使资金能顺利完成各种形态的转化。企业资金循环一次，要依次经历货币资金、生产资金和成品资金三种形态，包括生产时间和流通时间之和。其周转取决于合理组织生产，如提高生产效率，合理安排和衔接工序等，以及平衡好供产销，疏通流通渠道，确保原材料有来路，产成品有销路。

(2) 从全社会看，是两大部类比例、产业部门间比例是否协调。这些比例的协调，从实物形态上，意味着各生产部门所生产的品种使用价值在质和量上恰为社会所需要，彼此产品可以顺利转换；从价值形态上，意味着各部门产品都可以实现其价值，在价值上得到补偿；从实物形态和价值形态相互联系的角度上，就是货币流向与实物构成能够吻合。只有在这种条件下，企业生产所需原材料才能有所保证，才能顺利转化为生产资金；同时，企业产成品确有销路，产成品资金才能顺利复原为货币资金。如果企业原先靠借入货币资金组织生产，就可以及时归还贷款。但是，当两大部类比例和产业部门间比例失调，企业本身的供产销失去衔接，或是本身所需原材料得不到保证，产成品销售不出去时，资金就不能从商品形态转化为货币形态，贷款便无法偿还，从而信贷资金也难以继续周转。

小常识　三种融资

一个国家的经济发展核心要有发达的金融体系支撑，而且它应该包括三种融资方式的有效配合。这三种融资方式各有其特定的功能：一是财政融资、二是信贷融资、三是证券融资。就财政融资来说，通过政府直接对公众实现直接融资，不直接受公众和市场风险的制约，规模有限，不讲资产安全，具有无偿性；信贷融资是以银行为主要标志，按照信贷规则运作，要求资产安全和资金回流，风险控制是资产的质量，公众和市场对信贷融资的约束是间接的、滞后的；证券融资是直接融资的高级形式，它以股票、债券为主，并以此为基础进行资本市场的运作，代表了融资发展的方向；这种融资不同于信贷融资，要受到公众和市场的约束。

第三节　银行信贷业务基本要素

一、商业银行信贷业务双方当事人

(一)贷款人

贷款人的资格必须具备两个条件:一是贷款人经营贷款业务必须经中国人民银行批准,持有中国人民银行颁发的《金融机构法人许可证》或《金融机构营业许可证》;二是必须经工商行政部门核准登记,履行一般法人登记的手续。《金融机构法人许可证》是对贷款人颁发的,贷款人的分支机构不是独立的法人,对它不颁发《金融机构法人许可证》,只颁发《金融机构营业许可证》。

(二)借款人

借款人必须具有国家赋予的独立进行民事活动的资格。《贷款通则》对借款人的资格规定:借款人应当是经工商行政管理机关核准登记的企(事)业法人、其他经济组织、个体工商户或具有中华人民共和国国籍的完全民事行为能力的自然人。

18 周岁以上公民具备完全民事行为能力,16 周岁～18 周岁或精神病患者为限制民事行为能力,16 周岁以下或剥夺政治权利的犯人无民事行为能力。

二、商业银行信贷业务金额的确定

(一)借款人合理贷款金额的确定

借款人提供银行认可的质押、抵押、第三方保证或具有一定信用资格后,银行核定借款人相应的质押额度、抵押额度、保证额度或信用额度。质押额度不超过借款人提供的质押权利凭证票面价值的 90%;抵押额度不超过抵押物评估价值的 70%;信用额度和保证额度根据借款人的信用等级确定。

(二)考虑贷款人的信贷能力

考查贷款人的贷款能力主要考虑三个因素:贷款人的贷款规模、贷款人的资金头寸、资产负债比例管理规定,具体如下:

(1) 贷款的政策与原则的规定;

(2) 国家宏观社会经济政策的需要;

(3) 贷款人自身的信用与质量;

(4) 贷款的对象与用处；

(5) 贷款的期限等因素。

三、信贷业务期限、贷款方式与偿还方式

(一)信贷业务期限

金融机构贷款的期限主要是依据企业的经营特点、生产建设周期和综合还贷能力等，同时考虑到银行的资金供给可能性及其资产流动性等因素，由借贷双方共同商议后确定。

贷款期限的设定，商业银行信贷资产经营者主要是基于客户需求、建设和经营周期、项目产生现金流预测等因素，还会考虑到宏观经济环境、行业周期的影响。在对项目现金流预测过程中，会主要依据以往一个时期同类或类似项目，对项目建成后的收入、成本、现金流进行预测，然后根据可支配现金流打一个折扣作为贷款偿还金额，进而计算贷款偿还期。

贷款期限在借款合同中标明。自营贷款期限最长一般不得超过 10 年(对个人购买自用普通住房发放的贷款最长期限可到 20 年)，超过 10 年应当报中国人民银行备案。票据贴现的贴现期最长不得超过 6 个月，贴现期限为从贴现之日起到票据到期日止。贷款到期不能按期归还的，借款人应当在贷款到期日之前，向贷款人申请贷款展期。短期贷款展期期限累计不得超过原贷款期限；中期贷款展期期限累计不得超过原贷款期限的一半；长期贷款展期期限累计不得超过 3 年。借款人未申请展期或申请展期未得到批准，其贷款从到期日算起，转入逾期贷款账户。

(二)信贷业务的贷款方式

1. 贷款方式的含义

贷款方式是指贷款的发放形式。它体现银行贷款发放的经济保证程度，反映贷款的风险程度。

2. 贷款方式的选择依据

贷款方式的选择主要依据借款人的信用和贷款的风险程度，对不同信用等级的企业、不同风险程度的贷款，应选择不同的贷款方式，以防范贷款风险。

3. 具体贷款方式

我国商业银行采用的贷款方式有信用贷款、保证贷款、票据贴现，除此之外，还包括卖方信贷和买方信贷。

1) 信用贷款方式

信用贷款方式是指单凭借款人的信用，无需提供担保而发放贷款的贷款方式。这种贷

款方式没有现实的经济保证，贷款的偿还保证建立在借款人的信用承诺基础上，因而，贷款风险较大。

2) 担保贷款方式

担保贷款方式是指借款人或保证人以一定财产作抵押(质押)，或凭保证人的信用承诺而发放贷款的贷款方式。这种贷款方式具有现实的经济保证，贷款的偿还建立在抵押(质押)物及保证人的信用承诺基础上。

3) 贴现贷款方式

贴现贷款方式是指借款人在急需资金时，以未到期的票据向银行融通资金的一种贷款方式。这种贷款方式，银行直接贷款给持票人，间接贷款给付款人，贷款的偿还保证建立在票据到期时付款人能够足额付款的基础上。

(三)信贷业务的偿还方式

商业银行贷款的偿还方式主要有以下几种。

1. 等额本息还款法

等额本息还款法即借款人每月按相等的金额偿还贷款本息，其中每月贷款利息按月初剩余贷款本金计算并逐月结清。

$$每月等额还本付息额 = P \times \frac{R \times (1+R)^N}{(1+R)^N - 1}$$

P：贷款本金；R：月利率；N：还款期数；其中，还款期数=贷款年限×12

例如，商业性贷款 200 000 元，贷款期为 15 年，则每月等额还本付息额为

(月利率为 5.58%÷12=4.65‰，还款期数为 15×12=180)

$$2\,000\,000 \times \frac{0.465\% \times (1+0.465\%)^{180}}{(1+0.465\%)^{180} - 1} = 1\,642.66$$

即借款人每月向银行还款 1 642.66 元，15 年后，200 000 元的借款本息就全部还清。

由于每月的还款额相等，因此，在贷款初期每月的还款中，剔除按月结清的利息后，所还的贷款本金就较少；而在贷款后期因贷款本金不断减少，每月的还款额中贷款利息也不断减少，每月所还的贷款本金就较多。这种还款方式，实际占用银行贷款的数量更多、占用的时间更长，同时它还便于借款人合理安排每月的生活和进行理财(如以租养房等)，对于精通投资、擅长"以钱生钱"的人来说，这无疑是最好的选择。

2. 等额本金还款法

1) 等额本金还款法的含义

所谓等额本金还款，又称利随本清、等本不等息还款法。贷款人将本金分摊到每个月内，同时付清上一交易日至本次还款日之间的利息。这种还款方式相对等额本息而言，总的利息支出较低，但是前期支付的本金和利息较多，还款负担逐月递减。

2) 等额本金还款法的计算

计算公式如下：

每季还款额=贷款本金÷贷款期季数+(本金-已归还本金累计额)×季利率

例如：以贷款 20 万元，贷款期为 10 年为例，

每季等额归还本金：200 000÷(10×4)=5 000(元)

第一个季度利息：200 000×(5.58%÷4)=2790(元)

则第一个季度还款额为 5 000+2 790=7 790(元)；

第二个季度利息：(200 000-5 000×1)×(5.58%÷4)=2 720(元)

则第二个季度还款额为 5 000+2 720=7 720(元)

……

第 40 个季度利息：(200 000-5 000×39)×(5.58%÷4)=69.75(元)

则第 40 个季度(最后一期)的还款额为 5 000+69.75=5 069.75(元)

由此可见，随着本金的不断归还，后期未归还的本金的利息也就越来越少，每个季度的还款额也就逐渐减少。此后逐月递减(月递减额＝月还本金×月利率)。该方式 1999 年 1 月推出，正被各银行逐渐采用。

3. 两种还款方式的比较

究竟采用哪种还款方式，要根据个人的实际情况来定。

(1) "等额本息还款法"每月的还款金额数是一样的，对于参加工作不久的年轻人来说，选择"等额本息还款法"比较好，可以减少前期的还款压力。对于已经有经济实力的中年人来说，采用"等额本金还款法"效果比较理想。在收入高峰期多还款，就能减少今后的还款压力，并通过提前还款等手段来减少利息支出。

(2) 等额本息还款法操作起来比较简单，每月金额固定，不用再算来算去。

总而言之，等额本息还款法适用于现期收入少，负担人口少，预期收入将稳定增加的借款人，如部分年轻人。而等额本金还款法则适合有一定积蓄，但家庭负担将日益加重的借款人，如中老年人。可见，等额本金还款方式，不是节省利息的选择。如果真正有什么节省利息的良方，那就是应当学会理智消费，根据自己的经济实力，量体裁衣、量入为出，尽量少贷款、贷短款，才是唯一可行的方法。两种还款方式的比较如表 1-1 所示。

表 1-1 等额本息与等额本金还款比较表(1 万元/年、月利率为 3.45‰为例)

贷款年限	等额本息			等额本金		
	还款本金	利息	本息合计	还款本金	利息	本息合计
1	817.64	34.50	852.14	833.33	34.50	867.83
2	820.46	31.68	852.14	833.33	31.63	864.96

续表

贷款年限	等额本息			等额本金		
	还款本金	利息	本息合计	还款本金	利息	本息合计
3	823.29	28.85	852.14	833.33	28.75	862.08
4	826.13	26.01	852.14	833.33	25.88	859.21
5	828.98	23.16	852.14	833.33	23.00	856.33
6	831.84	20.30	852.14	833.33	20.13	853.46
7	834.71	17.43	852.14	833.33	17.25	850.58
8	837.59	14.55	852.14	833.33	14.38	847.71
9	840.48	11.66	852.14	833.33	11.50	844.83
10	843.38	8.76	852.14	833.33	8.63	841.96
11	846.29	5.85	852.14	833.33	5.75	839.08
12	849.21	2.93	852.14	833.37	2.88	836.25
合计	10 000.00	225.68	10 225.68	10 000.00	224.28	10 224.28

4. 一次性利随本清

一次性利随本清也称利随本清，是以单利计息，到期还本时一次支付所有应付利息。它是一次性付息的一种形式。计算公式为

本息和=本金+本金×利率×期限

例如：有一笔资金 1 000 元，如果进行银行的定期储蓄存款，期限为 3 年，年利率为 2.00%，那么，根据银行存款利息的计算规则，到期时所得的本息和为

1 000+1 000×2.00%×3＝1 060(元)

按照每年 2.00%的单利利率，1 000 元本金在 3 年内的利息为 60 元。那么反过来说，如果按照单利计算，3 年后的 1 060 元相当于现在的多少资金呢？这就是所谓的"现值"问题。

5. 组合还款法

组合还款法，主要有以下三种表现形式。

1) 递增还款法

递增还款法，是指在某一段还款期内各月还款额相等，后一段还款期内的每月还款额比前一还款期的月还款额增加一定金额，增加的金额由客户自定义，这种随着收入增加逐渐提高还款额的还款方式即为递增还款法。

2) 递减还款法

递减还款法,是指在一段还款期内各月还款额相等,后一段还款期内的每月还款额比前一还款期的月还款额减少一定金额,减少的金额由客户自定义,还款金额逐渐减少的还款方式,即为递减还款法。

3) 随意还款法

采用组合还款法,还款人可以将整个还款期设定为多个期限,每个还款期限的还款额度可根据自己的情况决定还款额的多与少。比如先少还后多还,先多还后少还,甚至选择一段时间内停止归还贷款本金。这种还款方式的最大特点是将个人的收入曲线与还款金额曲线结合起来,避免收入与支出发生冲突。

6. 随借随还

随借随还法,是指开通银行按揭开放账户的客户,通过实现存款账户和贷款账户的关联,在还款期内可以通过柜台、网银、自助查询机等渠道随时提前还款(并可设定存款账户留存金额后每月定期自动归还贷款),在客户需要资金时,可随时把提前还款的部分支取出来。

(四)还款日期的确定

(1) 按月结息,到期还本的,从次月起的合同约定日(原则上可任意一天)归还利息,本金和最后一期利息按合同约定的到期日期归还。

(2) 按季结息,到期还本的,每季末月的 20 日归还利息,本金和最后一期利息按合同约定的到期日期归还。

(3) 每月还本付息的,从次月起的合同约定日(原则上可任意一天)归还本息,最后一期本息按合同约定的到期日期归还。

(4) 利随本清的,按合同约定的到期日期归还本金和利息。

(5) 特殊情况,特殊处理。①贷款到期遇节假日时不顺延,客户可以到期办理还款手续或提前几日还款。所以为了方便还款,客户在借款时,注意一般不要将到期日约定在节假日。②变更还款账户需提出申请,经银行同意后,签订还款账户变更协议,并约定起用日期。③客户可向银行申请变更还款期限。变更时需提出申请,经银行同意后,签订相应的变更协议,并重新计算剩余期限的每期还款额。④客户可通过电话银行、网上银行、对账单、电话银行传真等方式查询还款记录。

四、信贷业务的价格确定

(一)贷款价格的构成

贷款价格主要由以下几个因素构成:①贷款利率;②承诺费:贷款承诺、信贷限额;

③补偿余额：为按实际贷款余额计算加上按已承诺而未使用的限额计算的补偿余额；④隐含价格：附加条款，非货币性内容。

(二)贷款定价应考虑的因素

贷款定价应考虑的因素包括：①资金成本；②贷款风险程度；③贷款费用；④借款人的信用及其与银行的关系；⑤银行贷款的目标收益率；⑥贷款供求状况等因素。

(三)贷款定价方法

1. 目标收益率定价法

目标收益率是指银行资本从每笔贷款中应获得的最低收益率，相关公式如下：

税前资本收益率=(贷款收益-贷款费用)/应摊产权资本

目标利润=资本的目标收益率×贷款额×资本/总资产

应摊产权资本=资本/总资产×贷款额

2. 基准利率定价法

基准利率是被用作定价基础的标准利率。被用作基准利率的利率包括市场利率、法定利率和行业公定利率，通常具体贷款中执行的浮动利率采用基准利率加点或确定浮动比例方式，我国中央银行公布的贷款基准利率是法定利率。

3. 优惠加数定价法和优惠乘数定价法

基准利率是当时银行对最值得信赖的客户短期流动资金贷款的最低利率，其计算公式为

贷款利率=基础利率+加价

其中，加价即针对特定客户的贷款的风险溢价(违约风险溢价和期限风险溢价)；准利率相加法和基准利率相乘法。

当基准利率是浮动利率时，基准利率相乘法的波动幅度更大。

4. 成本加成定价法

成本加成定价法又称宏观差额定价法，是借入资金的成本加上一定的利差的方法，即：

贷款利率=贷款成本率+利率加成

5. 保留补偿余额定价法

在确定目标利润的基础上，贷款人在银行保留的补偿余额作为贷款价格的一部分。公式表示为

费用+目标利润=收入

(四)贷款利率

1. 定义

贷款利率通俗地讲,是借款人使用贷款时支付给贷款人的报酬。

2. 贷款利率的种类

(1) 通常根据贷款标价方式的不同将利率分为本币贷款利率和外币贷款利率。

(2) 按照借贷关系持续期内利率水平是否变动来划分,利率可分为固定利率与浮动利率。

固定利率是指在贷款合同签订时即设定好固定的利率,在贷款合同期内,不论市场利率如何变动,借款人都按照固定的利率支付利息,不需要"随行就市"。

浮动利率是指借贷期限内利率随物价、市场利率或其他因素变化相应调整的利率。浮动利率的特点是可以灵敏地反映金融市场上资金的供求状况,借贷双方所承担的利率变动风险较小。

(3) 法定利率、行业公定利率和市场利率。

法定利率是指由政府金融管理部门或中央银行确定的利率,它是国家实现宏观调控的一种政策工具。

行业公定利率是指由非政府部门的民间金融组织,如银行业协会等确定的利率,该利率对会员银行具有约束力。

市场利率是指随市场供求关系的变化而自由变动的利率。

(五)信贷业务费用(率)

信贷业务费用,是指借款者负担的费用,主要有管理费、代理费、杂费、承担费及其他一些与借款有关的费用。

1. 管理费

管理费是借款人支付给贷款银行为其筹措贷款资金的酬金,费率为贷款总额的 0.5%～1.0%。管理费的支付方法有三种形式:一是贷款协议一经签订即进行支付;二是第一次提用贷款时支付;三是根据每次提用贷款的金额按比例进行支付。对借款人而言,第三种支付方式最有利;对贷款银行而言第一种支付方式最有利。究竟采用何种方式,双方要谈判协商决定。

2. 代理费

代理费是借款人支付给牵头银行用以支付银行间相互联系所需的电报、电传、办公等费用。一般在贷款期内,每年支付一固定数额,目前国际上最高的代理费是每年 5 万～6 万美元。

3. 杂费

杂费是指牵头银行与借款人之间联系、谈判，直至贷款协议签署之前所发生的其他一些费用，如差旅费、律师费等，一般由牵头银行开出账单，由借款人一次支付。

4. 承担费

承担费是指贷款协议签订后，对未提用的贷款余额所支付的费用。借款人同银行签订贷款协议后，贷款银行即承担为借款人准备资金的义务，但借款人没有按期用款，使贷款银行筹措的资金闲置，因而应向贷款银行支付带有补偿性质的费用。承担费一般按 0.25%～0.5%的年率计算。

五、信贷业务担保

本书第九章将详细介绍，在此不再赘述。

第四节 信贷业务基本操作流程

一、申请受理阶段

借款人需要贷款，应当向主办银行或者其他银行的经办机构直接申请。

借款人应当填写包括借款金额、借款用途、偿还能力及还款方式等主要内容的《借款申请书》，并提供以下资料：

(1) 借款人及保证人基本情况；

(2) 财政部门或会计(审计)事务所核准的上年度财务报告，以及申请借款前一期的财务报告；

(3) 原有不合理占用的贷款的纠正情况；

(4) 抵押物、质物清单和有处分权人的同意抵押、质押的证明及保证人拟同意保证的有关证明文件；

(5) 项目建议书和可行性报告；

(6) 贷款人认为需要提供的其他有关资料。

二、调查评价阶段

(一)对借款人的信用等级评估

应当根据借款人的领导者素质、经济实力、资金结构、履约情况、经营效益和发展前景等因素，评定借款人的信用等级。评级可由贷款人独立进行，内部掌握，也可由有权部门批准的评估机构进行。

(二)贷款调查

贷款人受理借款人申请后，应当对借款人的信用等级以及借款的合法性、安全性、盈利性等情况进行调查，核实抵押物、质物、保证人情况，测定贷款的风险度。

三、审议审批阶段

贷款人应当建立审贷分离，分级审批的贷款管理制度。审查人员应当对调查人员提供的资料进行核实、评定，复测贷款风险度，提出意见，按规定权限报批。

四、贷款发放的程序

(一)签订借款合同

所有贷款应当由贷款人与借款人签订借款合同。借款合同应当约定借款种类，借款用途、金额、利率，借款期限，还款方式，借、贷双方的权利、义务，违约责任和双方认为需要约定的其他事项。

保证贷款应当由保证人与贷款人签订保证合同，或保证人在借款合同上载明与贷款人协商一致的保证条款，加盖保证人的法人公章，并由保证人的法定代表人或其授权代理人签署姓名。抵押贷款、质押贷款应当由抵押人、出质人与贷款人签订抵押合同、质押合同，需要办理登记的，应依法办理登记。

(二)贷款发放

贷款人要按借款合同规定按期发放贷款。贷款人不按合同约定按期发放贷款的，应偿付违约金。借款人不按合同约定用款的，应偿付违约金。

五、贷后管理

(一)贷后检查

贷款发放后，贷款人应当对借款人执行借款合同情况及借款人的经营情况进行追踪调查和检查。

(二)贷款归还

借款人应当按照借款合同规定按时足额归还贷款本息。

贷款人在短期贷款到期 1 个星期之前、中长期贷款到期 1 个月之前，应当向借款人发送还本付息通知单；借款人应当及时筹备资金，按期还本付息。

贷款人对逾期的贷款要及时发出催收通知单，做好逾期贷款本息的催收工作。

贷款人对不能按借款合同约定期限归还的贷款，应当按规定加罚利息；对不能归还或者不能落实还本付息事宜的，应当督促归还或者依法起诉。

借款人提前归还贷款，应当与贷款人协商。

六、不良信贷资产管理

(1) 贷款人应当建立和完善贷款的质量监管制度，对不良贷款进行分类、登记、考核和催收。

(2) 不良贷款是指呆账贷款、呆滞贷款和逾期贷款。

呆账贷款，指按财政部有关规定列为呆账的贷款；呆滞贷款，指按财政部有关规定，逾期(含展期后到期)超过规定年限以上仍未归还的贷款，或虽未逾期或逾期不满规定年限但生产经营已终止、项目已停建的贷款(不含呆账贷款)；逾期贷款，指借款合同约定到期(含展期后到期)未归还的贷款(不含呆滞贷款和呆账贷款)。

(3) 不良贷款的登记。

不良贷款由会计、信贷部门提供数据，由稽核部门负责审核并按规定权限认定，贷款人应当按季填报不良贷款情况表。在报上级行的同时，应当报中国人民银行当地分支机构。

(4) 不良贷款的考核。

贷款人的呆账贷款、呆滞贷款、逾期贷款不得超过中国人民银行规定的比例。贷款人应当对所属分支机构下达和考核呆账贷款、呆滞贷款和逾期贷款的有关指标。

(5) 不良贷款的催收和呆账贷款的冲销。

信贷部门负责不良贷款的催收，稽核部门负责对催收情况的检查。贷款人应当按照国家有关规定提取呆账准备金，并按照呆账冲销的条件和程序冲销呆账贷款。

未经国务院批准，贷款人不得豁免贷款。除国务院批准外，任何单位和个人不得强令贷款人豁免贷款。

课堂讨论(或实务操作)：贷款分类的实际意义是什么？

📖 **案例点击**

━━━━━━━ **金融海啸冲击全球经济　金融危机全面爆发** ━━━━━━━

东方网 12 月 10 日消息：2008 年，世界金融和经济形势风云变幻。随着美国次级住房抵押贷款市场危机愈演愈烈，并逐步升级为一场席卷全球的金融危机，实体经济受到严重冲击，美国、欧元区和日本经济已全部陷入衰退，新兴经济体增速也大幅放缓，世界经济正面临多年来最严峻的挑战。

金融危机全面爆发

2007 年夏，美国次贷危机全面爆发。此后，危机持续蔓延，导致大批美欧金融机构陷入困境甚至破产，最终在 2008 年 9 月升级为一场全面的金融危机，并波及世界其他地区。

所谓次贷，是指美国房贷机构针对收入较低、信用记录较差的人群专门设计出的一种特别的房贷。相对于风险较低的优质贷款而言，这类贷款的还贷违约风险较大，因此被称为"次贷"。从 2001 年到 2005 年，美国住房市场在长达 5 年的时间里保持繁荣，一些银行等放贷机构纷纷降低贷款标准，使得大量收入较低、信用记录较差的人加入了贷款购房的大潮，成为所谓"次贷购房者"。

点石成金

2006 年，美国住房市场开始大幅降温，房价下跌。房价下跌使购房者难以将房屋出售或者通过抵押获得融资。与此同时，美国联邦储备委员会为抑制通货膨胀持续加息，加重了购房者的还贷负担。在截至 2006 年 6 月的两年时间里，美联储连续 17 次提息，利率总共提升了 4.25 个百分点。由此，出现了大批"次贷购房者"无力按期偿还贷款的局面，次贷危机于 2007 年夏季全面爆发并呈愈演愈烈之势，导致全球主要金融市场持续动荡。

2008 年 3 月，危机迎来了第一个"高危期"。当时，美国第五大投资银行贝尔斯登因涉足次贷业务而濒临破产，这一消息给投资者带来巨大冲击。最终，在美联储担保下，贝尔斯登被摩根大通公司收购。4 月，全球主要金融市场曾进入一个短暂的平静期。美国高盛公司、花旗集团等金融巨头的负责人甚至乐观地表示，次贷危机最严重的时期已经过去。但到 7 月份，美国金融市场形势再度恶化。在美国两大住房抵押贷款融资机构——房利美和房地美陷入困境后，危机迅速升级。

9 月，金融市场形势进一步恶化，次贷危机进入第二个"高危期"。9 月 7 日，为避免"两房"破产对美国和世界金融体系造成难以估量的破坏，美国政府宣布接管"两房"。9 月 15 日，美国第四大投资银行雷曼兄弟公司宣告破产，第三大投资银行美林公司被美国银行收购。随后，美国前两大投行高盛公司和摩根士丹利公司宣布转为银行控股公司。华尔街多年来由投行主导的格局不复存在。

除了"两房"和华尔街顶级投行外，美国国际集团、花旗集团等其他一些金融巨头也受到重创，不得不向政府求援。随着这些昔日声名显赫的金融巨头一个个"倒下"，投资者极度恐慌，美欧日股票市场频频暴跌。至此，由美国住房市场泡沫破裂引发的次贷危机终于升级为一场全面金融危机，并开始向美国以外的地区蔓延。这场危机势头之猛，破坏程度之烈，均创 20 世纪 30 年代大萧条以来之最。

（资料来源：新华网）

思考：金融危机的成因，对我国经济发展的影响。

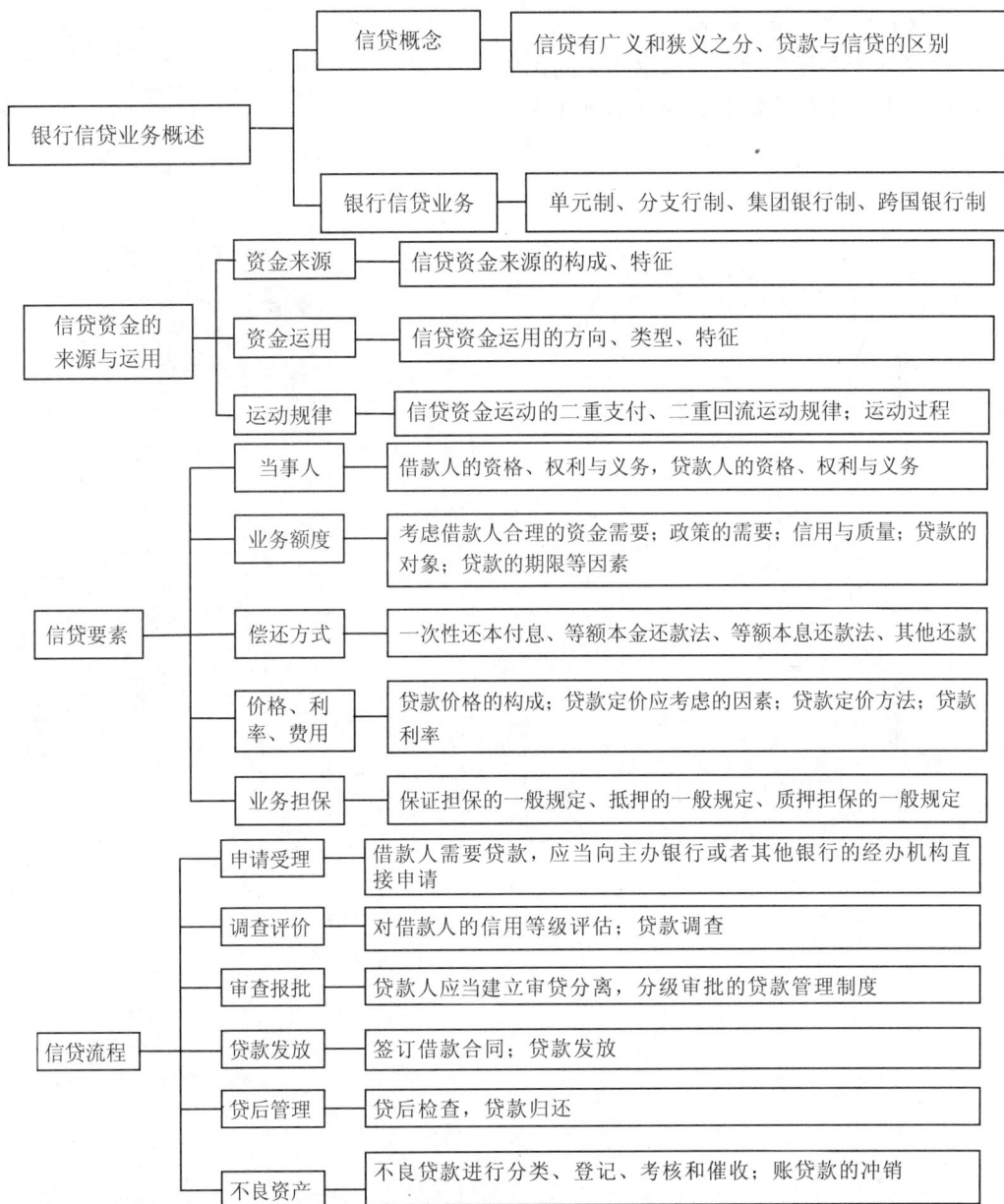

本 章 小 结

```
                    ┌─ 信贷概念 ── 信贷有广义和狭义之分、贷款与信贷的区别
银行信贷业务概述 ─┤
                    └─ 银行信贷业务 ── 单元制、分支行制、集团银行制、跨国银行制

                    ┌─ 资金来源 ── 信贷资金来源的构成、特征
信贷资金的      ─┤
来源与运用          ├─ 资金运用 ── 信贷资金运用的方向、类型、特征
                    └─ 运动规律 ── 信贷资金运动的二重支付、二重回流运动规律；运动过程

                    ┌─ 当事人 ── 借款人的资格、权利与义务，贷款人的资格、权利与义务

                    ├─ 业务额度 ── 考虑借款人合理的资金需要；政策的需要；信用与质量；贷款的
                    │              对象；贷款的期限等因素

信贷要素        ─┤─ 偿还方式 ── 一次性还本付息、等额本金还款法、等额本息还款法、其他还款

                    ├─ 价格、利 ── 贷款价格的构成；贷款定价应考虑的因素；贷款定价方法；贷款
                    │  率、费用     利率

                    └─ 业务担保 ── 保证担保的一般规定、抵押的一般规定、质押担保的一般规定

                    ┌─ 申请受理 ── 借款人需要贷款，应当向主办银行或者其他银行的经办机构直
                    │              接申请

                    ├─ 调查评价 ── 对借款人的信用等级评估；贷款调查

                    ├─ 审查报批 ── 贷款人应当建立审贷分离，分级审批的贷款管理制度
信贷流程        ─┤
                    ├─ 贷款发放 ── 签订借款合同；贷款发放

                    ├─ 贷后管理 ── 贷后检查，贷款归还

                    └─ 不良资产 ── 不良贷款进行分类、登记、考核和催收；账贷款的冲销
```

复习思考题

1. 阐述信贷资金运动的规律。
2. 简述商业银行信贷业务基本要素的构成。
3. 阐述商业银行信贷业务的基本操作流程。

第二章　信贷业务管理制度与组织体系

【学习目标】

● 掌握审贷分离制度的意义、作用和实现措施。
● 了解贷审委以及其他主要管理组织的机构设置与职责。
● 了解银行信贷业务原则与政策。

【重点难点】

● 控制信贷风险的管理制度。
● 信贷业务授权授信管理制度。
● 管理职责与责任追究。
● 信贷政策之间的联系。

章前导读

　　2008 年全年建行新增贷款近 5 000 亿元，其中对于国家要求重点支持的中小企业、"三农"、抗灾救灾合计新增贷款 2 112 亿元，增速为 23%，占全部贷款新增额的 42%。

　　在国家宏观经济政策的指导下，建行 2008 年调整贷款投向，优化信贷结构，新增贷款主要投向三个方面：一是基本建设贷款，全年新增近 2 000 亿元，绝大部分投向了铁路、公路、能源等重大基础设施项目；二是流动资金贷款和贴现业务，新增约 1 500 亿元，贷款重点支持了大中型工商企业、中小企业和"三农"；三是个人类贷款，重点支持个人购买住房、个人创业和居民信用卡消费，新增约 1 000 亿元。对于一些风险较高的产业行业，建行则严格控制，特别是高耗能、高污染、低效率的企业，原则上不予贷款。

　　在扩大信贷投放的同时，建行还高度重视防范风险，始终坚持将优质客户放在首位。2008 年建行新投放公司类贷款中，A 级及以上客户贷款超过 90%。尽管在当前经济下滑的形势下，银行面临的风险会有所增大，但建行预计资产质量不会受到大的影响。

(资料来源：金融时报，2009-01-09)

　　关键词：审贷分离　贷审委　贷款政策　授信额度

第一节　信贷业务的基本管理制度

一、审贷分离制度

(一)审贷分离制度的定义

审贷分离制度是指将贷款的推销调查、信用分析，贷款的评估审查发放、贷款的监督检查风险监测收回三个阶段分别由三个不同的岗位来完成。在这种制度下，贷款管理的各个环节和岗位相互制约，分别承担各个环节工作出现问题而带来的风险责任。具体而言，通常将信贷管理人员分为贷款调查评估人员、贷款审查人员和贷款检查人员。贷款调查评估人员负责贷前调查评估，承担调查失误和评估失准的责任；贷款审查人员负责贷款风险的审查，承担审查失误的责任；贷款检查人员负责贷款发放以后的检查和清收，承担检查失误或清收不力的责任。

(二)审贷分离制度的作用

建立审贷分离制度，对商业银行贷款管理具有积极的作用。首先，可以使贷款业务人员相互制约。建立审贷分离制度，将贷款的调查、审查和决策工作分离开来，使信贷工作人员既相互制约，又相互监督，增强了工作责任心，防止工作出现差错，保证贷款按照借款企业的风险度发放。其次，增强贷款决策的科学性，减少贷款风险。贷款的整个过程，将贷款的调查、审查和发放分开，并有承担相应责任的风险约束，在很大程度上可以防止不正之风，增强集体决策的科学性，克服主观性和盲目性，减少贷款的风险。

(三)机构设置

根据《贷款通则》的规定，结合各商业银行的具体实施规程，审贷分离制度的机构设置与职能如下。

1. 信贷管理委员会

信贷管理委员会，又称贷款审查委员会，是银行贷款业务的审查和决策部门。该部门对信贷部门提出的贷款要求进行审查，确定是否同意某个贷款要求。贷款管理委员会大多数都由行长(或者主管信贷的副行长)作委员会的主席，参加委员会的人员主要应该有负责各信贷部门的主管、计划部门主管、政策研究部门的主管。必要时，还要求有关工程技术人员或资深信贷人员参加。通常，委员会只审查那些超过一定金额的或有疑难问题的贷款。在贷款审批权限内，对新开户企业的贷款、异地贷款，或超过本行审批权限、情况复杂、风险较大的贷款，贷款管理委员会要进行讨论，提出意见，作出决策，或者报上级审批。

信贷管理委员会一般由行长或副行长(经理、主任)和计划部门、信贷部门以及稽核部门的负责人组成，承担贷款决策失误的责任。

2. 贷款调查部门

1) 贷款调查部门职责

本部门主要完成以下三个方面的工作：

(1) 对借款人的信用等级以及借款的合法性、安全性、盈利性进行调查；

(2) 核实贷款担保情况；

(3) 根据调查的结果测定贷款的风险度。

2) 贷款调查人员的职责

(1) 积极拓展信贷业务，搞好市场调查，优选客户，组织存款，受理借款人的申请；

(2) 对申请贷款的企业依据其风险等级程度，从企业领导层的整体素质、资产状况、经营能力、经济实力、发展前景、贷款用途与数量等方面对企业进行全面调查与分析，并写出书面报告；

(3) 根据调查情况初步测算贷款风险度，认为符合条件的，填写贷款申请审批书并签署意见，送贷款审查部门审查；

(4) 对审查部门返回的不可行的贷款文字材料进行重新调查，补充完善，或者列举理由，通知企业不予贷款；

(5) 做好一年一度的贷款企业风险等级变化的申报工作；

(6) 贷款调查人员承担调查失误、评估失准、管理不利的责任。

3. 贷款审批部门

按照贷款审贷分离的要求，贷款审查人员对贷款调查部门提供的资料及有关数据进行核实、评定，复测贷款风险度。

审查人员根据审查的情况，提出贷与不贷、贷款金额、期限、利率、方式等方面的意见。在规定的审批权限内，根据国家信贷政策和上级行下达的贷款规模、本行的资金能力及资产负债比例情况进行审批。超过审批权限的贷款应当报上级审批。贷款审批人员承担审批决策失误的责任。

4. 贷款发放检查部门

企业的借款申请被审查批准之后，信贷发放人员与企业签订借款合同，按照借款合同的规定按期办理发放贷款手续，支付贷款。贷款检查人员的职责是：检查企业贷款使用情况；检查贷款发放是否按审贷分离程序进行；检查贷款在企业销产供各个环节的存量形态，及时向本行行长反映和通报贷款资产状况，将贷款企业存在的问题反馈给调查部门和审检部门；按期收回贷款或办理展期手续；对有信贷关系的企业建立经济档案，并对企业非正常贷款进行通报与催收。

5. 贷款稽核部门

贷款业务的稽核检查人员，根据全行各相关部门提供的有关数据和资料，有权对贷款业务的全过程进行检查和考核，对信贷人员履行职责的情况，提出意见和建议，报银行决策领导部门。

稽核人员承担检查监督不严，未能及时发现和反映问题造成贷款损失的责任。

二、主责任人、经办责任人制度

在进行信贷业务时，人的因素关系到能否胜任控制需要和实现控制目标的问题。拥有品质良好、训练有素的人员可以在一定程度上弥补内部控制制度的某些不足。

(一)建立信贷业务经营和管理实行主责任人和经办责任人制度

1. 办理信贷业务各环节的有权决定人为主责任人

调查主责任人对信贷业务贷前调查的真实性负责；审查主责任人对信贷业务审查的合规合法性和审查结论负责；审批主责任人对信贷业务的审批负责；经营主责任人对有权审批人审批的信贷业务的发生后监管、本息收回和债权保全负责。

2. 主责任人的界定

1) 办理权限内信贷业务主责任人的界定

(1) 经营行(直接发放贷款的银行)办理权限内的信贷业务，客户部门负责人为调查主责任人；信贷管理部门负责人为审查主责任人；主任或授权的副主任为审批主责任人；客户部门负责人为经营主责任人；

(2) 管理行(指非发放贷款的管理行)办理权限内的信贷业务，管理行客户部门负责人为调查主责任人；信贷管理部门负责人为审查主责任人；主任或经授权的副主任为审批主责任人；经营行主任或经授权的副主任为经营主责任人。

2) 办理超权限信贷业务主责任人的界定

(1) 有权审批银行直接调查或组织调查超经营银行权限的中长期项目贷款和公开统一授信业务。有权审批商业银行客户部门负责人为调查主责任人；有权审批银行信贷管理部门负责人为审查主负责人；有权审批商业银行行长或经授权的副主任为审批责任人；支行网点主任或经授权的副主任为经营主责任人；

(2) 支行网点受理并调查的超权限的其他信贷业务。支行网点客户部门负责人为调查主责任人；经营网点主任或经授权的副主任、有权审批银行信贷管理部门负责人为审查责任人；有权审批银行行长主任为审批主责任人；支行网点主任或经授权的副主任为经营主责任人。

3) 办理特事特办信贷业务主责任人的界定

市分行客户部门负责人为调查主责任人；市分行主任为审查主责任人；上级银行行长为审批主责任人；支行网点主任或经授权的副主任为经营主责任人。

3. 建立经办责任人制度

信贷业务办理过程中直接进行调查、审查经营管理的信贷人员作为调查责任人、审查责任人和经营管理责任人，承担具体经办责任。

(二)建立经营责任人移交制度

1. 经营主责任人工作岗位变动的移交制度

经营主责任人工作岗位变动时，必须在上一级信贷管理部门主持和监交下，同接手经营主责任人对其负责的信贷业务风险状况进行鉴定，填写经营责任移交表，由原主责任人、接手主责任人、监交人签字后登记存档。责任移交后，接手主责任人对接手后的信贷业务经营状况负责。

2. 经办责任人工作岗位变动的移交制度

经办责任人工作岗位变动时，必须在经营主责任人主持和监交下，同接手经办责任人对其负责的信贷业务风险状况进行鉴定，填写经营责任移交表，由原经办责任人、接手经办责任人、监交人签字后登记存档。责任移交后，接手经办责任人对接手后的信贷业务经营状况负责。

三、信贷业务授权授信管理制度

(一)授权授信管理制度的概念

1. 授信的概念

授信是指银行综合评价客户资信、风险和信用需求等因素，测算出客户所能承载的最高信用额度，在该最高信用额度基础上核定客户信用控制量的过程，该信用控制量就是对客户的授信额度。

2. 授权授信制度

商业银行应该建立明确的授权和审批制约机制。各业务部门和分支机构都应明确，开办任何业务活动须经有权批准部门的书面认可，应按照内部有关经营管理权限实行逐级有限授权，根据被授权人的实际情况实行区别授权，并根据情况的变化及时调整授权，明确规定相应的责任，对越权行为予以严肃处理。

除下列信贷业务外，所有信贷业务必须坚持"先评级、授信，后用信"的原则。

①未建立信贷关系客户的一次性贴现；②以存单(折)、国债券、银行承兑汇票质押，质押率不超过 90%的低风险业务；③提供 100%保证金的低风险业务；④个人住房贷款、个人汽车消费贷款等信贷业务。

(二)授信期限与要求

1. 授信期限

授信期限是指客户使用所授信信贷业务的时间。授信期限因信贷业务不同而不同，对公司类客户固定资产贷款的授信期限按照其自身的周期确定，流动资金贷款的授信期限一般为一至两年。

客户必须在授信后一年内使用授信，超过一年，该授信自行失效，客户不得再使用。授信期限自用信之日起计算。授信期限到期日为用信之日加授信期限。

2. 授信的要求

1)　授信原则

除固定资产贷款外，其他信贷业务在授信期限内可遵循"一次授信，随用随贷，总额控制，周转使用"的原则。

(1)　对优质客户，如其提前归还授信，可以再用信，最后一次用信的到期日可超过授信期限到期日，但不得超过授信期限的到期日半年。在超过授信期限到期日的延长期内，归还授信后不得再用信，即不允许周转使用。

(2)　商业银行根据客户所在地区的经济发展水平、客户的经营管理水平、资产负债比例情况、偿债能力等因素，对客户确定不同的授信额度。对公司类客户，在授信额度内，可根据客户的实际需求，确定不同种类的授信产品及每种产品的授信额度。

(3)　授信业务经审批、咨询同意后，银行客户经理部(营业部)即可根据客户的申请在授信额度内办理信贷业务，不再履行报批手续。

2)　授信的要求

商业银行不得在未对客户进行授信的情况下允许客户使用授信，在授信时要明确贷前调查、贷时审查、贷后检查各个环节的工作标准、尽职要求和责任人。

(1)　贷前调查应当做到实地查看，如实报告授信调查掌握的情况，不回避风险点，不因任何人的主观意志而改变调查结论。调查人员为该阶段的责任人。

(2)　贷时审查应当做到独立审贷，客观公正，充分、准确地揭示业务风险，提出降低风险的对策。信贷业务审批委员会主任委员为该阶段的责任人。

(3)　贷后检查应当做到实地查看，如实记录，及时将检查中发现的问题报告有关人员，不得隐瞒或掩饰问题。贷后管理人员为该阶段的责任人。

(4)　为加强管理，对大额贷款除明确上述责任人外，还要明确商业银行主任和主管信贷工作的副主任为责任人。

(三)授信对象与范围

1. 授信对象

授信对象是指已与商业银行建立了信贷关系或拟建立信贷关系并具备授信条件的公司类客户和自然人。自然人包括农户、个体工商户、城镇居民、非城镇居民的公职人员;公司类客户包括企业法人、事业法人、其他经济组织。其他经济组织是指依法成立、具有一定的组织机构和财产,从事以盈利为目的的生产经营活动,但又不具备法人资格的经济组织。

2. 授信范围

授信范围主要包括:

(1) 依法登记领取营业执照的私营独资企业、合伙组织;

(2) 依法登记领取营业执照的合伙型联营企业;

(3) 依法登记领取我国营业执照的中外合作经营企业、外资企业;

(4) 经核准登记领取营业执照的乡镇、街道、村办企业;

(5) 符合本款关于其他经济组织定义的其他组织。

(四)授信的操作规定

1. 授信内容

同一客户的各种信贷产品(含贷款、贴现、承兑、保函、贸易融资等)都必须纳入授信额度之内。但各种保证金不占用授信额度。

2. 授信操作时间

授信业务可采取定期授信和随时授信相结合的方式,具体采取何种方式由各地按照不得影响优质客户使用授信的原则确定。

3. 授信额度的规定

授信额度指对该客户总的授信额度,同时它还包含各种信贷产品的分额度。各种信贷产品的分额度之和不得超过总额度。

核定客户授信额度,应遵循以下规定。

(1) 要依据客户的经营情况、合理需求及其承担风险的能力和县级联社承担风险的能力审慎确定。

(2) 要按照有关规定测算客户的最高信用额度,并考虑各种因素从最高信用额度中扣减。其中一个必须考虑的因素就是客户对外提供的担保。对保证担保按保证金额的 20%扣除,抵(质)押担保按抵(质)押金额的 100%扣除。最高信用额度经过各种扣减后核定的客户信用控制量就是客户授信额度。如对客户核定的授信额度小于客户的存量信用，授信额度按存量额度报批或咨询，同时制定定期压缩存量授信计划，在一定期限内压缩到核定的授信额度以内。

(3) 对不具备授信条件的客户严禁授信。如有存量信用，要制定具体的收回计划。在授信期限内任一时点，客户在所有基层银行网点的信贷业务余额不得超过其授信额度。客户归还授信时要相应地恢复客户归还授信所对应的授信额度。

(4) 某单项信贷产品授信额度不够时，可使用其他信贷产品的授信额度，同时扣减其他信贷产品的授信额度，称为授信额度的串用。

(5) 授信额度可在流动资金贷款、承兑、保函、贸易融资之间串用，但以上信贷产品的授信额度不得与固定资产项目的授信额度串用。

4. 授信审批

由商业银行按照上级机构对其核定的审批权限进行审批，超过其权限的必须上报咨询。银行应当严格审查和监控授信用途，防止用信人改变授信用途。

5. 授信担保方式

授信业务原则上优先采取抵(质)押担保方式，其次采取保证担保方式。

6. 集团客户授信

对集团客户授信应当实行统一授信管理，合理确定对集团客户的总体授信额度，防止多头授信、过度授信和不适当分配授信额度。对集团客户要防止其多头开户、多头借款、多头互保等问题。对集团客户授信，原则上应由集团客户总部(或核心企业)所在地的商业银行为主办机构。主办机构负责对集团客户授信额度的测算和核定，并逐级报有权机构审批或咨询；以其子公司为授信主体时，在充分考虑各子公司自身的信用状况、经营状况和财务状况的同时，还应充分考虑集团客户的整体信用状况、经营状况和财务状况。各子公司授信额度与集团总部授信额度之和不得大于银行对集团公司总的授信额度。如子公司在异地，其所在地的县级联社可对其授信。但必须与其总部及总部所在地的县级联社进行沟通。当单一公司客户授信需求超过一家商业银行的承受能力或监管规定时，应采取组织社团贷款方式进行授信。为防止客户对授信业务的干预，授信过程不允许客户参与。

(五)授信的后续管理

1. 授信额度的冻结与解冻

当客户发生不利于银行信贷资产安全的重大事项时，对该客户的所有未用授信额度进行临时性的冻结，在冻结期间不允许客户使用授信额度。当导致对客户授信额度进行冻结的情况消失时，取消对客户授信额度的冻结。

商业银行分行要加强对各支行授信工作的管理监督，并指导支行开展授信工作。同时要定期检查，及时进行风险提示。

授信期限到期前，应根据客户的生产经营情况以及市场前景等情况，研究是否重新授信。需要再授信的，要根据客户有关情况核定新的授信额度和授信期限，并按照规定的程序报批或咨询。对提前归还授信，有授信需求并符合授信条件的优质客户要尽早授信。为防止借新还旧，新的授信必须待原有授信归还后方可使用。对已不符合授信条件或新的授信未获批准的，授信期限到期后，不得办理新的信贷业务。

2. 授信的调整与终止

对客户确定授信额度后，在授信期限未满时，一般不予调整授信额度，如确需调整，必须按原授信程序进行调查、审查、审批或咨询。

客户在授信期间发生下列重大事项之一或多项时，银行要对客户重新进行评价，并及时调减甚至取消授信额度。

(1) 新颁布的法律、法规或出台的宏观经济政策可能对客户产生重大不利影响；

(2) 所在地区发生或潜伏重大金融风险；

(3) 发生经营困难和风险，资产面临损失；

(4) 提供虚假资料或隐瞒重要经营财务事实；

(5) 利用与关联方之间的虚假合同，以无实际贸易背景的应收票据、应收账款到银行贴现或质押，套取银行资金或授信的；

(6) 提供的担保发生不利变化(含保证人丧失或部分丧失保证能力、担保物品贬值等)，且未相应追加担保；

(7) 利润严重下滑；

(8) 应收账款和存货的余额发生大幅度不利变化；

(9) 货币资金余额以及在开户社结算量等发生重大异常变化；

(10) 拒绝接受银行对其信贷资金使用情况和有关经营财务活动监督和检查的；

(11) 未经银行同意，对外担保额达到净资产的30%及以上；

(12) 发生兼并、收购、分立、合并、破产、股份制改造、资产重组、营业终止等重大体制变革；

(13) 涉及标的额达到净资产的30%及以上的重大法律诉讼；

(14) 建设总投资超过其前三年税后利润之和的重大建设项目；

(15) 未经银行同意擅自改变贷款原定用途、挪用贷款或用贷款从事非法、违规活动的；

(16) 通过关联交易有意逃废农村银行债权的；

(17) 发生重大人事调整；

(18) 发生重大事故和大额赔偿等重大事项；

(19) 其他影响银行债权安全的情况。

为了给银行调整授信行为提供法律依据，银行必须在合同、协议中列明相应条款。客户出现贷款逾期、欠息或造成银行被迫垫款的情况，银行要限令其在一定期限内改正，逾期不改正的，要立即取消其授信额度。

四、责任追究制度

责任追究制度是在实行审贷分离的基础上，对违规、违纪、违法行为下造成的贷款损失或难以收回的贷款，根据办理信贷业务各个环节责任人所承担责任的比例，实施赔偿的制度。如授信后的信贷业务发生风险要按照确定的责任人进行责任追究。

(一)责任人认定

贷款违规违纪责任的责任人分为完全责任人、主要责任人和次要责任人。

1. 贷款违规违纪责任的责任人认定

(1) 违规违纪发放贷款的经办人和审批人为完全责任人；

(2) 不按规定程序违章操作而形成不良贷款的人员为主要责任人；

(3) 因工作管理不善、把关不严，间接形成贷款风险的相关人员为次要责任人。

2. 贷款风险责任的责任人认定

(1) 银行贷款审批委员会对已审批通过的贷款形成风险的，承担管理、审批责任，审批委员会主任委员、副主任委员、各成员、信贷管理部门相关人员为责任人。

(2) 贷款审批小组对已审批通过的贷款形成风险的，承担管理、审批和执行责任，审批小组小组长、副组长、各成员、贷款风险责任书中发放责任人等相关人员为责任人。

(3) 信贷员对权限内发放的贷款形成风险的，承担管理、发放责任，为贷款直接风险责任人。

(二)责任追究范围

认定贷款违规违纪责任人和贷款风险责任人后，应对相关责任人落实责任，进行追究。有下列行为之一的，应确定为违规违纪贷款，追究其完全责任。

(1) 未经批准发放跨区、跨片贷款；

(2) 发放顶名、冒名贷款；

(3) 发放虚假保证贷款或自批自贷；

(4) 向关系人发放信用贷款或发放担保贷款条件优于其他贷款人同类贷款条件；

(5) 发放虚假贷款，用于本单位直接或变相购车、基建解决费用等；

(6) 编造假名发放的贷款；

(7) 借款人、保证人未亲自办理借款手续，发放的贷款；

(8) 滥用职权或徇私情发放贷款；

(9) 擅自、独断发放的违章贷款；

(10) 抵(质)押物不足值、丢失及撤走抵(质)押物的贷款；

(11) 发放炒股票、期货交易的贷款；

(12) 擅自提高或降低贷款利率或擅自减息、缓息的贷款；

(13) 发放假有价单证质押贷款。

(三)风险贷款的责任追究

1. 贷款审批委员会的风险责任

贷款审批委员会在贷款审批发放前，必须签订贷款风险责任书，划清贷款风险责任，并确定贷款主审批人及第一责任人。

(1) 贷款审批委员会主任委员为贷款决策风险的主审批人及第一责任人；

(2) 经贷款审批委员会授权的授权人为贷款决策风险的主审批人及第一责任人。

2. 贷款审批小组的风险责任

贷款审批小组在贷款发放前，必须签订贷款风险责任书，划清贷款风险责任，确定贷款主审批人及第一责任人。

(1) 贷款审批小组组长为贷款决策风险的主审批人及第一责任人；

(2) 经贷款审批小组授权的信用社主任、副主任及信贷员为贷款决策风险的主审批人及第一责任人。

3. 领导责任追究

有关领导由于管理不善、贷款管理制度落实不到位或指令信用社发放贷款，造成贷款风险和损失的，有关领导负工作失职责任。除完全责任性贷款外，对于同一笔贷款，经确定既存在违规违纪操作形成的贷款风险或损失，又存在管理因素形成的风险或损失，先追究违规违纪责任，再视情况追究贷款风险责任。对于完全因不可抗力形成不良贷款或造成信贷资金损失的，视为非责任性贷款风险，不予追究责任。

4. 贷款违规的责任处理

(1) 在对贷款违规违纪责任人和贷款风险责任人进行责任追究的同时，应给予处罚。

(2) 贷款责任的追究与处罚实行终身制。贷款违规违纪责任、责任人由银行的人事、稽核、信贷部门联合认定、追究，并对相关责任人按所承担的责任给予处罚，视情节轻重给予次要责任人及参与审批、检查的其他责任人纪律处分，涉嫌犯罪的，移交司法机关追究刑事责任。

(3) 风险贷款按贷款损失的情况，对各级相关风险责任人按其所承担的责任给予处罚：①调查人员应当承担调查失误和评估失准的责任。调查人员不得参与或默许客户编制虚假报表以骗取信用等级和授信，不得擅自向客户透露授信评价指标和评价方法，不得擅自对外提供客户财务数据；②审查和审批人员应当承担审查、审批失误的责任，并对本人签署的意见负责；③贷后管理人员应当承担检查失误、收贷不力的责任；④放款操作人员应当对操作性风险负责；⑤高级管理层应当对重大贷款损失承担相应的责任。

五、信贷业务报备制度

(一)信贷业务报备制度的定义

信贷业务报备是指本级行审批权限内的信贷事项，在项目审批后实施前向上一级行进行备案的工作制度，是上一级行了解掌握信贷业务开展情况，把握信贷资金投向，对信贷业务实施纵向监督的重要环节。信贷业务报备不改变信贷管理授权和转授权制度，不改变信贷管理责任制度。

信贷业务报备适用于银行办理的企(事)业法人、其他经济组织、个人独资企业等法人客户本外币贷款(含外资贷款)、承兑、国内外信用证、对外担保，包括收回再贷、展期等。

本级行审批权限内的信贷业务，在本行贷款审查委员会审议通过，有权审批人签字后执行前，必须及时向上一级行履行报备程序。上一级行信贷管理部门必须对报备业务进行审查，提出审查结果，经审查主责任人签字后，由信贷管理部门存档。

(二)报备方式

本级行的报备业务在经过行长或行长授权的主管行长、信贷管理部门负责人签字后，由信贷管理部门以文件形式，通过电子邮件或其他方式上报上一级行相关信贷管理部门。报备业务受理日自收文之日起。

(三)报备内容

本级行信贷管理部门要根据报备业务类别分别填制银行短期信用业务报备表和银行项目贷款报备表，主要内容包括贷款企业基本情况、财务状况、授信情况、中长期贷款项目情况、贷款金额及用途、担保情况等，有关责任人签署意见后上报上一级行。对重要信贷报备事项可附简要说明。

(四)报备审查

上一级行信贷管理部门接到项目报备文件后，要由专人负责报备业务的受理、登记、归类，并及时组织贷款审查人员对报备项目进行审查。审查重点为：产业、行业政策，借款人是否有不良记录，法人代表简历，贷款用途和方式，担保情况等。

(五)报备反馈

上一级行信贷管理部门要在信贷报备业务受理日起五个工作日内将审查意见反馈下一级行。在规定时间内，上一级行未对报备的信贷业务给予答复的，下级行即可视为同意，并按信贷运作程序实施；经审查对报备业务及资料有疑义的，上一级行信贷管理部门要及时向下级行提出质询和有关要求，下级行在完善有关资料，落实相关要求后方可进入发放程序；对明确不能实施的信贷业务，上一级行信贷管理部门提出审查意见报主管行长同意后，以信贷管理部门文件答复下一级行。

各级商业行信贷管理部门要及时对报备业务进行汇总和分析，从中掌握信贷业务发放情况和规律，每半年撰写一次信贷业务报备工作总结，供决策部门参考。

六、其他信贷制度

(一)经营责任人移交制度

1. 责任移交鉴定

经办责任人工作岗位变动时，必须在经营主责任人主持和监交下，同接手经办责任人对其负责的信贷业务风险状况进行鉴定，填写经营责任移交表，由原经办责任人、接手经办责任人、监交人签字后登记存档。责任移交后，接手经办责任人对接手后的信贷业务经营状况负责。

2. 异议的处理

接手经办责任人如对风险状况鉴定有异议，可提出书面理由，提交上一级贷款审查委员会审议，上一级批准后，形成书面材料进行交接，由原经办责任人、接手经办责任人、参与人签字后登记存档。接手经办责任人对接手后的信用业务经营状况负责，不得推诿责任。

(二)信贷人员稽核制度

信贷人员稽核制度是指稽核部门在信贷人员在岗和即将离任时对其相关责任履行情况进行检查的制度。

(三)货款回避制度

货款回避制度是指商业银行不得向其关系人发放信用贷款，或以优于其他借款人的条件向关系人发放担保贷款。关系人是指金融机构的董事(理事)、监事、管理人员、信贷人员及其近亲属以及上述人员投资或担任高级管理职务的公司、企业和其他经济组织。

(四)内部审计制度

商业银行要具有权威性和相对独立性的内部审计。内部审计是自我独立评价的一种活动,可通过协助管理层监管其他控制政策和程序的有效性,促成好的控制环境的建立。内部审计可为内部控制制度提供建设性意见。内部审计的权威性和有效性与其权限、人员资格以及可使用的资源紧密相关,因此,内部审计部门应当直接向法人或最高决策管理组织负责,而不受被监督人员和部门所管制;内部审计部门应当根据业务发展的规模配备足够和称职的人员,有效地开展内部审计工作;内部审计部门和内部审计人员应当有畅通的信息反馈和报告渠道,保证发现的问题能够及时完整地为最高决策组织所掌握。

(五)信息安全的保障制度

对各业务应用系统的立项、设计、开发、测试、运行维护应进行严格管理和监控;计算机操作要注意密码的保密性,并定期更换;备份文件应妥善保管;机房应按安全管理规定配备防火、防震等设施。

小常识　不需贷审会审议的信贷业务

根据《中国农业银行贷款审查委员会工作规则》,为了提高信贷审批效率,下列信贷业务可以不经过贷审会审议:

(一)以全额保证金、存单或国债质押方式办理的贷款、银行承兑汇票、开立信用证和投标保函;

(二)100％外汇质押的人民币贷款业务;

(三)银行承兑汇票质押办理承兑、贷款;

(四)我行已授信国外银行开立的备用信用证项下的担保贷款;

(五)银行承兑汇票的贴现;

(六)出口信用证项下的票据贴现;

(七)公开统一授信项下和可循环使用信用项下短期信贷业务;

(八)扶贫到户贷款;

(九)总行规定的其他业务。

第二节　信贷业务管理的组织体系

一、客户部

(一)客户部的任务

客户部的任务主要是开拓客户并保持联络,与其他各部门保持密切的联系。客户部是直接与客户发生接触的专职部门，负责接洽客户，协调客户与银行间的关系。在银行接触到一位客户时，首先由客户部作初步接洽，向客户提取有关必须的资料。客户部在对这些资料加以整理后，会同其他有关部门研究这些资料，制定出初步的方案和工作日程，分由各部门执行。客户部还负责与客户的联络工作和信息反馈，通报有关调查结果和信贷进展情况。同时，还代客户负责对贷款实施过程进行监督。

(二)信贷客户部的具体职责

(1) 负责全行个人信贷业务、公司及机构业务贷款的受理和调查，并按照岗位分离的原则，在支行授权范围内负责对个人信贷业务、公司及机构业务贷款的初审工作；

(2) 负责全行一般信贷及小企业贷款业务的受理和调查，并按照岗位分离的原则，在支行授权范围内对信贷及小企业贷款业务的初审工作；

(3) 做好全行网上银行、银行卡业务、自助设备的相关管理和维护工作；

(4) 负责全行中间业务的开发和维护；

(5) 负责个人征信系统、CMS 系统、经济案件纠纷管理系统、贷记卡系统的操作与管理，做好本部门的内部管理；

(6) 负责全行各项贷款的贷后管理与维护工作；

(7) 做好本部门自律监管工作；

(8) 负责全行的临时性工作。

(三)客户部的人员岗位构成

客户部的人员岗位划分为：部主任、业务主管或经营主管、客户主任、客户经理、业务员等。

二、信贷业务管理部

信贷业务管理部是专门从事贷款项目信贷管理工作的分行内设机构，负责承诺函发出后的贷款项目全过程管理，并参与贷款项目前期工作。贷款管理部由分行(总行营业部)的信贷人员组成，必要时分行可聘用行内专家或行业专业人员担任贷款管理部临时顾问，贷款管理部实行主任负责制，贷款管理部主任对信贷处处长负责。

贷款管理部一般针对异地特大型项目和项目集中地设立，各分行可根据所辖地区贷款项目的实际情况，设立固定贷款管理部和流动贷款管理部。

三、贷款审查委员会

贷款审查委员会简称贷审委，是规避贷款风险，强化科学决策，完善贷款审批程序和责任制，协助银行主任审批贷款、担保、融资和投资等项目的机构。贷审委实行民主讨论、投票表决、主任决策的审议原则。

(一)人员和机构

贷审委由银行主任、副主任及信贷、计划、会计等部门负责人组成(人数为奇数)。与审议项目有关的分支机构主任、部门调查人员可列席会议。贷审委主任由银行主任担任，副主任由分管副主任担任。贷审委会议由主任主持，负责组织讨论，总结研究成果，作出最终决策；主任因故缺席，可委托副主任代为行使上述职责。

信贷部为贷审委常设办事机构，负责日常工作，包括会议的准备工作、待审项目报告的初审、会议文件资料的准备等，并负责归集、整理会议纪要，会议明确专人记录。

(二)贷审委的工作任务和职责

贷审委主要负责以下三种业务：①审批贷审委权限内的各项业务。②审批疑难贷款。包括上一笔贷款未按计划还清又申请下一笔贷款的；有不良记录客户的贷款；分支机构与管理部门有意见分歧的贷款。③督促、检查贷审委审批贷款、担保、融资和投资等项目的执行情况。贷审委的会议分为定期例会和临时会议两种。定期例会每月一次，临时会议视情况不定期召开。凡经贷审委审批的项目，因报表和报告不实而造成损失的，由提交部门负责；因决策失误而造成损失的，应由贷审委负主要责任。贷审委的有关文件、资料应统一存档，分类保管。贷审委成员及工作人员应严格遵守保密制度，不得泄密。

小资料　某省商业银行贷审委审批权限

各项贷款、担保、融资和投资等业务的审批权限。

1. 流动资金贷款
(1) 分支机构审批权限外的贷款。
(2) 信贷部门为：单笔 50 万元(含 50 万元，下同)以内。
(3) 分管主任为：单笔 50 万～100 万元。
(4) 贷审委为：单笔 100 万～500 万元或单户贷款累计余额 300 万元以上。
(5) 对新老客户发放的首笔贷款均由贷审委审批。
(6) 500 万元以上的报上级分行审批。

2. 中长期贷款
(1) 分管主任：单项 100 万元以下。
(2) 贷审委：单项 100 万～500 万元或单户贷款累计余额 300 万元以上。
(3) 500 万元以上的报上级分行审批。

3. 其他授信业务(履约类保函、承兑等)
对 50 万元以下由信贷部门审批，50 万～100 万元由分管主任审批，100 万～1 000 万元由贷审委审批，1 000 万元以上报上级分行审批。

4. 融资业务

银行融资业务只限在银行间同业拆借网或系统内进行，分支机构不得办理融资业务。拆入资金单笔 2000 万元以上，拆出资金单笔 3000 万元以上，报贷审委审批，以内由分管主任审批。

5. 债券投资业务

国债投资金额在 1000 万元以上，其他债券投资 500 万元以上由贷审委审批，以下的由分管主任审批。

（资料来源：金融网）

(三)工作程序

由贷审委审批的事项，必须按规定提交审批的项目，然后，由银行有关部门或分支机构写出申请审批报告，填列审批报表，连同报审材料一并送信贷部。申请审批报告及审批报表、报审材料一式三份。

(1) 各分支机构或部门的申请报告由信贷部负责初审，对内容不齐备的报告退回补充，需调查的，由信贷部在 3 个工作日内调查结束。无特殊原因，信贷部应在接受申请报告后不超过 3 个工作日的时间内，向贷审委主任报告，并提出会议安排。主任最长在 5 个工作日内召集会议，审批申请报告。如时间紧急可采取贷审委委员会签的形式直接审批申请报告。

(2) 贷审委会议必须有 2/3 以上的委员出席。贷审委委员因故不能到会的，经贷审委主任或召集人同意可委派代表列席，不享受表决权。凡提出申请报告部门的委员必须参会。

(3) 贷审委审议申请报告，经多方质询和充分讨论后，采取多数表决制的投票表决方式，表决人须在表决记录上签名。决定必须经出席会议的 1/2 以上委员同意，由主持人归纳意见，作出决策。在特殊情况下，即使有半数以上与会委员同意，贷审委主任仍有权在充分陈述理由的前提下予以否决。

(4) 贷审委会议应形成书面会议纪要，由会议主持人签发，主任根据会议纪要在申请审批表上署明意见并签名后生效。

四、风险部

风险部是银行从事信贷风险管理制度体系设计，信贷政策制度办法制定与落实，客户(或项目)、行业、国家或区域以及产品风险分析，监控预警等信贷风险管理工作的部门。

(一)商业银行信贷风险部的人员构成

商业银行信贷风险部人员构成包括客户(或项目)风险经理、行业风险经理、国家或区域风险经理、产品风险经理和政策制度风险经理等。行业、国家或区域、产品、政策制度风险经理一般设在总行和一级分行。二级分行(含)以下信贷风险经理主要承担客户(或项目)风险经理的职能。

(二)信贷风险部经理的主要职责

信贷风险部经理的主要职责是信贷风险识别、计量、分析、监测与控制，具体包括：信贷审查、风险识别、计量和分类(含五级分类、信用等级管理)、客户(或项目)整体风险控制，贷后风险分析与监控、贷后管理情况检查、风险预警等，行业、国家或区域、产品风险分析、监控和预警；全行信贷资产组合整体风险监测、分析，提出各行业、国家或区域、信贷产品的风险限额、风险防范措施及风险限额调整建议等，信贷政策制度的制定与管理。

(三)客户(或项目)风险部经理的主要职责

客户信用等级及贷款风险分类审查与管理；客户(或项目)信贷审查，识别风险并提出风险防范措施；对客户(或项目)风险分析与监控、客户部门贷后管理情况检查及风险预警等。

(四)客户(或项目)风险部经理的设立

客户(或项目)风险部经理可由不同风险经理承担，各级行按客户(或项目)或经营单位配备专门风险经理进行风险监控和贷后管理的检查。信贷审查人员为从事信贷审查工作的风险经理。

(五)行业风险部经理的主要职责

对主要授信行业进行行业调研和分析，预测行业发展趋势，适时发布行业相关数据、信息，及时提示行业风险；承担相应客户行业风险经理职责，为信贷审查提供行业风险参考意见；对相应行业整体风险敞口进行监控、分析，提出行业风险限额调整建议及行业风险防范措施。

(六)国家或区域风险部经理的主要职责

负责对国家或区域经济发展、金融发展及同业竞争状况进行调研分析，预测国家或区域经济发展趋势，发布相关数据、信息，及时提示国家或区域风险；对国家或经济区域整体风险敞口及信贷运作情况进行监控、分析、检查、预警，提出国家或区域风险限额调整建议及风险防范措施。

(七)产品风险部经理的主要职责

信贷产品风险特征研究及风险控制模式和程序的设计；制定新型信贷产品风险管理办

法，进行准入审核；对产品风险控制情况进行后评价；对相应产品的风险敞口进行监控、分析，提出产品整体风险限额调整建议及风险防范措施。

(八)政策制度风险部经理的主要职责

全行信贷风险管理体系及政策、制度的统一规划和管理；制定、调整信贷风险管理政策、制度、办法；制定、调整信贷授权管理方案；监督检查信贷政策、制度及信贷授权执行情况。

五、法律部

法律部是指为银行的信贷管理决策提供法律上的可行性、合法性分析和法律风险分析的部门。主要职责包括以下几个方面。

(1) 协助建立、完善各项规章制度。

对信贷管理中容易出现漏洞和滋生腐败现象的部门加强管理，逐步建立完善的监督约束机制。提出减少或避免法律风险的措施和法律意见。审查、修改、会签信贷合同、协议，协助和督促对重大合同、协议的履行。

(2) 处理有关法律事务。

处理或委托律师事务所的专业律师处理诉讼案件、经济仲裁案件、劳动争议仲裁案件等诉讼和非诉讼法律事务。查处严重违法违纪行为，对有涉嫌贪污、受贿、渎职、失职等严重违法行为的员工，负责协助有关司法机关依法追究相应的法律责任。

(3) 负责处理清理和追收工作。

(4) 协助相关职能部门。

<hr>

小常识　商业银行面临的风险

我国商业银行目前面临的风险可分为内源型风险和外源型风险。内源型风险是由银行内部管理不善、风险控制机制不健全等原因造成的，主要表现为资产负债总量控制失衡、流动性要求难以满足、资产结构中贷款比重过高、贷款合同要素不全、信贷决策失误和贷后管理缺乏、人情贷款和关系贷款、银行及分支机构之间缺乏信息沟通造成对恶意贷款人的交叉贷款审查控制不力、高息揽储恶性竞争、违规开立信用证和签发承兑汇票、银行有关人员以权谋私违规操作、搞账外经营和违规自办实体等。外源型风险是由银行业外部各种因素造成的，主要表现有社会信用风险、金融诈骗风险和政府干预风险。

第三节　银行信贷业务原则与政策

一、银行信贷业务基本原则

商业银行信贷原则，是商业银行经营和管理信贷业务的行为规范，是商业银行办理信贷业务时必须遵循的基本准则，商业银行贷款发放和使用原则包括安全性、流动性和效益性。

(一)安全性原则

安全性是指商业银行在经营信贷业务中，避免信贷资金遭受风险而造成损失的能力。由于商业银行经营是在一个不确定的、变化多端的环境中进行的，所以需要尽可能地规避风险，排除各种不确定性因素对其经营发展条件的影响，保证收益的安全与稳定，使其健康安全地发展。这不仅是银行本身发展的要求，而且还是社会对在经济领域中重要地位的商业银行的客观要求，也是商业银行社会责任感、优良的社会形象的体现。

商业银行的贷款活动面临多种风险，其中包括：①因贷款规模及期限结构不合理带来的风险。比如商业银行单纯追求利润最大化，导致贷款规模过大，超过商业银行本身可运用的资金来源，或者资金来源期限短，而贷款期限较长，结果引起资金营运的规模或结构不匹配，削弱商业银行贷款的安全性。②贷款客户信用变化造成的风险。比如商业银行客户的信誉不好或信誉发生改变，不能按期偿还贷款本息，影响了商业银行的存款兑付和资金周转，由此引发的信用风险。③经济情况的不确定性造成的风险。一般来说，经济繁荣，景气程度较高时，商业银行贷款的安全性也较高。但是，如果经济不景气，企业资金运行情况欠佳，产品销售困难，借款人就可能无力归还贷款，造成商业银行贷款不能足额收回，资金周转不灵，甚至使商业银行信贷资金遭受损失，严重时可能导致商业银行破产倒闭，信用制度崩溃。

(二)流动性原则

流动性原则是指商业银行在经营信贷业务中能按预定计划回收信贷资金，或在无损的状态下迅速变为现金资产的能力。商业银行的贷款要保持到期变现能力，实现信贷资产的正常周转。保持流动性对商业银行来说之所以重要，是因为商业银行在经营中面临着负债和资产的不稳定性，一旦商业银行的本金与利息收回额与其准备金额之和不能应付客户提存与贷款需求及银行本身需求时，便出现了流动性危机。流动性危机将严重损害商业银行的信誉，影响业务量并增加经营成本，妨碍其进一步发展。

要保持流动性，应做到以下几点。

1. 应保持相当部分的贷款处于流动状态

在商业银行的资产中，现金最具有流动性，属于一级储备资产，但它属于非盈利性资产，一般被控制在法律允许的最低限量。短期有价证券、短期票据等，有一定的盈利性，变现能力也强，但受市场交易气氛的影响，一般属于二级储备资产。商业银行贷款是商业银行资产收益的主要来源，相对而言，流动性最差。如果商业银行一级和二级储备不能满足客户的提现需要，在短时期内就要强制压缩贷款规模，这会使商业银行的信誉受到损害。因此，商业银行的经营管理者，在安排贷款投向时，必须安排相当部分的贷款，使之处于流动状态，一旦需要时，可将其从速收回。

2. 合理安排贷款种类、规模和期限

商业银行要按照资产负债管理的有关规定，合理安排贷款种类、规模和期限，使贷款的期限结构与存款的期限结构相适应。既要保持贷款的流动性，又最大限度地获取贷款利润。

3. 保持负债的流动性

在负债方面，商业银行要努力掌握取得资金的渠道和方法。主要是通过主动负债来保持负债的流动性。

(三)效益性原则

贷款的效益性原则是指商业银行发放贷款必须增加商业银行的利润，必须产生良好的社会经济效益。

商业银行作为经营货币资金，结算和创造信用的特殊企业，在业务活动的过程中，其最基本的、首要的动机和目标是获取最大限度的利润。商业银行的一切经营活动，包括如何设立分支机构，开发何种新的金融产品，提高何种金融服务，建立什么样的债券组合等均要服从这一目标。商业银行办理贷款业务，目的就是在合法的条件下追求利润的最大化，取得最好的经济效益。贷款业务是商业银行最大的资产项目，也是最大利润创收项目。无论是从商业银行自身的贷款经营，还是从保障社会公众利益的角度来看，追求利润始终是商业银行贷款的根本性目标。银行信贷资金的合理、优化配置正是通过商业银行追求利润的过程来完成的。商业银行发放贷款时，在坚持安全性和流动性、兼顾社会效益的同时，还要追求贷款的经济效益。

(四)商业银行贷款原则之间的协调

由于商业银行各项贷款原则之间存在着既矛盾又统一的关系，所以，商业银行信贷管

理工作的核心就是要谋求各项原则间的协调、均衡和最优组合。

二、银行信贷业务的基本政策

(一)贷款政策的含义

贷款政策是指导贷款决策的具体行为准则。贷款政策与原则不同,原则具有一般性,全局统一,相对稳定;而政策则相对具体,差异性、时效性明显,随经济发展变化而不断调整。商业银行贷款供应政策是商业银行贷款规模政策和贷款结构政策的有机结合,它规定了贷款的规模和结构,确定了贷款的利率水平,明确了商业银行支持与限制的对象。

(二)商业银行贷款政策的制定

商业银行的管理者在制定该行的贷款管理政策时,一般要考虑以下因素。

(1) 有关法律、法规和国家的财政、货币政策;

(2) 银行的资本金状况;

(3) 银行负债结构;

(4) 服务地区的经济条件和经济周期;

(5) 银行贷款人员的素质等因素。

(三)贷款政策的内容

商业银行的贷款政策主要包括贷款供应政策和贷款的利率政策。

1. 贷款供应政策

1) 贷款的规模政策

贷款规模政策,也称贷款投量政策,主要是指确定一定时期国家信贷总量和商业银行的贷款数量。贷款规模,一般包含贷款存量(一定时期贷款余额)和贷款增量(一定时期贷款增加额)两个内容。

2) 贷款结构政策

贷款结构政策,又称贷款投向政策,是指确定一定时期商业银行贷款的使用方向和分布结构,确定贷款支持与限制的对象。贷款的种类及其构成,形成了银行的贷款结构。而贷款结构对商业银行信贷资产的安全性、流动性、盈利性具有十分重要的影响。因此,银行贷款政策必须对本行贷款种类及其结构作出明确的规定。

3) 贷款地区政策

贷款地区政策是指银行控制贷款业务的地域范围。银行贷款的地区与银行的规模有关。大银行因其分支机构众多,在贷款政策中,一般不对贷款地区作出限制;中小银行则往往将其贷款业务限制在银行所在城市和地区,或该银行的传统服务地区。

4) 商业银行贷款规模的适度和结构的合理

评判银行贷款规模是否适度和结构是否合理，可以用一些指标来衡量。主要有：

(1) 贷款/存款比率。这一指标反映银行资金运用于贷款的比重以及贷款能力的大小。我国商业银行法规定银行的这一比率不得超过 75%。

(2) 贷款/资本比率。该比率反映银行资本的盈利能力和银行对贷款损失的承受能力。我国中央银行根据《巴塞尔协议》规定的国际标准，确定商业银行资本总额与加权风险资产之比不得低于 8%，核心资本与加权风险资产之比不得低于 4%。

(3) 单个企业贷款比率。该比率是指银行给最大一家客户或最大十家客户的贷款占银行资本金的比率，它反映了银行贷款的集中程度和风险状况。我国中央银行规定，商业银行对最大客户的贷款余额不得超过银行资本金的 15%，最大十家客户的贷款余额不得超过银行资本金的 50%。

(4) 中长期贷款比率。这是银行发放的一年期以上的中长期贷款余额与一年期以上的各项存款余额的比率。它反映了银行贷款总体的流动性情况，这一比率越高，流动性越差；反之，流动性越强。根据目前我国中央银行的规定，这一比率必须低于 120%。

商业银行信贷活动承担着调节国民经济结构、合理配置资源的任务。贷款结构的调整主要是通过贷款投向变化实现的，通过信贷结构的调整，使国民经济产业结构、产品结构和技术结构得以优化。

2. 贷款利率政策

贷款的利率政策是商业银行对贷款的利率水平和利息计收的有关事项所作出的规定和措施。随着市场经济的发展，中央银行逐步放松了对利率的管制，官方的固定利率将逐渐被市场利率所取代。

我国利率政策的主要内容如下。

1) 确定贷款基准利率水平

利率是引导资金流向的杠杆，适当的利率水平可以控制贷款规模，调整资金的流向。同时，利率水平的调整，也是利益再分配的一种手段。因此，制定适当的贷款利率水平，可以充分发挥贷款利率的杠杆作用，并使商业银行实现合理的盈利。

2) 贷款基准利率水平的决定因素

(1) 中央银行再贴现率。中央银行的再贴现率反映着中央银行的货币政策要求，体现着国家产业政策的导向，也影响着商业银行融通资金的难易和成本。在市场经济发达的国家，中央银行的再贴现率水平，对商业银行的具体贷款利率有一种"告示"作用。所以，商业银行与客户之间的贷款率要以中央银行再贴现率为基础。

(2) 贷款业务成本率。商业银行贷款业务成本率主要包括存款利息率和业务费用率。存款是商业银行最主要的负债，一般占整个资金来源的 2/3 以上。商业银行吸收存款，必须支付利息，这是构成商业银行成本的主要内容。存款利率越高，商业银行的成本越高。商业银行吸收存款是为了放款，为了获得相应的盈利，所以贷款利率水平必须高于存款利率。商业银行除了必须支付存款利息外，还必须支付各种费用，这也构成了商业银行的贷款成本。虽然随着商业银行经营管理水平的提高，各种业务费用可能会逐渐降低，但商业银行开展业务总需要有一个最低限度的费用支出，需要由贷款业务收入来弥补。

3) 商业银行贷款利率水平制定的其他影响因素

(1) 借贷市场资金供求状况。从国际金融市场看，资金供求状况是制约利率水平的重要因素，市场资金供不应求，贷款利率就会上升；反之，贷款利率就会下降。

(2) 预期的通货膨胀率。物价水平的变化，直接影响着商业银行贷款的实际利率水平。如果物价上涨，贷款利率却不变，必然造成贷款实际利率水平的下降，甚至会出现负利率，这样就会损害商业银行的利益。同样，如果物价指数持续下跌，或者物价水平负增长，就会使贷款实际利率水平上升，此时如不及时调整贷款利率，就会使借款企业利息负担提高，抑制贷款需求。

(3) 除上述因素外，商业银行具体贷款利率的制定还应考虑借款人的信用状况、贷款方式以及贷款期限长短等因素。

📖 **案例点击**

信贷员的违规造成的损失

基本案情

经法院审理查明，2002 年年底至 2003 年年初，原琼铁建材公司法定代表人兼总经理连某在公司职工不知情的情况下，擅自以公司名义，用公司已被法院查封的集资楼为抵押物，通过朋友周某联系，向建行海口市住房城建支行申请职工集资楼按揭贷款。为此，连某等人召集了一批社会人员，冒充琼铁公司的 112 名职工，并伪造了身份证明等申请材料，加盖公章后交给城建支行，欺骗城建支行与上述冒充人员签订个人住房贷款合同，骗取该行596 万元的个人住房按揭贷款。

🪙 **点石成金**

现代管理制度是保证信贷安全的前提。被告人刘某作为城建支行该项业务的信贷员，未依职责认真审查连某提交的上述个人按揭贷款资料的真实性，没有按建行规定进行调查核实即作出建议给予贷款，并报告给作为部门经理的被告人梁某。而梁某对刘某提供的资料也未进行认真审查，对其真实性也未核实，即作出同意意见并报行长提交审贷会，使该笔被骗贷款顺利获得批准。

本 章 小 结

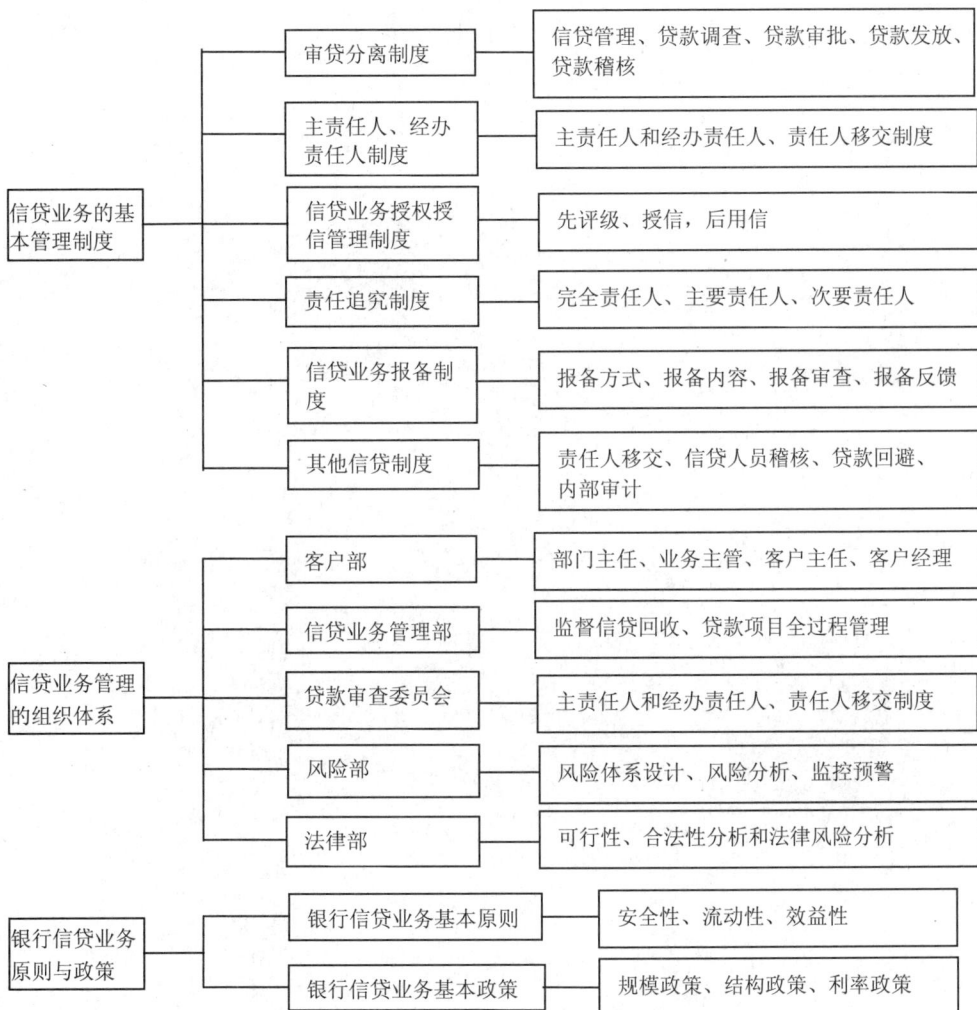

复习思考题

1. 商业银行信贷管理中为什么要实行审贷分离制度？
2. 审贷分离制度的机构设置与职能是什么？
3. 阐述影响商业银行贷款政策制定的因素有哪些？

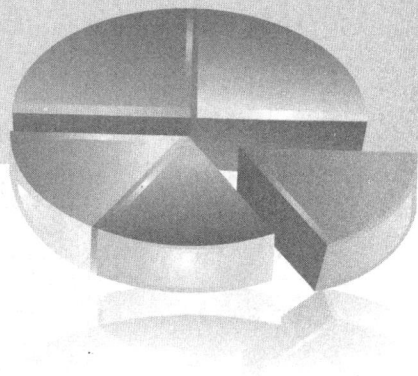

第二篇

商业银行的信贷业务篇

信贷业务是商业银行的传统业务，是其三大盈利性业务之一，也是商业银行区别于其他金融机构的标志。本篇系统地阐述与介绍了关于商业银行的存款业务；流动资金贷款业务；固定资金类的项目融资贷款业务；个人消费信贷业务和票据贴现业务的经营与操作理论原理，重点介绍了流动资金贷款方式、项目融资贷款方式与个人消费贷款业务的操作原理。通过学习，使读者与学生能够了解存款、信贷业务和表外信贷等方面的基本操作原理知识，理解存款业务和信贷业务对经济的影响；学会运用存款和信贷业务的基本原理，能够对商业银行信贷业务进行熟练操作。

第三章 存款业务

【学习目标】

- 了解商业银行存款业务的概念和作用。
- 掌握商业银行存款业务的分类及各部分构成内容。
- 了解商业银行存款业务经营的措施与策略。
- 掌握商业银行存款业务管理的目标与方法。

【重点难点】

- 商业银行存款业务分类的构成。
- 商业银行存款管理的主要方法与指标体系。

章前导读

　　截至 2008 年 12 月 19 日,中国银行人民币储蓄存款余额突破 2 万亿元大关,达到 20 008 亿元, 当年新增 3838 亿元, 增长率达 23.73%。

　　2005 年以来, 中行人民币储蓄存款年均增长率达 17.35%, 占中行全部人民币存款余额 50%以上, 在工行、农行、中行和建行四大商业银行中排名第二。

　　中行有关负责人表示, 中行人民币储蓄存款业务保持良好发展的一个重要原因, 是全力推进个人金融战略转型和体制机制创新。

　　关键词:存款　组织　经营　管理

第一节　商业银行存款业务概述

　　银行存款是任何一家商业银行业务经营的营运资金的主要来源。商业银行对存款的管理是其信贷管理的主要内容和前提条件。因此, 大力组织筹集存款, 加强、完善对存款的管理, 对于一家银行业务的发展具有最重要的意义。

一、商业银行存款业务的概念与性质

(一)商业银行存款的概念

　　银行存款是指银行运用信用方式从社会聚集起来的货币资金。它是以银行为主体, 以

社会公众(包括企业、单位和个人)为对象，以偿还付息和提供金融服务为条件而积聚起来的社会闲散资金，是存户与银行之间发生的债权债务关系的载体。

(二)商业银行存款的性质

1. 存款是商业银行对存款人的一种负债

作为一种信用活动，存款对于双方当事人具有不同的意义。从存款者(债权人)的角度来讲，银行存款是其以现金、票据或贷款的转账，寄存于银行，而享有即期或定期同等金额的"付现请求权"，它既是存款者对银行的一种授信行为，又是存款者所拥有的一种金融资产；从银行(债务人)的角度来讲，银行存款是其收受外来的现金、票据或本行贷款的转账，而负即期或定期偿付同等金额的义务的受信行为，它是银行对存款人的一种负债，是银行经营资金的主要来源。

2. 银行存款是社会总产品价值的一部分

银行存款来自于社会再生产各个环节暂时闲置的货币资金，是社会总产品价值的一部分。一定时期内实现的社会总产品价值用货币来表示，就是各个企业的产品销售收入。企业的产品销售收入，经过初次分配，形成补偿基金、消费基金和积累基金。然后通过对积累基金的再分配，形成国家对经济建设的投资和机关、事业单位的经费。在产品销售收入的不断分配过程中，无论是补偿基金和消费基金的形成到使用，还是积累基金的上缴与下拨，都会存在或长或短的间歇，这种间歇过程以货币形态反映在银行账户上，就形成了银行存款。可见，银行存款实际上代表了社会总产品价值的一部分，或者说，社会总产品的一部分是银行存款的客观物质基础。银行存款不仅仅是反映在银行账户上的一串抽象的数字，它既然代表着一定数量的社会总产品，就有权换取这部分产品，成为一种流通手段和支付手段。所以，存款实质上也是一种货币，它与现金货币没有本质的区别，都是购买力，且可相互转化。而存款货币大量地替代现金货币的流通，正是现代信用制度的重要特征之一。

二、商业银行存款业务的意义和作用

(一)商业银行组织存款的意义

1. 存款是商业银行充当信用中介和支付中介的基础

商业银行的基本职能是充当信用中介和支付中介。但是，如果没有存款，商业银行既不能充当信用中介，也不会产生支付中介的职能。这是因为，作为信用中介，必须先有存款的集中，然后才有贷款的发放；作为支付中介，则必须以存款为基础进行货币资金的转移，必须以客户的存款办理货币资金的收付。可以说，存款是商业银行发挥两个基本职能的基础。

2. 存款是商业银行签发信用流通工具和信用创造的基础

商业银行提供信用流通工具，签发各种支票、大额可转让存单的依据是客户的存款；同时，商业银行具有创造信用货币并据以扩大贷款和投资的能力。这个能力直接影响到社会的货币供给总量，影响到社会各种有效资源的利用和分布，影响到利率、投资、就业、国民收入和价格水平，甚至币值的稳定。而这个能力的发挥又必须以存款为基础，即商业银行在拥有原始存款的基础上通过贷款派生存款。

3. 存款规模决定商业银行的贷款规模和竞争实力

商业银行本身不具有货币发行权，且资本金有限。在这种情况下，商业银行存款的数量成为其经营实力的重要标志。商业银行要扩大资产业务的规模和范围，要获得相当的利润，就必须开拓存款市场，增加存款种类，丰富存款形式，扩大存款来源。所以，存款规模和结构，影响商业银行资金运用的规模结构，关系到商业银行的盈利水平。商业银行应以存款为本、存款立行。

(二)商业银行组织存款的作用

1. 聚集闲散资金，增加社会积累

以信用方式把一部分单位和个人手中分散、待用的货币集中到银行，这是筹集社会建设资金、增加社会积累的一条重要渠道。通过存款方式集中到银行后的闲散资金，成为发展市场经济的一项重要资金来源。积少成多，续短为长，将消费资金转化为积累资金，这是银行信用增加社会积累的特殊作用。

2. 平衡信贷收支，调节货币流通

商业银行信贷收支的平衡取决于收入和支出两个方面。在合理安排支出的前提下，主要是依靠多吸收存款，扩大信贷资金来源来实现信贷收支平衡。从当前商业银行负债结构看，银行存款是信贷资金来源中的最主要部分，存款的组织与管理对实现信贷收支的平衡具有十分重要的影响。组织存款对于调节货币流通、稳定物价也有重要意义。存款作为通货，代表商品购买力。通过存款的组织管理，可以有计划地调节货币流通结构，平衡市场商品供求，保持物价稳定。

3. 加速资金周转，促进经济核算

商业银行通过加强对存款的组织管理，一方面，为企业保留合理的购买手段和支付准备金；另一方面，又可促进企业注重销售、催收货款、清理债务，帮助企业加强经济核算，合理运用资金，提高资金使用效益。对机关、团体、事业单位的经费和城乡居民的货币收

入等，先收后支的消费基金，通过银行信用方式加强组织管理，既有利于机关单位节约经费开支，也有利于城乡居民有计划地安排生产，合理消费，鼓励勤俭节约。

4. 合理融通资金，协调经济发展

商业银行通过吸收存款，加强对社会闲散资金的控制和疏导，并能够在更大的范围内开展地区之间、行业之间的资金融通，调剂资金余缺，为社会经济的发展，为国家重点建设项目和国民经济的主要部门、行业提供建设资金。银行通过信用方式吸收存款、筹集资金、融通资金，在协调经济发展中发挥着越来越重要的作用。

三、商业银行存款的特点

(一)被动性

从取得资金的方式来划分，商业银行的负债有被动型负债、主动型负债和其他负债。商业银行吸收存款属于被动型负债，因为客户是否将货币资金存入银行、存入多少、信用关系是否因此发生，很大程度取决于存款人的决策，商业银行在这种负债过程中处于相对被动的地位。存款的这一特点决定了银行必须不断创新存款品种，采取各种营销策略来吸引存款。

(二)派生性

存款的派生性是指商业银行存款中有相当一部分是由贷款转化而来的。在非现金结算和部分准备金制度下，银行发放贷款的结果会导致存款负债的增加，从而形成派生存款。

(三)客观性

银行存款的客观性是指存款的数量在客观上要有一定限度。其原因有两方面：一是存款来自社会暂时闲置的货币资金，它表现为企业的产品销售收入在尚未动用之前，以存款形式反映在银行账户上，因而存款存在一定的限额，即全社会银行存款的总量应与社会总产品的价值量保持一定的客观比例，它决定了存款的合理数量界限，超过了这个合理界限的存款就是过多的存款，就会导致货币的供给超过货币的需求；二是存款构成流通中货币量的主要部分，必然要受货币供求理论和货币流通规律的制约，也必然存在一个客观的数量界限。存款的这一特点表明，金融机构的存款只不过是对存款总量的分割而已，各商业银行只能改变各自的存款占有份额，不能改变存款的总规模。

(四)波动性

由于存款受多种因素的影响，所以存款数量是经常变化的。这些影响因素包括经济周

期、中央银行的货币政策、存款人收入的不确定性、消费结构、市场利率、银行服务质量等。存款的这一特点要求银行必须抓住存款变动的规律，掌握吸收存款的主动权。

第二节　商业银行存款业务的经营

一、商业银行存款业务的分类

(一)按经济性质划分

1. 企业经济组织存款

企业经济组织存款指工业企业存款、商业企业存款、外贸外经企业存款、农业生产单位存款、乡镇企业存款、个体私营企业存款、农村信用社转存款等。因此，习惯上又称企业存款。

企业经济组织存款，从性质上看是企业生产流通过程的支付准备和一部分扩大再生产的积累基金，其主要来源是各企业的商品销售收入。作为社会总产品价值的货币表现，这类存款包括补偿基金、消费基金和积累基金三部分。其种类有活期存款和定期存款两种。

活期存款，企业可以随时支出，不规定存款期限。属于各类企业的生产经营资金在再生产过程中的暂时闲置部分。企业销售产品和购买原材料、商品，以及支付工资均通过活期存款账户收付，随时反映企业各项经济活动。

定期存款，则是企业按约定条件存入开户银行的存款。主要是企业提留的用于扩大再生产的积累资金。企业定期存款一般是万元起存、多存不限，由银行签发存单。存款到期，企业凭存单一次支取本息，但不能提取现金。银行将其转入活期存款账户，企业方可支用。

2. 储蓄存款

储蓄存款是城乡居民个人货币收入的节余款或生活待用款，因暂时不用而储蓄在银行。储蓄存款主要来源于居民的货币收入，其性质属于消费基金和积累基金的一部分。国内外对储蓄存款的认知存在明显的差异，美国把储蓄存款定义为"存款者不必按照存款契约的要求，而是按照存款机构所要求的任何时间，在实际提取日前 7 天以上的时间，提出书面申请提款的一种账户。在美国，居民个人、政府和企业都可以合法地持有储蓄存款。而我国的储蓄存款仅指居民个人消费结余存款，政府机关、企事业单位的存款不能称为储蓄存款，公款私存被视为违法现象。

储蓄存款的种类有活期储蓄存款、定期储蓄存款、定活两便储蓄存款。

3. 财政性存款

财政性存款是国家财政集中起来的待分配、待使用的国民收入。来源于积累基金的一部分，由财政金库存款、经费存款和基本建设存款等部分构成。

财政金库存款是指财政部门在银行的货币资金。我国财政收支实行金库制度，设立中央金库和地方金库，国家一切财政收入都纳入同级金库，一切财政支出都由同级金库拨付。我国由中国人民银行代理国家金库，国家授权中国人民银行办理财政收入和支出的出纳业务。财政先收后支的待款和收大于支的结余款在银行形成财政存款。财政金库存款是人民银行信贷资金的一项重要来源，各专业银行吸收的财政金库存款都必须上缴给人民银行使用。财政金库存款可分为中央金库存款和地方金存款。

经费存款是机关、团体、部队和学校等经费单位在银行的存款。经费存款是经费单位结余和待用的经费形成的存款。

基本建设存款，是国家财政用于基本建设方面的预算支出中结余和待用的部分存入银行所形成的。

财政性存款的特点主要表现在先收后支、收大于支上，支取较有规律，总量较为稳定。

(二)按存款期限划分

1. 活期存款

活期存款是指款项可以随时支取、续存不规定存款期限的一种存款。活期存款可以随时提取，流动性较强，银行运用此资金有一定的局限性。但对于商业银行来讲，因其筹资成本低，仍是主要的经营对象和负债。银行吸收的活期存款以安排相应的短期贷款项目为主，同时也可获得较为稳定的短期存款余额，可按一定比例进行长期运用。活期存款具有流动性强、风险较大、手续烦琐、成本较高(指银行需提供频繁的存取、提现等服务)的特点，所以存款利率较低。在国外商业银行办理此项业务时，有的商业银行甚至不支付利息，还要向客户收取少量的手续费。目前，我国活期存款有企事业单位活期存款(包括信用卡存款)和居民活期储蓄存款两类。活期存款是银行的主要资金来源。

2. 定期存款

定期存款是指存款人预先约定款项存储的期限，到期凭存单提取的存款。利率较活期存款高，存期越长利率越高。定期存款具有存款期长、金额大、稳定性强的特点。商业银行通常运用这类资金于盈利性较高的中长期贷款和投资项目上。目前，我国定期存款有企业定期存款和居民定期储蓄存款两类。

对商业银行而言，定期存款在灵活性、方便性、利息成本和创造派生存款的能力等方面都不如活期存款，但它对银行的经营管理却有着特殊的意义。

3. 定活两便存款

定活两便存款是指不确定固定的存款期限，可以随时续存和提取，其利率随存期长短而自动升降的存款，定活两便储蓄存款有活期之便，定期之利。目前，我国定活两便存款只对居民个人。

定活两便储蓄存款，客户可随时存取款，自由、灵活调动资金，是客户进行各项理财活动的基础。该种储蓄具有活期储蓄存款可随时支取的灵活性，又能享受到接近定期存款利率的优惠。

(三)按存款的货币形式划分

按存款的货币形式分类，我国商业银行的存款可分为人民币存款和外币存款两大类。

1. 人民币存款

人民币存款包括上述对公存款、储蓄存款、财政性存款外，还包括人民币特种存款。人民币特种存款是由国外或港澳台地区汇入或寄入的外汇折算成人民币后形成的人民币存款。存款者需要时可以将账户上的人民币兑换成外汇汇出境外，也可以支取人民币现钞，故称其为人民币特种存款。

2. 外币存款

外币存款是指商业银行吸收的以外币为面值的存款。它包括外钞和外汇两部分。我国商业银行办理的外币存款有甲种外币存款、乙种外币存款、丙种外币存款和 7 天通知外币存款，存款货币目前为美元、英镑、欧元、日元和港币等。

(四)按存款来源和信用性质划分

1. 原始存款

原始存款指当单位或个人将款项以现金的形式存入银行后所形成的存款。这部分存款是社会再生产过程中资金的真实转移，因此会相应缩减社会购买力，同时增强银行的自我清偿能力。

2. 派生存款

派生存款指由银行本身发放贷款而衍生出来的那部分存款。派生存款不是社会再生产过程中资金和货币的真实转移，因而导致社会购买力的扩大，并不能增加银行的自我清偿能力。

二、我国商业银行存款的创新

(一)通知储蓄存款

通知储蓄存款是一种存款人在存入款项时不约定存期，预先确定品种(现行分一天通知储蓄存款、七天通知储蓄存款两个品种)，支取时需提前通知银行，约定支取日期及金额的储蓄存款方式。一般 5 万元起存，最低支取金额 5 万元，一次存入，可分一次或多次支取的储蓄存款。其利率均高于活期存款利率。

(二)可转让大额定期存单

近几年，我国各储蓄机构也纷纷开办了可转让大额定期存单业务，面额以 500 元、1000元为主，期限有 3 个月、6 个月、1 年等。大额存单的利率高于同期定期存款利率，一般在同期定期存款利率基础上浮动 5% 左右。发行可转让大额定期存单已成为商业银行调整负债结构的主动型负债的形式之一。但目前我国存单市场存在一些问题：虽为大额，但比国外面额小得多，企业参与少，流动性差，存单发行后没有形成高效的转让市场。

(三)单位人民币协定存款

单位人民币协定存款是指可以开立基本存款账户或一般存款账户的中华人民共和国境内的法人及其他组织与银行签订人民币单位协定存款合同，在基本存款账户或一般存款账户之上开立具有结算和协定存款双重功能的协定存款账户，并约定基本存款额度，由银行将协定存款账户中超额度的部分按协定存款利率单独计息的一种存款方式。单位协定存款账户不办理透支业务。存款合同的有效期限为一年。

(四)单位通知存款

单位通知存款是指存款人不约定存期，在支取时需事先通知存款银行的一种人民币存款。通知存款不论实际存期多长，按存款人提前通知的期限长短划分为一天通知存款和七天通知存款两个品种。一天通知存款必须提前一天通知约定支取存款，七天通知存款必须提前七天通知约定支取存款。

(五)定期一本通

定期一本通是在一个存折上办理多种货币和多种期限的整存整取定期储蓄存款的一种存款方式。人民币存款起存金额为 50 元，乙种外币存款起存金额为不低于人民币 500 元的等值外币，丙种外币存款起存金额为不低于人民币 50 元的等值外币。

(六)活期一本通

活期一本通是在一个存折上办理人民币及多种外币活期储蓄的存款方式。活期一本通账户起存金额为人民币 1 元或相当于人民币 20 元的等值外币。

(七)通信存款

通信存款是指华侨、港澳台胞、外籍华人及批准出境定居或留学的国内居民，将其在国外的资金委托国内银行办理储蓄存款的一种方式。

(八)通存通兑的活期储蓄

通存通兑的活期储蓄业务是利用电子计算机网络对当天发生的活期储蓄业务进行信息传递，从而实现各联网储蓄机构的一体化服务。储户要办理此项服务，可选择任何一个联网储蓄所开立活期储蓄磁卡存折，10 元起存，多存不限。之后，凭开的磁卡存折可在任意一个通存通兑储蓄所(或 ATM 自动存取款机)办理存取款业务。目前各银行推出的代发工资业务多与通存通兑相联系。但是对如下情形通常禁止通存通兑：活期储蓄存折销户；凭印鉴支取的活期储蓄存款；活期储蓄已经正式挂失、冻结；取款金额超过 5 万元(含 5 万元)不能办理跨所业务；未参加通存通兑联网的储蓄所的活期存折。

(九)个人支票户存款

个人支票以个人信誉为保证，以支票为支付结算凭证，可用于转账、取现和购物。签发的支票有限期为 10 天。已申请电话银行服务的支票签发人，可通过电话银行服务对所签发的支票进行保付，受票人可通过银行的专线电话查询该支票的保付情况。中国银行已在北京、上海、福建、广东、深圳等部分省市开办此业务。

(十)其他新型存款

除上述新型存款业务外，各银行还结合自己的服务特点及客户的需要推出了许多新型存款业务，如外币定活两便存款、信用卡存款、存贷结合的住房储蓄业务、存单回购、异地存款业务、礼仪储蓄等。

三、商业银行业务的经营

(一)吸收存款的措施

对于不同种类的存款，商业银行还结合自己的经营特色，采取不同的政策措施，但其中也有一些是适用于大多数的商业银行及大部分的存款产品的。商业银行吸收存款的措施主要有以下几点。

1. 提供优质、高效的服务

能为客户提供优质、全面、高效服务的银行，通常会在存款竞争中比其他银行获得更大的成功。为达到这个目的，银行可从网点设置、硬件设施和人员配备三个方面来考虑。

商业银行的营业网点是银行推销存款产品的基层组织，银行需建立和增加服务网点，以适应经济和社会变化的需要，但网点设置不能一哄而上，应同时考虑其效益和成本问题。

首先，网点应尽可能设置在人口密集的地区和交通中心；其次，网点设置还应具有远见性，注意与城市规划建设相配套，率先在新开发区、新建居民区设置网点，既方便了客户，也提高了银行的知名度，增加了经营利润；最后，还要辩证地处理好新网点设置与挖掘原有机构潜力之间的关系，在内涵扩大吸存量的基础上，搞好吸存量的外延扩大，把有限的资金运用到最急需的地方。

2. 积极进行金融创新，丰富存款形式

随着银行间以及银行与其他金融机构之间的竞争日趋激烈，就需要银行根据市场的变化，并结合自身情况，适时推出适应市场需求变化的新的存款产品。当然，银行也可以适当超前开发一些新的存款产品，做到以快制胜，如 NOWs 账户、货币市场共同基金账户等都是进行金融创新的结果。在进行金融创新过程中，商业银行必须始终坚持以下几个原则：首先，创新必须符合存款商品的基本特征和规范，凡是脱离存款本质特征的设计，既不能称其为存款商品，也就更谈不上创新了；其次，必须坚持效益性，即以新品种的平均成本不超过原有存款产品的平均成本为原则；最后，存款创新还不能有损于社会的宏观经济效益，应当有利于平衡社会经济发展所必然出现的货币供给与货币需求的矛盾，能合理调整社会生产和消费的关系，缓和社会商品供应与货币购买力之间的矛盾，概而言之，即存款创新还必须符合社会性的原则。

3. 提供各种贷款便利，实现"存贷结合，以贷吸存"

能否取得贷款是客户选择银行的一个重要条件，若银行不能满足客户的合理贷款需求，它的存款规模必然受到影响。反过来看，银行也可利用其拥有大量信贷资金的优势，制定出合理的"以贷吸存"的措施，迫使企业"以存定贷"；同时，在吸收储蓄存款时，银行可以作出提供各种优惠利率消费信贷的承诺，以吸引居民手中大量的闲散资金。银行采取这种存贷结合的方法，一方面，可以提高贷款的安全性，并借此提高贷款的实际利率；另一方面，又将所发放贷款视为现在或将来获取存款的一条来源渠道。

4. 重视存款商品的促销策略

在现代银行管理中，银行越来越重视产品推销和信息传播。为了有效地扩大存款商品的销售，银行必须与社会各界保持良好的沟通，让客户尽可能多地了解自己的产品。由于金融市场发展阶段的差异，在促销工具的选择和重视程度上，各家银行可能会有不同的抉择。一般而言，银行所运用的促销工具不外乎以下四种：广告、人员推销、公共关系及销售促进。金融广告旨在巩固现有客户和吸引潜在客户，使其意识到金融企业提供的某种服务将有助于达到他们期望的目标。对银行经营的传统观念来说，人员推销可谓是一种强烈冲击。随着金融产品和服务的日益复杂化和专业化，商业银行采取人员推销的方法，可以使客户了解其产品和服务，促进产品和服务被优先购买，成为商业银行提高客户忠诚度和促使其购买更多金融产品的有效手段之一。公共关系对银行来讲也是非常关键的，银行通

过该措施建立良好的信誉和形象，在提高效率的同时争取客户的理解和谅解，这样既可与老客户保持密切联系，又能吸引更多的新客户。销售促进则是指银行利用各种刺激型和促销型的手段，如赠品、有奖储蓄等，吸引新的尝试者和报答忠诚的老顾客。

(二)吸收存款的策略

由于存款业务实际上是商业银行的一种被动负债，因此，银行要想在存款业务上取得成功，就不能采取"守株待兔"的方式，必须变被动负债为积极经营，通过不同的策略选择化被动为主动，以使自己的存款商品能迅速占领市场。而银行若要尽可能地扩大和稳定存款规模，关键问题就在于怎样才能使自己的产品具有更大的吸引力。为此，商业银行在经营管理活动中，必须不断地进行金融产品的创新和设计开发活动，真正做到"人无我有，人有我新，人新我优"。为实现这一目标，商业银行可结合自己的实际情况，采取如下两种不同的策略。

1. 市场分割策略

市场分割策略指商业银行利用尚不存在竞争的新产品占领部分总体市场的策略，以此达到"人无我有"的目标。对实行该策略的银行来讲，必须首先找到能扩大总需求的方法，即必须开发出一种产品，使其潜在客户转为实际客户。

2. 产品差异策略

虽然商业银行通过市场分割策略，常常因"出其不意"而获得巨大成功，但在如今信息传递十分迅速、市场竞争日趋激烈的现代社会中，任何一种新的存款产品问世，都会马上引起仿效，类似的产品会如雨后春笋般冒出来。为了避免产品创新的成果轻易丧失，每一家银行在设计开发新的存款产品时，应尽可能地将本银行持有的经营风格、优良的经营传统、特殊的服务方式等巧妙地融合到新产品中去，从一些细微之处给人们造成一种强烈的主观感受，使模仿者不易成功。除此之外，商业银行还要密切注意市场动态，观注相同行业产品发展情况，时刻准备对本行产品进行或大或小的改进，以推陈出新，保证不减少自己的市场份额。

第三节　商业银行存款业务的管理

一、商业银行存款业务的管理目标

在商业银行负债中，存款占有举足轻重的地位。西方商业银行在负债不断创新的情况下，存款负债仍然是其最主要的资金来源，如为美国第二大商业银行的美洲银行，1999年12月31日负债结构中，"各项存款"3472.73亿美元，占其全部负债5881.4亿美元的59.05%。

我国商业银行负债中存款的比重一般要高一些，如中国工商银行 1999 年 12 月 31 日资产负债表中，存款为 29 823.78 亿元人民币，占其全部负债 33 583.91 亿元人民币的比重高达88.80%。由于存款在商业银行负债中占有相当大的比重，因此存款管理构成了商业银行负债管理的主要内容。商业银行必须要通过对存款业务的组织管理实现存款规模的最佳化、存款结构的最优化、存款成本的最小化和存款的稳定化四个目标。

(一)通过有效的存款管理，实现存款规模的最佳化

存款规模最佳化包括以下两层含义。

(1) 尽可能多的吸收存款，以壮大商业银行的资金实力。银行作为信用中介机构，自有资本率通常都比较低，其经营活动主要是通过集中这部分客户的暂闲资金为另外一部分客户解决资金的临时需要。为使商业银行的信用中介职能得以放大，也是为了在更大范围和更大规模上解决客户(特别是生产、流通企业)的临时需要，有效地支持和促进国民经济的持续、快速、健康发展，尽可能多的吸收存款、扩大存款规模是十分必要的。

(2) 商业银行存款规模的扩张，要受到自身资本总量的限制和资产规模的影响。一般来说，商业银行为了保证自身有足够的清偿能力，以维护自身良好的社会信誉，通常规定自有资本金对存款总额的比例，用以限制商业银行过度吸收存款。例如，1914 年美国货币总监就曾提出应以法律形式规定银行的每一元资本金最多只能吸收十元的存款，这个比例作为衡量银行自有资金是否适当的标准一直沿用到第二次世界大战。同时存款的规模也要受到资产规模的影响，如果一家商业银行的资产规模受到限制(无论是经济的原因，如经济萧条时期，贷款放不出去，或是政策原因，如严重通货膨胀时期，国家控制贷款规模等)，那么其存款的规模也就会受到影响。否则，一味地扩大存款总量而造成大量银行资金用不出去，必然会迫使银行走向亏损的境地。因此，商业银行存款管理的首要任务，就是根据经济发展的需要和自身的资本实力，实现存款规模的最佳化。

(二)通过有效的存款管理，实现存款结构的最优化

对于商业银行的存款结构，从盈利性、流动性和安全性的不同角度分析有不同的要求。在西方国家，商业银行对活期存款一般不支付利息，即使支付，其利率也很低。在我国，对活期存款实行低利率。因而活期存款是商业银行的无利息或低利息存款，在存款总额一定时，活期比重越高，存款平均利息率就越低，与贷款的利差就会扩大，盈利也可能因此而增加。所以，在其他方面相同的情况下，商业银行从盈利性出发，更倾向于增加活期存款，而不是定期存款。然而，从资金的流动性来看，活期存款提取的可能性远远超过定期存款，因此，活期存款比定期存款需要保留更多的支付准备，这显然不利于资金的流动性管理，也不利于资金盈利性的实现。商业银行资金的损失在西方国家通常会引起存款的挤兑风潮，在挤兑风潮中，活期存款比重越高，银行的支付压力就越大；而定期存款比重越

高，银行的支付压力就要小得多。所以，从银行安全考虑，也应该提高定期存款的比重，降低活期存款的比重。活期存款比重的上升可能会增加盈利，但要以牺牲流动性和安全性为代价。而定期存款比重的上升，虽然有利于资金的流动性和安全性，却不利于资金的盈利性。在定期存款的长短期结构中，也同样存在着类似的矛盾。盈利性要求多吸收短期存款，以降低存款的利息成本，而流动性和安全性却要求多吸收长期存款。以增强资金来源的稳定性。可见，在存款结构问题上，盈利性与流动性、安全性的矛盾是显而易见的。

正因为这些矛盾，所以，在存款结构管理中，不能注重了抓活期存款，就放松抓定期存款的力度，反之亦然。而应是在保持存款相对稳定的基础上，尽可能多地吸收低利率的活期存款，在努力降低存款利息成本的同时，促进存款量的相对稳定，并在存款管理中，尽可能找到与资产结构相适应的存款结构。

(三)通过有效的存款管理，实现存款成本的最小化

存款成本主要由存款利息和存款业务费用(包括存款手续费、宣传费、招待费、管理费等)两大项构成，因此，在存款成本管理中也主要从这两个方面入手。一是努力降低单位存款的利息支出。由于单位存款所支付的利息的多少与利息率的高低直接相关，而利息率的高低与存款期限又有密切的联系，因此，从降低利息支出来讲，应尽可能吸收活期和短期存款。在利率市场化条件下，降低存款利息支付的另一个途径是：当银行根据经济形势、政策变化、物价波动、资金供求等因素，预期利率将上升时，采取固定利率战略吸收存款，采取浮动利率战略发放贷款；反之，预期利率将下降时，采取浮动利率战略吸收存款，采取固定利率战略发放贷款；在扩大存贷利差中相对降低存款利息成本。二是努力降低存款业务费用支出。存款业务费是一项弹性较大的费用，如手续费、宣传费、招待费等都具有很大的伸缩性，稍一放松会大增、严格控制则会省下很多钱。所以，在存款管理中要制定科学的指标体系，通过定额、定员、定费用，来严格控制存款业务费用支出。

(四)通过有效的存款管理，实现存款稳定化

商业银行在存款规模扩大的同时要保持存款的稳定性，存款的稳定性是商业银行维持流动性、扩大盈利性资产比重的重要手段。衡量存款稳定性的主要指标有活期存款稳定率及活期存款平均占用天数等。

$$活期存款稳定率 = \frac{活期存款最低余额}{活期存款余额} \times 100\%$$

$$活期存款平均占用天数 = \frac{活期存款平均余额 \times 计算期天数}{活期存款支付总额}$$

上述两个指标与存款稳定性之间呈正关系，即活期存款稳定率越高，活期存款平均占用天数越多，银行存款稳定性越高；反之，存款稳定性越低。

影响商业银行存款稳定性的因素很多，既有宏观方面的因素，又有微观方面的因素。

宏观方面的因素，如政局的稳定及社会的安定与否、金融市场的发展水平及金融资产种类的多少、利率政策及利率水平等，微观方面的因素则有存款的种类、存款人的动机、存户数量的多少、存期长短、服务质量高低、存款机构的竞争等。人们选择存款的动机，有的是图安全方便，有的是想保本增值，有的是为了投机。一般情况下，保本增值型存款稳定性高，便利型存款和投机型存款稳定性低。当存款规模一定时，银行存户数量越多，存款人之间此存彼取、相互抵销的可能性越大，存款的稳定性越高，反之则低。在存款利率缺乏弹性的环境里，银行服务质量高低对存款的稳定性有着最直接的影响，态度热情、办事准确而高效的银行，存款的稳定性高，而服务质量较低的银行则难以保证其存款的稳定性。

二、商业银行存款业务的管理制度与方法

(一)中央银行对商业银行存款业务的管理制度

商业银行是一个特殊的企业，它是负债经营，而且是承担经营风险的，商业银行体系能否稳健经营，对经济的发展起到至关重要的作用，因此，各国的中央银行对商业银行的经营都加强了监管，中央银行对商业银行的存款监管主要有法定存款准备金制度和金融机构存款保险制度。

1. 法定存款准备金制度

1) 法定存款准备金的概念

法定存款准备金是指中央银行为保证金融机构的支付能力、控制金融机构信用扩张、实施宏观货币政策，强制金融机构按一定比例缴存中央银行的存款。

存款准备金制度建立的初始目标在于保证金融机构的支付和清算。随着银行体制和存款准备金制度的发展，存款准备金逐渐演变成为中央银行的货币政策工具，而且成为最有力的货币政策工具，而保证金融机构的支付能力已不再是准备金制度的主要功能。同时，存款准备金还起到了某种向金融机构"征税"的作用。

2) 法定存款准备金制度的内容

(1) 缴存存款的范围。首先取决于货币政策中介目标——货币供应量的确定。由于存款准备金的主要作用是通过调整存款准备金率，以改变货币乘数，调控金融机构的存款派生能力，从而影响货币供应量。如果以 M1 或 M2 作为中介目标，缴存存款的范围则应与 Ml 或 M2 相对应。目前，我国以 M2 作为货币政策的监测目标，即指商业银行的一般存款，包括企业存款、财政性存款和储蓄存款，即 M2 以外的存款，如同业存款、证券公司的股民保证金存款等没有纳入缴存存款的范围。

(2) 缴存金融机构的范围。所有持有缴存存款范围内存款并且发放贷款的金融机构都应缴存存款准备金，受到存款准备金制度的约束。我国目前规定国有商业银行、股份制商业银行、城市商业银行、城乡信用社、信托投资公司、财务公司和金融租赁公司都要缴存

存款准备金。

(3) 缴存比例。缴存比例是存款准备金制度的核心内容，缴存比例主要依据央行货币政策松紧的需要，货币政策从紧，需要控制货币供应量时，就要调高缴存比例，反之则调低缴存比例。我国 1984 年开始实行法定存款准备金制度，缴存比例几经调整，2006 年 11 月 15 日的缴存比例为 9%，2007 年 1 月 15 日，存款类金融机构缴存比例为 9.5%。

(4) 缴存基数的确定时间。存款准备金缴存基数确定的时间可以有三种选择。一是平均法，以金融机构一定时期内的日平均存款总量作为缴存基数；二是同期法，以金融机构当日存款总量作为缴存基数；三是滞后法，以金融机构以前时点的存款总量作为缴存基数。

平均法在实际工作中较难应用，同期法对金融体系的金融电子化水平要求较高，美国 1984 年以来一直使用同期法，我国由于受客观条件制约，一直采用滞后法，各金融机构由总行每月按旬(我国执行的是按旬考核的办法)统一交纳。

(5) 准备金的维持方式。准备金的维持方式有两种：一是绝对值法，规定维持期内每日持有的准备金数额不得低于限额；二是平均值法，规定维持期内持有的准备金数额在个别时点可以低于限额，但日平均数额不得低于限额。我国为加强准备金管理，目前实行绝对值法。

(6) 合格准备金资产的确定。合格准备金资产指中央银行确认可以作为准备金的银行资产。其中存放于中央银行的款项是最基本的准备金资产，有些国家也将库存现金、政府债券视为合格资产。我国将金融机构存放在中央银行的款项(该账户既包括限额内的存款准备金，也包括超额准备金)作为合格资产考核存款准备金的缴存情况，但在计算金融机构超额准备金时，则包括了金融机构的库存现金。

2. 存款保险制度

所谓存款保险制度是指国家为了保护存款人的利益和维护金融秩序的稳定，通过法律形式建立的一种在银行破产时进行债务清偿的制度。各存款性金融机构作为投保机构向保险机构交纳保险费，当投保机构面临危机或破产时，保险机构向其提供流动资助，或代替破产机构在一定限度内对存款者支付存款。建立存款保险制度的目的，一方面，能够保护存款人、特别是中小额存款人的利益；另一方面，能够维护金融稳定，防止个别银行因倒闭造成的体系性金融危机。

存款保险制度最早在美国产生。1929—1933 年，世界性资本主义经济大危机发生，美国的银行业遭到重创，纷纷倒闭，使美国政府意识到建立稳定金融体系制度的重要性。1933 年，美国通过银行法，联邦存款保险公司(FDIC)作为一家对银行存款进行保险的政府机构于 1934 年开始实行存款保险。到了 20 世纪 60~70 年代，欧美其他国家也开始认识到存款保险制度的重要性，纷纷建立自己的存款保险制度。目前，世界上许多国家都建立了存款保险制度。

1) 存款保险机构的职能

纵观世界各国存款保险机构，其职能可以分为单一职能和复合职能两种类型。单一职能是指存款保险机构只担负着保护存款人利益的职责。复合职能则是指存款保险机构除保护存款人利益以外，还要对参加保险的金融机构进行监督、检查，对经营失败或有问题的投保金融机构给予存款赔付或收购资产、提供资金援助。从世界各国存款保险机构的职能演化过程来看，复合职能正在逐步取代单一职能。因此我国存款保险机构应采取复合职能模式，其基本职能包括以下几点。

(1) 保险救助职能。这是存款保险机构最为重要的职能。当银行出现经营风险时，存款保险机构动用保险基金对出现清偿力危机的银行进行救助，防止银行出现挤兑风波和破产倒闭引起的"多米诺骨牌效应"，从而导致银行业出现的系统性风险。如果救援失败，存款保险机构通过保险基金补偿存款人的损失，保护存款人的利益，重振公众对银行体系的信心。

(2) 保障监管职能。这是保障银行业安全经营、对银行业监管的主要措施。国际上通常将其划分为三大类：①预防性措施。应用于日常的银行开业登记管理、资本充足性管理、银行清偿能力的管理、银行业务活动的管理和贷款集中程度的管理，它能有效地减少风险和隐患。如果发现银行有违规经营行为或经营管理不善，存款保险机构提出指导意见，并要求其改正。若存款保险机构对某银行提出这样的"道义劝告"，但该银行不予采纳或改进不力，则存款保险机构有权终止对该银行的继续保险。②临时救援措施。当某一银行发生清偿困难时，根据该银行的情况，采取救援措施。例如，可以由保险机构出面组织力量，或由金融监管机构向该银行提供紧急资金，帮助它渡过难关，并使整个金融体系不受冲击。③事后补救措施。主要指存款保险制度。当投保银行(或存款机构)经营破产不能支付存款时，由存款保险机构为其付现，提供事后补救，保护存款人的利益，减少存款人的损失，并防止挤兑风潮，稳定金融体系。

(3) 接管破产银行职能。存款保险机构接管破产银行，通过市场化手段进行重组。通常使用的市场化手段主要有：转移投保存款，存款保险机构将破产银行的投保存款转移到另一家经营良好的银行，存款保险机构帮助该行接收破产银行；购买承担，由存款保险机构出面，组成另一家新的机构购买破产存款机构的所有存款；资助兼并收购，存款保险机构出资支持经营良好的银行对破产银行进行兼并与收购，重组管理层。从这个意义上看，存款保险制度是银行业监管体系的最后一道屏障。

2) 存款保险制度的内容

(1) 存款保险制度的保险营运主体。西方发达国家在实行存款保险制度时，均单独成立相应的保险营运机构。如美国的联邦存款保险公司(FDIC)，英国、德国的存款保护委员会，法国的银行协会，日本的存款保险机构。美国的联邦存款保险公司是根据1933年《格拉斯-斯蒂格尔法》建立的一个联邦政府独立的金融管理机构，它的目的就是通过用存款保险的方式稳固公众对银行体系的信心，保护存款者利益，监督并促使银行在保证安全的前提下进行经营活动。联邦存款保险公司的最高机构是理事会，下设 6 个地区分公司，具体贯彻保险政策，办理保险业务，执行对参保银行的监督职能。从 1933 年以来，联邦存款保险公司聚集保险业务的收入建立了一个颇具规模的联邦存款保险基金，主要用于解决破产时对客户的债务清偿问题；德国的存款保护委员会，它在主体上受中央银行的全面领导，下设存款保险基金会和监管处。不论美国和德国的保险营运主体的特色有何不同，它们与其他西方发达国家的保险营运主体都有一个共同的特点，即不以盈利为目的，有一定的监管权。

(2) 存款保险制度的承保对象。由于各国经济发展水平与金融体系不尽相同，存款保险制度的承担对象也不尽相同。美国法律规定，所有联邦储备体系成员的银行，必须参加联邦存款保险公司的存款保险，非联邦储备体系的州银行以及其他金融机构，可以自愿参加存款保险。凡自愿参加联邦存款保险的非会员银行或其他金融机构，必须提出投保申请，经联邦存款保险公司审查合格予以保险资格，美国 98%以上的商业银行参加了联邦存款保险。日本 1971 年《存款保险法》规定，它承保的银行为都市银行、地方银行等。

(3) 存款保险的范围和最高限额。从西方各国的情况看，存款保险的范围一般不包括金融机构存款、境外金融中心存款、外币存款，因为这些资金流动快、金额大，对受理存款行的资金周转影响大。像美国联邦存款保险公司只负责对所有活期存款账户、定期存款账户、储蓄存款账户提供存款保险；日本存款保险机构承担的存款包括一般存款、定期零存整取存款等。在投保和理赔标准方面，为保持一定的风险性，形成银行合理性的竞争，西方发达国家对合乎条件的存款一般只实行部分保险。西方各国对每个账户的最高保险额有一个限度，例如，美国联邦保险公司对每个账户的最高保险额为 10 万美元，即当投保银行破产倒闭时，联邦存款保险公司对储户存款的最高清偿额以 10 万美元为限。

(4) 存款保险费。西方发达国家法律都规定，商业银行必须按投保的存款金额向存款保险营运主体支付一定比例的保险费。存款保险费的大小，日本法律规定是按被保险银行上一营业年度的存款额与保险费率的乘积计算。目前，美国的保险费率为 0.83%。

(5) 投保银行的报告制度。为了维护存款人利益，维护金融稳定秩序，西方发达国家的存款保险制度要求投保银行必须按存款保险营运主体的要求提交各种经营报告和统计报表，并随时准备接受存款保险营运主体对经营风险的检查或调查。

(6) 取消存款保险资格。美国法律规定，联邦存款保险公司有权取消它认为经营不好的银行的保险资格。取消保险资格以全国通报的形式进行。同时规定，被取消保险资格的银行，必须立即将被取消保险资格的决定通知它的每个存款户。为了避免由于银行被取消保险资格而引起的挤兑或金融恐慌，联邦存款保险公司对取消保险资格的银行的原有存款仍实行为期两年的存款保险，但对其新吸收存款不提供保险。对取消保险资格的银行的原有存款继续提供保险的两年期间内，联邦存款保险公司仍有检查、监督其业务经营的权力。

(7) 对濒临破产或破产银行的处理。为了确保存款人利益不受损失，西方发达国家要求经营完善、管理得法的银行吸收、合并面临破产或已破产的银行；或者帮助面临破产的银行调整经营方向，组织资金运用，甚至通过贷款方式进行资金援助。对那些不适于采取挽救措施或采取挽救措施无效的面临破产的银行，由存款保险经营主体通过法院宣告其破产，并具体负责破产财产的清算和债务清偿，同时应对其保险的存款进行赔付。

(二)商业银行存款业务管理的方法

1. 影响商业银行存款的因素

商业银行的存款受多种因素的影响，从外部环境到银行自身的经营策略都会影响银行的存款规模。

1) 社会经济发展水平

一个国家或地区的经济发展状况决定和影响着银行的存款规模。经济高涨时期，生产发展，商品流通扩大，社会经济效益提高，社会再生产过程中生产、分配、交换、消费各个环节的暂时闲置资金增多，企业和储蓄存款才能增加；反之，则会减少。

2) 国家货币金融政策

货币政策的松紧，直接影响存款的总量和结构。在货币政策工具的运用中，中央银行增减存款法定准备金比率，相应减少和增加了派生存款；提高或降低贴现率，相应减少或增加向社会注入的货币量；在公开市场买进和卖出有价证券，也相应增加或减少了货币的供应量，从而影响商业银行的存款总量。

3) 金融市场竞争状况

一般来说，在一定时期内，商业银行和其他金融机构之间的竞争愈加激烈，则本行的存款份额就会相对减少。而且其他金融工具供应增加，为客户提供了更多的投资渠道，银行存款也会相对减少。银行要想争取更大的份额，就需要调整自身的营销策略，具体表现为产品策略、服务策略、公关策略和网点设置策略。

4) 居民货币收入水平和消费支出结构

一般情况下，储蓄和消费都是收入的函数，收入增加则储蓄和消费也随之增加。我国十几年来储蓄存款的高速增长，很大程度上是因为居民收入的大量增加。而消费支出结构决定了居民手持现金的数量及闲置待用的时间。如果人们的消费支出结构中吃、穿、用占很大比重，则意味着人们即期消费增加，作为积累性货币储蓄下降；反之，则说明人们将更多的收入用于住、行等大笔资金消费支出，这就需要一定的积累，居民储蓄就会相应增加。

5) 居民的收入预期和消费信用发展

收入预期是指人们对未来收入状况的预期和判断。收入预期趋低时，人们会压低即期消费提高储蓄，而人们的收入预期又受到经济环境和社会保障制度的影响，经济环境越好，保障制度越健全，人们出于预防动机的储蓄行为就会减少；反之，人们会降低收入预期，选择更多的储蓄以备不测之需。居民储蓄还与消费信用发展程度密切相关。如果消费信用较为发达，人们随时可通过银行等机构获得支付能力，就有助于促进即期消费，增加当期储蓄。

6) 银行的信誉、服务和存款利率

客户选择银行的首要标准是看信誉如何，尤其是持有资金数目较大的客户，更注重银行的资产规模及偿债能力，因而，银行信誉越好，越能吸引客户。另外，尽管存款的主动权取决于客户，银行还是可以通过为客户提供全面、周到、高效的服务，来吸引客户、吸收存款，化被动为主动。

7) 存款利率、种类与形式

存款利率是银行用来推动存款经营的又一有效措施，即使在管理利率体制下，银行也可以通过调整利率结构等间接方式发挥利率的作用，以此影响对存款客户的吸引力。而存款的种类与形式越多，越能满足客户的选择及要求，也就能更多地吸引客户、增加存款。

此外，影响商业银行存款的因素还有金融市场秩序、金融监管、国家税收政策和社会总供求状况等因素。

2. 商业银行存款管理的衡量指标

按照本书前面所谈到的商业银行存款管理的几个目标，商业银行存款管理的衡量指标主要有三类：存款稳定性指标、成本控制类指标和存款运用类指标。

1) 存款稳定性指标

存款是银行经营的基础，也是银行的主要资金来源，银行在争取存款时，通常喜欢稳定性强的存款。所谓存款的稳定性，是指对市场利率变动和外部经济因素变化反应不敏感。稳定性强的存款是银行长期资产和高赢利性资产的主要资金来源，对银行经营管理有着极其重要的意义。通常，衡量存款稳定性的指标主要有存款稳定率和存款占用天数，具体公式为

$$存款稳定率 = \frac{存款最低余额}{存款平均余额} \times 100\%$$

$$存款平均占用天数 = \frac{存款平均余额 \times 计算期天数}{存款支付总额}$$

因此，要提高存款的稳定性，需提高存款的最低余额和延长存款的占用天数。就存款的变动情况来看，商业银行存款有三类：第一类是易变性存款，主要是指活期存款。由于这类存款是即期的购买和支付手段，客户随时都可能向银行提现和转账，因此其稳定性最差。第二类是准变性存款，主要是指定活两便存款、通知存款等。这类存款既不能随时提现和转账，又没有支取约定期限的制约，其稳定性居中。第三类是定期性质存款，主要是指定期存款、大额可转让定期存单和其他定期性质的存款，这类在约定期限内一般不允许提前支取，因此稳定性是最强的。

商业银行分清存款类型，有针对性地采取对策，以提高存款的稳定性。对于易变性存款，关键是提高其稳定率，可以通过银行的优质服务提高客户数量，客户数量越多，个别

客户的存款波动对银行资金的稳定性的影响也就越小。对于稳定性存款，关键是要延长其平均占用天数。对于定期存款中出于预防动机的存款，其稳定性最强，银行必须为这类存款采取安全、保值和保险措施，做好存款转存和计息工作，以尽量延长其占用天数。对于定期存款中的投资性存款，由于受到债券、股票等高收益金融资产的冲击，容易导致存款的转移和流失，因此银行要视金融市场的价格变化和自身承受能力而适当提高利率和改变营销策略。

2）存款成本控制类指标

存款成本是银行在组织存款过程中所花费的开支，由利息成本和营业成本两部分组成。

（1）利息成本

利息成本是商业银行以货币形式直接支付给存款者的报酬，其高低由存款利率来定。利息成本是商业银行成本的主要部分。影响利息支出的主要因素有存款利息率、存款结构和存款平均余额。因此，商业银行要把提高低息存款的比重作为降低成本的重要措施，亦即力求在尽量小的借入成本的条件下增加存款业务的规模。存款平均余额的增长尽管会带来利息支出的增长，但是也会导致贷款或其他资产业务的扩大，从而使银行通过资产负债利差总额的扩大来取得更高的经营效益。

（2）营业成本

营业成本是商业银行花费在吸收存款上的除利息以外的一切开支，它包括广告宣传费用、银行员工的工资和薪金、折旧费、办公费及其他为客户提供服务所需的开支等。营业成本具有两个特点。一是活期存款的费用高于定期存款。与定期存款相比，活期存款流动性强、存取频繁，要为客户提供更多的支付服务，其成本费用要高些。二是每笔存款业务量金额越大，相对而言营业费用率就会降低，所以商业银行要把存款业务经营的重点放在发展、巩固存款大户上。

（3）存款成本率

存款成本率是指存款的利息支出和各项费用与存款余额的比率，它反映银行经营存款业务的成本水平。用公式表示为

$$存款成本率 = \frac{利息支出 + 营业成本}{存款平均余额} \times 100\%$$

（4）可用资金成本率

可用资金成本率是指资金成本与可用资金的比率。其中可用资金是指银行可以实际用于贷款和投资的资金，它是银行总的资金来源扣除应缴存的法定存款准备金和必要的储备金后的余额。可用资金成本也称为银行的资金转移价格，指银行可用资金所应负担的全部成本，它是确定银行赢利性资产价格的基础。这个比率既可以用于各种存款之间的对比，也可在总体上分析银行可用资金成本的历史变化情况及比较本行与他行可用资金成本的高低。用公式表示为

$$可用资金成本率＝\frac{利息支出＋营业成本}{可用资金}\times100\%$$

可用资金＝总负债-库存现金-存放中央银行款项-存放同业-在途资金

3) 存款运用类指标

(1) 合理控制存款总量

存款成本不但与存款总量有关，而且与存款结构、单位成本内固定成本与变动成本的比率，以及利息成本和营业成本占总成本的比重都有着密切的关系，从而形成各种不同的组合。而商业银行存款经营管理的目的之一就是力争在不增加成本或减少成本的前提下，尽可能地争取银行所需的资金来源，不能单纯依靠提高存款利率、增设营业网点、增加内勤人员以扩大存款规模，而应在改变存款结构、创新存款品种、提高信用工具的流通转让能力、提高工作效率和服务质量等方面下工夫。

(2) 优化存款结构

在一般情况下，存款结构可以根据存款期限长短和利率高低来划分。通常，存款期限越长，则利率就会高，相应的银行存款成本也会高；反之，期限短，利率低，银行存款成本相对较低。所以，在银行存款的成本管理上，首先，要尽量扩大低息存款的吸收，降低利息成本的相对数；其次，要正确处理不同存款的利息成本和营业成本的关系，力求不断降低营业成本的支出；第三，要正确处理好活期存款和信贷能力的关系，增加活期存款以不减弱银行的信贷能力为条件；第四，要正确处理好定期存款与信用创造之间的关系，增加定期存款应与银行存款的派生能力相适应。

📇 案例点击

━━━━━━━━━━━━━━━ **违规竞争存款的影响** ━━━━━━━━━━━━━━━

一、如此"竞争"，存款"搬家"为哪般

1990年2月，××铁路分局××货运车站拒收工商银行、建设银行支票，迫使当地工商企业把它们在工商银行、建设银行的存款搬出一部分，存到当地的交通银行。为何会出现这样的怪事呢？

据查，1989年9月前，该货运站及大厂区的大多数工商企业均在工商银行开户。只因银行间的"竞争"，车站收到的支票能及时入账和转入××分局的收入账户，考核资金占用指标总是完不成。在交通银行的诱导下，该车站同交通银行签署了一项在该站交行为铁路配套服务的试点协议。根据该协议，双方召集当地客户开会，共同签订一项运费结算只使用交通银行支票，交通银行替车站及时解缴款项的协议。

这项协议实施以后，最终倒霉的是企业。企业货款和运费是一起结算的。企业主要收支在工商银行，运费结算拒收工商银行支票，企业不得不多占用几万元存款，来满足车站的要求。否则，原料进不来，产品出不去，严重影响企业生产经营。一国家重点建设项目有 1500 个车皮货物从前苏联运来，每个车皮运费约 3500 元。因企业在交通银行存款不足，用其他银行的支票去抵一下都不行。难怪企业纷纷抱怨："你们银行搞竞争，弄得我们企业很难办！"

二、网点密布，浪费钱财

××省×县中央大街南段，在方圆 100 米左右的街面上就有工商银行、农业银行、县联社、邮电局(邮政储蓄)等 6 家储蓄所。储蓄所与储蓄所之间仅一路之隔，大门相对。有的储蓄所日均业务量只有 20～30 笔。据了解，这个县的几家专业银行在近期内还准备新建 7 个储蓄所，使储蓄网点增到 30 个。到那时，储蓄所平均占有居民数将从 3373 人下降到 2698 人。这个数大大低于经济十分发达的日本储蓄所平均占有的居民数。

三、高利收储

通过治理整顿，"储蓄大战"时的高利揽储得到了有效制止，但在某些地区并没得到根本解决，高利收储从公开转入地下。某些专业银行的基层银行采取了更为隐蔽的措施以逃避监督。其主要方法有：

(1) "保利加贴水"：即除按国家利率付息之外，另按定期存款的一定金额，当面付给客户一定现金。一般每千元付现金 50 元，最多达 80 元。

(2) "单卡两分立"：即存单底卡按国家规定的利率填写，存单填写自定高利率。

(3) 制定"特种大额定期存取"：存单上不注明利率，利率由银行内部与储户共同默认。

四、"多存多贷"，即扩大贷款，增加存款

××省×县农行支行的三个营业所，粮食企业的存款超过 100 万元，为收购粮食资金的 5 倍。然而，这 100 万元存款都是靠扩大贷款而虚增的，致使一家粮站收购粮食要提取 2 万元现金，营业所就是付不出。该县支行的负责人说，这样做可以不被上级扣分，不挨批评，也不影响奖金。

为扩大储蓄，完成上级下达的储蓄任务，有些银行机构强迫企业认购"储蓄券"。在两个基建超支单位账目的"有价证券"账中，都列有上万元储蓄券，其中一家企业有十万元储蓄券。会计解释说："这不占用基建资金，是银行另给了 10 万元贷款"，有关部门在检查一个新建纸厂的银行借款借据，发现借款单位未盖章，钱已如数转入借款户的银行储蓄账户。

有的银行采取"按贷款比例核定存款"的做法来稳定企业存款。即按企业贷款余额的一定比例(比如 20%)核定一定时期企业存款的最低限额，超过部分才允许企业自由支配。

思考题：

1. 读完案例，你认为这些银行扩大存款的方法对吗？为什么？

2. 你认为应通过什么途径来组织存款？

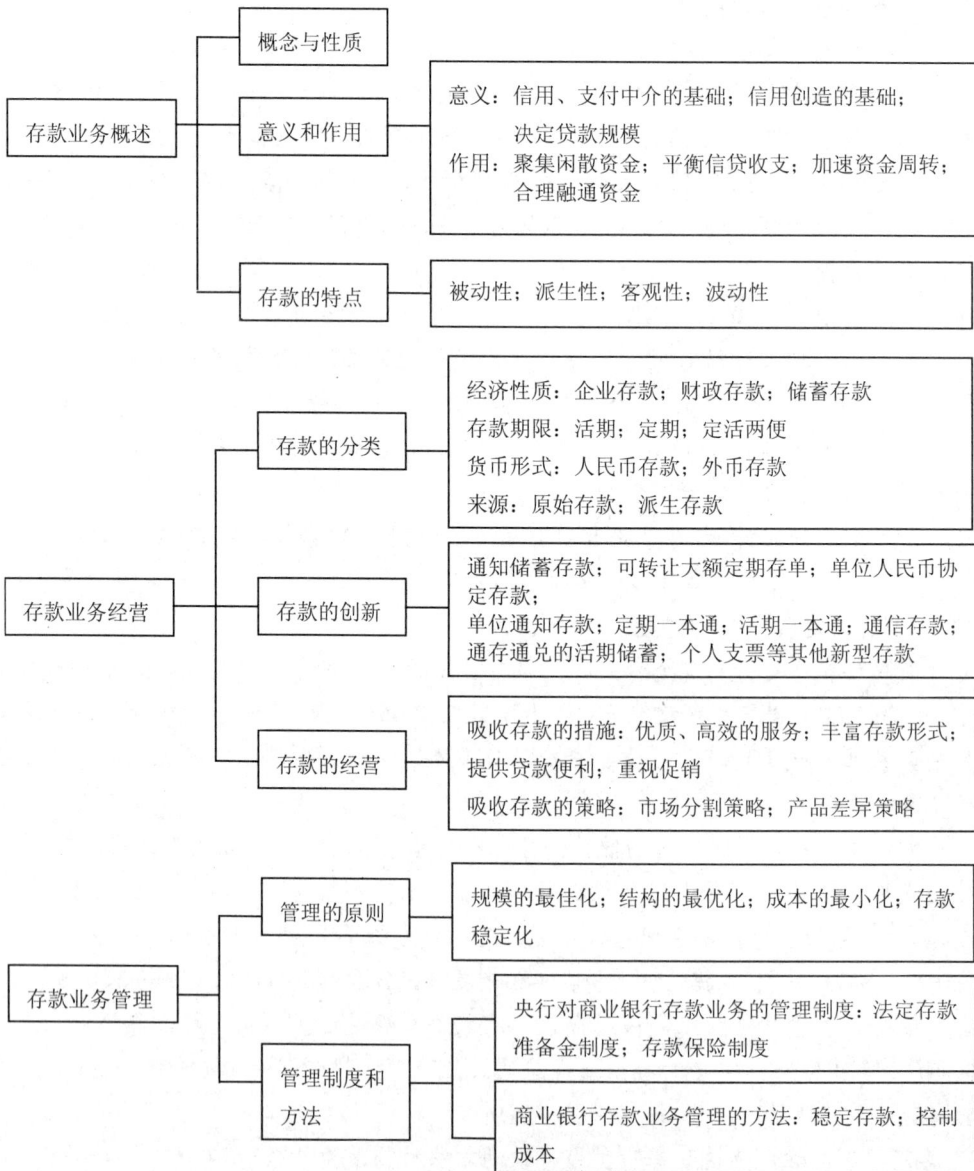

本 章 小 结

```
存款业务概述 ─┬─ 概念与性质
              │
              ├─ 意义和作用 ── 意义：信用、支付中介的基础；信用创造的基础；
              │                       决定贷款规模
              │                 作用：聚集闲散资金；平衡信贷收支；加速资金周转；
              │                       合理融通资金
              │
              └─ 存款的特点 ── 被动性；派生性；客观性；波动性


存款业务经营 ─┬─ 存款的分类 ── 经济性质：企业存款；财政存款；储蓄存款
              │                 存款期限：活期；定期；定活两便
              │                 货币形式：人民币存款；外币存款
              │                 来源：原始存款；派生存款
              │
              ├─ 存款的创新 ── 通知储蓄存款；可转让大额定期存单；单位人民币协
              │                   定存款；
              │                 单位通知存款；定期一本通；活期一本通；通信存款；
              │                 通存通兑的活期储蓄；个人支票等其他新型存款
              │
              └─ 存款的经营 ── 吸收存款的措施：优质、高效的服务；丰富存款形式；
                                 提供贷款便利；重视促销
                               吸收存款的策略：市场分割策略；产品差异策略


存款业务管理 ─┬─ 管理的原则 ── 规模的最佳化；结构的最优化；成本的最小化；存款
              │                 稳定化
              │
              └─ 管理制度和  ┬─ 央行对商业银行存款业务的管理制度：法定存款
                 方法         │   准备金制度；存款保险制度
                             │
                             └─ 商业银行存款业务管理的方法：稳定存款；控制
                                 成本
```

复习思考题

1. 银行为什么要吸收存款？
2. 存款有哪些不同的分类？
3. 定期储蓄存款有哪些形式？分述各种方式的定义。
4. 零存整取定期储蓄存款到期支付利息采用什么方法？
5. 存款保险制度的主要内容是什么？
6. 商业银行存款管理的主要目标是什么？

第四章　企业流动资金贷款业务

【学习目标】

- 了解企业流动资金贷款的定义和对象，企业流动资金贷款的申请条件。
- 掌握流动资金贷款的主要种类及其用途，了解企业流动资金贷款的操作流程。
- 了解企业主要流动资金贷款：短期流动资金贷款、中期流动资金贷款、出口押汇与进口押汇、打包贷款管理规定、出口信贷管理规定。
- 掌握流动资金贷款操作流程。

【重点难点】

- 企业流动资金贷款的种类与用途。
- 短期流动资金信贷管理规定。
- 流动资金贷款操作流程。
- 出口信贷管理规定。

章前导读

　　南京中山北路的张女士以自己的门面房作为抵押，从中国银行江苏省分行取得了 600 万元的贷款用于个人企业投资经营，成为南京第一位享受该行流动资金贷款业务的私营业主。中国银行在南京率先推出的流动资金贷款业务，深受私营业主的青睐。

　　为解决私营业主的融资"瓶颈"，中国银行江苏省分行从 2008 年 9 月起在南京地区推出针对私营业主的流动资金贷款业务。借款人只要是在南京合法注册、股权明晰的私营企业(包括个人独资企业)股东，能够提供个人不动产或产权明晰的公司不动产抵押，信用良好即可，突破了以往的"细枝末节"。贷款的用途也放得很开，除了国家法律和金融法规规定的不得经营的项目外，不加任何限制，且直接提出是流动资金贷款，重点就是帮私营业主解决生产经营中的资金周转困难。根据规定，贷款的期限一般不超过 3 年，以抵押方式申请贷款的，贷款抵押率一般不超过评估价值的 60%。另悉，此次流动资金贷款还规定，单笔贷款金额上限为 700 万元，但不低于 50 万元。

(资料来源：新华日报)

　　关键词：流动资金　进出口押汇　出口信贷

第一节 企业流动资金贷款概述

一、企业流动资金贷款的定义

流动资金贷款是为满足客户在生产经营过程中临时性、季节性的资金需求，保证生产经营活动的正常进行而发放的贷款，或银行向借款人发放的用于满足生产经营过程中长期平均占用的流动资金需求的贷款。流动资金贷款主要是包括银行对企业发放的期限在1年以内(含1年)的各种短期贷款及期限在1~3年的中期流动资金贷款；按贷款方式可分为担保贷款和信用贷款，其中担保贷款又分保证、抵押和质押等形式；按使用方式可分为逐笔申请、逐笔审贷的短期周转贷款和在银行规定时间及限额内随借、随用、随还的短期循环贷款。 流动资金贷款作为一种高效实用的融资手段，具有贷款期限短、手续简便、周转性较强、融资成本较低的特点，因此成为深受广大客户欢迎的银行业务。

二、企业流动资金贷款的对象与申请条件

(一)企业流动资金贷款的对象

企业流动资金贷款的对象应是经工商行政管理机关(或主管机关)核准登记的企(事)业法人、其他经济组织、个体工商户或具有中华人民共和国国籍的具有完全民事行为能力的自然人。

(二)借款人应具备的基本条件和不具备贷款资格的条件

1. 借款人应具备的基本条件

(1) 恪守信用，有按期还本付息的能力，原应付贷款利息和到期贷款已清偿；

(2) 除自然人外，应当经工商行政管理机关(主管机关)办理年检手续；

(3) 已经开立基本账户或一般存款账户；

(4) 除国务院规定外，有限责任公司和股份有限公司对外股本权益性投资累计额不超过净资产的50%；

(5) 资产负债率符合贷款人的要求；

(6) 申请中长期贷款的、新建项目的企业法人所有者权益与所需总投资的比例不低于国家规定的投资项目的资本金比例。

2. 不具备贷款资格的条件

有下列情形之一者，银行不对其发放贷款：

(1) 不具备贷款主体资格和基本条件；

(2) 生产、经营或投资国家明文禁止的产品、项目；

(3) 违反国家外汇管理规定；

(4) 建设项目按国家规定应当报有关部门批准而未取得批准文件；

(5) 生产经营或投资项目未取得环境保护部门许可；

(6) 在实行承包、租赁、联营、合并(兼并)、合作、分立、产权有偿转让、股份制改造等体制变更过程中，未清偿原有贷款债务、落实原有贷款债务或提供相应担保；

(7) 有其他严重违法经营行为。

(三)其他贷款方式的申请条件种类

1. 国内买方信贷

买方信贷的卖方企业除应满足《贷款通则》和银行有关信贷政策等规定外，还应具备良好的发展前景，销售收入和经营利润连续三年(含)以上实现增长；信用评级 AA 级(含)以上；主要产品在通信系统设备市场占有较大的份额；对银行的综合贡献度较高或是银行争取的潜在优质客户。

2. 国内保理业务

目前，银行主要在邮电通讯行业开办回购型保理业务，并在有条件的分行进行非回购型保理业务试点。申请条件为：在邮电通信行业开展保理业务，销售商一般应是著名的通信设备制造企业，除满足《贷款通则》和银行对借款人的有关政策和规定外，还应具备以下条件：

(1) 发展前景良好，经营管理规范，财务制度健全；

(2) 年销售收入在 15 亿元以上，且销售收入和经营利润连续三年增长；为银行 AA 级(含)以上客户，无不良信用记录；

(3) 主要产品在通信系统设备市场份额较大；

(4) 应收账款的期限、地区、客户结构合理；购货商应为地市级(含)以上的电信运营企业以及其他发展潜力大、经营效益好、偿债能力较强、信用记录良好且符合银行信贷原则和贷款条件的电信服务企业。

办理非回购型保理业务的购货商同时还须具备以下条件：

(1) 经营管理规范，财务制度健全，现金流量情况良好；

(2) 为银行 AA 级(含)以上客户；重合同、守信用，无不良信用记录；

(3) 提供银行认可的担保。

3. 股票质押贷款

借款人为依照《证券法》设立的综合类证券公司总部，质押物登记机构为证券登记结算机构，并具备以下条件：

(1) 资产具有充足的流动性；

(2) 自营业务符合中国证监会规定的有关风险控制比率；

(3) 已按中国证监会规定提取足够的交易风险准备金；

(4) 在近一年内经营中未出现重大的违规违纪行为，现任高级管理人员和主要业务人员无任何重大不良记录；

(5) 上一年度公司经营正常，未发生经营性亏损；

(6) 未挪用客户交易结算资金。

三、企业流动资金贷款的种类

(一)周转性流动资金贷款

周转性流动资金贷款是解决借款人在商品生产和流转，以及正常经营活动中的资金需要而发放的贷款，它实际上是借款人一部分铺底流动资金，借款人可在一定期限内周转使用(一次期限一般不超过1年)。贷款人与借款人一次性签订借款合同，在合同规定的有效期内，允许借款人多次提取贷款、逐笔归还贷款、循环使用贷款的流动资金贷款业务。

银行贷给借款人的周转性流动资金原则上最多只能占借款人所需正常流动资金的70%，借款人应自筹30%。如借款人属新办、初创期，自筹资金不足，银行可酌情减少借款人的自筹资金比例，但要求借款人在一定期限内逐步提高自有资金的比例。

借款人在贷款合同规定的期限内，分一次或几次在总贷款额度内，凭借款支取凭证提款，在借款到期前15天，借款人应根据生产计划、产品销售计划，向银行提交流动资金贷款转期申请书，提出新的周转资金占用额，经银行审核，如符合贷款条件，方可转期。

周转性流动资金贷款的特点是：银行与借款人签订一个贷款合同，在银行同意的贷款额度内，借款人周转使用贷款时不必重签贷款合同办理借新还旧手续，只要在规定期限内提出转期申请书，经银行审查核定金额及期限，并就银行自身筹资成本核定贷款利率后，借款人即可继续使用贷款。如借款人不接受贷款转期条件，则可终止合同。这一贷款手续简便，可省略大量的借新还旧手续，银行一旦与借款人签订了贷款合同，借款人在合同规定的期限与贷款额度内的流动资金就有了保障。

周转性流动资金贷款一般只适用于生产经营良好、还本付息正常，与银行有单独信贷往来的企业。这种贷款的审批需从严掌握，一定要充分掌握企业的资金情况及还款能力，而且还应在银行流动资金贷款指标能够满足的情况下办理。

(二)临时贷款

临时贷款是银行为解决工商企业由于短期性、季节性、临时性因素所引起的超过周转性贷款额度的正常、合理的资金需要而发放的贷款。银行发放临时贷款，具有临时垫付调剂性质。

　　临时贷款的发放与收回是采取逐笔申请、逐笔核贷、逐笔收回的做法。企业需要临时贷款，必须至少提前3～5日向银行提出申请，以便银行调度、筹措资金。银行发放临时贷款的资金来源是地区差、行业差和时间差所形成的超短期存款，如周转性贷款中尚未使用的部分，季节性的货币投放，向人民银行借入的季节性贷款，这些来源需要灵活调度才能使用。银行根据企业提出的贷款申请，审查其原因、用途及有无物资偿还保证，订明具体的还款日期，到期收回。如果到期还不还款，又没有正当理由，就要作逾期贷款处理，要加收罚息或予以扣款。临时性贷款期限一般不超过6个月。

　　临时性贷款是进行适时灵活调节的重要杠杆，银行在掌握时，必须注重经济效益，从市场需要出发，择优发放，特别要注意支持经济效益好的产品生产。银行在进行贷款审查时，特别要着重分析引起借款企业资金不足的原因。往往有这样的情况，从贷款用途上看是合理的，而从原因上看则是不合理的。例如有的企业以购入生产上急需的原材料为由要求贷款，单从用途上看，似乎十分合理，但深入一查原因，却是因流动资金被挪用到基本建设上，致使正常需要原材料时就无力支付贷款。同时也有另一种情况，看用途是不合理的，查原因却是合理的。例如，有的企业，它先用暂时未上交的税利或是未支付应付工资的数额支付超储物资货款，到需要上缴税利或支付工资时，再申请贷款。从直接用途看，似乎是不合理的，而从原因看，则是符合先用自有资金，后用贷款这一国际惯例的。这两种情况，都应以原因为主要依据。另外要注意的一个问题就是，目前我国存在着银行的短期贷款通过借新还旧等方式而被长期占用的现象。对此，银行应该加强对新客户的资信评估及贷款回收工作。防止短贷长占现象的发生。

(三)结算贷款

　　结算贷款是对工商企业销售或采购商品所需要的在途资金而发放的贷款。

　　企业销售或采购商品时，购销双方的贷款收付，绝大部分是通过银行转账方式办理结算。银行办理转账结算是需要一段时间的，在这段时间里所占用的资金，称为结算在途资金。由于交易方式的不同，在途资金又分为两种：一种是销货单位先发货、后收款占用的在途资金，叫做销货在途资金；另一种是购货单位先付款、后收货占用的在途资金，叫做采购在途资金。这两种在途资金的清算，都有个时间过程，需要银行给予贷款支持，此时，企业可向银行申请结算贷款。

　　目前，我国银行主要办理托收承付结算贷款，其额度以销贷方为购货方实际垫付的资金为限度，具体计算则采取托收承付结算贷款综合折扣率的方法进行计算，其公式为

　　　　结算贷款额度＝托收金额×(1-折扣率)

　　　　结算贷款折扣率=(税金+利润)/托收总额×100%

　　　　　　　　　　　=(销售收入-销售计划成本)/(销售收入+代垫运杂费)×100%

折扣率原则上一年一定，对产品成本变化较大的企业，也可以随时调整。

托收承付结算贷款的期限，应以预定的托收贷款收回期限为依据，也就是根据托收凭证传递期限来确定。计算公式为

贷款期限=托收凭证往返天数+承付期+购销双方银行结算天数

除对个别发货次数很少的企业进行逐笔核贷以外，结算贷款一般是采取定期调整的方式发放与收回贷款。所谓定期调整，就是银行在规定的调整日，按企业符合贷款条件的托收凭证余额，计算出应发放的结算贷款额度，与调整前的结算贷款账户余额相比较，如果应发放的贷款额度大于结算贷款余额，应相应增加贷款，划入企业存款账户。如果应发放的结算贷款额度小于结算贷款余额，则由企业存款账户收回相应的贷款，其计算公式为

贷款发放(回收)额=托收凭证余额×(1-折扣率)-结算贷款实际金额

(四)中期流动资金贷款

中期流动资金贷款指商业银行对借款人发放的，期限为一至三年(不含一年含三年)的流动资金贷款，主要用于企业正常生产经营中的经常占用。

―――――――――― 小常识 我国企业流动资金贷款的矛盾 ――――――――――

近几年来，我国出现了一种令人深思的经济现象：一方面是相当多的企业感到了流动资金紧张(国家统计局的调查结果显示，在受访的近 4000 家企业中，大约56%的企业感到资金有所紧张或严重紧张)；而另一方面，我国短期流动资金贷款高达 8 万多亿元，占 GDP 的比重达到了 70%，这在全世界都是最高的(很多国家的同一比例都在 10%以下)，并且其中已经隐藏着较大的金融风险。

有几点原因形成了我国企业流动资金的这种矛盾的状况，其一，企业流动资金的紧张程度并不平衡。从地区看，中西部的企业比东部沿海地区的企业的流动资金更为短缺；从行业看，当前流动资金最为紧张的是建材、钢铁、有色金属、纺织等行业；从企业类型看，股份有限公司和外商及港澳台投资企业流动资金的状况较好，国有企业、集体企业和联营企业的流动资金则较为紧张；从企业规模看，企业规模越小，企业流动资金越紧张。其二，企业流动资金紧张已不是偶然出现的特殊现象，历史上曾经多次出现过，而且将来也仍然会长期存在。其三，导致企业流动资金紧张的原因是多方面的，解决起来的难度也较大。

(资料来源：金融网)

课堂讨论(或实务操作)：讨论流动资金贷款的周转特征与过程。

第二节　企业主要流动资金贷款的经营管理

一、短期流动资金贷款的管理

(一)短期流动资金贷款的概念

短期流动资金贷款是指银行向借款人发放的期限在 1 年以内(含 1 年)的各种贷款，是为满足客户在生产经营过程中临时性、季节性的资金需求，保证生产经营活动的正常进行而发放的贷款。短期流动资金贷款因其具有风险相对较小，流动性较强，自偿性较好的特点而成为目前我国商业银行最主要的贷款业务。

短期流动资金贷款又可分为临时贷款和短期贷款两种。其中，临时贷款是指商业银行对借款人因季节性、临时性因素引起的临时性资金需要(如进货等)和弥补其他支付性资金不足、超过其流动资金平均占用额的合理资金需要而发放的期限在 3 个月以内(含 3 个月)的流动资金贷款。短期贷款是指商业银行对借款人生产经营超过其铺底资金的、正常的、合理的流动资金需求(如购买生产所需物资或适销对路商品)发放的期限在 3 个月(不含 3 个月)至 1 年(含 1 年)的流动资金贷款。

短期流动资金贷款是目前商业银行最主要的授信品种，具有笔数多、期限短、利率低、周转频繁等特点，根据有无担保，可分为信用贷款和担保贷款两类。短期流动资金贷款实行按季结息或按月结息，具体结息方式由借贷双方协商确定。

(二)短期流动资金贷款的申请条件

(1)　借款人为经工商行政管理部门(或主管机关)核准登记的企(事)业法人、其他经济组织，并在工商或相关部门办理年检手续。

(2)　企业经营项目和资金投向符合国家政策要求。

(3)　有健全的财务制度，能提供真实可信的财务资料。

(4)　在银行开立结算账户。

(5)　有到期还本付息的经济实力。

(6)　有合法财产抵质押或第三人保证。

(7)　除国务院规定外，有限责任公司和股份有限公司对外股本权益投资累计未超过其净资产的 50%。

(8)　具有有效《贷款证》。

(9)　银行要求满足的其他条件。

二、中期流动资金贷款的管理

中期流动资金贷款是指商业银行对借款人发放的期限在 1 年以上(不含 1 年)、5 年以下(含 5 年)的流动资金贷款,主要用于弥补企业正常生产经营中自有流动资金的不足。对用于国家专项储备的贷款可根据储备时间确定贷款期限。

(一)发放对象、用途和收回方式

1. 发放对象

对生产经营正常,成长性好,产品有市场,经营有效益,无不良信用记录的 A+级(含)以上客户,可以办理中期流动资金贷款。对能够提供全额低风险担保的企业申请办理中期流动资金贷款的,可不受信用等级限制。贷款利率按照中国人民银行制定的利率政策和利率浮动幅度执行。根据有无担保,可分为信用贷款和担保贷款两类。其中,担保贷款包括保证贷款、抵押贷款、质押贷款三种。中期流动资金贷款实行按季结息或按月结息,具体结息方式由借贷双方协商确定。一般情况下,中期流动资金贷款的审批权集中在一级(直属)分行,不得再转授权(总行另有规定的除外)。

2. 用途

贷款用途限于企业正常生产经营的流动资金周转。

不得挤占、挪用流动资金贷款搞固定资产投资。严禁将中期流动资金贷款用于炒作股票。

3. 收回方式

客户可采用一次性偿还方式偿还中期流动资金贷款,也可采用分期还款的方式。

(二)风险防范要求

除符合总行规定的信用贷款条件的客户外,办理中期流动资金贷款必须落实有效担保。

在中期流动资金贷款的借款合同中增加保护性条款,规定借款人在贷款期间必须保持较好的偿债能力和较高的流动性,设定相应的资产负债率、流动比率、现金流量等指标控制线,并要求借款人定期向银行报送相关的信息资料,以防止在贷款期内因借款人生产经营和财务状况发生重大变化导致贷款风险失控。一旦借款人违反上述条款,贷款行有权提前收回贷款,对到期的中期流动资金贷款可视客户经营状况展期一次。对没有锁定在借新还旧基数内的中期流动资金贷款一律不得办理借新还旧。对 AA+级及其以上客户的中期流动资金贷款不得办理借新还旧,在符合新增贷款条件的前提下,可直接办理新增贷款或再融资,并按新增贷款管理和考核。商业银行一级(直属)分行中期流动资金贷款余额占全部流动资金贷款余额的比例须控制在 12%以内。因特殊情况确实需要超过比例发放中期流动资金贷款的,须逐笔报总行审批(总行另有规定的除外)。

(三)贷后管理

中期流动资金贷款期限较长，风险相应增加，因此要加强对中期流动资金贷款的贷后管理，进行逐户逐笔监测。

贷后检查要逐笔写出书面报告，归入信贷档案。要重点分析借款人的生产经营状况和担保发生变化可能形成的风险，及时进行预警和监控。密切跟踪贷款资金流向，一旦发现借款人有挤占、挪用中期流动资金贷款用于固定资产投资、股市交易等行为，要提前收回贷款，停止增加新贷款，并按照有关规定采取相应的处罚措施。

(四)贷款监控

1. 控制目标

全部中期流动资金贷款不良率不得超过 2%; 2000 年以后发放的中期流动资金贷款不良率不得超过 0.5%。

2. 专项监控和处理措施

各一级(直属)分行对中期流动资金贷款实施专项监控，对贷款出现风险的分支行要予以警告，对超过控制线的分支行要暂停其贷款业务，并责令进行限期清收整顿；对越权、违规办理贷款及新发放贷款形成不良贷款的直接责任人和主要负责人，要按照商业银行稽核处罚暂行规定进行处理；对发现的重大风险问题要随时向总行报告，并于每季后 15 日内，向总行书面报告辖内中期流动资金贷款的风险状况及管理措施。

三、打包贷款管理规定

(一)打包贷款的概述

1. 打包贷款的概念

打包贷款是指出口商(信用证受益人)向银行提交出口信用证，经银行审核通过后，向出口商提供短期融资并保留对受益人追索权的业务。打包贷款一般要求与出口议付或出口押汇等业务联动。

打包贷款是出口地银行向出口商提供的短期资金融通。具体做法是：出口商与国外进口商签订买卖合同后，就要组织货物出口。在此过程中，出口商可能出现资金周转困难的情况。例如，出口商用自有资金购买货物，存放在仓库里，资金积压占用。在这种情况下，出口商用进口地银行向其开发的信用证，或者其他保证文件，连同出口商品或半成品一起，交付出口地银行作为抵押，借入款项。出口地银行在此情况下向进出口商提供的贷款就称为打包贷款。

打包贷款的期限一般很短，出口商借入打包贷款后，很快将货物装船运出，在取得各种单据并向进口商开具汇票后，出口商通常前往贷款银行，请其提供出口抵押贷款，该银行收下汇票和单据后，将以前的打包贷款改为出口押汇，这时的打包贷款即告结束。在打包贷款中，如果出口商不按规定履行职责，贷款银行有权处理抵押品，以收回贷出款项。打包贷款的数额一般为出口货物总值的 50%～70%。

2. 打包贷款的作用

(1) 扩大贸易机会。在企业自身资金紧缺而又无法争取到预付货款的支付条件时，帮助企业顺利开展业务、把握贸易机会。

(2) 减少资金占压。在生产、采购等备货阶段都不必占用企业的自有资金，缓解了企业的流动资金压力。

(二)打包贷款的申请条件与申办程序

1. 打包贷款的申请条件

(1) 企业须有出口业务经营权。

(2) 贷款用途符合国家法律、法规及有关政策规定。

(3) 企业具有良好的贸易履约能力，制单能力强，能按期、按质、按量完成生产(收购)和交货计划。

(4) 信誉良好，有按期偿付贷款本息的能力。

(5) 能及时、准确地向银行提供相关贸易背景资料和财务报告，主动配合银行的调查、审查和检查。

(6) 银行要求的其他条件。

2. 打包贷款的申办程序

(1) 出口商在收到信用证后，向银行提出打包贷款申请，并提供信用证正本及内外贸合同、贸易情况介绍等有关资料，如属代理应提供有关代理协议。

(2) 银行对信用证及其修改的真实性、条款等项内容进行审核。

(3) 审核通过后，与出口商签署《打包贷款合同》，发放打包贷款。为确保专款专用，银行有权审核客户的用款情况。

(4) 出口商利用资金组织或生产出口货物，按信用证要求及时发货。

(5) 出口商出口货物取得信用证项下有关单据后向放款银行交单议付，收到出口货款后，及时归还银行打包贷款。

(三)打包贷款管理制度的主要内容

1. 币种规定

打包贷款的币种有人民币、外币。

2. 金额规定

信用证下的打包贷款金额一般不超过信用证总金额(按当日银行买入价折算)的80%。

3. 期限规定

贷款期限以信用证有效期为基础,一般为自放款之日起至信用证有效期后一个月,最长不超过一年。当信用证出现修改最后装船期和信用证有效期时,打包贷款可办理一次展期,展期期限最长不得超过原贷款期限。

4. 利率规定

贷款利率按相应期限的本币或外币流动资金贷款利率执行,按实际贷款天数计息。人民币打包贷款,贷款利率按人民银行同档次短期贷款利率执行;外币打包贷款,贷款利率按银行外汇贷款利率的有关规定执行。

5. 业务办理的规定

打包贷款业务应由信贷管理部门、国际业务部门、公司业务部门分工负责,协作配合。

信贷管理部门负责按照有关法人客户统一授信管理办法,为借款人核定授信额度并监测额度的使用情况,负责对借款人资信及担保情况的审查以及打包贷款制度的执行和操作管理情况的检查。

国际业务部门负责对开证行的资格、信用证的真实性及其条款进行审查,监控企业是否按时交单并及时与公司业务部门保持联系。

公司业务部门负责信用证项下打包贷款的市场营销工作、贸易背景的真实性审查以及贷款的发放、跟踪和收回。

四、出口信贷管理规定

出口信贷是一种国际信贷方式,它是一国政府为支持和扩大本国大型设备等产品的出口,增强国际竞争力,对出口产品给予利息补贴、提供出口信用保险及信贷担保,鼓励本国的银行或非银行金融机构对本国的出口商或外国的进口商(或其银行)提供利率较低的贷款,以解决本国出口商资金周转的困难,或满足国外进口商对本国出口商支付货款需要的一种国际信贷方式。出口信贷名称的由来就是因为这种贷款由出口方提供,并且以推动出口为目的。出口信贷可根据贷款对象的不同分为出口卖方信贷和出口买方信贷。

(一)出口卖方信贷

1. 出口卖方信贷的概念

出口卖方信贷是出口方银行向本国出口商提供的一种延期付款的信贷方式。出口商(卖方)以此贷款为垫付资金，允许进口商(买方)赊购自己的产品和设备。出口商(卖方)一般将利息等资金成本费用计入出口货价中，将贷款成本转移给进口商(买方)。

一般做法是在签订出口合同后，进口方支付 5%～10% 的定金，在分批交货、验收和保证期满时再分期付给 10%～15% 的货款，其余的 75%～85% 的货款，则由出口厂商在设备制造或交货期间向出口方银行取得中、长期贷款，以便周转。在进口商按合同规定的延期付款时间付讫余款和利息时，出口厂商再向出口方银行偿还所借款项和应付的利息。所以，出口卖方信贷实际上是出口厂商由出口方银行取得中、长期贷款后，再向进口方提供的一种商业信用。

2. 出口卖方信贷的特点

(1) 相对于打包放款、出口押汇、票据贴现等贸易融资方式，出口卖方信贷主要用于解决本国出口商延期付款销售大型设备或承包国外工程项目所面临的资金周转困难，是一种中长期贷款，通常贷款金额大，贷款期限长。如中国进出口银行发放的出口卖方信贷，根据项目不同，贷款期限可长达 10 年。

(2) 出口卖方信贷的利率一般比较优惠。一国利用政府资金进行利息补贴，可以改善本国出口信贷条件，扩大本国产品的出口，增强本国出口商的国际市场竞争力，进而带动本国经济增长。所以，出口信贷的利率水平一般低于相同条件下资金贷放市场利率，利差由出口国政府补贴。

(3) 出口卖方信贷的发放与出口信贷保险相结合。由于出口信贷贷款期限长、金额大，发放银行面临着较大的风险，所以一国政府为了鼓励本国银行或其他金融机构发放出口信贷贷款，一般都设有国家信贷保险机构，对银行发放的出口信贷给予担保，或对出口商履行合同所面临的商业风险和国家风险予以承保。在我国主要由中国出口信用保险公司承保此类风险。

(二)出口买方信贷

出口买方信贷是出口国政府支持出口方银行直接向进口商或进口商银行提供信贷支持，以供进口商购买技术和设备，并支付有关费用。出口方银行直接向进口商提供的贷款，而出口商与进口商所签订的成交合同中则规定为即期付款方式。出口方银行根据合同规定，凭出口商提供的交货单据，将货款付给出口商。同时记入进口商偿款账户内，然后由进口方按照与银行订立的交款时间，陆续将所借款项偿还给出口方银行，并付给利息。所以，买方信贷实际上是一种银行信用。出口买方信贷一般由出口国出口信用保险机构提供出口买方信贷保险。出口买方信贷主要有两种常用形式：一是出口商银行将贷款发放给进口商银行，再由进口商银行转贷给进口商；二是由出口商银行直接贷款给进口商，由进口商银行出具担保。贷款币种为美元或经银行同意的其他货币。贷款金额不超过贸易合同金额的80%～85%。贷款期限根据实际情况而定，一般不超过 10 年。贷款利率参照"经济合作与发展组织"(OECD)确定的利率水平而定。

此外，买方信贷还有一种形式：买卖双方银行间信贷，即由出口方银行向进口方银行提供信贷，以便进口方得以用现汇偿付进口的机械设备的货款。进口方银行可以按照进口商原计划延期付款的时间陆续向出口方银行归还贷款，也可以按照双方银行另行商定的还款办法办理。至于进口商对进口方银行的债务，则由它们在国内直接结算清偿。

(三)出口信贷保险

出口信贷保险指在国际贸易中，按中、长期信贷方式成交后，如果买方不能按期付款，那么由出口国有关的承保机构负责赔偿。这是垄断资本利用国家机器转嫁风险，并加强争夺国外市场的一项重要措施。通常商业性风险由私营金融机构承保，而非商业性风险，例如，由于战争、政治动乱、政府法令变更等原因而不能付款的风险，则由官方机构承保。但也有些国家将上述两类风险均归政府承保。主要资本主义国家都有类似的机构从事这项业务，为垄断资本的利益服务。例如，英国政府设有出口信贷担保局，日本官方有输出入银行。美国政府的进出口银行除向国外购买者提供出口信贷外，也对美国出口商提供国外购买者的信贷给予担保。

(四)买单信贷

买单信贷是 20 世纪 50 年代产生于西欧，20 世纪 60 年代获得较大发展的出口信贷业务，音译为福费廷(ferfaiting)，即买单信贷。其基本含义是权利的转让。它是出口商把经进口商承兑的、期限为 3～5 年的远期汇票无追索权地售予出口商所在地的银行或大金融公司，提前取得现款的一种资金融通方式。在付款承诺书上通常要有无条件的、不可撤销的、可以转让的银行担保。在这项业务中承担最终风险的是担保银行，通常采用固定利率，一般是每半年偿还一部分，使用西欧的主要货币。

无论是卖方信贷还是买方信贷，其信用的实际代价通常并不仅限于合同中所规定的利息一项，还包括出口信贷保险费和办理信贷的各种手续费用、管理费用等。出口买方信贷的借款人一般是为银行认可的进口方银行或其他单位(如进口国的财政部等政府机构)。

(五)出口信贷业务流程

1. 出口买方信贷

(1) 在对外投标及签订贸易合同前，出口商向银行提出申请。

(2) 银行开始调查，进行审批，并就结算提出建议。

(3) 银行与出口方签订出口信贷协议及相关协议，一般包括贷款协议、出口信贷保险协议、利息补偿协议等。

(4) 出口商在货物出口后，提交货运单、保险单、产品规格说明、贸易合同等资料。

(5) 国内经办行将出口单据发至国外银行，由其审验单据。

(6) 进口商审验单据无误后，向国内经办行发出付款承诺。

(7) 国内经办行根据国外银行发提款指令划款。

2. 出口卖方信贷

(1) 在对外投标及签订贸易合同前，出口商向银行提出申请。

(2) 银行进行调查评价并按权限进行审批。

(3) 银行与出口商谈判、签订贷款协议及相关协议。

(4) 银行按贷款协议的规定逐笔发放贷款。

阅读材料

=== 出口信贷 ===

目前，我国出口买方信贷主要支持的产品包括：大型电力成套设备(主要出口方是哈尔滨电站设备集团、上海电气集团、四川东方电器集团等)、电信设备等(主要出口方是深圳华为、深圳中兴、北京大唐、武汉电信等)、船舶(主要出口方是大连造船厂、武汉造船厂、福建造船厂、南京造船厂等)机器设备、其他机电产品等。出口卖方信贷的借款人一般是具有法人资格、经国家批准有权经营机电产品出口的出口商和生产企业。凡出口成套设备、船舶及其他机电产品合同金额在 100 万美元以上，并采用一年以上延期付款方式的资金需求，均可申请使用出口卖方信贷贷款。

买方信贷的主要条件如下：

(1) 商务合同项下进口方应支付不少于 15%的预付款。

(2) 贷款金额最高不超过商务合同价的 80%～85%。

(3) 借款人需向保险公司投保出口信用险。

(4) 由借款国的中央银行或财政部出具贷款担保。

(5) 商务合同符合双方政府的有关规定，并取得了双方政府的有关批准。

(6) 贷款货币为美元、日元、港币、欧元等主要流通币种。

(7) 商务合同项下的出口结算应在贷款银行进行。

(8) 商务合同应先于贷款协议生效。

卖方信贷的主要条件如下：

(1) 借款企业经营管理正常，财务信用状况良好，有履行出口合同的能力，能落实可靠的还款保证。

(2) 出口项目符合国家的有关政策，经有关部门审查批准并有已生效的合同。

(3) 出口项目经济效益好，换汇成本合理，各项配套条件已落实。

(4) 合同的商务条款在签约前征得银行认可。

(5) 进口商资信可靠，并能提供银行可接受的国外银行付款保证或其他付款保证。

五、流动资金贷款的发放管理

(一)贷前调查

贷款行受理借款人的申请后，经初审符合贷款政策和基本条件的，要及时安排调查人员进行贷前调查，提出贷与不贷、贷多贷少和期限、利率等建议。

1. 贷款调查的基本内容

(1) 基本情况。主要是借款人的贷款主体资格、借款人及其关联企业的历史沿革、地理位置(包括注册地)、产权构成、组织形式、职工人数和构成、土地使用权取得的方式、主导产品及在行业和区域经济发展中的地位和作用等。

(2) 经营状况。主要是近几年生产、销售、效益情况和前景预测。

(3) 财务状况。主要是近几年资产负债、资金结构、资金周转、赢利能力、现金流量、销售归行率及存款的较大变动及现状。

(4) 信誉状况。主要是借款人有无拖欠本行或其他金融机构贷款本息的记录及其他信誉状况。

(5) 经营者素质。主要是法定代表人和其他领导层成员的学识、经历、业绩、品德和经营管理能力等。

(6) 贷款用途是否合法、合规。

(7) 担保情况。主要是抵(质)押物的权属、价值和变现难易程度，保证人的保证资格和能力。

(8) 客户对银行的潜在收益和风险。

(9) 贷款行认为需要了解的其他内容。

2. 贷前调查的程序和方法

贷前调查是通过调查掌握借款申请人生产经营状况、资产负债结构、发展前景和管理存在的问题，分析借款人的偿债能力和贷款潜在风险，为贷款决策提供准确的信息和依据。一般采取查阅有关资料与实地调查相结合、定性分析与定量分析相结合的方法开展调查。

(1) 查阅信贷管理系统有关资料和信贷档案，了解申请人存量贷款质量和还本付息情况，掌握借款人信誉状况和偿债能力变化情况。

(2) 查阅借款申请人提交的有关资料和近三年的财务报表，并对各种资料和财务报表的真实性进行审核，了解客户生产经营和资金使用情况，分析客户生产经营变化趋势和资金变化情况。

(3) 深入实地，查阅客户的有关报表和账簿，调查客户提交的有关资料是否真实；了解客户主要产品生产、销售及盈亏情况，判断客户生产经营是否正常、资金结构和资金使用是否合理。

(4) 与客户有关职能部门负责人和工作人员交谈，了解客户的生产经营和日常管理情况，分析客户经营管理现状和存在的问题。必要时，可深入客户的主要生产单位、营业场所，了解客户的生产经营情况。

(5) 评定即期信用等级。利用调查了解、掌握的资料和有关指标，对借款人即期信用等级进行评定。

(6) 测算本笔贷款的贷款风险度。客户信用等级系数和贷款方式系数，见表4-1和表4-2。

贷款风险度=客户信用等级系数×贷款方式系数

表4-1　贷款方式基础系数表

贷款方式	系数(%)	贷款方式	系数(%)
一、信用贷款		三、抵押贷款	
信用贷款	100	1. 房地产抵押	50
二、质押贷款		2. 楼宇按揭	50
1. 人民币定期存单质押	0	3. 营运车辆抵押	70
2. 外汇定期存单及现汇质押	10	4. 机器设备抵押	70
3. 黄金质押	20	其他财产抵押	100
4. 国家债券、中国人民银行票据质押	0	四、保证贷款	
5. 政策性银行、国有、全国性股份制效益好的城市商业银行、承兑、债券质押	10	1. 政策性银行、国有、全国性股份制效益好的城市商业银行担保	10
6. 其他银行票据、承兑、债券质押	40	2. 其他银行担保	40
7. 非银行金融机构债券质押	50	3. 保险公司保证保险担保	10
8. 我国中央政府投资的公用企业债券质押	50	4. 专业公司担保	20
9. 商业承兑汇票质押	100	5. 其他非银行金融机构担保	60
10. 股票股权质押	70	6. 中央政府公用企业担保	50
11. 其他权利及动产质押	80	7. AAA级企业担保	50
12. 封金及保证金	0	8. 其他企业、单位和个人担保	100

表 4-2　信用等级变换系数表(%)

信用等级	系　数	信用等级	系　数	信用等级	系　数	信用等级	系　数
AAA	40	AA+	45	A+	65	BBB	80
		AA	50	A	70	BB	90
		AA−	55	A−	75	B	100

3. 形成结论

调查人员经过深入细致的调查，将收集到的大量资料、信息进行分析与研究，形成客观、实际、公正的结论。要形成调查报告，填写信贷业务调查审查审批表，经部门负责人审定后，连同借款申请及其他相关资料一并送交贷款审查部门审查。

(二)贷款审查

1. 贷款审查部门审查

贷款审查部门收到贷款调查部门(调查人)提交的信贷业务调查审查审批表、调查报告及其他相关资料后，要及时进行审查。主要审查以下内容：

(1) 借款人主体资格是否合法，有无承担民事责任的能力。

(2) 借款人是否符合《贷款通则》规定的贷款基本条件。

(3) 调查部门提交的资料是否齐全。

(4) 借款人生产经营、财务状况、信誉状况、发展前景及内部管理是否良好。

(5) 贷款用途是否合法、合规。

(6) 贷款金额、期限、利率是否合规。

(7) 第一、第二还款来源是否充足、可靠、合法、有效。

(8) 借款人信用总量和各分项信用余额是否控制在最高综合授信额度及各分项授信额度之内。

(9) 客户经营中存在的主要问题及对贷款安全的潜在影响。

(10) 对按规定应实施法律审查的，提交法律部门进行审查，并出具法律审查意见。

2. 信贷审查委员会的审查

信贷审查委员会根据国家金融法规、货币政策和本行经营方针，对贷款审查部门报送的信贷业务进行审查，对超过本行权限的业务，信贷审查委员会审议后经有权人签字，报上级行审议。

经信贷审查委员会审议否决的项目，有权签批人不得签批同意贷款。

(三)贷款审批

1. 审批人的职责

(1) 在贷款调查、审查部门和贷款审查委员会提出明确调查、审查意见的基础上，按照授权或转授权范围和权限进行审批，决定贷与不贷、贷多贷少以及贷款方式、期限和利率。

(2) 对上报上级行审批的贷款及有关事项履行审查职责。

(3) 对超过本部门、本行审批权限的，及时上报主管行长、本行行长及上级行审批。

2. 贷款审批权限

流动资金贷款审批权限具体按照每年度信贷业务授权文件规定执行，严禁化整为零、超权限发放贷款。

(四)贷款发放和收回

1. 贷款的发放

贷款行对经有权审批人审批同意的流动资金贷款，要及时办妥贷款发放手续。属于保证贷款的，与保证人签订保证合同；属于抵押、质押贷款的，与抵押人、出质人签订抵(质)押合同，并依法办理抵押、质押登记。在此基础上，与借款人签订借款合同，通知借款人填写《借款借据》，办理提款手续。

2. 贷款的收回

(1) 贷款到期前，借款人应将归还贷款所需资金存入存款账户中，并主动开具支票归还贷款本金及利息。

(2) 贷款行要在短期贷款到期一个星期之前、中期贷款到期一个月之前，向借款人发送还本付息通知单，提示借款人筹措资金按期归还贷款。

(3) 贷款到期后，借款人未能主动还款的，贷款行应根据合同约定，直接从借款人存款账户中划收。账户中资金不足的，贷款行要及时进行催收。

(4) 分期还款规定。为适应不同客户的需求，降低贷款到期时集中还贷的压力，可以在《借款合同》中约定分期归还流动资金贷款：

① 贷款行和借款人应根据借款人生产经营和资金周转的实际情况，合理安排贷款的期限、金额、发放时间以及分期归还贷款本息的时间和金额，并在借款合同中明确约定。

② 贷款行应与借款人签订结算账户监管协议。

③ 对短期和中期流动资金贷款均可采用分期还款的方式。分期还款贷款期限分为宽

限期和还款期。宽限期从合同签订日起至合同规定的第一次还本日止；还款期从合同规定的第一次还本日起至全部本息清偿日止。工交生产企业的宽限期允许超过 3 个月；流通企业的宽限期不得超过 3 个月。

④ 分期还款的流动资金贷款按贷款合同期限确定贷款利率。借款人如在约定还款日未按合同约定金额还款，贷款行可按照逾期贷款罚息率对违约金额收取罚息。

⑤ 分期还款贷款实行按天计息，按月结息。在宽限期内，借款人仅支付利息不归还贷款本金。

⑥ 借款人每次实际还款金额允许在合同议定还款金额的基础上增加30%或减少10%。

⑦ 借款人应于借款合同约定还款日的前一个工作日，将约定还款金额(本金与利息)足额划入贷款行监管的结算账户，并在借款合同中授权贷款行在约定还款日从结算账户中扣收贷款本息。

⑧ 贷款行应在借款合同中与借款人约定贷款提前到期条款。在合同有效期内，借款人发生下列情况之一的，应视作违约：

A.借款合同规定的违约情况。

B.借款人在任何一个约定还款日，结算账户存款余额低于合同约定还款金额下限。

C.借款人生产经营状况异常，可能影响偿还到期债务。

D.借款人发生重大经济纠纷，可能危及贷款安全。

贷款行在发现上述一项或数项违约情况后，可要求借款人限期归还已到期债务，并根据借款人的支付能力决定是否宣布贷款提前到期并要求借款人提前还清所有未到期债务。

⑨ 分期还款流动资金贷款按照发放贷款的金额执行有关信贷审查、审批管理制度和授权、授信管理规定。

⑩ 分期还款流动资金贷款的贷后检查间隔期执行贷后管理的有关规定。贷后检查时应注意分析借款人产销和现金流量的变化情况。

📘 案例点击

　　1997 年 8 月 6 日，A 公司因生产急需资金向 B 银行申请贷款 10 万元，1998 年 8 月 5 日贷款到期。由于 A 公司资金周转问题，不能按时还款，1998 年 7 月 24 日，A 公司向 B 银行提出借新还旧，延长还款期限。为了降低贷款风险，B 银行同意借新还旧，并要求 A 公司对新贷款提供担保。1998 年 7 月 28 日，A 公司持空白流动资金借款合同及担保意向书请求 C 公司为其担保，C 公司同意为其提供担保，并在空白的借款合同保证人位置及担保意向书上盖 C 公司公章和法定代表人印章。1998 年 8 月 4 日，B 银行与 A 公司签订了一份借款合同，约定：A 公司向 B 银行借款 10 万元，用途为借新还旧，借款期限为 6 个月；C 公司是担保人，当借款人不履行合同时由其承担连带偿还借款本息的责任，贷款人可以直接从保证人的存款账户内扣收贷款本息。次日，A 公司将 10 万元借款按事先约定偿还了拖欠 B 银行的旧贷款。贷款到期后，A 公司未能如期偿还。1999 年 3 月 15 日，B 银行直接从 C 公司账户上扣收 10 万元抵偿。C 公司认为自己不知道借款合同的借款用途是借新还旧，担保合同应当无效；同时 B 银行未经其同意，擅自扣划其账户存款，侵犯了储户所有权，请求法院判令担保合同无效，B 银行返还被扣划的存款并承担赔偿责任。法院审理后认为，B 银行与 A 公司恶意串通，利用新贷款偿还旧贷款，签订的借款合同损害了保证人的利益，C 公司不应承担保证责任。B 银行直接扣划 C 公司账户款项，是侵权行为，应返还被扣划的存款，赔偿相应的利息损失。

点石成金

1. 如实填写贷款借新还旧的真实用途

在借新还旧中，除不能虚构借款用途外，还必须向保证人明示，避免保证人以"双方恶意串通，构成欺诈"要求免责。建议在贷款申请书、借款合同和担保合同中的"贷款用途"栏直接填明"本贷款用于偿还×××(合同编号)合同项下借款人所欠贷款人贷款本金"，以确保借新还旧行为的合法有效。

2. 对借新还旧的贷款用途的填写切忌懒惰

鉴于目前立法对借新贷款偿还旧贷款问题涉及甚少，各地法院判决也不同，为避免司法裁判风险，防止司法实践中判决保证人免除担保责任，银行应当规范贷款操作并注意证据保全。银行与借款人办理借新还旧贷款时，在旧贷款与新贷款均有保证人的情况下，无论保证人为同一人还是不同的人，一定要在借款合同的用途上写明"借新还旧"或"以贷还贷"，或者通过其他方式让保证人在签订合同时知道银行与借款人进行的贷款是借新还旧。

3. 落实担保措施

由于借新还旧的特殊性，对贷款的担保一定要保证其效力。原贷款为担保贷款的，要重新办理担保手续。新的担保方式的风险不能高于原担保方式。原贷款没有担保的，要补办担保，并保证担保充足有效。

4. 扣收保证人存款账户要慎重

银行贷款业务中，为了回收贷款的安全和快捷，银行通常从债务人的存款账户中直接扣收贷款本息，但是银行在直接扣收时，一定要注意合法有据。建议银行在采取直接扣收贷款本息前，一定要与债务人达成扣收协议，并保存书面证据，如委托转账付款授权书或扣款协议书等。

本 章 小 结

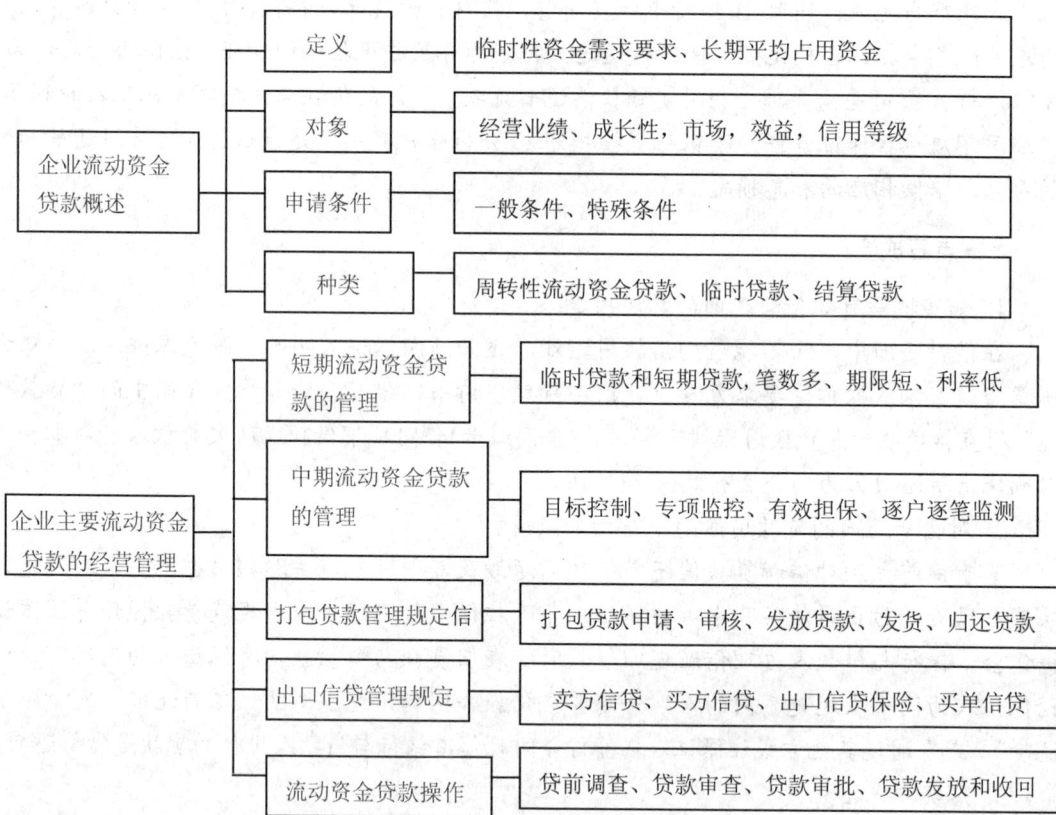

复习思考题

1. 流动资金、流动资金贷款的含义是什么？其贷款的种类有哪些？
2. 买方信贷的特点是什么？
3. 流动资金贷款操作程序是怎样的？应该如何强化管理？

第五章 企业项目融资贷款业务

【学习目标】

● 了解与掌握企业融资的概念，项目融资的概念，项目融资的特征与形式。
● 熟知与掌握项目贷款的种类与规则。
● 了解与掌握项目融资贷款的操作流程与评估。

【重点难点】

● 项目融资的特征与形式。
● 项目贷款的种类与规则。

章前导读

狭义的项目融资与传统的贷款有什么区别？

假设某集团公司已经拥有 A、B 两个企业，为了增建生产企业 C，拟从金融市场筹集资金，可以采用两种方式。第一种，借来的款项用于建设新的生产企业 C，而归还贷款的款项来源于整个集团公司的收益。如果 C 失败，则原来的 A、B 两个企业的收益作为偿债的担保。这时，我们称贷款方对该集团公司有完全追索权。第二种，借来的款项用于新建企业 C，用于偿还的款项仅限于 C 建成后生产经营所得的收益。如果 C 失败，贷款方只能从清理生产企业 C 的资产中收回一部分款项，除此之外，不能要求公司用别的资金来源归还贷款，即项目融资。

关键词： 项目融资　项目融资贷款的种类　操作流程　评估

第一节 企业项目融资贷款的概述

一、企业项目融资贷款的概念

(一)企业融资的概念

融资是指各种资金的社会性融通。企业融资则是企业为满足其生产经营、对外投资和调整资本结构对资本的需要，通过一定的渠道和金融市场，运用一定的方式，进行经济有效的筹措和集中资本的财务活动。

企业为实现有效的融资，必须关注两方面问题，即恰当的融资数量和融资比例，通过加强这两方面的管理，既可以满足生产经营活动中所需的必要资本，又可以优化资本结构，降低资本成本。其中，融资数量的管理主要基于企业的投资规模、法律规定和企业自身的财务状况等因素；而融资比例即资本结构，则是融资管理中较为复杂和关键的内容，它会影响到企业的资本成本和财务风险状况，并且企业的资本结构要随着企业的财务状况变化处于不断的调整之中。

资本结构主要涉及两个内容：首先是负债和股东权益的比例，该比例影响企业的风险和报酬，是资本结构里最重要的内容；其次是各项负债的比例，该比例影响企业的综合资本成本。

(二)项目融资的概念

1. 项目融资概述

项目融资是一种无追索权或有有限追索权的融资或贷款。按照 R 巧 B(美国财会标准手册)所下的定义，"项目融资是指对需要大规模资金的项目而采取的金融活动。借款人原则上将项目本身拥有的资金及其收益作为还款资金来源，而且将其项目资产作为抵押条件来处理。该项目事业主体的一般性信用能力通常不被作为重要因素来考虑。这是因为其项目主体要么是不具备其他资产的企业，要么对项目主体的所有者(母体企业)不能直接追究责任，两者必居其一。"(按照 P.K.Ne "t 所著《侧 ectFinanci 飞》1989 年第 5 版中的定义)项目融资就是在向一个具体的经济实体提供贷款时，贷款方首先查看该经济实体的现金流和收益，将其视为偿还债务的资金来源，并将该经济实体的资产视为这笔贷款的担保物，若对这两点感到满意，则贷款方同意贷予。

项目融资可以作广义和狭义两种理解，作广义的理解，项目融资包括针对投资项目各种资金筹措方式。若狭义地理解，首先应正确理解"项目"与"融资"的关系。任何一个项目都需要资金来支持，但并非每个项目的资金筹集方式都是项目融资。事实上，只有很少一部分项目是采用项目融资这种特殊方式来筹集资金的。所以说，项目融资"不是"为了项目而融资"，其准确含义应该是"通过项目来融资"，进一步讲，是"以项目的资产、收益作抵押来融资"。

中国国家计委与外汇管理局共同发布的《境外进行项目融资管理办法》中对现行项目融资定义为："以境内建设项目名义在境外筹措资金，并以项目自身预期的收入资金量、自身的资产与权益来承担债务偿还责任的融资方式。"

2. 项目融资的定义

项目融资(project financing)：是指对需要大规模资金的项目金融活动，借款人原则上将项目本身拥有的资金及其收益作为还款资金来源，而且将其项目资产或权益作抵(质)押而取得的一种无追索权或有限追索权的贷款方式。换句话讲，就是以特定项目的资产、预期收益或权益作为抵押而取得的一种无追索权或有限追索权的融资或贷款。该融资方式一般应用于现金流量稳定的发电、道路、铁路、机场、桥梁等大型基建项目，目前应用领域逐渐扩大，例如，已应用到大型石油化工等项目上。

二、项目融资的特征

(一)项目融资的当事人

项目融资是一种特殊的融资方式，至少有项目发起人(企业)、项目公司、投资人三方参与。

(二)项目融资的特点

项目融资的特点：融资金额大；项目建设期与回收期长；不确定因素多；一般具有良好的经济与社会效益。

(三)项目融资的基本特征

项目融资的基本特征，主要包括项目导向；有限追索；风险分担；非公司负债型融资；信用结构多样化；融资成本较高。

1. 项目导向

项目导向主要是依赖于项目的现金流量和资产而不是依赖于项目的投资者或发起人的资信来安排融资是项目融资的第一个特点。项目融资，顾名思义，就是以项目为主体安排的融资，贷款者在项目融资中的注意力主要放在项目的贷款期间能够产生多少现金流量用于贷款，贷款的数量、融资成本的高低以及融资结构的设计都是与项目的预期现金流量和资产价值直接联系在一起的。

2. 有限追索

有限追索是项目融资的第二个特点。追索是指在借款人未按期偿还债务时贷款人要求以抵押资产以外的其他资产偿还债务的权力。在某种意义上，贷款人对项目借款人的追索形式和程度是区分融资是属于项目融资还是属于传统形式融资的重要标志。对于传统融资方式，贷款人为项目借款人提供的是完全追索形式的贷款，即贷款人主要依赖的是自身的资信情况，而不是项目本身；而项目融资方式，作为有限追索的项目融资，贷款人可以在贷款的某个特定阶段(例如项目的建设期和试生产期)对项目借款人实行追索，或者在一个规定的范围内(这种范围包括金额和形式的限制)对项目借款人实行追索，除此之外，无论项目出现任何问题，贷款人均不能追索到项目借款人除该项目资产、现金流量以及所承担的义务之外的任何形式的财产。

有限追索的极端是"无追索",即融资百分之百地依赖于项目的经济强度,在融资的任何阶段,贷款人均不能追索到项目借款人除项目之外的资产。然而,在实际工作中是很难获得这样的融资结构的。

3. 风险分担

为了实现项目融资的有限追索,对于与项目有关的各种风险要素,需要以某种形式在项目投资者(借款人)、与项目开发有直接或间接利益关系的其他参与者和贷款人之间进行分担。一个成功的项目融资应该是在项目中没有任何一方单独承担起全部项目债务的风险责任,这一点构成了项目融资的第三个特点。在组织项目融资的过程中,项目借款人应该学会如何去识别和分析项目的各种风险因素,确定自己、贷款人以及其他参与者所能承受风险的最大能力及可能性,充分利用与项目有关的一切可以利用的优势,最后设计出对投资者具有最低追索的融资结构。

4. 非公司负债型融资

一般来说,风险分担是通过出具各种保证书或作出承诺来实现的。保证书是项目融资的生命线,因为项目公司的负债率都很高,保证书可以把财务风险转移到一个或多个对项目有兴趣但又不想直接参与经营或直接提供资金的第三方。

5. 信用结构多样化

保证人主要有两大类:业主保证人和第三方保证人。当项目公司是某个公司的子公司时,项目公司的母公司是项目建成后的业主,贷款方一般都要求母公司提供保证书。当项目公司无母公司,或母公司及发起方其他成员不想充当保证人,可以请他们以外的第三方充当保证人。可以充当保证人的主要有五类人:材料或设备供应商、销售商、项目建成后的产品或服务的用户、承包商和对项目感兴趣的政府机构。

6. 融资成本较高

与传统的融资方式比较,项目融资存在的一个主要问题,也是其第六个特点,是相对筹资成本较高,组织融资所需要的时间较长。

(四)项目融资模式的基本结构特征

虽然任何一个具体的融资方案,由于时间、地理位置、项目性质、投资者状况及其目标要求等多方面的差别,都会带有各自的特点,但是基本的项目融资模式(如图5-1所示)都离不开以下三个方面的结构特征。

1. 在贷款形式上

(1) 一个有限追索或无追索的贷款(该贷款将从项目的现金流量中偿还)。

(2) 购买项目一定的资源储量和产品(将该资源储备以及相应的预期生产量转换成为项目的销售收入现值，在融资初期以资本形式一次或分几次注入项目，表现形式为"生产支付"或者"远期购买")。

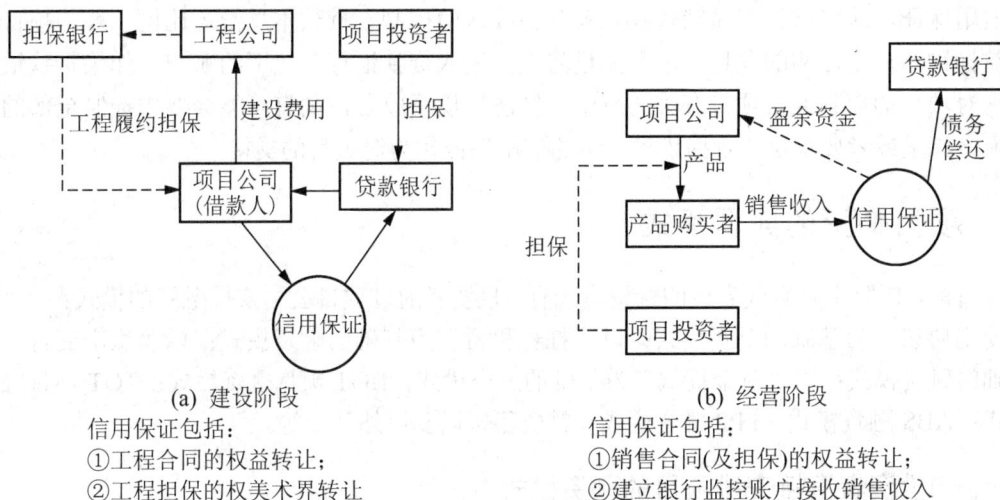

(a) 建设阶段
信用保证包括：
①工程合同的权益转让；
②工程担保的权美术界转让

(b) 经营阶段
信用保证包括：
①销售合同(及担保)的权益转让；
②建立银行监控账户接收销售收入

图 5-1　基本项目融资模式

2. 在信用保证上

(1) 要求对项目的资产(对于资源性项目，包括所有的资源储量或者开采权)拥有第一抵押权，对于项目的现金流量具有有效的控制。

(2) 要求把项目投资者(借款人)一切与项目有关的契约性权益转让给贷款银行。

(3) 要求项目成为一个单一业务的实体(即把项目的经营活动尽量与投资者的其他业务分开)，除了项目融资安排之外，限制该实体筹措其他债务资金。

(4) 对于从建设期开始的项目，要求项目投资者(或项目工程公司等)提供项目的完工担保。

(5) 在市场方面，要求项目具有类似"无论提货与否均需付款"或者"提货与付款"性质的市场合约安排，除非贷款银行对于项目产品的市场状况充满信心。

3. 在时间结构上

在时间结构上，项目融资可划分为项目的建设、开发阶段和项目的经营三个阶段。

1) 项目建设、开发阶段是风险最高的阶段

在这一阶段的融资对于投资者通常带有完全追索的性质，并且贷款银行还会要求对工程合同以及相应的工程合同担保加以一定的控制。

2) 项目进入经营阶段

当项目通过"商业完工"检验标准之后，项目进入经营阶段。在这一阶段，贷款银行的项目融资对投资者的完全追索将转变成为有限追索或无追索，但是贷款银行将会增加新的信用保证，即对项目产品销售收入及其他收入的控制。贷款本息偿还比例一般与项目的收益挂钩，一定比例的项目净现金流量将直接进入贷款银行监控下的账户。如果贷款银行感到对项目的前景或与项目有关的政治、经济环境不放心，则有可能会要求控制全部的项目现金流量或者要求投资者提供进一步的信用保证作为对项目的支持。

三、项目融资的典型模式

目前，国际上具有代表性的融资模式有：投资者通过项目公司安排融资的模式；以"设施使用协议"为基础的融资模式；以"杠杆租赁"为基础的融资模式；以"生产支付"为基础的融资模式；以"黄金贷款"为基础的融资模式；BOT 项目融资模式；TOT 项目融资模式；ABS 融资模式；PPP 融资模式、融资租赁以及境外基金等。

(一)投资者直接安排项目的融资模式

1. 概念

由项目投资者直接安排项目的融资，并且直接承担起融资安排中相应的责任和义务，可以说是结构上最简单的一种项目融资模式。这种模式适用于投资者本身公司财务结构不很复杂的情况，有利于投资者税务结构方面的安排，对于资信状况良好的投资者，直接安排融资还可以获得相对成本较低的贷款，这是因为即使安排的是有限追索的项目融资，但由于是直接以投资者的名义出面，对于大多数银行来说资信良好的公司名誉本身就是一种担保，在项目融资中这种担保被称为"意向性担保"。

2. 特点

(1) 项目公司统一负责项目的建设、生产、市场，并且可以整体地使用项目资产和现金流量作为融资的抵押和信用保证，在概念上和融资结构上容易被贷款银行接受，法律结构相对比较简单。

(2) 项目投资者不能直接安排融资，而是通过间接的信用保证形式支持项目公司的融资，投资者的债权债务均有明确表示，因此容易实现有限追索的项目融资和非公司负债型融资的目标要求。

(3) 可以利用大股东的优势获得较优惠的贷款条件，还能避免投资者之间为安排融资造成的相互竞争。

(4) 问题是缺乏灵活性，很难满足不同投资者对融资的各种要求，比如在税务结构安排和债务形式选择方面灵活性较差。投资者直接安排项目的融资模式，如图 5-2 所示。

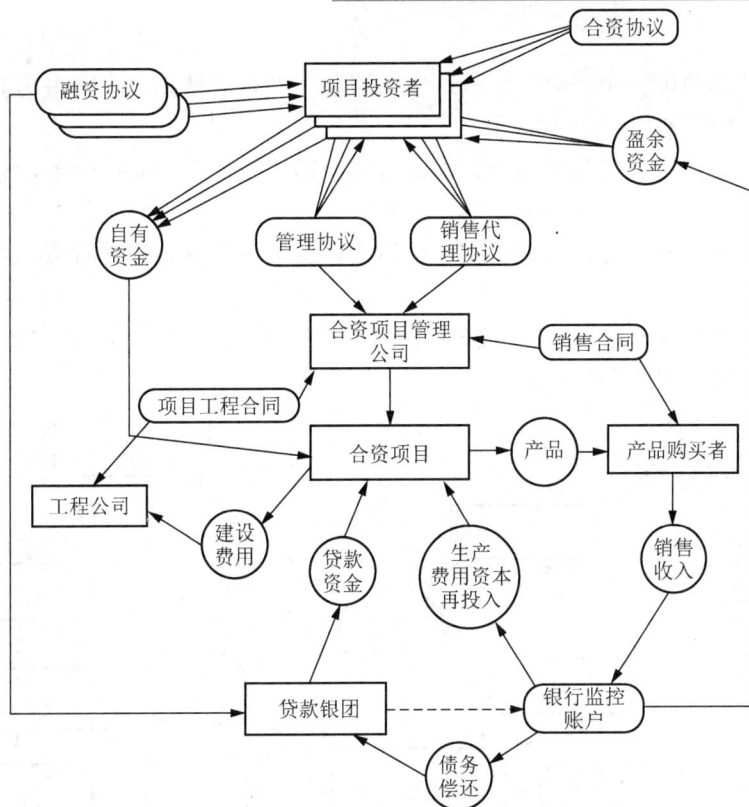

图 5-2　投资者直接安排项目的融资模式(结构之一)

(二)以"设施使用协议"为基础的融资模式

1. 概念

国际上，一些项目融资是围绕着一个工业设施或者服务性设施的使用协议作为主体安排的。这种设施使用协议(Tolling Agreement)，在工业项目中有时也称为"委托加工协议"，是指在某种工业设施或服务性设施的提供者和这种设施的使用者之间达成的一种具有"无论提货与否均需付款"性质的协议。利用以"设施使用协议"为基础的项目公司安排融资，主要应用于一些带有服务性质的项目，例如，石油、天然气管道项目、发电设施、某种专门产品的运输系统以及港口、铁路设施等。20 世纪 80 年代以来，由于在很长一个时期内国际原材料市场不景气而导致与原材料有关的项目投资风险过高，这种融资模式也开始被引入到工业项目中，其中典型的实例包括 20 世纪 80 年代中期在澳大利亚和加拿大兴建的几个世界级的电解铝厂。

2. 特点

(1) 投资结构的选择比较灵活,既可以采用公司型合资结构,也可采用非公司型合资结构、合伙制结构或信托基金结构。

(2) 项目的投资者可以利用与项目利益有关的第三方信用来安排融资,分散风险,节约初始资金投入。

(3) 具有"无论提货与否均需付款"性质的设施使用协议是项目融资不可缺少的组成部分。

(4) 采用这种模式的项目融资,在税务结构处理上需要比较谨慎。以"设施使用协议"为基础的融资模式,如图 5-3 所示。

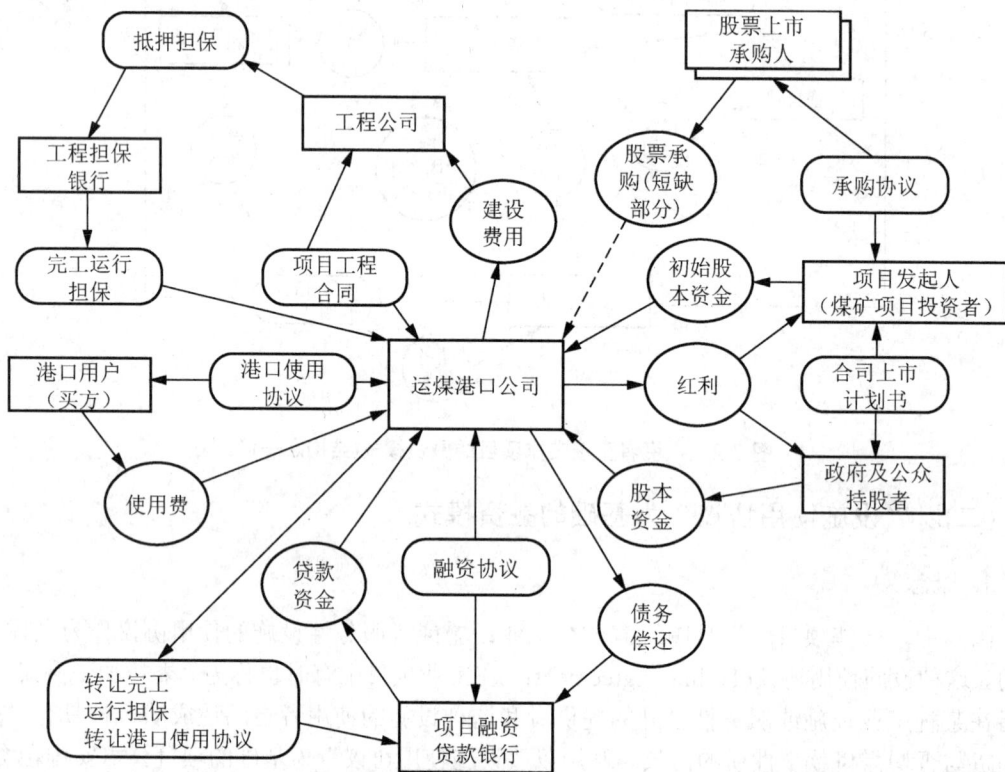

图 5-3 以"设施使用协议"为基础的融资模式(以运煤港口项目为例)

(三)以"杠杆租赁"为基础的融资模式

以"杠杆租赁"(Leveraged Leasing)为基础的融资模式的特点如下:

(1) 融资模式比较复杂。

(2) 杠杆租赁由于充分利用了项目的税务好处作为股本参加者的投资收益,所以降低了投资者的融资成本和投资成本，同时又增加了融资结构中债务偿还的灵活性。

(3) 杠杆租赁融资应用范围比较广泛。

(4) 项目的税务结构以及税务扣减的数量和有效性是杠杆租赁融资模式的关键。

(5) 这种模式比较复杂，所以重新安排融资的灵活性以及可供选择的重新融资余地就变得较小。这是由于在实际操作中对杠杆租赁项目融资结构的管理比其他项目融资模式复杂。一般项目融资结构的运作包括了两个阶段：项目建设阶段和经营阶段，但是杠杆租赁项目融资结构的运作需要五个阶段：项目投资组建(合同)阶段；租赁阶段；建设阶段；经营阶段；中止租赁协议阶段。以"杠杆租赁"为基础的融资模式，如图5-4所示。

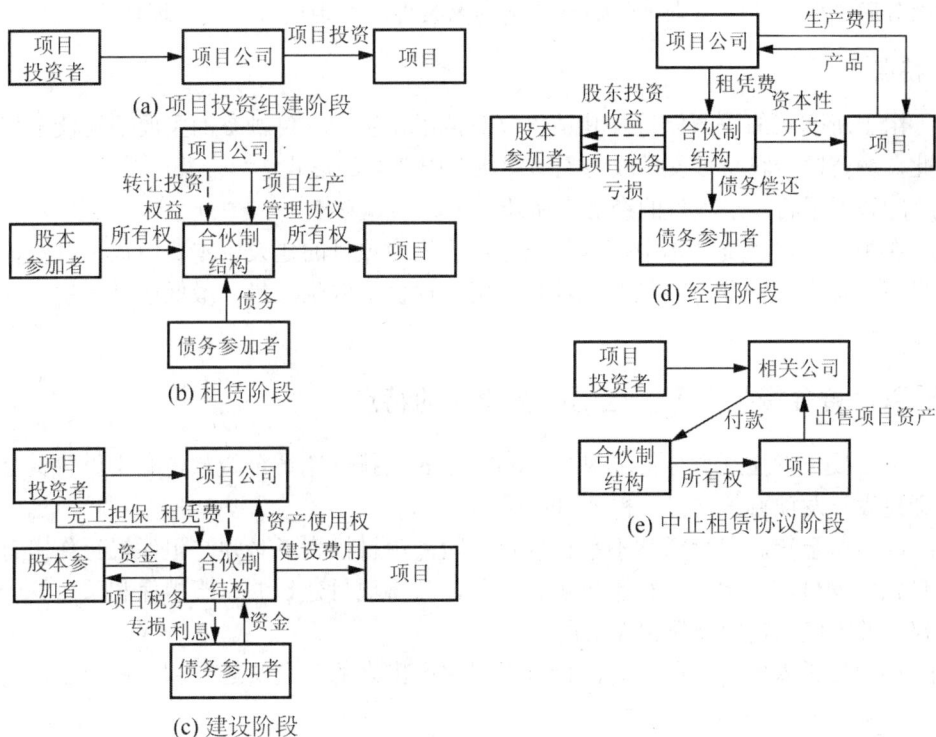

图 5-4　以"杠杆租赁"为基础的融资模式

(四)以"生产支付"为基础的融资模式

1. 概念

生产支付(Production Payment)是项目融资的早期形式之一，起源于20世纪50年代美国的石油天然气项目开发的融资安排。

以生产支付为基础组织起来的项目融资，在信用保证结构上与其他的融资模式有一定的区别。

一个生产支付的融资安排是建立在由贷款银行购买某一特定矿产资源储量的全部或部分未来销售收入的权益的基础上的。在这一安排中提供融资的贷款银行从项目中购买到一个特定份额的生产量，这部分生产量的收益也就成为项目融资的主要偿债资金来源。因此，生产支付是通过直接拥有项目的产品和销售收入，而不是通过抵押或权益转让的方式来实现融资的信用保证。对于那些资源属于国家所有，项目投资者只能获得资源开采权的国家和地区，生产支付的信用保证是通过购买项目未来生产的现金流量，加上资源开采权和项目资产的抵押实现的。生产支付融资适用于资源贮藏量已经探明并且项目生产的现金流量能够比较准确地计算出来的项目。生产支付融资所能安排的资金数量等于生产支付所购买的那一部分矿产资源的预期未来收益在一定利率条件下贴现出来的资产现值。

2. 特点

(1) 由于所购买的资源储量及其销售收益被用作生产支付融资的主要偿还债务资金来源。因此，融资比较容易被安排成为无追索或有限追索的形式。

(2) 融资期限将短于项目的经济生命期。

(3) 在生产支付融资结构中，贷款银行一般只为项目的建设资本费用提供融资，而不承担项目生产费用的贷款，并且要求项目投资者提供最低生产量、最低产品质量标准等方面的担保。

(五)以"黄金贷款"为基础的融资模式的特点

(1) 项目投资者通过黄金贷款银行(Gold Loan)安排一个黄金贷款，利用出售黄金所获得的资金建设开发项目，支付工程公司费用。

(2) 因为黄金贷款银行通常不承担项目风险，项目投资者必须与担保银行作出有限追索的项目融资安排，由担保银行承担项目风险，获得项目建设的完工担保和项目资产的第一抵押权，并收取一定的项目担保费用。

(3) 在项目进入生产阶段之后，投资者用生产出来的黄金偿还贷款，避免了任何价格波动上的风险。

(六)BOT 项目融资模式

1. BOT 项目融资模式的概念

BOT(Build-建设，Operate-经营，Transfer-转移)项目融资模式是指在自然资源开发和基础设施建设这类投资数额大、建设周期长、风险大，单靠项目主办人的力量无法筹集如此大规模的资金，项目主办人也无力承担项目失败的风险，且传统的融资方式也满足不了上述项目的需要时，人们创造出项目融资这一方式。

无追索权项目融资和有限追索权项目融资作为项目融资的两种基本类型在实践中不断

被发展和完善，比较成熟的模式是 BOT 结构，有三种具体形式：即 BOT、BOOT、BOO，除此之外，它还有一些变通形式。

2. BOT、BOO 和 BOOT 的含义

(1) BOT 即建设—经营—移交，在标准的 BOT 方式中，私人财团或国外财团自己融资来设计、建设基础设施项目。项目开发商根据事先约定，经营一段时间以收回投资。经营期满，项目所有权或经营权将被转让给东道国政府。BOT 融资模式的基本思路是：由政府或所属机构对项目的建设和经营提供一种特许权协议作为项目融资的基础。由本国公司或者外国公司作为项目的投资者和经营者安排融资，承担风险，开发建设项目，并在有限的时间内经营项目获取商业利润，最后根据协议将该项目转让给相应的政府机构。

(2) BOO 即建设—拥有—经营，承包商根据政府赋予的特许权，建设并经营某项产业项目，但是并不将此项基础产业项目移交给公共部门。

(3) BOOT 建设—拥有—经营—移交，则是私人合伙或某国际财团融资建设基础产业项目，项目建成后，在规定的期限内拥有所有权并进行经营，期满后将项目移交给政府。

3. BOT 项目融资模式的基本思路

BOT 项目融资模式是由项目所在国政府或所属机构为项目的建设和经营安排融资，承担风险，开发建设项目并在有限的经营项目获取商业利润，最后根据协议将该项目转让给相应的政府机构。BOT 模式也称为"特许权融资"。

1) 人员组成

(1) 项目的最终所有者(项目发起人)：指项目所在国政府、政府机构或政府指定的公司。其主要吸引力在于：①可以减少项目建设的初始投入；②可以吸引外资，引进新技术，改善和提高项目的管理水平。

(2) 项目的直接投资者和经营者(项目经营者)：这是 BOT 融资模式的主体。项目经营者从项目所在国政府获得建设和经营项目的特许权，负责组织项目的建设和生产经营，提供项目开发所需要的股本资金和技术，安排融资，承担项目风险，并从项目投资和经营中获得利润。项目经营者的选择标准有：①项目经营者要有一定的资金、管理和经营能力，保证在特许权协议期间能够提供符合要求的服务；②项目经营要符合环境保护标准和安全标准；③项目产品(或服务)的收费要合理；④项目经营要保证做好设备的维修和保养工作，保证其良好的运行。

2) 项目的直接投资者和经营者共担风险

项目的直接投资者和经营者在项目中注入一定的股本资金，承担直接的经济责任和风险，在 BOT 模式中起到十分重要的作用：①这些股本资金形成一种激励机制，促使项目公司及其投资者按照施工计划、预算完成项目建设，促使经营公司更有效地经营项目；②股本资金的投入代表了投资财团对项目的经济效益，对项目前景以至政治风险、国家风险的态度和看法，对贷款银行在为项目安排融资问题上起到一种推动的作用；③股本资金的投

入提高了项目的债务承受能力，特别是在项目经济效益证明比预期值相差较远时，起到一种垫底作用，减少项目的经营风险。

3) 项目的贷款银行

BOT 融资结构由几个部分组成：①项目经营公司、工程公司、设备供应公司以及其他投资者共同组成一个项目公司，从项目所在国政府获得"特许权协议"作为项目建设开发和安排融资的基础；②项目公司以特许权利、协议作为基础安排融资；③在项目的建设阶段，工程承包集团以承包合同的形式建造项目；④项目进入经营阶段之后，经营公司根据经营协议负责项目公司投资建造的公用设施的运行、保养和维修，支付项目贷款本息并为投资财团获得投资利润；⑤保证在 BOT 模式结束时将一个运转良好的项目移交给项目所在国政府或其他所属机构。

(七)TOT 项目融资模式

1. TOT 项目融资模式概述

TOT 是英文"Transfer-Operate-Transfer"的缩写，即移交—经营—移交。TOT 方式是国际上较为流行的一种项目融资方式，通常是指政府部门或国有企业将建设好的项目的一定期限的产权或经营权，有偿转让给投资人，由其进行运营管理；投资人在约定的期限内通过经营收回全部投资并得到合理的回报，双方合约期满之后，投资人再将该项目交还政府部门或原企业的一种融资方式。

2. TOT 项目融资模式的流程

从某种程度上讲，TOT 具备我国企业在并购过程中出现的一些特点，因此可以理解为基础设施企业或资产的收购与兼并。TOT(移交—经营—移交)模式的流程大致是：①进行经营权转让，即把存量部分资产的经营权置换给投资者，双方约定一定的转让期限；②在此期限内，经营权受让方全权享有经营设施及资源所带来的收益；③期满后，再由经营权受让方移交给经营权转让方。它是相对于增量部分资源转让，即 BOT(建设—经营—移交)而言的，是融资的方式和手段之一。例如，TOT 在电力行业，是指甲方将已经投产的电站移交(T)给乙方经营(O)，凭借电站在未来若干年内的现金流量，一次性地从乙方那里融得一部分资金，用于建设新的电站。经营期满，乙方再把电站移交(T)给甲方。

(八)ABS 融资模式

1. ABS 融资模式概述

ABS 是英文"Asset Backed Securitization"的缩写，ABS 融资。即资产收益证券化融资。它是以项目所属的资产为支撑的证券化融资方式，即以项目所拥有的资产为基础，以项目资产可以带来的预期收益为保证，通过一套提高信用等级计划在资本市场发行债券来募集资金的一种项目融资方式，如图 5-5 所示。

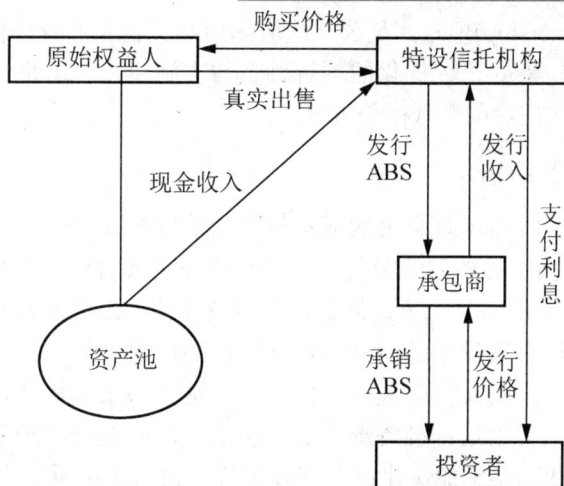

图 5-5　ABS 融资方式结构图

2. ABS 模式的具体运作过程

(1)　组建一个特别目标公司(SPV)。

(2)　目标公司选择能进行资产证券化融资的对象。

(3)　以合同、协议等方式将政府项目未来现金收入的权利转让给目标公司。

(4)　目标公司直接在资本市场发行债券募集资金或者由目标公司作为信用担保，由其他机构组织发行，并将募集到的资金用于项目建设。

(5)　目标公司通过项目资产的现金流入清偿债券本息。

目前，ABS 资产证券化是国际资本市场上流行的一种项目融资方式，已在许多国家的大型项目中采用。1998 年 4 月 13 日，我国第一个以获得国际融资为目的的 ABS 证券化融资方案率先在重庆市推行。这是中国第一个以城市为基础的 ABS 证券化融资方案。建行重庆市分行已选择并获准与香港豪升 ABS(中国)控股有限公司达成合作协议，并将首批运作项目定为航空标款、汽车按揭、商业零售等。其首次运作将投入 2 亿美元。滚动资金可达 10～20 亿美元。以后运用的债券发行收益还将投资于交通、能源、城市建设、工业、安居工程、农业与旅游业等方面。我国到目前为止还没有在国内债券市场上发行的 ABS 债券。

但是，若金融监管不到位，使得担保与信用升级泛滥，容易导致债务流动性危机，会殃及整个融资体系甚至金融体系的安全，引发金融危机。2007—2008 年，发生在美国的次贷危机，到最后爆发的金融危机，就是 ABS 证券化融资模式失败的特例。

(九)PPP 融资模式

1. PPP 模式的定义

为了弥补 BOT 模式的不足，近年来，出现了一种新的融资模式，即 PPP

商业银行信贷实务

(Public—Private—Partnership)模式，是公共政府部门与民营企业合作模式。PPP模式是公共基础设施建设中发展起来的一种优化的项目融资与实施模式，这是一种以各参与方的"双赢"或"多赢"为合作理念的现代融资模式。

2. PPP模式的典型结构

政府部门或地方政府通过政府采购形式与中标单位组成的特殊目的公司签订特许合同(特殊目的公司一般是指中标的建筑公司、服务经营公司或对项目进行投资的第三方组成的股份有限公司)，由特殊目的公司负责筹资、建设及经营。政府通常与提供贷款的金融机构达成一个直接协议，这个协议不是对项目进行担保的协议，而是一个向借贷机构承诺将按与特殊目的公司签订的合同支付有关费用的协定，这个协议使特殊目的公司能比较顺利地获得金融机构的贷款。采用这种融资形式的实质是：政府通过给予私营公司长期的特许经营权和收益权来换取基础设施加快建设及有效运营，如图5-6所示为PPP模式中双方决策与合作关系。

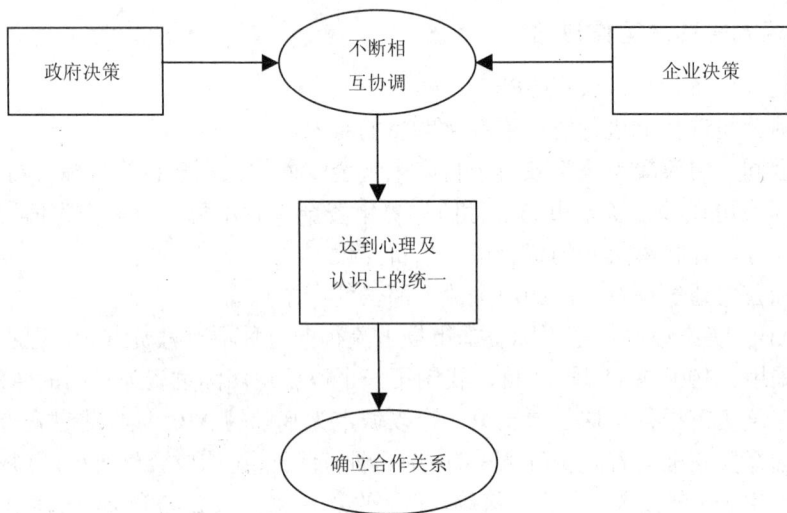

图 5-6　PPP 模式中双方决策与合作关系

小资料

PPP模式虽然是近几年才发展起来的，但在国外已经得到了普遍的运用。

1992年，英国最早应用PPP模式。英国75%的政府管理者认为PPP模式下的工程达到和超过价格与质量关系的要求，可节省17%的资金。80%的工程项目按规定工期完成，常规招标项目按期完成的只有30%；20%未按期完成的项目的拖延时间最长没有超过4个月。同时，80%的工程耗资均在预算之内，一般传统招标方式只能达到25%；20%超过预算的是因为政府提出调整工程方案。按照英国的经验，适于PPP模式的工程包括：交通(公路、铁路、

116

机场、港口)、卫生(医院)、公共安全(监狱)、国防、教育(学校)、公共不动产管理。智利是在国家为平衡基础设施投资和公用事业急需改善的背景下于1994年引进PPP模式的。结果是提高了基础设施现代化程度，并获得充足资金投资到社会发展计划。至今已完成36个项目，投资额达60亿美元。包括24个交通领域工程、9个机场、2个监狱、1个水库。年投资规模由模式实施以前的3亿美元增加到17亿美元。葡萄牙自1997年启动PPP模式，首先应用在公路网的建设上。至2006年的10年时间，公路里程比原来增加一倍。除公路以外，正在实施的工程还包括医院的建设和运营、修建铁路和城市地铁。巴西于2004年12月通过"公私合营(PPP)模式"法案，该法案对国家管理部门执行PPP模式下的工程招投标和签订工程合同作出具体的规定。据巴西计划部称，已经列入2004年—2007年四年发展规划中的23项公路、铁路、港口和灌溉工程将作为PPP模式的首批招标项目，总投资130.67亿雷亚尔。

（资料来源：融资网）

(十)融资租赁融资模式的概念

1. 融资租赁的融资模式

融资租赁(Financial Leasing)又称设备租赁(Equipment Leasing)或现代租赁(Modern Leasing)，是指实质上转移与资产所有权有关的全部或绝大部分风险和报酬的租赁。资产的所有权最终可以转移，也可以不转移，如图5-7所示。

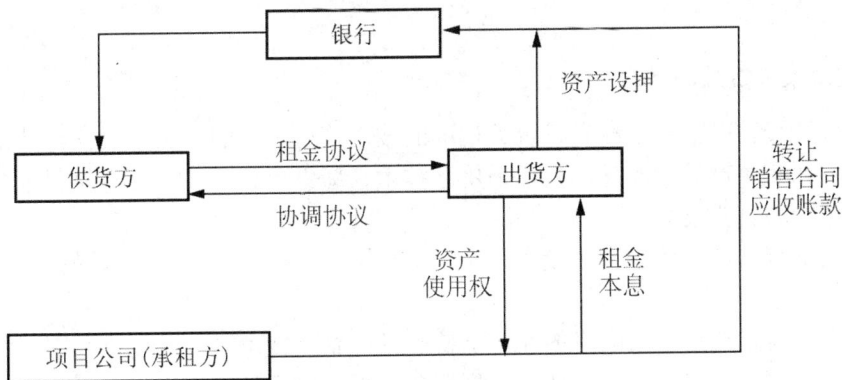

图5-7　融资租赁的融资模式图

2. 融资租赁的主要特征

由于租赁物件的所有权只是出租人为了控制承租人偿还租金的风险而采取的一种形式所有权，在合同结束时最终有可能转移给承租人，因此租赁物件的购买由承租人选择，维修保养也由承租人负责，出租人只提供金融服务。租金计算原则是：出租人以租赁物件的购买价格为基础，按承租人占用出租人资金的时间为计算依据，根据双方商定的利率计算租金。它实质是依附于传统租赁上的金融交易，是一种特殊的金融工具。

第二节　项目贷款的种类与基本规则

项目贷款是指银行发放的，用于借款人新建、扩建、改造、开发、购置固定资产投资项目的本外币贷款。它是以企业、机构的固定资产投资为主的，贷款期限在1～5年，5年以上的项目贷款一般称为中长期贷款，也有用于项目临时周转产品用途的短期贷款。项目贷款的期限灵活、组合多样，主要集中在工商企业项目贷款、房地产开发贷款、并购项目贷款与项目临时周转贷款等项目上，同时还可以根据客户需求，在项目贷款项下签发银行承兑汇票、开立非融资类保函、办理国内贸易融资和国际贸易融资等业务。

项目贷款的适用对象：经工商行政管理机关(或主管机关)核准登记，实行独立核算的企业法人、事业法人和其他经济组织。

一、工商企业项目贷款及其规则

工商企业的项目贷款主要有：技术改造贷款、基本建设贷款和科技开发贷款等固定资产项目。

(一)技术改造贷款

1. 技术改造贷款的概念

技术改造贷款是指用于经有权机关批准的技术改造项目的中长期贷款。技术改造项目是指在企业原有生产经营的基础上，采用新技术、新设备、新工艺、新材料，推广和应用科技成果进行的更新改造工程。

技术改造贷款属于固定资产投资范畴，主要用于支持现有企业以内涵扩大再生产为主的技术改造和技术引进。

银行办理技术改造贷款的目的在于支持和推动企业技术进步，促进我国工业技术基础的现代化，为国民经济的稳定、协调发展服务。银行发放技术改造贷款要在国家方针、政策指导下，坚持执行国家计划、推动技术进步、提高经济效益。

2. 贷款的对象、用途和条件

1)　贷款的对象

凡经工商行政管理部门批准登记注册、具有法人资格、实行独立经济核算，并在工商银行开立账户的全民所有制企业；集体所有制企业；在中国境内实施改造项目的中外合资企业、中外合作经营企业和外商独资企业；科研、旅游、文教、卫生等事业单位均可向银行申请贷款。

2) 贷款的用途

贷款主要用于支持企、事业单位(以下简称借款单位)采取国内外先进适用的新技术、新工艺、新设备、新材料，消化吸收国外先进技术，推广、应用科技新成果，发展国内外市场适销对路、市场前景良好的产品，降低原材料和能源消耗以及开展综合利用等。

3) 贷款的条件

申请贷款的项目必须具备以下条件：

(1) 符合国家的产品和产业政策、工商银行的信贷政策和技术改造贷款原则。

(2) 前期准备工作已基本完成，经有权机关批准已纳入国家行业规划并已列入年度技术改造投资计划。

(3) 拟采用的工艺技术和设备先进适用、经济合理。

(4) 产出物适销对路、有竞争能力。

(5) 土建投资一般不超过总投资的 20%。

(6) 建设条件和生产条件具备，劳动保护和环境保护措施落实。

(7) 借款单位自筹资金不少于项目总投资的 10%。项目投产以后能按规定逐步落实铺底流动资金，需进口原材料的要有外汇来源。

(8) 借款单位能落实具有法人资格、实行独立经济核算，有代偿债务能力的单位做担保或属于自己所有并已参加保险的财产作抵押。

3. 贷款的种类、期限和利率

1) 贷款的种类

技术改造贷款按现行贷款计划管理体制划分为专项技术改造贷款和一般技术改造贷款。

(1) 专项技术改造贷款是指各省、自治区、直辖市、计划单列市分行在总行依据国家行业项目投资计划下批的指定专门用途的年度贷款计划内所发放的贷款。

(2) 一般技术改造贷款是指各省、自治区、直辖市和计划单列市分行在总行分配下批的年度贷款计划内自行安排发放的贷款。

2) 项目贷款期限

项目贷款期限是指银行对项目发放第一笔贷款之日起至借款单位还清项目全部贷款本息止的时间。

在项目确定的贷款期限内，项目所需的贷款可以分次借，分次还。每笔贷款的贷款期限应在借据上标明。项目的贷款期限一般掌握在 5 年以内，个别的不超过 7 年。

3) 贷款利率

按国家有关规定和工商银行的具体规定执行。如在合同有效期内，国家统一调整贷款利率，则按国家规定的统一调整利率日开始执行新的贷款利率。

贷款利息由经办行按季计收。贷款超过借据上约定的还款期限而未归还者，为逾期贷款。

4. 贷款项目的审查和批准

(1) 凡申请银行技术改造贷款的项目，不论其投资额大小，借款单位均须请银行参与项目的前期考察论证工作。

(2) 借款单位必须陆续向银行提供以下资料：①经有权部门批准的项目建议书、可行性研究报告、设计任务书、初步设计(小型项目为技术改造实施方案)等文件；②引进项目的考察报告和有关文件；③银行认为需要提供的其他文件和资料。

(3) 承办项目的银行应按照总行有关规定组织项目评估论证，并按项目分级管理程序提交评估报告或评审意见。对拟贷款项目还须进行概算、预算审查。

(4) 限额以上贷款项目由分行审查后报总行审批；限额以下项目的审批权限由省、自治区、直辖市和计划单列市分行参照本地区的有关规定确定。任何贷款项目的确定，都应贯彻信贷人员审查、集体讨论、领导批准的原则。

5. 贷款的申请和审批

(1) 贷款项目列入国家年度技改投资计划和银行信贷计划后，借款单位可向银行提出贷款申请，并提供以下资料：①引进项目使用的外汇及各项资金来源落实文件；②归还贷款的资金来源，具体还款计划及有关部门对此确认的文件；③银行认为需要的其他文件资料。

(2) 借款单位需用财产抵押的，在贷款前，应和银行签订抵押贷款合同。对采用信用担保的借款单位，银行应审查其信用担保人及其提供的担保书。

(3) 贷款的审批权限由各省、自治区、直辖市和计划单列市分行根据本地区的实际情况确定。

6. 贷款的发放、管理和回收

(1) 贷款发放前，银行必须与借款单位签订借款合同。借款合同自签订之日起生效，至该合同全部贷款本息收回时失效。

(2) 借款合同签订后，借款单位即可在银行办理借款手续，银行根据批准的用款计划和项目的实施进度监督支付。

(3) 银行应定期检查工程进度，加强贷款发放后的管理工作，帮助借款单位及时解决项目实施中的问题，使其早日投产、达产。

(4) 借款单位应根据银行的要求，定期向银行报送工程进度和贷款使用情况的有关资料。项目竣工后，银行应审查项目的决算报告，并参与竣工验收。

(5) 贷款必须专款专用。借款单位如不按规定使用贷款，银行有权停止贷款。被挪用的贷款按规定加收罚息，并视情况收回部分直至全部贷款。

(6) 借款单位未还清全部贷款前，未经银行许可，不得将贷款建造或购置的资产转让、出售、租赁、作价入股或抵押他人。否则，按挪用贷款处理。

(7) 贷款项目的建设条件、产品市场或其他因素发生较大变化、危及贷款的安全时，银行应向借款单位提出，并及时终止贷款。已发放的贷款应限期清收。

(8) 贷款到期，借款单位必须如数归还。借款单位归还贷款本息的资金来源按国家有关规定执行：①对借款单位有还款能力而不按期归还的贷款，视同挪用贷款处理；②对不能按期归还的贷款本息，银行有权从借款单位或担保单位的存款账户上扣收，并按国家有关规定，对逾期贷款额加收罚息；③抵押贷款到期不能归还的，按抵押贷款合同的有关条款执行；④确因客观原因，造成借款单位不能按期还款的，借款单位可在贷款到期前向银行提出展期申请。经银行同意，可以展期。

(二)基本建设贷款

按照现行固定资产投资管理体制的规定，建设项目分为基本建设项目和更新改造项目。

1. 基本建设项目

基本建设项目(简称基建项目)，是指经批准在一个总体设计或初步设计范围内进行建设，经济上实行统一核算，行政上为独立组织形式，实行统一管理的基本建设单位。通常以一个企业、事业、行政单位作为一个基建项目。基建项目一般由设计文件规定的若干个有内在联系的单项工程组成，如钢铁项目可由炼铁、炼钢、轧钢等工程组成，纺织项目可由纺纱、织布、印染等工程组成。设计文件规定分期建设的单位，每一期工程作为一个基建项目。在这种情况下，一个企、事业单位不止一个基建项目。

1) 建设性质

基建项目的建设性质分为新建、扩建、改建、单纯建造生活设施、迁建、恢复和单纯购置。基本建设项目根据整个项目情况填写；更新改造、其他固定资产投资(包括城镇集体投资)按整个企、事业单位的建设情况确定建设性质。

(1) 新建：一般指从无到有、"平地起家"开始建设的企业、事业和行政单位或独立工程。有的单位原有的基础很小，经过建设后其新增加的固定资产价值超过企、事业单位原有固定资产价值(原值)三倍以上的也作新建统计。

(2) 扩建：指在厂内或其他地点，为扩大原有产品的生产能力(效益)或增加新的产品生产能力，而增建主要生产车间(主要工程)、独立的生产线、分厂以及同时进行一些更新改造工程建设。行政、事业单位在原单位增建业务用房(如学校增建的教学用房，医院增建门诊部、病房)也作扩建统计。

(3) 改建：指现有企、事业单位，对原有设施进行技术改造或更新(包括相应配套的辅助性生产、生活福利设施)，没有增建主要生产车间、总厂之下的分厂等，则该企、事业单位应作改建统计。现有企业、事业单位为适应市场变化的需要，而改变企业的主要产品种类(如军工企业转产民用品等)，或原有产品生产作业线由于各工序(车间)之间能力不平衡，为填平补齐充分发挥原有生产能力而增建不增加本企业主要产品设计能力的车间，也应作改建统计。

(4) 单纯建造生活设施：指在不扩建、改建生产性工程和业务用房的情况下，单纯建造职工住宅、托儿所、子弟学校、医务室、浴室、食堂等生活福利设施的企、事业及行政。

(5) 迁建：指为改变生产力布局或由于城市环保和生产的需要等原因而搬迁到其他地方建设。在搬迁另地建设过程中，不论是维持原来规模还是扩大规模都按迁建统计。

(6) 恢复：指因自然灾害、战争等原因，使原有固定资产全部或部分报废，以后又投资恢复建设。不论是按原规模恢复还是在恢复的同时进行扩建的都按恢复统计。尚未建成投产的基本建设项目或企业、事业单位，因自然灾害而损坏重建的，仍按原有建设性质划分。

(7) 单纯购置：指现有企业、事业、行政单位单纯购置不需要安装的设备、工具、器具而不进行工程建设。有些单位当年虽然只从事一些购置活动，但其设计中规定有建筑安装活动，应根据设计文件的内容来确定建设性质，不得作单纯购置统计。

2) 开工时间

开工时间指项目开始建设的时间，按建设项目设计文件中规定的永久性工程第一次开始施工的年月统计；如果没有设计，就以计划方案规定的永久性工程实际开始施工的年月为准。

(1) 建设项目永久性工程的开工时间：一般指永久性工程正式破土开槽开始施工的时间，作为建筑物组成部分的正式打桩也作开工统计。

(2) 全部建成投产时间：指建设项目按计划规定的生产能力或效益在报告期内全部建成，经验收合格或达到竣工验收标准(引进项目应按合同规定经过试生产考核达到验收标准，经双方签字确认)正式移交生产或交付使用的时间。

3) 项目规模

项目规模分为基建大中型、小型，更新改造限额以上项目(简称更改限上项目)和其他。

基本建设项目按大中小项目的标准确定，一个项目只能属于一种类型。大中型项目和小型项目，原则上应按照上级批准的设计任务书或初步设计所确定的总规模或总投资划分，没有正式批准设计任务书或初步设计的，可按国家或省、自治区、直辖市年度固定资产投资计划表中所列的总规模或总投资划分。上述两条均不具备的，可以按本年计划施工工程的建设总规模或总投资划分。生产单一产品的工业项目，按产品的设计能力划分；生产多种产品的工业项目，按其主要产品的设计能力划分；品种繁多，难以按生产能力划分的，按全部投资额划分。

根据现行制度规定，能源、交通、原材料工业项目计划总投资 5000 万元以上，其他行业项目 3000 万元以上为更新改造限额以上项目。

其他指除基本建设项目、更改限上项目以外的项目。

4) 建设阶段

建设阶段指建设项目报告期内工程进展所处的阶段，分为筹建、本年正式施工、本年收尾、全部停缓建和单纯购置。

(1) 筹建：指在报告年度内永久性工程尚未正式开工，只是进行勘察设计、征地拆迁、场地平整等为建设做准备工作的项目。

(2) 本年正式施工：指在报告年度内正式进行建筑或安装活动的项目，包括本年新开工、以前年度开工跨入本年继续施工、本年全部建成投产及本年和以前年度全部停缓建项目，在本年正式恢复施工的项目。不包括以前年度已报全部建成投产、本年尚有遗留工程进行收尾的项目和已批准全部停缓建，但部分工程需要做到一定部位或进行仓库、生活福利设施工程的项目。

(3) 本年收尾：指以前年度已全部建成投产或交付使用，但有遗留工程尚未竣工，在报告年度内进行收尾工程的项目。

(4) 全部停缓建：指报告期末经批准并已收到全部停缓建通知的项目，包括报告期内有部分工程需要做到一定部位或仓库、生活福利设施工程经上级批准本年继续施工的项目。

5) 计划总投资

计划总投资指基本建设项目或企、事业单位中的建设工程，按照总体设计规定的内容全部建成计划(或按设计概算或预算)需要的总投资。没有总体设计的更新改造、其他固定资产投资和城镇集体投资单位，分别按年内施工工程的计划总投资合计数填报。单纯购置单位应填报单纯购置的计划总投资。计划总投资按以下办法确定填报：

(1) 有上级批准概(预)算投资或计划总投资的，填列上级批准数。

(2) 无上级批准概(预)算投资或计划总投资的，可填列上报的计划总投资数。

(3) 前两者都没有的，填年内施工工程计划总投资。

(4) 调整最初设计概算，经批准的可调整计划总投资，未经批准的不应调整计划总投资。

6) 累计完成投资

累计完成投资指建设项目从开始建设到报告期止累计完成的全部投资。包括报告期以前已建成投产或停、缓建工程完成的投资以及拆除、报废工程的投资；但转出的"在建工程"累计投资应予以扣除，转入的"在建工程"以前年度完成的投资应当包括。其计算范围原则上应与"计划总投资"指标包括的工程内容相一致。

7) 实际需要总投资

实际需要总投资指在累计完成投资额已超过上级批准计划总投资的情况下，建设项目按总体设计规定的内容全部建成所需的投资。没有总体设计的建设项目，填上报计划总投资或年内施工的各项工程全部建成投产计划需要的投资。用公式表示为

实际需要总投资=累计完成投资+建完设计规定工程内容尚需投资

实际完成投资额是指以货币表示的工作量指标，包括实际完成的建筑安装工程价值，设备、工具、器具的购置费，以及实际发生的其他费用。不包括没用到工程实体的建筑材料、工程预付款和没有进行安装的需要安装的设备等。

(1) 建筑工程(建筑工作量)包括：

① 各种房屋如厂房、仓库、办公室、住宅、商店、学校、医院、俱乐部、食堂、招待所等工程。包括房屋的土建工程；列入房屋工程预算内的暖气、卫生、通风、照明、煤气等设备的价值及装设油饰工程；列入建筑工程预算内的各种管道(如蒸汽、压缩空气、石油、给排水等管道)、电力、电讯电缆、导线的铺设工程；

② 设备基础、支柱、操作平台、梯子、烟囱、凉水塔、水池、灰塔等建筑工程，炼焦炉、裂解炉、蒸汽炉等各种窑炉的砌筑工程及金属结构工程；

③ 为施工而进行的建筑场地的布置、工程地质勘探，原有建筑物和障碍物的拆除，平整土地、施工临时用水、电、汽、道路工程，以及完工后建筑场地的清理、环境绿化美化工作等；

④ 矿井的开凿，井巷掘进延伸，露天矿的剥离，石油、天然气钻井工程和铁路、公路、港口、桥梁等工程；

⑤ 水利工程，如水库、堤坝、灌溉以及河道整治等工程；

⑥ 防空、地下建筑等特殊工程及其他建筑工程。

(2) 安装工程(安装工作量)包括：

① 生产、动力、起重、运输、传动和医疗、实验等各种需要安装设备的装配和安装，与设备相连的工作台、梯子、栏杆等装设工程，附属于被安装设备的管线敷设工程，被安装设备的绝缘、防腐、保温、油漆等工作；

② 为测定安装工程质量，对单个设备、系统设备进行单机试运、系统联动无负荷试运工作(投料试运工作不包括在内)。

(3) 设备、工具、器具购置是指把工业企业生产的产品转为固定资产的购置活动，包括建设单位或企、事业单位购置或自制达到固定资产标准的设备、工具、器具的价值。新建单位及扩建单位的新建车间，按照设计或计划要求购置或自制的全部设备、工具、器具，不论是否达到固定资产标准均计入"设备、工具、器具购置"中；

(4) 其他费用是指在固定资产建造和购置过程中发生的，除上述几项内容以外的各种应摊入固定资产的费用。

8) 投资额的计算价格

(1) 建筑安装工程投资额一般按预算价格计算。实行招标的工程，按中标价格计算。凡经建设单位与施工单位双方协商同意的工程价差、量差，且经建设银行同意拨款的，应视同修改预算价格。建筑安装工程应按修改后的预算价格计算投资完成额。对于某些工程已进入施工但施工图预算尚未编出的，可根据工程进度先按设计概算或套用相同的结构、类型工程的预算综合价格计算，待预算编出后再进行调整。建设单位议价购料供应给施工单位，材料价差部分未转给施工单位的，建设单位应将这部分价差包括在建安工程投资中。

(2) 设备、工具、器具购置投资额一律按实际价格，即支出的全部金额计算。外购设备、工具、器具除设备本身的价格外，还应包括运杂费、仓库保管费等。自制的设备、工具、器具，按实际发生的全部支出计算。利用国外资金或国家自有外汇购置的国外设备、工具、器具、材料以及支付的各种费用，按实际结算价格折合人民币计算。

(3) 其他费用一般按财务部门实际支付的金额计算。

2. 更新改造项目

1) 更新改造项目

更新改造项目指经批准具有独立设计文件(或项目建议书)的更新改造工程，或更新改造计划方案中能独立发挥效益的工程。更新改造项目是根据独立设计文件或能独立发挥效益的工程确定的，大致相当于基本建设项目中的单项工程。现行统计制度规定，更新改造统计的基层填报单位是企、事业单位而不是更新改造项目。一个企、事业单位可以同时有若干个更新改造项目。

2) 更新改造项目的直接用途

更新改造项目的直接用途分为增产、节约能源、其他节约、增加品种、提高产品质量、三废治理和其他。

(1) 增产指增加工业以及农、牧、渔业产品生产能力的建设项目；

(2) 节约能源是指节约煤、电、油等燃料动力的项目，如为了压缩燃料的消耗而进行的烧油锅炉改烧煤工程、为节约用煤而进行的低效锅炉改造和余热利用等工程、为了压缩用电而进行的电加热设备改为红外线技术工程等；

(3) 其他节约是指节约钢材、木材、棉花、化工原料等各种原材料的项目和其他节约项目；

(4) 增加品种是指增加产品花色品种的项目；

(5) 提高产品质量是指提高产品质量，促进产品升级换代的项目；

(6) 三废治理是指各生产企业为减少和消除环境污染、回收物资等而治理废水、废气、废渣的项目；

(7) 其他是指除上述各项用途之外的更新改造项目。

3) 更新改造项目的资金来源

更新改造项目的资金来源是指固定资产投资单位在报告年度内收到的可用于固定资产建造和购置的各种资金，包括上年末结余资金、本年拨入或借入的资金及以各种方式筹集的资金。

(1) 上年末结余资金是指上年资金来源中没有形成固定资产投资额而结余的资金，包括尚未用到工程上去的材料价值、未开始安装的需要安装设备价值及结存的现金和银行存款等。该指标可根据财务有关科目填列。为反映当年资金来源与当年投资完成额之间的关系，上年末结余资金不能出现负数，即不能把上年应付工程、材料款作为上年结余资金的负数来处理；

(2) 国家预算内资金分为财政拨款和财政安排两部分。包括中央财政的基本建设基金(分经营性基金和非经营性基金两部分)、专项支出(如煤代油专项等)、收回再贷、贴息资金，财政安排的挖潜改造和新产品试制支出、城建支出、商业部门简易建筑支出、不发达地区发展基金等资金中用于固定资产投资的资金；地方财政中由国家统筹安排的资金等；

(3) 国内贷款是指报告期内固定资产投资单位向银行及非银行金融机构借入的用于固定资产投资的各种国内借款，包括银行利用自有资金及吸收的存款发放的贷款、上级主管部门拨入的国内贷款、国家专项贷款(包括煤代油贷款、劳改煤矿专项贷款等)，地方财政专项资金安排的贷款、国内储备贷款、周转贷款等；

(4) 银行贷款是指向各商业银行、政策性银行借入的用于固定资产投资的各项贷款。非银行金融机构贷款指向除上述银行之外从事金融业务的机构借入的用于固定资产投资的各项贷款。非银行金融机构包括城市信用社、农村信用社、保险公司、金融信托投资公司、证券公司、财务公司、金融租赁公司、融资公司(中心)等；

(5) 债券是指企业(公司)或金融机构通过发行各种债券，筹集用于固定资产投资的资金。包括由银行代理国家专业投资公司发行的重点企业债券和基本建设债券；

(6) 利用外资是指在报告期内收到的用于固定资产建造和购置的境外资金(含设备、材料、技术等的折算款)。包括外商直接投资、对外借款(外国政府贷款、国际金融组织贷款、出口信贷、外国银行商业贷款、对外发行债券和股票)及外商其他投资(包括补偿贸易和加工装配由外商提供的设备价款、国际租赁)。不包括我国自有外汇资金，如国家外汇、地方外汇、留成外汇、调剂外汇和中国银行自有资金发行的外汇贷款等。外资按报告期的外汇牌价(中间价)折成人民币计算；

(7) 外商直接投资是指外国投资商在与中国企业(政府)合资、合作或独资中以外汇现金、设备(或实物)、技术、专利或其他方式投入的资金总量。对外借款指通过中国政府(包括中央、各个部门、地方政府)、银行或非银行金融机构等中介机构引进，最终用于固定资产投资项目建设的外国资金(含设备、技术、专利等折算款)。国家统借统还的外资指由我国政府出面同外国政府、团体或金融组织签订贷款协议，并负责偿还本息的国外贷款；

(8) 自筹资金是指在报告期内收到的，由各地区、各部门及企事业单位筹集用于固定资产投资的预算外资金，包括中央各部门、各级地方和企、事业单位的自有资金；

其他资金是指在报告期内收到的除以上各种资金之外其他用于固定资产投资的资金，包括社会集资、个人资金、无偿捐赠的资金及其他单位拨入的资金等。

(9) 应付投资款是指在报告年度内用于固定资产投资的应付未付的投资款。包括当年应付工程款、应付器材款、应付工资、应付有偿调入器材及工程款、其他应付款、应交税金、应交基建收入、应交投资包干结余、应交能源交通建设基金、应交预算调节基金及其他应交款。各项应付款指本年的实际增加数(或发生数)，而不是开始建设以来的累计数。

4) 建设规模

建设规模指建设项目或工程设计文件中规定的全部设计能力(或工程效益),包括已经建成投产和尚未建成投产的工程的生产能力(或工程效益)。

(1) 建设规模应按设计任务书或计划文件中规定的全部能力或效益计算,如工业企业各主要产品的全部生产能力(设计规定有多种产品的,要将主要产品的设计能力分列),铁路、公路的总长度,学校的全部学生席位,医院的全部病床位数等。新建项目按全部设计能力(或工程效益)计算。改、扩建基本建设项目或企、事业单位的建设规模,按改、扩建设计规定的全部新增加的能力(或工程效益)计算,不包括改、扩建以前原有的生产能力或工程效益。没有总体设计的企业,其建设规模是用本年施工的全部单项工程或更新改造项目为设计能力,即以施工规模代替;

(2) 施工规模是指在报告期内施工的单项工程(或更新改造项目,下同)的设计能力(或工程效益),即全部建设规模中在本期正式施工的部分。设计规定有多种产品的,要将主要产品的施工规模分列。施工规模包括报告期以前已开工跨入本期继续施工的单项工程的设计能力和报告期新开工工程的设计能力;也包括报告期内建成投入生产的或报告期施工后又停缓建的单项工程设计能力。不包括在报告期以前开工并已投产的或已经停缓建的工程,以及报告期内尚未正式开工的单项工程的设计能力。例如,某发电厂经批准建设四台10万千瓦发电机组,在报告期以前已建成投产一台;在报告期内施工的两台,其中一台建成投产;还有一台没有开工。则该电厂建设规模为40万千瓦,报告期的施工规模为20万千瓦。

3. 基本建设贷款的管理

1) 基本建设贷款的条件

在我国这种贷款是用于经批准的基础设施、市政公共设施、服务设施项目与扩大再生产的新建、扩建项目的中长期贷款。

按照现行投资管理体制要求,这种贷款的发放要满足下列条件:

(1) 在贷款银行开列账户,企业信用等级在 A 级以上;

(2) 贷款项目已经过有关部门批准,有批准的项目建议书;

(3) 建设项目符合国家的产业政策,纳入国家的中长期发展规划和行业规划;

(4) 项目总投资中,各项资金来源正当且落实,新建项目企业法人的所有者权益一般不低于项目总投资额的25%(企业法人对外的股本权益性投资总额不超过其净资产的50%);

(5) 贷款项目的经济效益较好。

2) 基本建设贷款的期限和利率

(1) 基本建设贷款的期限一般是大、中项目不超过 10 年;小项目一般不超过 5 年。基本公式如下:

基本建设贷款期限=项目建设期+(贷款本金+应付账款)/年度还款能力

基本建设贷款的发放是在合同生效以后,贷款银行根据审定的用款计划分次将贷款转入借款人的"基本建设存款账户"，实行专户管理。

(2) 基本建设贷款的利率是按国家规定或者贷款银行的规定执行的，由于贷款利率的决定权已有所下放，通常是根据我国中央银行的基准利率在一定范围内浮动，而且1998年后采用借贷双方协商，合约条款中，利率一年一定，如在合同有效期内遇国家统一调整利率的，自调整之日起执行新的贷款利率。

3) 基本建设贷款的借款人，归还本金与利息的资金来源

(1) 贷款项目投产后新增的利润；

(2) 固定资产累计的折旧和变价收入；

(3) 借款单位的综合效益；

(4) 其他的资金来源。

(三)科技开发贷款

1. 什么是科技开发贷款

科技开发贷款是国家信贷计划中用以支持国家科技计划实施，并按商业银行要求管理的专项贷款。它不同于一般流动资金贷款、基建贷款、技术改造贷款。它是专门用于支持科技成果开发、转化和推广的中长期专项贷款。

我国的科技开发贷款类别：技术开发贷款；火炬计划贷款；电子计算机技术开发贷款；星火计划贷款；科研开发贷款；军转民技术开发贷款；科技成果推广贷款。

2. 科技开发贷款的组成部分

科技开发贷款规模由当年新增规模和收回再贷规模两部分组成。当年新增规模按国家科委科技开发贷款专项(简称专项)和地方切块两部分进行管理。

(1) 专项贷款项目由各省(区、市)科委按国家各类科技计划的渠道自下而上的方式为主，分年度逐级申报到国家科委。由国家科委和国有各商业银行总行在省(区、市)科委和省(区、市)分行的配合下共同组织实施(具体组织管理与程序见本指南的科技开发贷款项目(专项)申报程序内容)。

(2) 地方切块部分的贷款项目的组织实施由省(区、市)有关分行协同进行安排。项目的选择以列入国家级、省(区、市)级科技计划的项目为主。

(3) 收回再贷部分按各商业银行总行规定，由各分行会同省(区、市)科委在科技开发贷款范围内统筹安排使用。其使用和管理与地方切块部分基本相同。

3. 科技开发贷款的主要用途

科技开发贷款主要用于支持新产品、新工艺、新技术、新材料的研制和开发，科技成果转化，引进国外高新技术的消化吸收等。

上述工作中所需购置的仪器、设备、样品样机、技术软件、试机材料费、试验费、工

装费、完善检测手段等。

科技开发贷款不得用于基建工程项目、技术改造和基础研究。没有新的技术含量，单纯扩大生产规模的项目不能使用科技开发贷款。

4. 哪些商业银行开办科技开发贷款业务

目前，我国正式开办科技开发贷款业务的商业银行有五个：中国工商银行、中国农业银行、中国人民建设银行、中国银行和交通银行。

5. 申报科技开发贷款的单位的范围与应具备的条件

1) 申报科技开发贷款的单位的范围：国有、集体工业企业、商业企业、全民或集体农业、科研事业单位、科研生产联合体、大专院校所属经济实体、三资企业、股份制企业、高新技术企业和经营科技型企业均可申报。

2) 申报科技开发贷款单位应具备的条件：必须是经工商行政管理部门(或主管机关)核准登记的企、事业法人。

(1) 经营状况良好，具有较强的经济实力，有近期还本付息的能力；

(2) 实行独立经济核算，有健全的财务制度、账目和报表；

(3) 原有到期贷款的本金、利息已按期清还；

(4) 在申请贷款银行开设基本账户；

(5) 经过工商部门办理年检手续(事业法人单位除外)；

(6) 具有占项目总投资额30%以上的自筹资金；

(7) 企业资产负债率原则上不大于70%；

(8) 企业法人对外股本权益投资不超过净资产的50%；

(9) 企业流动资产大于流动负债；

(10) 企业信誉等级应在A级以上；

(11) 具有完成科技开发项目的管理能力和技术开发能力；

(12) 具备项目实施的基础设施和生产条件(含原材料、燃料、动力、主要设备、运输条件、生产场地等)；

(13) 三废治理已通过环境保护部门的审查和同意；

(14) 除银行认定的信用贷款外，必须具有符合规定条件的贷款保证人、贷款抵押物或质物。

6. 科技贷款项目的组织和申报

1) 项目组织

(1) 项目必须符合国家产业政策，纳入国家和地方经济、科技、社会发展规划，具有较高的经济效益。项目选择以列入各类国家级科技开发计划的项目及"攻关"、"八六三"等科技计划的成果转化项目为主。

(2) 凡申请专项贷款的项目，需提供以下材料：

① 填写《科技开发贷款项目申请表》，以下简称《申请表》；

② 按《科技开发贷款项目可行性研究报告提纲》的要求，编写可行性研究报告；

③ 盖有申请单位财务公章的近期资产负债表和损益表；

④ 涉及行业管理规定的项目，应有行业主管部门的意见或证明(如药品生产许可证等有关材料的复印件)。

(3) 申请科技贷款额度一般在 200 万～1000 万元(如银行另有规定，按银行要求执行)。项目总投资原则上不得超过 3000 万元。

2) 项目申报

(1) 以经省(区、市)科委按国家各类科技计划的渠道自下而上的方式为主，分年度逐级申报。

(2) 根据各银行的现行规定：

申请中国工商银行科技贷款的项目，须经开户行信贷部门审核，并在《申请表》上盖章；

申请中国人民建设银行、中国银行的科技贷款项目，须经省级分行归口信贷处审核，并在《申请表》上盖章；

申请交通银行科技贷款的项目，须经支行的信贷部门审核，并在《申请表》上盖章；

申请中国农业银行的科技贷款项目，实行科委与农业银行系统双向上报的办法。由各省(区、市)科委科技贷款归口管理处牵头与当地省级行归口处统一衔接、共同确定项目，分别上报中国农业银行总行和国家科委。

(3) 经省(区、市)科委申报的科技贷款项目须分别经各计划管理处和科技贷款归口管理处审核，并在《申请表》上签署审核意见后，加盖单位公章；经国务院有关部门申报的项目，须加强与申请单位所在地省(区、市)科委的联系，并在省(区、市)科委科技贷款归口管理处备案，项目由部门主管司(局)审查盖章。

(4) 国家科委各计划主管部门依据其贷款规模，按照科技贷款的要求，从国家计划中择优选择项目。

(5) 国家科委综合计划司会同条件财务司对各计划主管部门申报的项目进行立项审查后，报送各有关银行。

(6) 申报时间：科技贷款项目报送国家科委的截止日期为每年十二月三十一日。

(7) 项目的申报必须实事求是，《申请表》中的有关内容，应逐项如实填报，不得随意更改。同一单位的同一项目，不得在不同计划、不同银行重复申报，经审查发现，取消申报资格。

(四)贷款项目的评估与分析

由于上述贷款总会涉及工程项目，我国商业银行在实践中不仅分析借款人的信用状况，还要进行项目的评估，主要对该贷款方向的经济效益、技术可行性进行分析评价，并决定是否发放贷款。

1. 项目的评估

1) 项目评估的工作程序(见图 5-8)

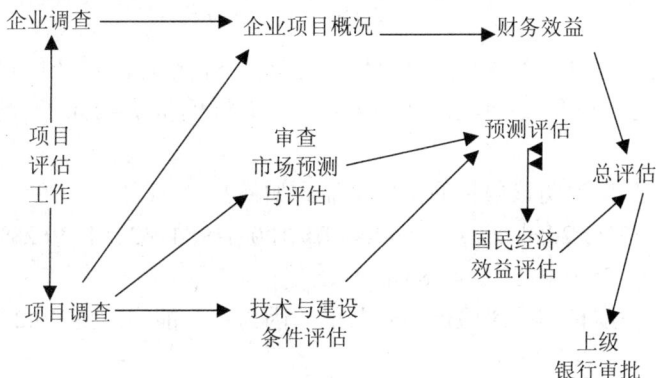

图 5-8 项目评估的工作程序

2) 项目评估中采用的方法

银行对项目的财务效益进行预测评估时，运用的指标与方法如下：

(1) 投资利润率分析。

$$投资利润率 = \frac{项目正常年度产品销售利润总额}{项目投资总额} \times 100\%$$

其中：销售利润=销售收入-销售成本-销售税金

投资总额=固定资产投资支出+建设期利息+流动资产投资支出

(2) 贷款偿还期分析。

贷款偿还期是指项目用规定的还款资金归还贷款本息的时间。

贷款偿还期=建设工期+还款年限+还清贷款最后一年的月数

其中：还清贷款最后一年的月数=[(年初贷款累计额+本年应付利息)

÷本年还款资金总额]×12

测出的贷款偿还期限超过银行对该项贷款的期限限制则不予放贷。

(3) 对企业资信程度评价指标。

流动比率=(流动资产/流动负债)大于等于200%

速动比率=(速动资产/流动负债)大于等于100%

负债权益比率=(负债总额/权益资本总额)应达到150%～230%

(4) 盈亏平衡分析。

从企业角度研究拟建项目达到一定生产能力时，其支出与收入平衡，由此反映该投资项目的敏感性、抗风险能力如何？

基本公式：销售收入总额=生产总成本+销售税金

① 以生产能力利用率表示的盈亏平衡点=$\dfrac{\text{总固定成本}}{\text{销售收入}-\text{销售税金}-\text{变动成本}} \times 100\%(Bs)$

② 以销售价格表示的盈亏平衡点=$\dfrac{\text{产品单位成本}}{\text{销售单价}-\text{单位税金}} \times 100\%(Bj)$

例：某项目预测出的正常生产年份的数据资料如下，设计的年产量 Q=20 万吨，固定成本总额 F=964 万元，单位变动成本 V=84.8 元，销售单价 P=250 元/吨，单位销售税金 R= 42.50 元。

请做盈亏平衡分析说明该项目的抗风险能力如何？

解：Bs=[964÷(250×20-42.50×20-84.8×20)]×100%=964÷2454=39.28%

Bj= 84.8÷(250-42.50)=40.86%

依据计算结果，项目的抗风险能力是强的，因为生产能力达到 39.28% 即可保本；销售价格达到 40.86% 也能够保本了。

二、房地产开发贷款及其操作程序

(一)房地产开发贷款的概念

1. 房地产贷款的定义

房地产贷款是指与房产或地产开发经营活动有关的贷款。房地产贷款的对象是注册的有房地产开发、经营权的国有、集体、外资和股份制企业。

2. 房地产开发贷款的种类

按照开发内容的不同，房地产开发贷款又有以下几种类型：

(1) 住房开发贷款是指银行向房地产开发企业发放的用于开发建造向市场销售住房的贷款。

(2) 商业用房开发贷款是指银行向房地产开发企业发放的用于开发建造向市场销售，主要用于商业行为而非家庭居住用房的贷款。

(3) 土地开发贷款是指银行向房地产开发企业发放的用于土地开发的贷款。

(4) 房地产开发企业流动资金贷款是指房地产开发企业因资金周转所需申请的贷款，不与具体项目相联系，由于最终仍然用来支持房地产开发，因此这类贷款仍属房地产开发贷款。

3. 房地产开发贷款的申请条件

除一般贷款所要求的条件外，申请房地产开发贷款的借款人还应具备以下条件：

(1)　有企业法人营业执照；

(2)　已取得贷款项目的土地使用权，且土地使用权终止时间长于贷款终止时间；

(3)　已取得贷款项目规划投资许可证、建设许可证、开工许可证，外销房屋许可证，并完成各项立项手续，且全部立项文件完整、真实、有效；

(4)　贷款项目申报用途与其功能相符，并能够有效地满足当地城市规划和房地产市场的需求；

(5)　贷款项目工程预算、施工计划符合国家和当地政府的有关规定。工程预算投资总额能满足项目完工前由于通货膨胀及不可预见等因素追加预算的需要；

(6)　具有一定比例的自有资金(一般应达到项目预算投资总额的30%)，并能够在银行贷款之前投入项目建设；

(7)　在银行开立账户保持正常业务往来；

(8)　开发商须对建设的房地产进行保险，且第一受益人为贷款银行。

(二)房地产开发贷款操作流程

1. 房地产开发贷款操作流程

递交申请→受理调查→项目评估→核查审批→办理手续→资料归档→贷后管理→收贷撤保。

2. 房地产开发贷款申请

1)　借款人资格

借款人申请房地产开发贷款，须符合以下基本条件：

(1)　借款人是经工商行政管理机关(或主管机关)核准登记的企(事)业法人、其他经济组织；

(2)　有经工商行政管理部门核准登记并办理年检的法人营业执照或有权部门批准设立的证明文件；

(3)　经营管理制度健全，财务状况良好；

(4)　信用良好，具有按期偿还贷款本息的能力；

(5)　有贷款证，并在贷款行开立基本账户或一般账户；

(6)　有贷款人认可的有效担保；

(7)　贷款项目已纳入国家或地方建设开发计划，其立项文件合法、完整、真实、有效；

(8)　借款人已经取得《建设用地规划许可证》、《建筑工程规划许可证》、《国有土地使用权证》、《建设工程开工证》；

(9)　贷款项目实际用途与项目规划相符，符合当地市场的需求，有规范的可行性研究报告；

(10) 贷款项目工程预算报告合理真实；

(11) 贷款人计划投入贷款项目的自有资金不低于银行规定的比例，并能够在使用银行贷款之前投入项目建设；

(12) 企业信用等级和风险度符合贷款人的要求；

(13) 贷款人规定的其他条件。

2) 申请贷款资料

开发商应向银行提交公司和贷款项目的相关资料。

(1) 单位资料。

①经年检并核准登记的法人营业执照复印件、法人代表人或其授权代理人证明书及签字样本、借款授权书(股份制企业)、贷款证年检证明复印件、贷款证(卡)及复印件；②单位章程、成立批文；③经会计师事务所验审的近三年年报及本期财务报表；④工商管理部门的注册验资报告、开户许可证及有效税务登记证正副本复印件；⑤法人代码证复印件、年检报告；⑥房地产企业开发经营资质证书；⑦借款申请报告；⑧公司最高权力机构或授权机构同意申请贷款的决议；⑨若属第三者提供信用担保方式的贷款，保证人亦须提交前 5 项资料并报贷款担保承诺书；若属抵押或质押担保方式的贷款，须提交抵押物或质物清单、估价报告、所有权或使用权证书及有处置权人同意抵押或质押的承诺证明；⑩公司主要领导人简历及工作人员文化结构等清单。

(2) 项目资料。

①项目立项批文、可行性研究报告及项目预算报告；②建设用地规划许可证；③建筑工程规划许可证；④土地出让合同及规划红线图、国有土地使用证；⑤地价款缴交凭证复印件；⑥施工许可证；⑦房地产预算许可证；⑧合作项目需提供合作开发合同或有权部门批准合作开发的批件。

3) 房地产开发贷款的审查与审批

贷款审查是贷款审查部门根据贷款"三性"原则和贷款投向政策，对贷款调查部门提供的资料进行核实，评价贷款风险，复测贷款风险度，提出贷款决策建议，供贷款决策人参考。

(1) 贷款审查的主要内容。

① 审查调查部门提供的数据、资料是否完整；

② 根据国家产业政策、贷款原则审查贷款投向是否符合规定；

③ 审查贷款项目是否需要评估，有无评估报告，是否超权限评估，评估报告是否已批准，项目情况是否可行；

④ 审查贷款用途是否合法合理，贷款金额能否满足项目的需要，利率是否在规定的上下限范围内，借款人的还款能力，是否有可靠的还款来源；

⑤ 审查贷款期限。房地产开发项目贷款最长期限为 3 年，建筑业短期贷款最长不超过 1 年；

⑥ 审查担保的合法性、合规性、可靠性；

质押贷款：包括存单、国库券等有价证券质押贷款；抵押贷款：包括房地产、营运车辆抵押贷款；

保证贷款：A.保证人必须是具有贷借款人清偿债务能力的法人、其他组织或者公民，《担保法》规定国家机关、学校、医院等公益事业单位、无企业法人授权的分支机构不能作保证人；B.核实保证人保证意见的真实性、合法性，如股份公司要有董事会决议；C.审查保证人的保证能力。

⑦　复算贷款风险度、贷款资产风险度。

计算公式为

贷款项目综合风险度＝贷款方式风险系数×[企业信用等级系数×(1-Y)

+项目风险等级系数×Y]

Y=项目投资总额/(企业净有形资产+项目投资总额)

贷款资产风险度＝(正常贷款金额×项目贷款风险度×1.0+逾期贷款金额×项目贷款金额

×1.3+呆滞贷款金额×项目贷款风险度×1.8+呆账贷款金额

×项目贷款风险度×2.5)/贷款总额

审查该笔贷款发放后，企业贷款总余额有无超过该企业贷款最高限额，授信额有无超过单个企业贷款占全行贷款总额最高比例10%。

⑧　按照授权授信管理办法，确定该笔贷款的最终审批人。

贷款审查岗认为调查岗提交的评估报告、调查意见不够详尽，可以提出补充评估调查的内容，退回调查岗补充评估与调查。

贷款审查意见中的主要内容和结论由审查岗人员填入《房地产开发贷款申请审批表》交审查主管复审。经审查岗主管审查同意后，按授权授信审批权限报有权人签批。

(2)　贷款的审批。

房地产开发贷款的审批要根据贷款审批权限及项目评估权限办理。

①　贷款签批人在授权范围内签批贷款，并决定贷款种类、金额、期限、利率、方式；

②　凡是要上报上级行审批的，均要由下级行向上级行审查岗提交本级行信贷审查委员会对贷款项目调查的实审意见，并由行长签署上报。上级行审查岗审查后按审批权限提交信贷审查委员会或有权签批人签批。上级行审查岗的审查内容基本与贷款上报行的审查岗相同；

③　贷款经批准后，由调查部门确定贷款发放手续。审查或审批人不同意贷款的，要说明理由，有关资料退还给贷款调查部门，并由贷款调查部门通知企业。

4)　贷款的发放

经符合规定的贷款审批人审核批准后，信贷员通知借款人、担保人正式签订贷款合同、保证合同或抵押(质押)合同，并按规定办妥有关公证(见证)、抵押登记、保险等手续。借款人取得贷款之前，应为项目办理有效的建筑工程保险。以房屋作为抵押品的，在偿清全部贷款本息之前，应逐年按不低于抵押金额的投保金额办理房屋意外灾害保险，且投保期至少要长于借款期半年。保险合同中要明确贷款人为保险的第一受益人，保险单正本由贷款行保管。

若属抵押(质押)担保方式，借款人应将抵押物(质物)权属及其有关登记证明文件、保险单等交贷款人收押保管，并由贷款人出具收条给借款人。借款人需使用被贷款人收押的证明文件或资料办理相关的销售手续时，须出具借条，待手续办理完毕即退还贷款人。

若属住房开发项目贷款，有条件的贷款行应在发放项目贷款前，与借款人就该贷款项目销售后的一揽子抵押贷款业务签订《抵押贷款业务合作协议》。

贷款审查部门对贷款合同、有关协议等全部贷款手续中的各种要素、签章等全部贷款手续核实无误后，由信贷员填写贷款划拨凭证，经借款人认定，并逐级审批签发后，交由会计部门，根据年度情况及有关约定条款，分期、分批将款项直接转入借款人在贷款银行开立的专户。

三、并购项目贷款及其规则

(一)商业银行并购贷款

商业银行并购贷款指银行针对境内优势客户在改制、改组过程中，有偿兼并、收购国内其他企事业法人、已建成项目及进行资产、债务重组中产生的融资需求而发放的本外币贷款。

根据中国银监会关于《商业银行并购贷款风险管理指引》(银监发[2008]84号)的规定。并购，是指境内并购方企业通过受让现有股权、认购新增股权，或收购资产、承接债务等方式以实现合并或实际控制已设立并持续经营的目标企业的交易行为。并购可由并购方通过其专门设立的无其他业务经营活动的全资或控股子公司(以下称子公司)进行。

(二)并购项目贷款的规则

1. 商业银行开办并购项目贷款的资格

根据《商业银行并购贷款风险管理指引》的规定。符合以下条件的商业银行法人机构才有资格开展并购贷款业务：

(1) 有健全的风险管理和有效的内控机制；
(2) 贷款损失专项准备充足率不低于100%；
(3) 资本充足率不低于10%；
(4) 一般准备余额不低于同期贷款余额的1%；
(5) 有并购贷款尽职调查和风险评估的专业团队。

符合上述条件的商业银行在开展并购贷款业务前，应按照《商业银行并购贷款风险管理指引》制定相应的并购贷款业务流程和内控制度，向监管机构报告后实施。若商业银行开办并购贷款业务后，如发生不能持续满足以上所列条件的情况，应当停止办理新发生的并购贷款业务。

2. 商业银行并购贷款业务的监督管理

银监会各级派出机构要加强对商业银行并购贷款业务的监督管理，定期开展现场检查和非现场监管，发现商业银行不符合并购贷款业务开办条件或违反《商业银行并购贷款风险管理指引》有关规定，不能有效控制并购贷款风险的，可依据有关法律法规采取责令商业银行暂停并购贷款业务等监管措施。

3. 经办并购贷款业务的范围

经办并购贷款业务的商业银行，在我国境内的各城市商业银行、农村商业银行、外商独资银行、中外合资银行等商业银行的法人机构。

并购贷款，是指商业银行向并购方或其子公司发放的，用于支付并购交易价款的贷款。

4. 并购贷款业务的规则

商业银行开展并购贷款业务应当遵循依法合规、审慎经营、风险可控、商业可持续的原则。

商业银行应制定并购贷款业务发展策略，包括但不限于明确发展并购贷款业务的目标、并购贷款业务的客户范围及其主要风险特征，以及并购贷款业务的风险承受限额等。

商业银行应按照管理强度高于其他贷款种类的原则建立相应的并购贷款管理制度和管理信息系统，确保业务流程、内控制度以及管理信息系统能够有效地识别、计量、监测和控制并购贷款的风险。

5. 并购贷款业务的风险管理

1) 风险评估

商业银行应在全面分析战略风险、法律与合规风险、整合风险、经营风险以及财务风险等与并购有关的各项风险的基础上评估并购贷款的风险。

商业银行并购贷款涉及跨境交易的，还应分析国别风险、汇率风险和资金过境风险等。

2) 风险管理

根据《指引》规定：

(1) 商业银行全部并购贷款余额占同期本行核心资本净额的比例不应超过 50%；

(2) 商业银行应按照本行并购贷款业务发展策略，分别按单个借款人、企业集团、行业类别对并购贷款集中度建立相应的限额控制体系；

(3) 商业银行对同一借款人的并购贷款余额占同期本行核心资本净额的比例不应超过 5%；

(4) 并购的资金来源中并购贷款所占比例不应高于 50%；

(5) 并购贷款期限一般不超过五年；

(6) 商业银行应具有与其并购贷款业务规模和复杂程度相适应的足够数量的熟悉并购相关法律、财务、行业等知识的专业人员。

(三)并购贷款业务的操作程序

商业银行的并购贷款业务操作，主要经过申请受理、调查、风险评估、合同签订、贷款发放、贷后管理等主要业务环节以及内部控制体系中加强专业化的管理与控制。

1. 并购贷款申请的受理

商业银行受理的并购贷款申请应符合以下基本条件：

(1) 并购方依法合规经营，信用状况良好，没有信贷违约、逃废银行债务等不良记录；

(2) 并购交易合法合规，涉及国家产业政策、行业准入、反垄断、国有资产转让等事项的，应按适用法律法规和政策要求，取得有关方面的批准和履行相关手续；

(3) 并购方与目标企业之间具有较高的产业相关度或战略相关性，并购方通过并购能够获得目标企业的研发能力、关键技术与工艺、商标、特许权、供应或分销网络等战略性资源以提高其核心竞争能力。

2. 并购贷款的调查和风险评估

受理申请后，商业银行应在内部组织并购贷款尽职调查和风险评估的专门团队，对并购贷款的申请内容与项目进行调查、分析和评估，并形成书面报告。

风险评估专门团队的负责人应有 3 年以上并购从业经验，成员可包括但不限于并购专家、信贷专家、行业专家、法律专家和财务专家等。

商业银行可根据并购交易的复杂性、专业性和技术性，聘请中介机构进行有关调查并在风险评估时使用该中介机构的调查报告，商业银行应建立相应的中介机构管理制度，并通过书面合同明确中介机构的法律责任。

3. 并购贷款风险的担保

商业银行应要求借款人提供充足的能够覆盖并购贷款风险的担保，包括但不限于资产抵押、股权质押、第三方保证，以及符合法律规定的其他形式的担保。原则上，商业银行对并购贷款所要求的担保条件应高于其他贷款种类。以目标企业股权质押时，商业银行应采用更为审慎的方法评估其股权价值和确定质押率。

4. 并购贷款合同的确定与贷款发放

商业银行应根据并购贷款风险评估结果，审慎确定借款合同中贷款金额、期限、利率、分期还款计划、担保方式等基本条款的内容。

商业银行应在借款合同中约定保护贷款人利益的关键条款，包括但不限于：

(1) 对借款人或并购后企业重要财务指标的约束性条款；

(2) 对借款人特定情形下获得的额外现金流用于提前还款的强制性条款；

(3) 对借款人或并购后企业的主要或专用账户的监控条款；

(4) 确保贷款人对重大事项知情权或认可权的借款人承诺条款。

商业银行应通过上述的关键条款约定在并购双方出现以下情形时可采取的风险控制措施：

(1) 重要股东的变化；

(2) 重大投资项目变化；

(3) 营运成本的异常变化；

(4) 品牌、客户、市场渠道等的重大不利变化；

(5) 产生新的重大债务或对外担保；

(6) 重大资产出售；

(7) 分红策略的重大变化；

(8) 影响企业持续经营的其他重大事项。

商业银行应在借款合同中约定提款条件以及与贷款支付使用相关的条款，提款条件应至少包括并购方自筹资金已足额到位和并购合规性条件已满足等内容。商业银行应在借款合同中约定，借款人有义务在贷款存续期间定期报送并购双方、担保人的财务报表以及贷款人需要的其他相关资料。

5. 商业银行并购贷款的贷后管理

(1) 商业银行在贷款存续期间，应定期评估并购双方未来现金流的可预测性和稳定性，定期评估借款人的还款计划与还款来源是否匹配；

(2) 商业银行在贷款存续期间，应密切关注借款合同中关键条款的履行情况；

(3) 商业银行应按照不低于其他贷款种类的频率和标准对并购贷款进行风险分类和计提准备金；

(4) 商业银行应明确并购贷款业务内部报告的内容、路线和频率，并应至少每年对并购贷款业务的合规性和资产价值变化进行内部检查和独立的内部审计，对其风险状况进行全面评估；

(5) 当出现并购贷款集中度趋高、风险分类趋降等情形时，商业银行应提高内部报告、检查和评估的频率。

(四)并购贷款业务的不良贷款管理

(1) 并购贷款出现不良时，商业银行应及时采取贷款清收、保全，以及处置抵(质)押物、依法接管企业经营权等风险控制措施。

(2) 商业银行在并购贷款不良率上升时应加强对以下内容的报告、检查和评估：

① 并购贷款担保的方式、构成和覆盖贷款本息的情况；

② 针对不良贷款所采取的清收和保全措施；

③ 处置质押股权的情况；

④ 依法接管企业经营权的情况；

⑤ 并购贷款的呆账核销情况。

小案例　拥有大量回流存款的银行，并购贷款能出台

市场普遍担心，中资银行的高增长是难以为继的。净息差将逐渐呈现收窄的态势，而银行的中间业务收入占比虽然在提高，但总体占比仍不足 10%的现状，表明在下半年银行盈利预期受到宏观调控影响而并不明朗的情况下，中间业务显然还不足以成为银行的重要收入来源。

在 1996 年的《贷款通则》将被废止的背景下，变革内容还包括，此前明令禁止的并购贷款将被放开，金融资本和产业资本有望紧密结合。这一改变在业内颇受欢迎，于银行而言，又增加了业务增长点；对四处寻觅资金和好项目的投资基金、有着整合行业雄才大略的企业来说，无疑多了一条有效路径，更有利于并购行业的活跃。近日，高盛甚至将中国银行业 2009 年和 2010 年的业绩收入预期，平均下调了 6%~7%，其中，中小银行下调了 8%~10%。在 14 家上市银行中，高盛仅维持工商银行(601398)的"买入"评级，其他 13 家银行都被给予了"中性"或"卖出"评级。理由是，在此轮中国宏观经济增速放缓的周期中，中国的商业银行尤其是波动率较大的中小银行，2009 年的资产质量和息差收入正变得不确定。

并购贷款若开禁，银行又多了一项业务增长点。银行当然会积极响应。而且这类贷款的利率较高。而相对于收益，风险也不是太高，一般都会用被购并公司资产(包括目前资产以及将来的现金流等)来担保。而银行的公司业务部门，也会综合考虑并购机构的财务状况、盈利能力和所投向的企业情况。同时，银行的投行部门早已摩拳擦掌，无奈因为牌照缺失而落后于券商的投行部门。一位券商投行人士告诉表示，今后银行的投行部门可以利用银行的资金优势，扩大与并购相关的业务范围。

而 2008 年中国的并购市场异常活跃，根据 China Venture 统计，并购案例数量和规模在二季度以来进入高峰期。今年二季度，中国并购市场共发生案例 169 起，数量环比增加 225%，其中，已披露金额的案例 126 起；涉及并购金额 155 亿美元，环比增长 137%。

(资料来源：华夏时报)

四、项目临时周转贷款

(一)项目临时周转贷款

项目临时周转贷款，是指在项目建设资金来源全部落实并已列入审批部门下达的固定资产投资计划，但因项目建设需提前采购设备或建筑材料，已落实的计划内资金暂时不能到位情况下所发放的垫付性项目贷款。适用于已正式或有条件承诺的贷款项目，或已签订代理协议明确工行代理的政策性银行贷款、由工行转贷的国际金融组织贷款项目。

产品用途：在项目已落实的计划内资金暂时不能到位的情况下，用于该项目提前采购设备或建筑材料而发放的垫付性项目贷款。

(二)项目临时周转贷款的范围

项目临时周转贷款的范围，是指列入年度固定资产投资计划的基本建设拨款、拨改贷项目，在资金尚未下达或投资包干项目因工程进度加快提前完成计划而临时发生的资金不足；经有权机关批准集资建设的项目，因债券发行和资金使用上发生时间差。各行发放此项贷款应严格审查，贷款期限控制在半年以内，一般不得跨年。贷款利率不得低于流动资金贷款利率，按季收息。未及事项按照有关贷款规定执行。

小常识　EMC 模式

EMC 是一种市场化的、以减少的能源费用来支付节能项目全部投资成本的节能投资方式。在 EMC 模式下，节能项目由节能服务公司(EMCo)负责实施，EMCo 与愿意进行节能改造的客户签订节能服务合同，为客户的节能项目进行投资或融资，向客户提供能源效率审计、节能项目设计、原材料和设备采购、施工、监测、培训、运行管理等一条龙服务，通过与客户分享节能项目实施后产生的节能效益来实现赢利。

中国 EMC 发展指导委员会主任沈龙海介绍，EMC 是一种以减少的能源费用，支付节能项目全部成本的投资方式，高耗能企业可以在不进行任何投资的前提下，获得未来长远的节能收益。

(资料来源：中广网)

课堂讨论(或实务操作)：能效融资项目、企业技改直接贷款模式和 EMC 模式的运用。

第三节　项目融资的操作流程与规则

一、项目融资的操作流程

(一)项目融资的运作程序

项目融资程序大致可分为投资决策分析、融资决策分析、融资谈判及执行三个阶段，而相应的融资文件则构成了项目融资的基础。

1. 投资决策分析阶段

这一阶段包括对宏观经济形势的分析、项目所在行业分析、项目竞争力分析等，通过这一分析过程，在项目建议书的基础上，撰写项目可行性研究报告并按规定程序报国家有关部门审批。可行性研究报告除国家规定内容外，还应载明以下几方面内容：

(1) 项目主要投资者和当事人的法人资格、专业及融资能力等；
(2) 外汇平衡方式、购汇需求总量及年度计划流量表；
(3) 产品(服务)的定价原则(依据)及调价方式；
(4) 风险分担的方式及项目融资方案的初步设计；
(5) 境外信贷机构出具的贷款承诺意向；
(6) 境内机构出具的各种支持性文件等。

2. 融资决策分析阶段

这一阶段是在项目可行性研究报告获批后，按规定程序在境内设立项目公司，由项目公司负责与项目融资有关的一切活动，包括融资方案及融资结构的设计、分析和决策。重点解决采取何种融资方式、融资结构，以及项目风险的分析评价，从而设计出融资方案。这一阶段，有关融资条件要报外汇管理部门审批和地方政府支持。

3. 融资谈判及执行阶段

确定了的融资方案需要在谈判中实现或调整。在谈判成功签署项目融资的法律文本后，项目融资将进入执行阶段，并随着项目建设的进展情况，按照约定的条款组织资金或设备到位；债权人根据融资文件规定，参与部分项目决策，管理和控制项目的资金投入和现金流量。项目融资则强调债权人全过程的监督和参与，这一过程包括项目建设期、试生产(运营)期、正常运营期。

(二)项目融资方案的比较和选择

为了有比较、有选择地确定融资方案，与几种境外贷款方式进行比较。一是多边和双边优惠性贷款，如国际金融组织贷款、双边政府贷款；二是商业性贷款，包括国际银行贷款、出口信贷、境外发行债券、国际租赁等。

1. 成本分析

1) 多边和双边优惠性贷款

这类贷款有三个特点：①有一定的优惠性，贷款利息较少，一般低于商业性贷款，还款时间较长，有一定的宽展期；②由于资金筹措的来源不同，贷款往往有软贷款、硬贷款之分，其利率、数额、还款期、宽展期也不同；③贷款有汇率风险，如世界银行、亚洲银行，不论哪一种货币，贷款方都要分担世界银行所有贷款多种货币的汇兑风险。

2) 商业性贷款

商业贷款完全没有赠予成分，是纯商业性的。商业性贷款还款期限较短。商业性贷款利率高、风险大、利率上浮就会增加利息支付，进一步加大成本负担，而且商业性贷款成本还和国家声誉、筹资单位信誉及担保人情况有关。

2. 使用分析

1) 多边和双边优惠性贷款

此类贷款的使用有以下特点：

(1) 严格限定使用方向和投向，一般都要用于具体的建设项目(国际货币基金组织除外)，世界银行、亚洲银行、日本海外经济协力组织贷款则要求用于非盈利及基础设施项目，政府混合贷款要求借款人能购买贷款国设备的项目等；

(2) 贷款金额有限，连续性、规划性强，一般能长期提供，但要求双方要共同商定计划，确保分年度投入要有连续的或新的项目做"储备"；

(3) 贷款有严格的程序和监督检查制度，虽有利于项目的管理，但有时显得过于烦琐；

(4) 要求提供国内经济、行业、项目的详细资料，并组团进行考察；

(5) 对贷款采购方式限制严格，一般要求以国际招标方式或定向招标方式进行，其他双边政府混合贷款，则要求必须购买贷款国设备。

2) 商业性贷款

国际银行贷款和发行债券一般都不限定用途，可以为项目建设筹资，也可以为进出口货物、原材料、购买技术软件等其他用途筹资，在用贷款采购的方式上也没有什么限制，可以由贷款人随意选择采购方式和采购国家、地区。贷款可以当时用，也可以暂存其他银行。出口信贷和国际租赁则有一定限制，出口信贷要求购买贷款国设备，一般限制购买原材料。租赁仅限于租赁设备，也不能用于租赁其他用户。商业性贷款在使用中，债权人对项目的监督也不很严格。

3. 管理分析

1) 双边和多边优惠性贷款

这类贷款由国家统借统还或统借自还，由政府出面借款，国家指定用途、确定规模、安排项目，由国家列入计划，由中国人民银行、中国银行等单位代表国家作为对外窗口出面谈判。因为这类贷款的使用和偿还关系到国家信誉，是政府间外交关系的一个方面，国家必将进行严格管理。一般来说，企业都愿意使用此类贷款，国家也鼓励使用这类贷款，关键在于正确的使用方向和有无合适的项目。但此类贷款总体数量相对有限，不可能充分满足国内建设项目的资金需求。

2) 商业性贷款

在国家对外负债的宏观管理政策中，对商业性贷款的管理是比较严格的。国家对负债总额有一定限制。根据项目大小、贷款金额不同须经过各级管理部门审批。对外贷款的非银行金融机构，国家监督管理更加严格。

二、项目融资的贷款流程

(一)设计项目融资的产品体系

项目融资 (Project Finance)：即项目的发起人(即股东)为经营项目成立一家项目公司，以该项目公司作为借款人筹借贷款，以项目公司本身的现金流量和全部收益作为还款来源，并以项目公司的资产作为贷款的担保物。该融资方式一般应用于发电设施、高等级公路、桥梁、隧道、铁路、机场、城市供水以及污水处理厂等大型基础建设项目，以及其他投资规模大、具有长期稳定预期收入的建设项目。

1. 产品说明

项目融资可以按追索权划分为无追索权的项目融资和有追索权的项目融资。

2. 产品功能说明

(1) 实现融资的无追索或有限追索。通常情况下，在设计项目融资产品时，项目发起人除了向项目公司注入一定股本外，不以自身的资产来保证贷款的清偿，因此，发起人将有更大的空间和更多的资源去投资其他项目；

(2) 实现表外融资。如果项目发起人直接从银行贷款，则会增加负债比率，恶化部分财务指标，从而增大未来融资成本。相比之下，成立具有法人资格的项目公司，由项目公司负责项目的融资与建设，只要项目发起人在项目公司中的股份不超过一定比例，项目公司的融资就不会反映在项目发起人的合并资产负债表上；

(3) 享受税务优惠的好处。项目融资允许高水平的负债结构，由于贷款利息的"抵税"作用，在某种程度上意味着资本结构的优化和资本成本的降低。

3. 利率

根据项目所属行业、地区、股东情况、贷款币种等具体情况而定。

4. 期限

项目融资贷款一般期限较长，大都为中期(一年以上，五年以下)或长期(五年以上)，且大部分采取分期偿还和浮动利率。

5. 收费标准

项目融资各项费用的收费标准由双方通过合同确定。

(二)项目融资贷款的办理流程

1. 确定适用客户

凡是能够取得可靠的现金流并且对银行有吸引力的项目，都可以通过项目融资方式筹集资金。使用项目融资产品的企业通常处于行业垄断地位，并且具有一定的政府背景。主要集中于以下领域：能源开发项目、石油管道、炼油厂项目、矿藏资源开采项目、收费公路项目、污水处理项目、通信设施项目。

2. 贷款办理的申请

1)　申请条件

(1)　项目本身已经经过政府有权审批部门批准立项；

(2)　项目可行性研究报告已经政府有关部门审查批准；

(3)　引进国外技术、设备、专利等已经政府经贸部门批准；

(4)　项目生产所需的原材料有稳定的来源，并能够签订原料供货合同或意向书；

(5)　项目公司能够向贷款人提供完工担保、基建成本超支安排，同意将保险权益转让贷款人，同意将项目的在建工程及其形成的固定资产抵押给贷款人，同意将项目的收益质押给贷款人。项目股东同意将各自的股权质押给贷款人；

(6)　项目产品销售渠道畅通，最好有"照付不议"产品购销合同；

(7)　项目产品经预测有良好的市场前景和发展潜力，盈利能力较强；

(8)　项目建设地点及建设用地已经落实。项目建设以及生产所需的水、电、通信等配套设施已经落实。

2)　提交材料

(1)　国家有权部门对项目可行性研究报告的批准文件；

(2)　有关环保部门的批准文件；

(3)　外商投资企业需提供对外贸易和经济合作部批准的合资合同和章程及有关批复；

(4)　法人营业执照复印件；

(5)　税务登记证(国税、地税)；

(6)　中华人民共和国组织机构代码证复印件；

(7)　外汇登记证复印件(外商投资企业)；

(8)　建设用地规划许可证、建设工程规划许可证等；

(9)　法定代表人身份证明及其贷款卡；

(10) 关于"照付不议"购销合同、原料供应合同、完工担保、成本超支安排、保险权益转让、在建工程及其形成的固定资产抵押、项目的收益权质押、项目股东股权质押等意向性文件。

3. 办理流程(如图 5-9)

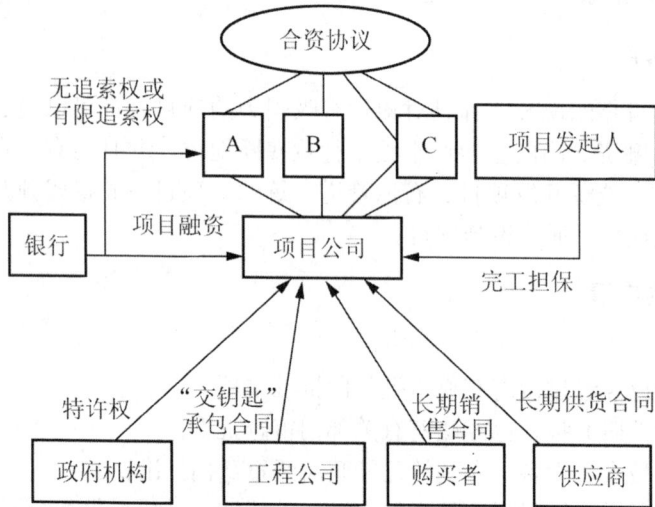

图 5-9　项目融资贷款办理流程

(1) 项目公司向银行公司业务部门提出项目融资贷款的需求。

(2) 贷款银行与项目公司就"照付不议"购销合同、原料供应合同、完工担保、成本超支安排、保险权益转让、项目融资抵押、项目的收益权质押、项目股东股权质押等各项融资条件进行磋商并达成一致意见。

(3) 贷款银行按照贷款审批程序,对项目进行审批。

(4) 项目贷款获得批准后,项目公司与贷款银行就全部融资协议文本进行磋商。

(5) 签署协议并提取贷款。

4. 附加条款

1) 无追索权的项目融资

无追索权的项目融资也称为纯粹的项目融资,在这种融资方式下,贷款的还本付息完全依靠项目本身的经营效益。同时,贷款银行为保障自身的利益必须从该项目拥有的资产取得物权担保。如果该项目由于种种原因未能建成或经营失败,其资产或收益不足以清偿全部的贷款时,贷款银行无权向该项目的主办人追索。

2) 有追索权的项目融资

除了以贷款项目的经营收益作为还款来源和取得物权担保外,贷款银行还要求有项目实体以外的第三方提供担保。贷款行有权向第三方担保人追索。但担保人承担债务的责任,以他们各自提供的担保金额为限,所以称为有限追索项目融资。

(三)项目融资与公司融资的区别(见表 5-1)

表 5-1　项目融资与公司融资的区别

	项目融资	传统公司融资
贷款对象	项目公司	项目发起人
追索性质	有追索权或无追索权	完全追索
还款来源	项目投产后的收益及项目本身的资产	项目发起人所有资产及其收益
担保结构	担保结构复杂	单一担保结构
成本	高	低

小常识　BOT 的历史

BOT 的概念最早是土耳其总理厄扎伊尔 1984 年正式提出的,并得到广泛推广。世界银行在《1994 年世界发展报告》中指出,BOT 至少有三种具体形式:BOT、BOOT、BOO,除此以外,它还有一些变通形式。

近些年来,BOT 这种投资与建设方式被一些发展中国家用来进行基础设施建设并取得了一定的成功,引起了世界范围广泛的青睐,被当成一种新型的投资方式进行宣传,然而 BOT 并非一种新生事物,它自出现至今至少已有 300 年的历史。

17 世纪英国的领港公会负责管理海上事务,包括建设和经营灯塔,并拥有建造灯塔和向船只收费的特权。但是据罗纳德·科斯(R. Coase)的调查,从 1610 年到 1675 年的 65 年当中,领港公会连一个灯塔也未建成。而同期私人建成的灯塔至少有十座。这种私人建造灯塔的投资方式与现在所谓的 BOT 如出一辙。即:私人首先向政府提出准许建造和经营灯塔的申请,申请中必须包括许多船主的签名以证明将要建造的灯塔对他们有利并且表示愿意支付过路费;在申请获得政府的批准以后,私人向政府租用建造灯塔必须占用的土地,在特许期内管理灯塔并向过往船只收取过路费;特权期满以后由政府将灯塔收回并交给领港公会管理和继续收费。到 1820 年,在全部 46 座灯塔中,有 34 座是私人投资建造的。可见 BOT 模式在投资效率上远高于行政部门。

同许多其他的创新具有共同的命运,BOT 在其诞生以后经历了一段默默无闻的时期。而这段默默无闻的时期对 BOT 来讲是如此之长以至于人们几乎忘记了它的早期表现。直到 20 世纪 80 年代,由于经济发展的需要而将 BOT 捧到经济舞台上时,许多人将它当成了新生事物。

(资料来源:项目管理者联盟)

课堂讨论(或实务操作):BOT、BOOT、BOO、BT 与 TOT 融资方式的实际运用。

📄**案例点击**

中华发电项目融资案例分析

山东中华发电项目工程是我国迄今为止装机规模最大、结构最复杂、贷款额最高的 BOT 电力项目。曾被《欧洲货币》、《项目融资》等多家全球著名金融杂志列为 1998 年度最佳项目融资计划。该项目总投资 168 亿元人民币，总装机规模 300 万千瓦。项目由山东省电力公司、山东国际信托投资公司、香港中华电力投资有限公司以及法国电力公司共同发起的中华发电有限公司承担。工程项目公司于 1997 年成立，1998 年开始运营，计划于 2004 年最终建成。公司合作经营期为 20 年，经营期结束后，电厂资产全部归中方所有。

中华发电有限公司是山东省电网中最大的发电企业之一，其销售对象是山东电力集团公司经营的山东电网。由于与山东电力的合作对公司的发展影响较大，在项目谈判期间，公司与山东电力签署了《运营购电协议》，协议保障了公司每年的最低售电量，并规定电价为成本分红价格，基本上确保了公司的收益。

截至目前，中华发电项目运营较为成功，累计实现税后销售利润近 24 亿元人民币。出色的业绩当然与公司优良的管理结构，高素质的管理队伍，规范的经营分不开。但笔者认为，更重要的还是因为各方按承诺较好地执行了《运营购电协议》，使得公司保持了较高的盈利水平。

然而，山东电力市场的变化，国内的电力体制改革，均会对《运营购电协议》产生重大影响。较为成功的中华发电项目仍将面临严峻的挑战。

(1) 市场供求的影响

影响价格的最主要因素就是市场的供求状况，BOT 项目也不例外。20 世纪 90 年代前半期，我国经济曾经历了一个过热的高速发展阶段，电力供求矛盾在当时十分尖锐，资金短缺情况也较严重，山东省的情况也是如此。中华发电项目正是在这样的背景下开始发起运作的。适时的市场地位为中华发电公司在谈判中赋予了较强的讨价还价能力，一个有利于项目公司的还本付息加分红的指导性电价协议得以达成。

1998 年，根据国家计委曾经签署的关于电价问题的谅解备忘录，经多次协商，项目公司在已建成的石横一期、二期电厂的电价问题上取得了突破，获准了 0.41 元/度这一较高的上网电价。

然而，随着山东电力集团对电厂、电网建设力度的加大，山东省电力市场的供求关系近年已发生了巨大的变化。至 2002 年 9 月，全省电力装机容量已突破 2200 万千瓦，达到 2265 万千瓦，居全国第二位。2002 年山东省电力建设总投资额约为 96 亿元，计划投产新机 213 万千瓦。随着一批中型的火电项目的上马，山东电力市场的供求将再次发生大的变化。在这样的市场条件中，中华发电项目新上网的荷泽电厂以及将于 2004 年上网的聊城电厂要想继续获得较高的电价可能会面临较大的困难。

（2）电力体制改革的冲击

电力体制改革方案已然出台，改革方案是形成一分为七的重组框架，即国家电力公司将被拆分为大唐电力、山东国电、国电电力、中电国际、华能集团五大发电集团公司，以及国家电网和南方电网两大电网公司。对于山东电力集团来说，改革即意味着一分为二：电厂方面，山东将组建山东国电集团公司，而山东电网则会归并到华北电网公司，隶属于国家电网。中华发电第一大股东的地位使山东电力"厂网分家、竞价上网"的体制改革不可避免地影响到中华发电项目今后的运行。首先改变的将是中华发电的公司治理结构。作为中华发电项目第一大股东的山东电力集团本是一个既经营电厂，又经营电网的联合体。改革之后，目前在中华发电拥有的股份以及项目最终的资产应该划归山东国电集团账下，看似简单的股东变动，蕴涵的却是一个极其微妙的利益再分配过程。而利益的再分配通过上网电价这一媒介，最终对中华发电项目的运营产生影响。

签订《运营购电合同》时，山东电力集团拥有双重身份：既是购电方，又是售电方的主要股东。上网电价的高低对山东电力而言，只是利润部分地在企业内各部门进行的再分配而已。在这种情况下，山东电力有较强的动机信守承诺，并为项目的成功运营争取较高的上网电价。改革之后，中华发电与山东电网将真正成为市场经济中的供求两方，其市场地位将由市场上的供求状况来决定。在这种背景下，《运营购电合同》的电价条款能否继续执行将面临很大的不确定性。

市场供求的变化、电力体制改革的影响，大大增加了该项目中信用风险发生的可能性。由于财务资料属于企业的商业秘密，我们在这里无法判断上网电价究竟在多大程度上影响着中华发电项目的运营。根据国内外电力行业的几起BOT项目案例的经验来看，无论如何，电价的波动都会或多或少地影响到企业的盈利，进而影响到企业的整体运行。因此，在接下来的运营中，企业如何通过技术改进、管理创新降低成本，从而消除电价波动可能造成的不利影响，应成为企业管理者所要考虑的重要问题。

点石成金

外商回报（外方运营期间的购买协议）无法兑现，是外商在中国投资BOT项目的首要风险。上文分析的两个案例都出现了这一问题，由新加坡国立大学博士后王守清先生主持的一份调查也印证了这一点。这份针对全球介入过中国BOT项目的高级管理人员的调查列出了外资BOT项目在中国的123项风险，排在最前的依次为中方信用风险、外汇风险和政治风险。

我们的建议是：一个建立在充分的市场预测、适度的投资回报率基础上的，合理分担风险的BOT项目设计将有助于政府兑现合同。不要把赌注完全押在地方政府的承诺上，不要局限于一对一的谈判。当然，一份完备的合同仍然是必要的。

（资料来源：引资网）

本 章 小 结

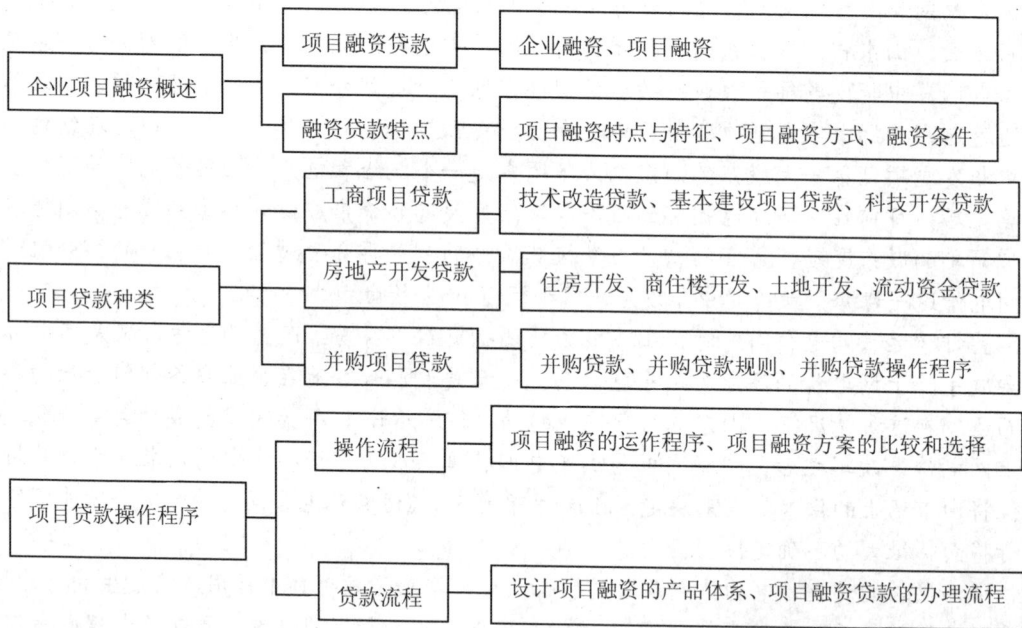

复习思考题

1. 简述项目融资的特点、作用条件与融资渠道。
2. 阐述企业项目融资贷款的操作过程。
3. 工商企业项目融资贷款的种类与规则。
4. 并购项目融资贷款的特点与规则。

第六章　个人消费贷款业务

【学习目标】

- 了解个人消费信贷的概念及种类、商业银行消费信贷业务的主要内容。
- 掌握个人住房贷款业务的程序及风险防范措施。
- 掌握个人汽车贷款业务的内容及风险防范措施。
- 掌握个人信用卡业务及其风险防范。
- 掌握助学贷款业务的内容及其风险防范。

【重点难点】

- 消费贷款的种类。
- 个人住房贷款的程序。
- 等额本金还款法和等额本息还款法的计算方法。
- 信用卡利息的计算及风险防范。
- 助学贷款业务及其风险防范。

章前导读

　　2003 年 6 月至 10 月，北京市涌鑫投资咨询公司老总刘广德以做工程项目需要买车为借口，用公司员工的身份证、户口簿等材料的复印件和开具的虚假收入证明骗取银行个人汽车消费贷款上千万元。北京福普得汽车贸易有限公司老总杨忠则采取和银行职员内外勾结的手段，骗取银行发放个人汽车消费贷款 2300 余万元，用于公司经营和个人挥霍，造成 1862 余万元的贷款损失。由此可见，个人消费贷款也有风险，不能忽视。

(资料来源：金融网)

关键词： 消费贷款　住房贷款　汽车贷款　信用卡贷款　助学贷款

第一节　个人消费贷款概述

　　在商业银行中，消费贷款是与公司贷款相对应的业务。消费贷款业务在国外已有近百年的历史，但在国内还是一项新兴的业务。个人住房贷款业务、汽车贷款、信用卡透支、助学贷款等业务统称为个人消费贷款业务。近年来，我国的消费信贷业务发展迅速，种类繁多，不断创新。

一、个人消费信贷的概念

消费信贷是指商业银行等金融机构向消费者个人客户发放贷款，以满足其资金需求，个人客户在约定期限内还本付息的借贷行为。通常来讲，消费信贷的贷款对象是个人，贷款用途是消费，目的是提高消费者即期消费水平，有利于消费者合理安排个人消费。所以，消费信贷一般又称为个人消费信贷。消费信贷是经济发展到一定阶段，货币信用关系发展到较高水平时，为缓解消费与生产之间的矛盾，使消费增长速度适应生产增长出现的一种金融服务产品。它作为商业银行向消费者提供资金的一种信用形式，当人们的购买力与商品价值差距较大时，必然会产生一种缩小这种差距的经济手段，使人们的购买愿望和商品的价值都得到实现，这就是消费信贷。在市场经济运行中，消费信贷作为一种调节手段，对调解消费需求、促进经济稳定发展起着十分重要的作用。

对商业银行来说，个人消费贷款具有以下几方面的功能：一是开展个人消费贷款业务可为商业银行拓展资金来源。个人消费贷款是商业银行的一种资金运用，这种资金运用有利于商业银行吸引更多客户带来新的资金来源。二是个人消费贷款为商业银行的新收入来源。商业银行从个人消费贷款业务中除了获得正常利息收入外，通常还会得到一些相关服务的服务费收入。三是个人消费贷款业务帮助银行分散风险。出于风险控制的目的，商业银行最忌讳的是资金运用的集中。无论是单个贷款客户的集中还是贷款客户在行业上或地域上的集中，个人消费贷款都不同于传统的工商企业贷款，因而可以成为商业银行分散风险的资金运用方式。

个人消费贷款业务的发展，对实现城乡居民的有效消费需求，极大地满足广大消费者的购买欲望起到了融资的作用；对启动、培育和繁荣消费市场起到了催化和促进的作用；对扩大内需，推动生产，支持国民经济持续、快速、健康、稳定发展起到了积极的作用；对带动众多相关产业的发展，从而促进整个国民经济的快速发展都具有十分重要的意义；也对商业银行调整信贷结构、提高信贷或资产质量具有重要意义。

二、个人消费信贷的特点

消费信贷与其他商业性贷款业务相比存在着较大差别，主要表现在以下几个方面。

1. 单笔贷款规模小，单位成本较高

相对于企业贷款数额的提供，消费信贷单笔贷款数额较小。大到几万元，小到百元不等。对于银行来说，其贷款程序与企业贷款相差无几，投入的劳动量并不一定比大额贷款小(这个说法值得商榷)，所以相对单位成本也就较大额贷款高。

2. 贷款客户广且分散

消费信贷面对的是无数个家庭或消费者，贷款对象十分广泛。同时消费者居住又是十分分散的，银行开展此项业务时相对费时费力，不易把握。但是，如果此项业务开展起来，对银行来说则是一个庞大的信贷资金来源群体，可以为银行发展提供更多的信贷资金并能获得相对丰厚的回报。

3. 期限较长，单笔贷款风险较大

消费信贷一般与个人消费中的永久性消费及其耐用消费品的(如购买住房)消费相关联，有些是与劳动力再生产过程相关联。所以，这项业务一般情况下期限较长。而对于消费者个人而言，存在着如疾病、死亡、失业等因素的影响，在贷款期间一旦发生上述情况，借款人则无力偿还消费信贷的本息，银行随时存在着贷款风险转化的威胁。

三、个人消费贷款的种类

目前，商业银行个人消费贷款名目繁多，种类齐全，个人选择余地较大。不同的划分标准有不同的贷款种类。

(一)按产品用途分类

个人消费贷款产品按其用途可划分为个人住房贷款、个人汽车贷款、助学贷款、个人耐用消费品贷款、个人消费额度贷款、个人综合消费贷款及个人旅游贷款等。

1. 个人住房贷款

个人住房贷款是指贷款人向借款人发放的用于购买自用普通住房的贷款。贷款人发放个人住房贷款时，借款人必须提供担保。借款人到期不能偿还贷款本息的，贷款人有权依法处理其抵押物或质物，或由保证人承担偿还本息的连带责任。个人住房贷款的用途是贷款人用于支持居民个人在中国大陆境内城镇购买、建造、大修各类型住房。

个人住房贷款主要有自营性个人住房贷款、住房公积金贷款和个人住房组合贷款。

1) 自营性个人住房贷款

自营性个人住房贷款是银行运用信贷资金向在城镇购买、建造、大修各类型住房的自然人发放的贷款。该类贷款银行资金成本较高，利率相对高一些，但贷款额度、期限所受限制较小。

2) 公积金个人住房贷款

公积金个人住房贷款又称委托性个人住房贷款，是银行接受公积金管理部门的委托，以职工缴存的住房公积金存款为主要来源，按规定的要求向按时足额缴存住房公积金的职工在购买、建造、大修城镇各类型住房时发放的贷款。该贷款不以盈利为目的，实行"低

进低出"的利率政策，带有较强的政策性，贷款额度受到限制。

3) 个人住房组合贷款

个人住房组合贷款是指向借款人同时发放的住房公积金贷款和自营性个人住房贷款。个人住房组合贷款是由两个独立的贷款组成的，抵押物相同，鉴于其贷款的主体、资金来源、利率不同，因此需要分别签订借款合同。

2. 个人汽车贷款

个人汽车贷款是银行向申请购买汽车的借款人发放的人民币担保贷款。所购车辆按用途可以划分为自用车和商用车；按注册登记情况可划分为新车和二手车。个人汽车贷款具有办理手续简便快捷、担保形式多样、贷款额度高等特点，并实行"设定担保、分类管理、特定用途"的原则。"设定担保"是指贷款人申请个人汽车贷款需提供所购汽车抵押或其他有效担保。"分类管理"是指按照贷款所购车辆的不同种类和用途，对个人汽车贷款设定不同的条件。"特殊用途"是指个人汽车贷款专项用于借款人购买汽车，不允许挪作他用。

3. 助学贷款

助学贷款是银行向在读学生或其直系亲属、法定监护人发放的用于满足其就学资金需求的贷款，主要包括国家助学贷款、商业性助学贷款和出国留学贷款三个产品类别。

4. 个人耐用消费品贷款

个人耐用消费品贷款是指银行对在其特约商户购买耐用消费品的个人客户发放的人民币担保贷款。它的主要用途是用于购买与贷款银行签订协议的特许商户中的个人耐用消费品，一般来说，各商业银行对贷款购买的消费品的价值和范围有较为具体的规定。例如，正常使用寿命在两年以上，单件价值不低于 3000 元或数件累计价值在 3000 元以上的家庭消费品，如家用电器、电脑、家具、健身器材、乐器等物品。

5. 个人消费额度贷款

个人消费额度贷款是指银行对个人客户发放的不指定消费用途，可在一定期限和额度内循环使用的人民币贷款。个人消费额度贷款是银行推出的消费贷款品种之一，贷款主要用于满足个人生活、学习和其他消费需求。其贷款对象为年满 18 周岁，具有完全民事行为能力的自然人。

信用额度根据借款人的信用等级确定。各银行在实际操作中，可能有些差别，但遵循的原则是相同的，即银行通过要求借款人提供一定方式的担保来降低个人消费额度贷款的违约风险。

6. 个人综合消费贷款

个人综合消费贷款是指银行向借款人发放的不限定具体消费用途的人民币贷款。实际是指除住房、汽车、教育和创业贷款等大额品种外，将原来的诸如个人住房装修贷款、个人旅游贷款、个人耐用消费品贷款、个人质押贷款、个人婚庆消费贷款等单项业务品种进行整合，统一在一个业务品种旗下。

7. 个人旅游消费贷款

个人旅游消费贷款是指银行向个人及其家庭成员发放的用于参加特约旅行社旅游消费的担保贷款。家庭成员包括借款申请人的配偶、父母及其子女。该贷款只能用于支付与贷款人签订合作协议的特约旅行社的旅游费用。

个人旅游消费贷款包括出国旅游保证金贷款和旅游消费贷款两种。出国旅游保证金贷款用于支付因出国旅游而需要向旅行社交付的保证金。旅游消费贷款用于支付自旅游申请提出至旅游过程结束为止所发生的物质消费、精神消费以及其他相关费用。

(二)按担保方式分类

个人贷款按照担保方式可以划分为抵押类个人贷款、质押类个人贷款、保证类个人贷款和信用类个人贷款。

1. 抵押类个人贷款

抵押类个人贷款是指贷款银行以借款人或第三人提供的、经贷款银行认可的符合规定条件的财产作为抵押物而向借款人发放的贷款。借款人不履行还款义务时，贷款人有权依法以该财产折价或者以拍卖、变卖财产的价款优先受偿。

2. 质押类个人贷款

个人质押贷款是指借款人以本人或其他自然人的未到期本外币定期储蓄存单、凭证式国债、电子记账类国债、个人寿险保险单，以及贷款银行认可的其他权利凭证票面价值或记载价值的一定比例向借款人发放的人民币贷款。

3. 保证类个人贷款

保证类个人贷款是指贷款行以借款人提供的、贷款行认可的具有代位清偿债务能力的法人、其他经济组织或自然人作为保证人而向借款人发放的贷款。保证类个人贷款手续简便，只要保证人愿意提供保证，银行经过核保认定保证人具有保证能力，签订保证合同即可，整个过程仅涉及银行、借款人、保证人三方，贷款办理时间短，环节少。保证类个人贷款基本无办理费用，即使有费用也较低。如果贷款出现逾期，银行可直接向保证人扣收贷款，出现纠纷可通过法律程序解决，处置程序较为简便。

4. 信用类个人贷款

个人信用贷款是指银行向借款人发放的无须提供担保或只提供一定授信额度的贷款。

其授信额度根据被授信人的经济状况、信用状况来确定。个人信用贷款包括个人小额短期信用贷款、个人综合授信贷款、银行个人贷记卡贷款等。

1) 个人小额短期信用贷款

个人小额信用贷款是银行向资信良好的借款人发放的、用于正常消费需求以及劳务等费用支付的、无须提供担保的人民币信用贷款。其对象是具有本地常住户口或有固定住所，具备完全民事行为能力的居民个人。贷款额度起点为 2000 元，贷款金额不超过借款人月均工资性收入的 6 倍，且最高不超过 2 万元。小额短期信用贷款期限在 1 年(含)以下，一般不办理展期，确因不可抗力原因而不能按时还款的，经贷款银行同意可展期一次，且累计贷款期限不得超过 1 年。

2) 个人综合授信贷款

个人综合授信贷款是指银行根据借款人提出的授信申请，综合评定其信用状况，然后授予借款人一定的信用额度，借款人在一定期限内根据需要随时申请授信额度内的款项。其对象是具有完全民事行为能力、经贷款银行认定的个人客户。授信期限一般是 1～2 年，最长不超过 3 年，授信项下的单笔贷款期限不得超过授信期限。授信额度根据被授信人的经济状况、信用状况来确定，没有最高限额。授信总额度=抵押授信额度+质押授信额度+第三方保证授信额度+个人信用担保授信额度；可用余额=授信额度−当期未偿还贷款本金。

3) 银行个人贷记卡贷款

银行个人贷记卡是指发卡银行向社会公开发行的，给予持卡人一定的信用额度，持卡人可以在银行核定的信用额度内先消费、后还款的信用卡。信用额度是发卡银行根据持卡人的资信情况等为其核定的、持卡人在卡片有效期内可循环使用的、对该行产生欠款的最高限额。各银行对额度和担保的规定有较大差别。

小常识　个人贷款产品种类介绍

渣打银行的"现代派"无担保个人贷款产品如下。

(1) 贷款利率为固定利率，贷款的期限为 6 个月到 4 年。

(2) 贷款的额度为 8000 元到 30 万元人民币。

(3) 贷款种类：无须担保的个人信用贷款。

(4) 对借款人的要求：具有固定受聘单位，月薪不低于 3000 元人民币，在受聘单位工作满 3 个月。

(5) 还款方式：等额本息。

花旗银行"幸福时代"个人无担保贷款产品如下。

(1) 申请简便：最快 3 个工作日贷款即可发放。

(2) 无需担保：只要您提供相应的文件即可办理。

(3) 轻松还款：最高限额 20 万元，贷款期限多达 5 种，最长可至 48 个月。

(4) 利率锁定：一旦贷款成功，利率即被锁定。

第二节 个人住房贷款

一、个人住房贷款的概念和特点

个人住房贷款是指银行或银行接受委托向在中国大陆境内城镇购买、建造、大修各类型房屋的自然人发放的贷款。目前我国个人住房贷款比重在个人贷款业务中占绝对主导地位，尽管汽车贷款、助学贷款、个人经营贷款迅速发展，住房贷款占的比重会有所下降，但其主导地位不会改变。个人住房贷款与个人其他贷款比较具有如下特点。

1) 贷款金额大、期限长

购房支出通常是家庭消费支出的主要部分，住房贷款也普遍占家庭负债的较大份额。据统计，美国住房贷款负债平均占到家庭负债的 70%，因此，相对来说，住房贷款金额较大，且贷款期限也较长，通常为 10～20 年，最长可达 30 年。正是由于具有这样的特点，个人住房贷款绝大多数采取分期付款的方式。

2) 主要以所购房产作抵押

尽管个人住房贷款有保证、抵押和质押三种方式，但由于保证贷款的保证时间较短，最长 5 年，质押贷款出质人的质物较少，不足以质押，因此，通常情况下，绝大多数借款人要以所购房产之全部权益作抵押，并需为抵押物办理全额财产保险。

3) 利率优惠

为了进一步推行商业性个人住房贷款利率市场化，中国人民银行 2008 年 10 月 27 日公布新的自营性个人住房贷款政策：自营性个人住房贷款的下限利率水平为相应期限档次贷款基准利率的 0.7 倍，商业银行法人可根据具体情况自主确定利率水平和内部定价规则。住房公积金贷款的利率按照中国人民银行规定的住房公积金贷款利率执行。公积金贷款利率更低。

4) 风险具有系统性

由于大多数个人住房贷款为房产抵押担保贷款模式，除了客户还款能力、还款意愿等方面的因素外，个人住房贷款风险受房地产交易市场的稳定性、规范性影响较大，具有较明显的系统性，风险也相对集中。

二、个人住房贷款的种类

个人住房贷款按不同的划分标准有不同的种类。

(一)按照贷款性质划分

按照贷款性质划分，个人住房贷款分为自营性个人住房贷款、公积金个人住房贷款和个人住房组合贷款。

1. 自营性个人住房贷款

自营性个人住房贷款也称商业性个人住房贷款，是指银行运用信贷资金向在城镇购买、建造、大修各类型住房的自然人发放的贷款。它包括以下几种类型。

1) 新建房个人住房贷款

新建房个人住房贷款俗称个人一手房贷款，是指贷款人向符合条件的自然人发放的，用于在一级市场上购买住房的贷款。

2) 个人再交易住房贷款

个人再交易住房贷款俗称个人"二手房"住房贷款，是指贷款人向借款人发放的用于购买在住房二级市场上合法交易的各类型个人住房的贷款。

3) 个人住房转让贷款

个人住房转让贷款是指当尚未结清个人住房贷款的客户出售用该贷款购买的住房时，贷款人用信贷资金向购买该住房的自然人发放的个人住房贷款。

2. 公积金个人住房贷款

公积金个人住房贷款是指银行接受公积金管理部门的委托，以职工缴存的住房公积金存款为主要来源，按规定的要求向按时足额缴存住房公积金的职工在购买、建造、大修城镇各类型住房时发放的贷款。该贷款不以盈利为目的，实行"低进低出"的利率政策，带有较强的政策性，贷款额度受到限制。因此它是一种政策性个人住房贷款。

3. 个人住房组合贷款

个人住房组合贷款是指按时足额缴存住房公积金的职工在购买、建造、大修住房时，可以同时申请公积金个人住房贷款和自营性个人住房贷款，从而形成特定的个人住房贷款组合。

(二)按照贷款利率确定方式划分

按照贷款利率确定方式划分，可分为浮动利率个人住房贷款、固定利率个人住房贷款和结构性固定利率住房贷款。

1. 浮动利率个人住房贷款

浮动利率个人住房贷款是一种在借贷期内可定期调整利率的贷款。根据借贷双方的协定，由一方在规定的时间依据某种市场利率进行调整，一般调整期为半年。目前我国住房抵押贷款实行按央行指令调整的变动利率。变动利率在贷款期间内，可能出现利率上下波动，不利于借款人安排理财规划。

2. 固定利率个人住房贷款

固定利率个人住房贷款是指为购买住房的借款人提供的，在约定期限内贷款利率不随人民银行利率调整或市场利率的变化而浮动的住房贷款。固定利率个人住房贷款是为那些利率变化预期和风险偏好不同的客户提供更多的选择。

3. 结构性固定利率住房贷款

结构性固定利率住房贷款是指在固定利率期间，贷款可以分段执行不同的固定利率标准。如固定 5 年的贷款可以在前两年执行一个固定利率标准，后 3 年执行另一个固定利率标准；固定 10 年的贷款可以在前 5 年执行一个固定利率标准，后 5 年执行一个固定利率标准。

(三)按照贷款房屋权属划分

按照贷款房屋权属划分可分为个人"一手房"贷款和个人"二手房"贷款。前面已经介绍，这里不再赘述。

三、个人住房贷款的还款方式

个人住房贷款可采取多种还款方式进行还款，如一次本息还款法、等额本息还款法、等额本金还款法、等比累进还款法、等额累进还款法及组合还款法等。其中，以等额本金还款法和等额本息还款法最为常用。

(一)等额本金还款法

所谓等额本金还款法，又称利随本清或等本不等息还款法。它是指贷款人将本金分摊到每个月内，同时付清上一交易日至本次还款日之间的利息。这种还款方式相对等额本息而言，总的利息支出较低，但是前期支付的本金和利息较多，还款负担逐月递减，利息逐渐随本金归还减少。等额本金还款法的计算公式如下：

每月还款额=贷款本金÷贷款期限月数+(本金-已归还本金累计额)×月利率

例如，某借款人从银行贷款 20 万元，还款年限 15 年，利率为 5.85%，选择等额本金还款，则

每月需要偿还银行本金：200 000÷(15×12)=1111.11(元)

首月利息为：200 000×(5.85%÷12)=975(元)

第二个月利息：(200 000-1111.11)×(5.85%÷12)=969.58(元)

首月偿还银行本息合计：1111.11+975=2086.11(元)

第二个月偿还银行贷款本息：1111.11+969.58=2080.69(元)

随后，每个月的还款本金不变，利息逐渐减少。

(二)等额本息还款法

所谓等额本息还款法，是贷款的本金和利息之和采用按月等额还款的一种方式。其中每月贷款利息按月初剩余贷款本金计算并逐月结清。 由于每月的还款额相等，因此，在贷款初期每月的还款中，剔除按月结清的利息后，所还的贷款本金就较少；而在贷款后期因贷款本金不断减少、每月的还款额中贷款利息也不断减少，每月所还的贷款本金就较多。等额本息还款法的计算公式如下：

$$每月等额还本付息额 = P \times \frac{R \times (1+R)^N}{(1+R)^N - 1}$$

式中：P 为贷款本金；R 为月利率；N 为还款期数。其中：还款期数=贷款年限×12。

(三)两种还款方法的区别

等额本息还款法与等额本金还款法的主要区别在于以下几点。

1. 占用资金的时间价值不同

等额本金还款法，开始多还本金，越往后所占贷款本金越少，因而所产生的利息也少；等额本息还款法，开始还的贷款本金较少，占用资金相对也较多，所以利息也会相应增加。

2. 利息总额不同

在相同贷款金额、利率和贷款年限的条件下，等额本金还款法的利息总额要少于等额本息还款法。

3. 还款前几年的利息、本金比例不同

等额本息还款法，前几年还款总额中利息占的比例较大(有时高达 90%左右)；等额本金还款法的本金平摊到每一次，利息借一天算一天，所以二者的比例最高时也就各占 50%左右。

4. 还款前后期的压力不同

等额本息还款法，每月的还款金额是一样的，所以在收支和物价基本不变的情况下，每次的还款压力是一样的；等额本金还款法，每次还款的本金一样，但利息是由多到少，依次递减，同等情况下，前期的压力要比后期重。

5. 适用群体不同

等额本息还款法，由于月还款额相同，计算简单，适用于在整个贷款期内家庭收入有稳定来源的贷款户，如国家机关、科研、教学单位人员等；等额本金还款法，每月的偿还

额逐月减少，较适合于已经有一定积蓄，但预期收入可能逐渐减少的借款人，如中老年职工家庭，其现有一定积蓄，但今后随着退休临近，收入将递减。而购房首付款额度较高，又急于装修的家庭不适合该方法。

四、个人住房按揭贷款的操作流程

个人住房按揭贷款操作流程包括楼盘审查和发放贷款两部分。在借款人提出申请之前，贷款银行需要对拟提供个人住房贷款的楼盘进行审查，按照楼盘是否经过竣工验收，将楼盘分为现房(竣工验收合格的房屋)和期房(尚未通过竣工验收的房屋)，分别按相关流程办理。

(一)现房楼盘的审查程序

1. 房地产开发公司提出申请

贷款银行一般要求开发商提交下列资料。

(1) 书面申请书。内容包括开发商概况、项目情况、拟申请贷款金额等。

(2) 公司资料。主要包括企业法人营业执照、税务登记证、法人代码证、法定代表人或授权代理人证明书；房地产开发经历；企业的公司章程。

(3) 项目资料。包括：①项目可行性研究报告及政府有关部门的立项批复；②建设用地规划许可证；③建设工程规划许可证；④建设工程施工许可证；⑤国有土地使用证；⑥竣工验收合格证明。

2. 项目调查

贷款银行主要调查以下内容。

(1) 手续的合法性。核实上述项目资料的完整性、真实性和有效性。

(2) 项目基本情况。调查项目的地理位置、社区环境、交通条件、配套工程、市政设施、物业管理等；了解和掌握项目占地面积、建筑面积、容积率、绿化率、楼宇结构与栋数、户型设计等。

(3) 项目市场前景。调查项目的市场定位和销售情况，进行简单项目评估、同等位置项目的比较分析与市场预测，判断项目的销售前景及抗风险能力。

(4) 项目效益。调查开发商与银行的合作诚意和对银行产生的效益，如存款、代收代付、中间业务的代理等。

(5) 银行同业竞争。调查其他银行为该楼盘提供个人住房贷款情况和服务手段等。

经调查，确认该楼盘符合个人住房贷款条件后，贷款银行认为有必要的，可以委托具有房地产估价资质的房地产估价机构对拟提供贷款的楼盘分楼层、分朝向进行价格评估或自行评估。

3. 签订合作协议

经审批同意的，贷款银行与开发商签订合作协议书。

(二)期房楼盘的审查程序

1. 开发商申请

贷款银行一般要求期房楼盘开发商提交下列资料。

(1) 书面申请书。内容包括开发商概况(含经营的财务状况)、项目情况、工程进度、投资完成情况、拟申请贷款金额等。

(2) 公司资料。除上述现房楼盘提供的公司资料外，还应当提供房地产开发资质等级证书、经会计师事务所审核的上年度财务报表。

(3) 项目资料。除上述现房楼盘提供的项目资料前五项外，还应当提供工程概算资料、项目资金来源及落实情况、房地产开发贷款情况、项目投资完成情况、商品房预售许可证等。

2. 项目调查

贷款银行主要调查以下内容。

(1) 开发商基本情况。调查开发商注册资本、法定代表人资质、经济实力、经营管理机制、财务管理和经济核算制度、业务范围、开发经历、完成项目建设的能力及自身具备的优势等；分析财务报表，估测其营运能力及盈利状况。

(2) 手续的合法性。核实上述项目资料是否完整、真实、有效、合法，内容是否前后一致。

(3) 项目基本情况。调查的内容除上述现房楼盘应调查的内容以外，还应调查工程进展情况。

(4) 项目投资情况。调查项目投资构成与各项费用支出明细，并与工程概算报告中的有关数据进行核对。分析资金投入时间与工程进度是否一致，工程后续资金来源是否已经落实。

(5) 项目市场前景、销售情况。调查内容与现房楼盘一致。

(6) 开发商负债情况。特别是其他银行为该楼盘提供开发贷款的情况，准确掌握贷款的到期日，以免在工程建设中出现新的资金缺口。

(7) 项目效益及银行同业竞争。调查内容与现房楼盘一致。

经调查，确认该楼盘符合个人住房贷款条件，可形成贷款调查报告，提出可以贷款的初步建议，提供给审核部门进行审核。

一般而言，对于银行发放开发贷款的楼盘，调查、审查的环节可视情况适当简化。

3. 签订合作协议

经审查和审批同意的，贷款银行与开发商签订合作协议书。贷款银行还必须与开发商签订预售房款监管协议，由贷款银行监督预售房款的使用，确保预售房款不被挪用。

(三)发放个人住房按揭贷款的流程

1. 借款人申请

在借款人申请个人住房贷款时，贷款银行一般要求申请人填写《个人住房借款申请书》(见表 6-1)，并提供下列资料。

(1) 合法有效的身份证件(居民身份证、户口本或其他有效居留证件)。

(2) 借款人偿还贷款能力的证明材料，包括收入证明材料和有关资产证明等。

(3) 婚姻状况证明。

(4) 合法有效的购房合同。

(5) 购房首付款证明材料，如借款人首付款交款单据(包括发票、收据、银行进账单及现金交款单等)。

(6) 银行规定的其他文件和资料。

表 6-1　个人住房贷款申请书

XX 银行个人购房借款申请书						
贷款申请编号：						
申请人基本情况						
申请人姓名		性　别		出生日期		照片
文化程度		婚姻状况		证件种类及号码		
户籍所在地		现居住地址				
国　籍		民　族				
邮寄地址及邮编						
工作单位				单位性质		
办公电话		住宅电话		紧急联系方式		
职　业		职　务		职　称		
单位地址及邮编						
配偶姓名		职　务		证件种类及号码		
工作单位				联系方式		
是否使用过其他贷款						
本人近 3 年工作履历: (时间段、单位名称)						

申请人收支情况					
主要经济来源		其他经济来源		供养人数	
申请人月收入		家庭月收入		家庭月支出	

借款人资产表						
个人资产	金额(万元)	个人负债	金额(元)	月还款金额(元)	起止时间	负债类型
房　产		购房所欠贷款				
汽　车		购车所欠贷款				
债　券		其他所欠贷款				
股　票		其他负债				
银行存款		合　计				
合　计						

申请人现住房情况	
现住房情况	
租住请填：(租住时间、地址、月付租金)	

申请人购房贷款资料					
售房者全称	××房地产开发有限公司	房屋详址			
销售面积(平方米)		单价(元)		总价(元)	
借款金额(元)		借款期限(年)		借款种类	商业贷款
首付金额(元)		首付比例		首付款来源	
还款方式	等额本息月均/等额本金(月还)	物业费(m²/月)		购房目的	A　自住 B　投资
房屋形式		房屋类别	A.经济适用房　B.普通商品住房 C.别墅　D.商业用房　E.其他		
商品房买卖合同编号		销售许可证编号			

续表

担保方式					
抵押物名称		抵押物所有人		抵押物价值(元)	
质押物名称		质押物所有人		质押物价值	
保证人名称		与被保证人 关系			
保证人联系 方式及地址					

备　　注	

借款申请人声明

欢迎您申请××银行个人住房贷款,请用蓝(黑)色墨水钢笔或签字笔在本申请书上签字,已填写内容不得涂改。

银行,本人在此郑重声明:

①本人承认以此申请书及其他所附资料作为贵行借款的依据;

②上述各项材料属实,且随本申请书报送的资料复印件可留存贵行作为备查凭证,如资料失实或虚假,本人愿承担相应的民事及法律责任;

③经贵行审查不符合规定的借款条件而未予受理时,本人无异议;

④本人保证在取得贵行贷款后,按时足额偿还贷款本息。

申请人签名:　　　　　　　日期:　　　年　　月　　日

2. 贷款调查

调查核实的主要内容如下。

(1) 材料一致性。贷前调查人应认真核实贷款申请材料,以保证《个人住房贷款申请表》填写内容与相关证明材料一致;相关证明材料副本(复印件)内容与正本一致,并需由贷前调查人验证正本后在副本(复印件)盖章签名证实。

(2) 借款申请人(包括代理人)身份证明。

(3) 借款申请人偿还贷款本息的能力。

(4) 贷款年限加上借款人年龄是否超过 65 年。

(5) 借款申请人是否已支付符合法定要求的首付款,并存入开发商在贷款银行开立的售房款专用账户上。

(6) 借款申请人所购房屋的价格与当地同类物业的市场价格水平是否相符。

经调查核实，借款人各项情况真实、准确，符合个人住房按揭贷款条件，调查人员形成贷款调查报告，提出初步贷款的建议，提交审查部门审查。

3. 个人住房按揭贷款的审查、审批

银行一般从以下几个方面进行审查。

(1) 购房行为的真实性。防止借款人和开发商串通骗取银行贷款。

(2) 所购房屋的价格与当地同类物业的市场价格水平是否相当，必要时可委托具有房地产估价资质的机构进行价格评估。

(3) 如有共有人，共有人是否出具同意抵押的合法书面意见。

(4) 借款人的还款能力。

审查人员审查后，有权审批人员进行审批。

4. 签订住房按揭合同

经审批同意的，贷款银行与借款人、开发商签订个人住房按揭贷款合同，明确各方的权利和义务。住房按揭合同一般就贷款金额、贷款期限、贷款利率、还款方式等事项作出明确约定。贷款金额不超过购房费用总额的 80%，贷款期限最长不超过 30 年，贷款利率一般是浮动利率，按人民银行规定，最低按相应档次基准利率 0.7 倍的下浮利率执行。

5. 办理房屋保险、公证、担保手续

贷款银行要求借款人必须办理财产保险。借款人投保的金额不得低于贷款金额，保险期限不得短于贷款期限，保险费用由借款人支付，一次性投保。保险业务可由银行代为办理。贷款银行认为有必要的，可以要求对借款合同进行公证，公正费用由借款人承担。以所购住房为抵押物的，贷款银行和借款人凭借合同到当地房地产管理部门办理房地产抵押(预)登记。

6. 贷款发放

以所购住房为抵押的，在借款人办妥房屋保险、公证和抵押(预)登记手续后，方可发放贷款。 发放贷款时，一般由贷款银行工作人员填写借据，借款人签章或按指印认定，同时借款人签署划款扣款授权书，贷款银行将款项直接划入开发商在贷款银行开立的售房专户上，同时通知借款人贷款已经发放，开发商出具收款凭证。

7. 贷后检查

贷后检查是以借款人、抵(质)押物、担保保证人、担保物、合作开发商及项目为对象，通过客户提供、访谈、实地检查、行内资源查询等途径获取信息，对影响个人住房贷款资

产质量的因素进行持续跟踪检查、分析，并采取相应补救措施的过程。以此判断借款人的风险状况，提出相应的预防或补救措施。

8. 贷款的风险分类

银行要适时对贷款进行分析，建立不良个人住房贷款台账，落实不良贷款清收责任人，实时监测不良贷款回收情况。

9. 贷款偿还

在住房按揭贷款实践中，贷款银行一般约定借款人自合同生效后次月的约定时间开始按月还款。银行贷款的回收分为正常回收和非正常回收。借款人按借款合同中约定进行还款属正常回收。不按合同规定还款属非正常回收。非正常贷款的回收工作包括提前还款和期限调整。

提前还款包括提前部分还本和提前结清两种方式，借款人可以根据实际情况决定采取提前还款的方式。

期限调整指借款人因某种特殊原因，向贷款银行申请变更贷款还款期限，包括延长期限、缩短期限等。借款人需要调整借款期限的，应向银行提交期限调整申请书。期限调整后，银行将重新为借款人计算分期还款额。

五、个人住房贷款的风险种类及其防范

(一)个人住房贷款的风险种类

个人住房贷款的风险种类主要有合作机构风险、操作风险及信用风险。

1. 合作机构风险

合作机构风险主要表现为房地产开发商和中介机构的欺诈风险，主要表现为"假个贷"。"假个贷"一般是借款人并不具有真实的购房目的，合作机构捏造借款人资料或者其他相关资料，虚构购房行为套取银行个人住房贷款的行为。"假个贷"不仅扰乱了正常的金融秩序，同时还加大了银行贷款风险。

2. 信用风险

信用风险主要表现为个人住房贷款的违约。个人住房贷款的违约是指借款人不能在合同约定的条件下足额偿还贷款的行为。个人住房贷款违约的类型主要包括：借款合同履行期间借款人连续两期以上未按合同约定的分次还款计划归还贷款本息；擅自改变贷款用途，挪用贷款；未经贷款行同意将设定抵押权的财产出租、出售、转让、赠与或重复抵押、质押；提供的文件、资料不真实，已经可能造成贷款损失的；违反合同规定的其他行为等。

3. 操作风险

操作风险是指在个人住房贷款业务操作过程中，由于违反操作规程或操作中存在疏漏等情况而产生的风险。个人住房贷款比较突出的操作风险是贷款流程中的风险和贷款项目风险。在项目审查过程中可能出现操作风险，在贷款发放流程中更可能出现的风险，银行必须严格控制风险。

(二)个人住房贷款的风险防范

个人住房贷款风险防范措施主要有以下三种。

1. 合作机构风险防范

对合作机构贷款风险的防范主要有以下措施：一是选择实力雄厚、资信良好的开发商和销售前景良好的项目。将有实力的客户作为重点发展对象；对于限制淘汰的开发商原则上不进行合作，从源头上降低"假个贷"风险。对于开发商推荐的按揭客户，一定要谨慎调查，逐一防范开发商套现而制造"假按揭"事件，从而避免银行遭受损失。二是进一步完善个贷风险保证金制度，积极开展房地产中介商风险保证金制度。三是要积极利用法律手段，追究当事人的刑事责任，加大"假个贷"的实施成本，使犯罪分子受到法律制裁。

2. 信用风险防范

借款人的信用风险主要表现为还款能力风险和还款意愿风险。因此必须从这两个方面进行风险控制。一是提高客户甄别能力。重视客户诚信和还款能力，正确界定目标客户群体，把个人住房贷款的风险关前移到审批阶段，从而降低风险。二是严格审查第一还款能力。必须对借款人的收入证明严格把关，除了向借款人的工作单位、税务部门等第三方进行查证外，还应审查其纳税证明、银行账单等，确保第一还款来源真实、准确、充足，严防信用缺失的业务风险。

3. 操作风险防范

银行操作风险的防范措施有二：一是严格审查项目管理、严格贷款业务流程管理；二是加强内部控制，防范道德风险。

小常识　转按揭和加按揭

转按揭就是个人住房转按揭贷款。个人住房转按揭贷款是指已在银行办理个人住房贷款的借款人，向原贷款银行申请将抵押给银行的个人住房出售或转让给第三人而申请办理个人住房贷款变更借款人或变更抵押物的贷款。简单地说就是：如果您的房子是在银行用按揭贷款买的，现在又想把它卖掉，同时买家不能一次性付清款项，需要办理按揭业务的，这就是转按揭。

加按揭就是在银行已经办理个人住房按揭贷款的借款人，向原经办行申请追加贷款额度的贷款。简单地说就是：如果您的房子是在银行用按揭贷款买的，现在想用已经抵押给银行的房子再抵押，再次贷款，这就是"加按"。不同的银行，加按的金额和期限各不相同。

（资料来源：金融网）

第三节　汽车消费贷款

个人汽车贷款是国内继住房贷款之后发展起来的另一类个人贷款产品。国内最初的汽车贷款业务是作为促进国内汽车市场发展、支持国内汽车产业的金融手段而出现的，由于其业务操作方面的独特性，也逐步发展成为个人信贷业务中自成特色的一类。

一、个人汽车贷款的含义及特点

个人汽车贷款是指贷款人向个人借款者发放的用于购买汽车的贷款。个人汽车贷款所购车辆按用途可以划分为自用车和商用车；按注册登记情况划分为新车和二手车。自用车是指借款人申请汽车贷款购买的、不以营利为目的的汽车；商用车是指借款人申请汽车贷款购买的、以营利为目的的汽车，包括载货车、大中型载客车、城市出租车以及其他营运车型；二手车是指从办理完机动车注册登记手续到规定报废年限一年之前进行所有权变更并依法办理过户手续的汽车。

汽车贷款由于其业务操作方面的独特性，也逐步发展成为个人贷款业务中自成特色的一类。该类贷款的特点主要体现在以下两个方面。

1. 个人汽车贷款业务与汽车市场的多种行业机构具有密切关系

由于汽车销售领域的特色，汽车贷款业务的办理不是商业银行能够独立完成的。首先，贷款申请人要从汽车经销商处购买汽车产品，银行贷款的资金将直接转移至经销商处；其次，由于汽车贷款多实行所购车辆的抵押，贷款发放银行会要求借款人及时足额购买汽车产品的保险，从而与保险公司建立业务关系；此外，汽车贷款业务拓展中还有可能涉及多种担保机构、服务中介等，甚至于在业务拓展方面商业银行还要与汽车生产企业进行联系沟通。因此，银行在汽车贷款业务开展中不是独立作业，而是多方的协调配合。

2. 风险管理难度相对较大

由于汽车贷款购买标的产品为移动易耗品，其风险度相对于住房贷款来说更难把握。特别是在国内信用体系尚不完善的情况下，商业银行对借款人的资信状况较难评价，对其违约行为缺乏有效的约束力，因此，在车贷的风险控制方面难度较大。

二、个人汽车贷款的原则和营销模式

(一)个人汽车贷款的原则

个人汽车贷款实行"设定担保，分类管理，特定用途"的原则。

"设定担保"是指借款人申请个人汽车贷款需提供所购汽车抵押或其他有效担保。

"分类管理"是指按照贷款所购车辆的不同种类和用途，对个人汽车贷款设定不同的贷款条件。

"特定用途"是指个人汽车贷款专项用于借款人购买汽车，不允许挪作他用。

(二)个人汽车贷款的运行模式

目前个人汽车贷款最主要的运行模式有"间客式"与"直客式"两种。

1. "间客式"模式

"间客式"运行模式在目前的个人汽车贷款市场中占主导地位。该模式是指由购车人直接到经销商处挑选车辆，然后通过经销商办理贷款手续。汽车经销商或第三方(如保险公司、担保公司)负责对贷款购车人的资信情况进行调查，帮助购车人办理申请贷款手续，提供代办车辆保险等一系列服务，部分经销商以自身资产为借款人按时还款向银行进行连带责任保证和全程担保，在这种情况下，由于经销商或第三方在贷款过程中承担了一定风险并付出了一定的人力、物力，所以它们往往要收取一定比例的管理费或担保费。

简单来说，"间客式"运行模式就是"先买车，后贷款"。其贷款流程为：选车—准备所需资料—与经销商签订购买合同—经销商或第三方作资信情况调查—银行审批、放款—客户提车。

2. "直客式"模式

与"间客式"的"先购车，后贷款"相反，纯粹的"直客式"汽车贷款模式实际上是"先贷款，后买车"，即客户先到银行申请个人汽车贷款，由银行直接面对客户，对客户资信情况进行调查审核，在综合评定后授予该客户一定的贷款额度，并与之签订贷款协议。客户在得到贷款额度后即可到市场上选购自己满意的车辆。在选定车型之后，到银行交清首付款，并签署与贷款有关的其他合同，由银行代客户向经销商付清余款；客户提车；之后就是借款人按月向银行还款了。

"直客式"贷款的流程为：到银行网点填写汽车额度贷款表—由银行(或第三方)对客户进行资信调查—客户与银行签订贷款合同—到经销商处选定车辆并向银行交纳购车首付款—银行代理提车、上户和办理抵押登记手续—客户提车。由于在这种模式下，购车人首先要与贷款行进行前期的接触，由银行直接对借款人的偿还能力以及资信情况进行评估和审核,所以把这种信贷方式称为"直客式"模式。

3. 汽车金融服务模式

汽车金融服务模式是指商业银行在提供汽车贷款服务时,采取不同的整合方法、涵盖不同范围的金融产品和服务的总和。

其具体模式包括以下几种。

(1) 四方合作模式。即在经销商、银行和保险公司参与的同时,引入律师事务所协助银行进行贷款人资信调查和贷款风险处置。这种模式能在相当程度上降低银行的风险,但会增加借款人的费用。

(2) 全程参与模式。即银行在综合授信额度下针对厂商的采购、生产、销售等各个环节,提供融资、结算、消费信贷、账户管理、信息咨询等全方位的金融服务。

(3) 战略联盟模式。即由银行牵头成立"汽车金融服务网络协会",吸收汽车经销商、保险公司、拍卖行、租赁企业、二手车市场等机构,涵盖汽车从生产到报废的全过程。该模式实质上是一个以"整体营销汽车金融产品、综合处置汽车信贷风险"为目的的战略联盟。

三、办理汽车贷款的流程

各家商业银行个人汽车贷款业务的操作流程基本相同,如图6-1所示。

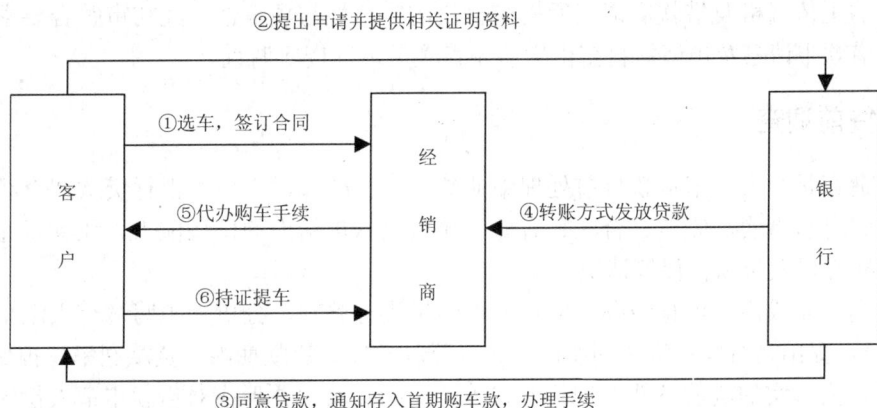

图 6-1　个人汽车贷款业务操作流程

(一)咨询、选车、签订购车协议(合同)

如果你想通过向银行申请贷款购买汽车,首先应向银行咨询相关事宜。贷款咨询的主要内容包括：个人汽车贷款产品介绍；申请个人汽车贷款应具备的条件；申请个人汽车贷款需提供的资料；办理个人汽车贷款的程序；个人汽车贷款利率、还款方式及还款额参考表；与个人汽车贷款有关的保险、抵押登记、公证等事项。

咨询清楚之后，到汽车销售商处在众多车型中挑选汽车，与销售商谈妥价格、付款条件等相关事宜后签订购车合同或协议。然后将首付款存入指定账户，接下来就可以申请汽车贷款了。

(二)提出贷款申请

借款人申请个人汽车贷款，应填写《个人汽车借款申请书》，并提供以下材料。

(1) 《个人汽车贷款申请书》。

(2) 个人有效身份证件。借款人已婚的要提供配偶的身份证明。

(3) 个人收入证明，必要时须提供家庭收入或财产证明。

(4) 由汽车经销商出具的购车意向证明或合同。

(5) 购车首期付款证明。

(6) 以所购车辆抵押以外的方式进行担保的，提供担保的有关材料，包括质押的权利凭证、抵押房地产权属证明、评估证明和第三方保证的意向书等。

(7) 如借款所购车辆为商用车，还需提供所购车辆可合法用于运营的证明，如车辆挂靠运输车队的挂靠协议、租赁协议等。

银行的经办人员应对借款申请人提交的借款申请书及申请材料进行初审，主要审查借款申请人的主体资格及借款申请人所提交材料的完整性与规范性。经初审符合要求后，经办人应将借款申请书及申请材料交由贷前调查人员进行贷前调查。

(三)贷前调查

贷前调查是个人汽车贷款贷前处理中非常重要的环节，主要由银行贷款调查经办人审核申请材料是否真实、完整、合法、有效，调查借款申请人的偿还能力、还款意愿、购车行为的真实性以及贷款担保等情况。

贷前调查完成后，银行经办人应对调查结果进行整理、分析，填写《个人汽车贷款调查审批表》，提出是否同意贷款的明确建议及贷款额度、贷款期限、贷款利率、担保方式、还款方式、需落实的贷前条件、划款方式等方面的建议，并形成对借款申请人偿还能力、还款意愿、担保情况以及其他情况等方面的调查意见，连同申请资料一并送贷款审核人员进行审核。

(四)贷款的审查和审批

银行的贷款审查人负责对借款申请人提交的材料进行合规性和真实性审查，对贷款调查经办人提交的《个人汽车贷款调查审批表》以及贷前调查的内容是否完整进行审查。审核人认为需要补充材料和完善调查内容的，可要求贷前调查经办人进一步落实。审核人对贷款调查经办人提交的材料和调查内容的真实性有疑问的，需安排其他贷款调查人进行核实或重新调查。

审查人审核完毕后，应签署审核意见，连同申请材料、面谈记录、《个人汽车贷款调查审批表》等一并送交贷款审批人进行审批。

贷款审批人应根据审查情况签署审批意见：对不同意贷款的，应写明拒批理由；贷款审批人签署审批意见后，应将审批表连同有关材料退还信贷业务部门。

(五)签订借款合同

对经审批同意的贷款，银行应与借款人以及其他相关人签订《个人汽车贷款合同》和相关担保合同。经办人员填写《个人贷款开立账户通知书》，协助借款人办理贷款发放手续。

合同签订以后，以所购车辆进行抵押的，经销商应协助借款人办理抵押登记手续；以存单、国债等有价证券进行质押的，借款人应出具同意质押的书面证明，办理质押手续。对自然人作为保证人的，应明确并落实履行保证责任的具体操作程序。对保证人有保证金要求的，应要求保证人在贷款行存入一定金额的保证金。

在办理汽车消费贷款的构成中，需要办理的保险除抵押物的财产险外，如果以车辆作抵押的还应投保机动车辆险、第三者责任险和附加盗抢险等，并且银行作为第一受益人。

为了增加对汽车消费贷款合同各方的约束，还需要到银行指定的公证部门，出具身份证明的原件和复印件，办理购车合同和借款合同等文件的公证。

(六)发放贷款

在以上全部手续办妥并经贷款银行核实无误后，借款人按照银行的要求填写借款凭证，有关人员签字后银行向借款人发放贷款，即以转账手续直接划转到经销商的指定账户中。具体分为以下两种方式。

第一，贷款银行在借款人办妥担保和保险手续并将有关担保凭证和保险单正本收妥后，才能将款划转到经销商的指定账户中。

第二，在特殊情况下，贷款银行可以在抵押登记和保险手续办妥之前向借款人发放贷款。这种特殊情况是采取汽车消费贷款"一站式"服务方式和贷款购买进口车。这种"一站式"服务是抵押登记、保险手续由银行代为办理，当日申请当日发放的个人汽车消费贷款模式。目前，越来越多的银行采用这种汽车消费贷款模式。

(七)提车、按期还款

银行向借款人发放贷款之后，借款人便可以到经销商处办理提车手续。之后借款人应按照借款合同约定的还款日期、计划和方式偿还贷款本息。

(八)贷后检查

贷后检查的主要内容包括客户情况检查和担保情况检查。贷后检查的主要手段有：监测客户还款情况、查询不良贷款明细、电话访谈、见面访谈、实地检查、从客户之外获取信息等。

(九)还清贷款

在按照借款合同约定还清最后一期或一次性还清贷款后，借款人要到银行办理相关手续，并在一定期限内去相关部门办理抵押物登记注销手续；到银行办理质押注销手续。

四、汽车消费信贷业务风险及其控制与防范

(一)主要风险种类

1. 借款人风险

主要有借款人提供虚假文件或资料，骗取商业银行贷款购买车辆，还款意愿差，故意或有意拖欠应负贷款本息；未经商业银行同意，私自将所购车辆出租、转让、变卖、馈赠或重复抵押；因疾病、离婚、自然灾害等原因，失去还款能力。

2. 特约经销商风险

有些商业银行发放贷款采用汽车经销商提供担保的方式，其做法是商业银行选择资信良好的经销商，经审核后予以授信额度，在该额度内，商业银行可向在该经销商处购买汽车的购车人发放贷款，经销商为购车人担保。经销商的资金实力、资信状况将决定贷款风险的高低。

3. 商业银行操作风险

商业银行贷前审查不严，甚至有内外勾结的现象发生，是造成车贷风险的重要因素。

(二)风险控制的主要措施

(1) 选择资信良好的经销商合作。重点放在选择资金实力雄厚、代理品牌好的一级代理商，选择销售业绩良好、对购车人有一套完整的资信评估能力的经销商。对于经销商担保的贷款，应要求经销商在商业银行存入一定比例的保证金。

(2) 加强借款人还款能力的审查，确保有较好的经济来源才可发放贷款，并且最好采取担保方式发放贷款。

(3) 加强内部控制，防范操作风险。

第四节　信用卡消费贷款

一、信用卡消费贷款的概念

信用卡(credit card)是银行或其他财务机构签发给那些资信状况良好的人士,用于在指定的商家购物和消费,或在指定银行机构存取现金的特制卡片,是一种特殊的信用凭证。其基本形式是一张附有证明的卡片,通常用特殊塑料制成,上面印有发行银行的名称、有效期、号码、持卡人姓名等内容。

信用卡是一种多功能的金融工具。可以凭卡在全国各地大中城市的有关银行提取或存入现金,或在同城、异地的特约商场、商店、饭店、宾馆购物或消费;可以凭卡支取现金,进行结算,也可以代替支票、汇票等结算工具办理转账业务,具有银行户头的功能;信用卡的持卡人取现和消费时可以在银行核定的透支额内先用款、后还钱,银行计收透支利息。

信用卡最早起源于美国,20世纪80年代以后,信用卡在亚太地区得到迅速发展。在我国,中国银行1986年发行了国内第一张信用卡——人民币长城信用卡,随后各家商业银行纷纷推出自己的信用卡。近几年,我国商业银行的信用卡业务已经步入快速发展阶段。据统计,截至2009年一季度末,我国商业银行信用卡发卡量已逾1.5亿张,信用卡总消费金额在社会消费品零售总额中的占比逐年上升,对促进消费、拉动内需起到了重要的推动作用。

由于我国信用卡发展的特殊历程,"信用卡"的实际含义在我国也经历了一个由宽变窄的过程。目前的信用卡就是贷记卡,即无需预先存款就可以贷款消费的信用卡,是先消费后还款的信用卡。信用卡业务的实质是一种消费信贷,是发卡银行提供给持卡人的一个明确信用额度的循环账户,持卡人可以在不超过账户额度的范围内任意支取,偿还借款后,额度自动恢复。本书讨论的信用卡属狭义概念。

二、信用卡消费贷款的种类

根据不同的划分标准有不同种类的信用卡。

(一)依据是否向发卡银行交存备用金分为贷记卡和准贷记卡

1. 贷记卡

贷记卡(credit card)是指发卡银行给予持卡人一定的信用额度,持卡人可在信用额度内先消费、后还款的信用卡。这种贷记卡的概念与国际上通用的信用卡的含义是一致的。它与其他银行卡和支付工具(如票据、现金等)最大的区别在于,它除为持卡人提供支付手段之外,还提供了发卡银行的消费信贷。

2. 准贷记卡

准贷记卡是指持卡人须先按发卡银行要求交存一定金额的备用金，当备用金账户余额不足支付时，可在发卡银行规定的信用额度内透支的信用卡。

我国 1999 年新出台的《银行卡管理办法》中提出这一分类方法。不同的分类计付透支利息的方式不同。贷记卡透支计复利，准贷记卡计单利。

(二)依据信誉等级分为普通卡和金卡

1. 普通卡

普通卡(classic card)是普通信用等级的信用卡。发卡对象为经济实力、资信状况普通的人士，对信用卡授权限额的起点、服务费用等要求不高。

2. 金卡

金卡(gold card)，顾名思义，是信用等级高的信用卡。发卡对象为经济实力强、社会地位高、信誉良好的人士，授权限额的起点较普通卡高，但有关的服务费用等要求也相应较高。有的发卡银行对信用卡的信誉等级进行了更为细致的划分，如万事达信用卡的信用等级划分为万事达普通卡(Classic Master Card)、万事达金卡(Gold Master Card)和万事达白金卡(Platinum Master Card)。美国运通公司的信用卡分为绿卡、金卡和白金卡三个级别。还有的发卡银行将信用卡的等级划分为一、二、三、四、五级。发卡行根据自己的标准，将信用卡分为不同级别，并赋予不同级别信用卡不同的名称。

(三)依据流通范围不同分为国际卡和地区卡

1. 国际卡

国际卡(universal card)是一种可以在国际上通用的信用卡。如中国银行发行的外汇长城万事达卡、工商银行的牡丹国际信用卡。

2002 年 6 月中国银联先后加入 VISA、Master Card 国际组织，此举不仅使国外持卡人可以方便快捷地在中国刷卡消费、取现，而且使国内的 VISA、Master Card 国际卡持卡人可以在两大国际组织遍布全球的特约商户和 ATM 上方便使用，并享受优质服务和相应的折扣优惠，极大地改善了我国国际卡的受理环境。

2. 地区卡

地区卡(regional card)是在发行国国内或一定区域内使用的信用卡。如中国银行发行的人民币长城万事达卡、中国工商银行发行的人民币牡丹卡、中国农业银行发行的人民币金穗卡都属于地区卡。

(四)依据信用卡从属关系分为主卡和附属卡

1. 主卡

主卡(basic card/principal card)是发卡机构对于年满一定年龄、具有完全民事行为能力、具有稳定的工作和收入的个人发行的信用卡。

2. 附属卡

附属卡(additional card/supplementary card)是指主卡持卡人为自己具有完全民事行为能力的父母、配偶、子女或亲友申请的情况下,由发卡机构发放的信用卡。

主卡和附属卡共享账户及信用额度,也可由主卡自主限定附属卡的信用卡额度,主卡持卡人对于主卡和附属卡所发生的全部债务承担清偿责任。

另外,随着银行结算业务的不断发展,以及国际化趋势的不断加强,信用卡结算币种多元化的趋势不断加强。依据信用卡结算的币种不同还可将信用卡分为人民币卡、外币卡、"一卡双币"卡。招商银行的信用卡就是集人民币和外币结算为一体的信用卡。而多币种结算的信用卡业同样适应信用卡业务的高速扩展的要求。

三、信用卡消费贷款的相关要素构成

(一)信用额度、取现额度、可用额度

1. 信用额度

信用额度是银行根据申请人的收入水平为申请人的信用卡核定的额度,即用该卡可以刷卡消费的金额,也即个人信用卡消费贷款的最高限额。持卡人可以循环使用信用额度。发卡银行一般规定普通卡的信用额度为 5 万元。即同一账户月透支余额不超过 5 万元(含等值外币),同时同一持卡人单笔透支发生额不超过 2 万元(含等值外币)。外币卡的透支额度不超过持卡人保证金(含储蓄存单质押金额)的 80%。

附属卡的信用额度一般视主卡的信用状况确定,主卡可以在不超过本人相应信用额度的前提下自主指定附属卡的额度,若无特别指定,主、附卡共用同一信用额度。

2. 取现额度

取现额度是指持卡人利用信用卡可以提取现金的额度。一般为信用额度的30%～50%。发卡银行对贷记卡的取现每笔授权,每卡每日累计取现不得超过2000元人民币。对持卡人在自动柜员机(ATM 机)取款设定交易上限,每卡每日累计提款不得超过5000元人民币。

3. 可用额度

可用额度是指所持的信用卡还没有被使用的信用额度。计算公式为

可用额度=信用额度-未还清的已出账金额-已使用未入账的累积金额

可用额度为零时，持卡人不能再进行透支。

(二)账单日、免息还款期、到期还款日、最低还款额

1. 账单日

银行每月定期对持卡人的信用卡账户当期发生的各项交易、费用等进行汇总结算，并结计利息、计算持卡人当期应还款项的日期。即银行核算持卡人账户信息，确定持卡人本期应当还款金额的日期。各行的账单日有所不同。

2. 免息还款期

对于信用卡刷卡消费类交易，从银行记账日至到期还款日之间为免息还款期。持卡人在到期还款日前偿还所使用的全部银行款项即可享受免息还款期待遇，即无须支付非现金交易的利息。各家发卡银行规定的免息还款期不同，一般为20~50天，最长为60天。

贷记卡持卡人选择最低还款额方式或超过发卡银行批准的信用额度用卡时，不再享受免息还款期待遇，应当支付未偿还部分自银行记账日起，按规定利率计算的透支利息。

3. 到期还款日

银行规定的持卡人应该偿还其全部应还款或最低还款额的最后日期，即持卡人需要还款的最后日期，如有延误会收取滞纳金。

例如，张小姐持有某银行一张信用卡，该卡的账单日为每月18日。如张小姐8月19日刷卡消费，该笔消费记录结算在9月18日账单上，在10月8日最后还款日全额还款即可享受了最长50天免息期(8月19~10月8日)。如她在8月18日消费，当天是账单日，在9月7日最后还款日全额还款，即享受了最短20天的免息期。(注：账单日当天刷卡消费，享受最短免息还款期；账单日的后一天刷卡消费，享受最长免息还款期)

各家发卡银行在信用卡管理的章程中明确规定了账单日、免息还款期和到期还款日。具体情况见表6-2。

表6-2　各银行信用卡还款日一览表

卡　名	免息期	账单日	最后还款日
工行牡丹国际卡	25~56天	每月最后一天	次月25日
建行龙卡	20~50天	每月7日、17日或27日	账单日后第20天
农行贷记卡	25~56天	每月10日	次月5日
中行中银信用卡	20~50天	每月10日、15日或25日	账单日后第20天
招行信用卡	20~50天	每月5日、15日或25日	当月23日、次月3日或次月13日
广发信用卡	20~50天	每月20日	次月5日
兴业信用卡	20~50天	每月18日	账单日后第20天

4. 最低还款额

银行规定的持卡人当期应该偿还的最低金额，一般情况下为累计未还消费本金的一定比例(大部分发卡银行规定为10%)，所有费用、利息、超过信用额度的欠款金额、预借现金本金，以及上期账单最低还款额未还部分的总和。计算公式为

最低还款额=信用额度内消费款的10%+预借现金交易款的100%
　　　　　　+前期最低还款额未还部分的100%+超过信用额度消费款的100%
　　　　　　+费用和利息的100%

(三)贷款期限、计息方式

1. 信用卡透支期限

各家发卡银行在信用卡章程里规定的信用卡透支的期限不同。一般准贷记卡的透支期限最长为60天。贷记卡虽然没有明确的期限，但都规定贷记卡的首月最低还款额不得低于其当月透支余额的10%。对透支超过一个月，最低还款额未归还的持卡人，发卡银行应及时提出止付，收回信用卡。

2. 信用卡计息

1)　计付利息的规定

发卡银行对准贷记卡账户内的存款，按照中国人民银行规定的同期同档次存款利率及计息办法计付利息。发卡银行对贷记卡账户的存款不计付利息。

2)　计收利息的规定

贷记卡透支按月计收复利，准贷记卡透支按月计收单利，透支利率为日利率万分之五，并根据中国人民银行的此项利率调整而调整。

贷记卡持卡人在规定的到期还款日前，还清账单上列示的全部应还款额时，消费款项可享受20～50天的免息待遇。

持卡人选择最低还款额方式或超过发卡银行批准的信用额度用卡时，不再享受免息还款期待遇，应当支付自银行记账日起，按规定利率计算的透支利息。

贷记卡持卡人支取现金、准贷记卡透支，不享受免息还款期和最低还款额待遇，应当支付现金交易额或透支额自银行记账日起，按规定利率计算的透支利息。

3)　信用卡计息方式

国际上通行的信用卡计息方式主要有两种：按未清偿部分计息和全额计息。

未清偿部分计息方式是按照未偿还的部分计算利息，已经偿还的部分不再计收利息。目前，只有中国工商银行采用这种计息方式。2009年1月，工行修改了其信用卡章程，新章程规定："持卡人可按照对账单标明的最低还款额还款。按照最低还款额规定还款的，发卡机构只对未清偿部分计收从银行记账日起至还款日止的透支利息。"

全额计息方式(也称循环计息)是指只要持卡人在到期还款日未能全部还清欠款,即使已经偿还了最低还款额,银行也将按照当期消费账单全额的万分之五计算利息,计息时间一般从刷卡消费算起,直至全部还清为止。目前国内绝大部分银行采取的都是全额计息方式,对持卡人已偿还的款项也计息。

例如:张小姐的账单日为每月 5 日,到期还款日为每月 25 日,最低还款额为应还金额的 10%。 6 月 5 日银行为张小姐打印的本期账单,包括了她在 5 月 5 日至 6 月 5 日之间的所有交易账目:假设本期张小姐仅在 5 月 30 日消费了一笔支出,金额为人民币 1000 元,则张小姐本期账单的"本期应还金额"为人民币 1000 元,"最低还款额"为 100 元。

不同的还款情况,张小姐的循环利息不同:

若张小姐于 6 月 25 日前,全额还款 1000 元,则在 7 月 5 日的对账单中循环利息为 0 元。

若张小姐于 6 月 25 日前,只偿还最低还款额 100 元,则 7 月 5 日的对账单上的未清偿部分利息、循环利息分别为 4.5 元和 17.5 元。具体计算如下:

未清偿部分利息=(1000−100)×0.05%×10 (6 月 25 日~7 月 5 日)

循环利息=1000× 0.05%×26 (5 月 30 日~6 月 25 日)

        +(1000−100)×0.05%×10 (6 月 25 日~7 月 5 日)= 17.5(元)

本期应还款分别为 104.5 元和 117.5 元。

若张小姐于 7 月 25 日前,继续偿还最低还款额 100 元,则 8 月 5 日的对账单上的循环利息为 19.4 元。

具体计算如下:

循环利息=1000×0.05%×30 天(6 月 26 日~7 月 25 日)

        +(1000−200)×0.05%×11(7 月 25 日~8 月 5 日)

      = 19.4(元)

本期应还款:119.4 元。

由此可见,若按最低还款额还款,持卡人要支付较多的循环利息。

4) 罚息的规定——滞纳金

如果在最后到期还款日实际还款额低于最低还款额,最低还款额未还部分要支付滞纳金。滞纳金的比例由中国人民银行统一规定,为最低还款额未还部分的 5%。

(四)信用卡年费和超限费

1. 信用卡年费

信用卡年费(annual fees)是发卡银行因持卡人拥有使用信用卡的权利而按年收取的基本服务费用,它是独立于信用卡贷款利息与交易支付费用之外的一项固定费用。各家发卡银行根据信用卡的功能不同设有不同的年费标准(见表 6-3)。

为广泛开展信用卡业务,许多银行开通激活后的信用卡,都无条件免首年年费。对于免缴次年年费，各家银行就都附带了不同的条件。

表 6-3　信用卡年费一览表

卡　名	发卡行	年费(元)
牡丹贷记卡(人民币)	中国工商银行	普通卡：50；金卡：100
龙卡贷记卡(人民币)	中国建设银行	普通卡：60；金卡：100
太平洋贷记卡(人民币)	交通银行	普通卡：80；金卡：160
广东发展银行信用卡(人民币)	广东发展银行	普通卡：40；金卡：80
中信实业银行信用卡(人民币)	中信实业银行	普通卡：100；金卡：200
深圳发展银行信用卡(人民币)	深圳发展银行	普通卡：40；金卡：80

2. 超限费

根据人民银行的有关规定，如果超过信用卡的信用额度用卡，银行将对超过信用额度部分计收超限费，为超过信用额度的 5%。

四、信用卡业务的操作流程

各家商业银行信用卡消费贷款业务的操作流程基本相同，如图 6-2 所示。

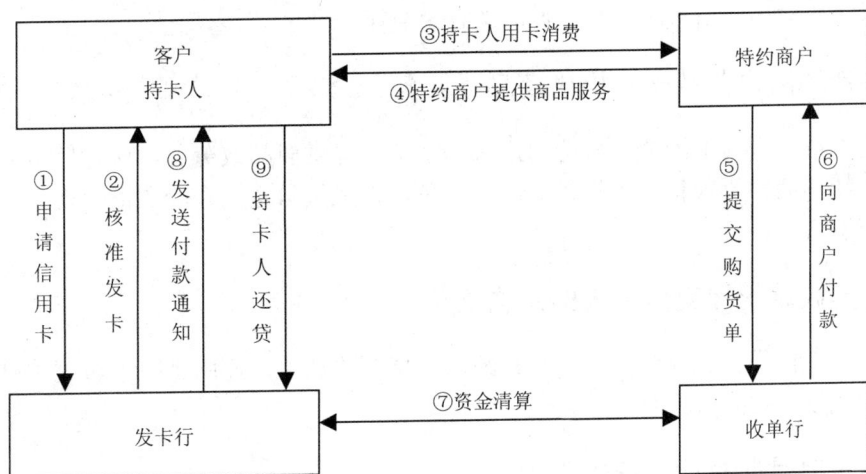

图 6-2　信用卡业务操作流程

各商务银行的信用卡业务，是商业银行以消费者个人为对象、以个人消费为目的发放的贷款。

(一)客户申请信用卡

申请人到办理信用卡业务部领取信用卡申请表，并按表中要求如实填写。表中内容一般包括：①主卡申请人和附属卡申请人姓名；②出生年月日及性别；③工作单位；④职务；⑤月均收入；⑥婚姻状况；⑦供养人口；⑧担保人的有关资料等。同时，还要将主持卡人、附属卡持卡人及担保人的身份证复印件和填好的申请表格一起交给发卡银行。申请人也可以从网站上下载填写相关资料表格后邮寄到银行办卡处。

(二)资信调查，核准发卡

银行收到申请人的申请后，由发卡银行对申请人的基本条件、资金、信誉、担保等进行全面调查及审核，包括对申请表内容的真实性、完整性，以及证明材料及附件的真实性完整性的审查，对申请人的资信状况作出综合分析与评价，确定其信用等级，决定提供信用卡的额度，核准发放信用卡。申领人领到卡，在信用卡上签名后，就可以使用信用卡了。

(三)持卡人用卡消费

信用卡持卡人可以在与发卡银行签订协议的特约商户处进行刷卡消费。与发卡银行签订协议的特约商户一般是独立核算的商业、饮食业、旅游服务业、交通运输业、娱乐业等单位。持卡人可以在核定的信用额度内进行透支。特约商户应注意识别止付卡、假卡，发现止付卡、假卡和冒用卡应立即没收，送交发卡行。

(四)特约商户向持卡人提供商品或劳务

信用卡持卡人用卡消费，特约商户应向持卡人提供商品或劳务，这是信用卡使用的基本规定。特约商户不向持卡人提供商品或劳务，造成大量透支，套取银行现金，将被取消特约商户资格。

(五)向收单行提交持卡人的购物清单

向持卡人提供商品或劳务之后，特约商户填制总计单，连同进账单与签购单一并送交其开户行或收单行(发卡行)。

(六)收单行向特约商户付款

开户行或收单行应审查签购单是否有效。对超过有效期、超限额无授权批准、已被止付的卡号等单据须退单；审查总计单、进账单和签购单金额、笔数等项是否有误，审查无误后按正确的金额办理划款。

(七)收单行与发卡行的资金清算

收单行办完划款以后，将有关单据交发卡行，发卡行审核无误可与收单行办理资金清算。发卡行经审查发现收单行或特约商户办理信用卡时违反操作规程可退单拒付资金。收单行认为拒付无力，与发卡行产生纠纷，可向总行申请仲裁。

(八)发卡银行向持卡人发送付款通知书

银行于每月账单日对持卡人的信用卡账户当期发生的各项交易、费用等进行汇总结算，并结计利息，确定持卡人本期应当还款的金额和日期，同时向持卡人发送付款通知书。

(九)持卡人向发卡银行归还信用卡贷款

信用卡的还款方式有多种：存款机可以还款；预约账户还款可以让银行自动扣款；网上跨行还款、跨银行还款也可以；可以利用银联支付平台还款；还可以使用手机为信用卡还款。

五、信用卡业务风险及其控制与防范

随着信用卡业务的逐渐开展，由信用卡而引发的各种金融犯罪亦呈现出快速上升的趋势。快速上升的信用卡犯罪，给发卡银行造成了巨大的经济损失。加强对信用卡的风险防范已经成为信用卡管理部门的重要任务。

(一)信用卡业务风险的类型

一般来说，信用卡的风险主要有以下几种。

1. 信用风险

信用卡比一般消费信贷更为灵活、简便，更能满足客户经常性的消费需要，给客户以随机性支付的保障。作为发卡银行，在向持卡人提供这些优惠、便利信贷方式的同时，其背后总是要隐含着相应的信用风险。这种信用风险主要是持卡人不偿还透支贷款本息及相关费用给发卡银行造成损失的可能性。

信用卡的信用风险的主要表现形式是恶意透支。指的是持卡人以非法占有为目的，超过规定限额或规定期限透支。具体表现为：频繁透支，即持卡人以极高的频率，在相距很近的信用卡营业点反复支取现金，积少成多，在短时间内占用银行大量现金；多卡透支，即持卡人向多家银行提出申请，多头开户，持卡人往往以新透支来偿还旧透支，出现多重债务，导致无力偿还；异地透支，即持卡人利用我国通信设备还不发达，异地取现信息不能及时汇总，"紧急止付通知"难以及时送达的现状，在全国范围流窜作案，肆意透支。这种恶意透支，大部分得不到偿还，使得发卡银行遭受损失。

2. 欺诈风险

信用卡欺诈，是信用卡风险源之一，发卡银行的很多损失都是由欺诈造成的。信用卡欺诈的形式主要有以下几种。

1) 失卡冒用

失卡一般有三种情况：一是发卡银行在向持卡人寄卡时丢失，即未达卡；二是持卡人自己保管不善丢失；三是被不法分子窃取。

2) 假冒申请

一般都是利用他人资料申请信用卡，或是故意填写虚假资料。最常见的是伪造身份证，填报虚假单位或家庭地址。

3) 伪造信用卡

国际上的信用卡诈骗案件中，有 60%以上是伪造卡诈骗，其特点是团伙性质，从盗取卡资料、制造假卡、贩卖假卡，到用假卡作案是"一条龙"式的。他们经常利用一些最新的科技手段盗取真实的信用卡资料，当诈骗分子窃取真实的信用卡资料后，便进行批量性的制造假卡——贩卖假卡——大肆作案。

4) 网上冒用

发卡银行为了提高产品的科技含量，为持卡人提供增值服务，相继增加了商品邮购、电话订购、网上交易等功能，由于这些交易都是非面对式的，所以其安全性相对较低，信用卡资料(如卡号、密码等)很容易被不法分子冒用。而且，随着此类交易的增多及用途的日益广泛，风险案件也会随之增多。

5) 来自特约单位的不法行为

持卡人签名的签购单是特约商户与发卡机构进行结算的基本凭证。大多数特约商户都能够严格按照相关规定认真执行。但在实际操作中，仍然有特约商户的经办人员或中介机构，通过伪造持卡人的签购单和利用 POS 机假消费真提现的非法提现行为等。

3. 操作风险

信用卡业务风险也常常是由于信用卡操作不当引起的。在受理信用卡业务时，银行、特约商户的有关操作人员没有严格按照有关规章制度办事，给信用卡的有关当事人造成一定的风险或损失。例如，收款员没有按操作规定核对支付名单、身份证和预留签名，接受了本应止付的信用卡，造成经济损失；收款员在压印签购单时，没有将信用卡的卡号压印在有关单据上，造成"无卡号单"，使发卡人无法进行结算；持卡人超限额消费时，收款员不征询授权而采用分单压印逃避授权，导致信用失控等。

(二)信用卡的风险防范

根据信用卡风险的类型，可以采取以下风险控制及防范措施。

1. 加强贷前信用管理

加强贷前管理主要应做好三方面的工作。

1) 从严掌握发卡条件

对申领卡的客户，除进行资信审查外，还要求其必须具备一定的基本条件，对没有城市常住户口的人员坚决不能发卡，这主要是因为这些人员流动频繁，难以对其进行资信审查，万一发生恶意透支，不能实施有效的控制。

2) 严格资信审查

首先，设定科学有效的资信评估指标，并随着形势的发展作适当的调整和补充。对个人申请人设定收入水平、支出水平、家庭财产月现金流量、主要持卡用途等指标；同时对资信评估指标进行量化处理，不同指标设定不同分值，并根据分值的高低确定申领人的不同资信等级，对不同等级的申领人授予不同的信用额度。其次，采用科学的资信审查方法，避免审查流于形式。除书面核实、电话访问方式外，还可通过其他间接方式，如核对其保险资料等方式对申领人的身份、资信状况进行审查。

3) 完善担保制度

一是选择适当的担保形式并制定合法、规范的担保协议。发卡银行应当根据申请人的资信状况确定有效担保和担保方式。二是若确定采用保证方式担保，要对保证人进行资信调查，掌握保证人的资信状况和担保能力，持卡人有资信能力强的人担保，可使透支资金的偿还有可靠保障。

2. 注重对信用卡的日常管理

注重信用卡的日常管理主要做好两个方面的工作。

1) 实行信用卡取现笔笔授权

为防止不法分子冒用信用卡恶意透支，发卡行各取现网点在办理信用卡取现时，不论金额大小，必须笔笔向本行信用卡业务部请求授权。收单行(发卡行)信用卡业务部授权部门要严格监控，建立取现授权登记簿。发现有严重透支行为或欺诈行为的，要立即采取紧急止付措施，并请收单行协助扣卡、扣证；符合公安司法程序，办妥有关手续的，也可请求协助扣人。收单行应按照发卡行的请求，配合工作，采取积极有效的措施，制止透支(欺诈)行为继续发生。对因收单行(取现网点)违章操作和未请求授权而造成的风险损失，原则上由收单行(或网点)负责。

2) 对持卡人实施规范的日常管理

一是建立健全持卡人档案资料。根据退回的账单或打不通的电话等情况，了解客户发生变化的情况，尽量取得新资料，以保证客户资料的真实性。二是每天打印各类透支清单及还款清单，及时掌握新增、新减的透支户和重点户。三是加强对透支的控制。每日认真分析透支户报告表，对于一般的透支户要定期发送对账单，使其尽快偿还贷款。对于透支后仍大量取现、消费，或透支额较大、透支时间较长以及有意回避银行追索的客户，应及时停止该卡的使用。

3. 加强对逾期款的管理与债务催收

对于不同程度或性质的逾期贷款，应采取不同的催收形式。

1) 及时发出催收通知进行账务提醒

对于早期或非恶意未还最低还款额客户，及时发出催收通知，进行"账务提醒"，一般在当月寄发"对账单"，告知透支日期和金额；免息期过后 15 日未归还透支款，发"催收通知书"，透支时间超过 30 天，发卡机构要与持卡人联系，敦促其立即还款，同时还可以与保证人联系，通过担保人催促其还款。

2) 上门催款，及时支付

对大额透支或透支时间超过一个月的，经电话等形式催收未果的，要派专人上门拜访，请其归还透支款；并列入支付名单，及时停止该卡的使用。

3) 列入"黑名单"，强制催收

对于晚期或恶意透支未还的客户，采取相对强制的催收办法，如外访催收、发律师函、诉讼通知或其他法律途径。同时在银行同业间公布恶意透支的名单，同业联动制裁恶意透支。

4. 加大技术投入，提高信用卡的技术含量

加大技术投入，使信用卡采用智能卡，提高信用卡的技术含量，能大大提高信用卡使用的安全程度。智能卡的安全性来自芯片的安全技术，卡片难以仿冒，而且电脑芯片的应用使得卡片的真实性在特约商户的 POS 终端就能得以调查和验证，可以从根本上解决伪造卡的问题。虽然智能卡转换计划需要一定的时间和相当的投入，但其发展前景是毋庸置疑的。

小常识　银联卡的小常识

"银联"标识卡是经中国人民银行批准，由国内各发卡金融机构发行，采用统一业务规范和技术标准，可以跨地区使用的带有"银联"标识的银行卡。

"银联"标识以红绿蓝(三原色)3 种不同颜色银行卡的平行排列为背景，衬托出白颜色的"银联"汉字造型，突出了银行卡联网联合的主题。3 种颜色，红色象征合作、诚信；蓝色象征畅通、高效；绿色象征安全。3 种不同颜色银行卡的紧密排列象征着银行卡的联合。

"银联"标识卡的主要特征如下。

(1) 银行卡正面右下角印刷了统一的"银联"标识图案。

(2) 贷记卡正面的"银联"标识图案上方加贴有统一的全息防伪标志。

(3) 卡背面使用了统一的签名条。

(资料来源：金融网)

第五节　助学贷款

助学贷款也是个人消费贷款业务中的特色产品之一。从各国情况来看，助学贷款具有较大的市场需求。在我国，助学贷款是作为支持教育事业发展的政策性举措推出的。一些商业银行又开办了出国留学担保贷款业务。这为助学贷款业务的健康发展提供了有益的经验。

一、助学贷款的含义和种类

助学贷款一般是指银行以资助我国高校学生或出国留学学生解决就学困难为目的的向在读学生或其直系亲属、法定监护人发放的个人贷款，主要包括国家贴息助学贷款、商业性助学贷款和出国留学贷款三个产品类别。

(一)国家贴息助学贷款

国家贴息助学贷款(以下简称国家助学贷款)是由国家指定的商业银行面向在校的全日制高等学校中经济确实困难的本、专科学生、研究生发放的，用于帮助他们支付在校期间的学费和日常生活费，并由教育部门设立"助学贷款专户资金"给予财政贴息的贷款，即由政府主导，财政贴息，银行、教育行政部门与高校共同操作的专门帮助高校贫困家庭学生的银行贷款。借款学生无需办理贷款担保或抵押，但需要承诺按期还款，并承担相关法律责任。

以国家助学贷款经办银行所在地为标准，国家助学贷款还可以分为校源地助学贷款和生源地助学贷款。校源地助学贷款是指高校集中办理的以在校大学生为借款人向高校所在地的银行机构申请的国家助学贷款，一般采取信用贷款方式。生源地贷款是指贷款申请人向借款学生入学前户籍所在地的银行机构(主要是借款人户籍所在地的农村信用社等)申请的国家助学贷款，借款人一般为学生的父母或其他法定代表人，并采取担保贷款方式。生源地助学贷款是校源地国家助学贷款的补充和完善。

(二)商业性助学贷款

商业性助学贷款是指贷款人向借款人发放的，用于借款人本人或其法定被监护人就读国内中学、普通高等院校及攻读硕士、博士、MBA、EMBA 等学位及已获批准在境外就读中学、大学及攻读硕士、博士等学位所需学杂费和生活费用的一种人民币贷款。

与国家助学贷款相比，商业性助学贷款财政不贴息，各商业银行、城市信用社、农村信用社等金融机构均可开办。

(三)出国留学贷款

出国留学贷款是指银行向借款人发放的，用于出国留学所需学杂费、生活费或留学保证金的个人贷款。出国留学贷款的用途是用以支付个人出国留学的学费、基本生活费或个人出国留学前期准备费用(保证金)等必需费用。出国留学贷款不但可以满足出国留学人员在留学签证过程中所需要的一切资金需求，还可以为出国留学人员解决在国外求学所需的各种学杂费用。

出国留学贷款又分人民币贷款和外汇贷款两种。人民币留学贷款的借款对象是就读境外大学预科、大学或攻读硕士、博士学位所需的学费和生活费用(包括出国路费)。外汇留学贷款目前只有中国银行一家，且对借款人有较高的要求，必须是到国外去攻读硕士或博士学位的研究生。

二、助学贷款的构成要素

助学贷款的构成要素可分不同的贷款类别，具体体现在以下两个方面。

(一)国家助学贷款

1. 贷款的对象和贷款条件

国家助学贷款的对象是中华人民共和国(不含香港和澳门特别行政区、台湾地区)高等学校中经济确实困难的全日制研究生和本、专科学生。申请国家助学贷款的借款人应符合以下条件。

(1) 具有合法居民身份证件及学生证或入学通知书。

(2) 有同班同学或老师共两名见证人，负责对借款人身份提供证明。

(3) 年龄未满18周岁的应取得其法定代理人同意。

(4) 身体健康，能正常完成学业。

(5) 遵纪守法，品德优良。

(6) 在贷款银行开立活期储蓄存折账户。

(7) 贷款银行规定的其他条件。

2. 国家助学贷款的额度、期限、利率及利息支付

1) 贷款额度的规定

按照"招投标"运行机制签订合同的国家助学贷款(以下简称国家助学贷款)的额度，按照每人每学年最高不超过6000元的标准，具体额度由借款人所在学校确定。原国家助学贷款额度继续按原合同约定执行。

2) 贷款期限的规定

国家助学贷款的借款学生必须在毕业后6年内(含两年的宽限期和4年的还款期)还清贷款本息，期限最长不超过10年。原国家助学贷款的期限最长不超过8年。

3) 贷款利率的规定

国家助学贷款执行中国人民银行规定的同期限贷款基准利率(具体利率水平见商业性住

房贷款利率)，利率不上浮，但可根据业务发展需要，在权限范围内实行优惠利率。

4）　贷款利息的规定

国家助学贷款由国家给予借款学生财政贴息(在校期间国家全部贴息，离校后由学生自己付息)。原国家助学贷款由财政负担贷款期限内 50%的贴息。

(二)一般商业性助学贷款

1. 贷款对象与贷款条件

一般商业性助学贷款的对象是接受非义务教育以及出国留学、接受再教育进修等需要较大资金支持的学生。

申请一般商业性助学贷款的借款人应符合以下条件。

(1)　在中国境内有固定住所、有当地城镇常住户口(或有效证明)、具有完全民事行为能力。

(2)　有正当职业和稳定的收入来源，具有按期偿还贷款本息的能力。

(3)　有学生就读学校的《录取通知书》(或学生证和学籍证明)等证件；有就读学校开出的学生学习期间所需学杂费、生活费及其他有关学习的费用证明。

(4)　提供银行认可的财产抵押或有效权利质押或具有代偿能力的第三方保证或经银行认定符合信用贷款条件。

(5)　遵纪守法，没有违法行为及不良信用记录。

(6)　在银行开立个人结算账户，并同意银行从其指定的个人结算账户中扣收贷款本息。

(7)　银行规定的其他条件。

2. 商业性助学贷款的贷款额度、期限、利率及担保与保险

1）　商业性助学贷款额度的规定

由银行根据借款人资信状况及所提供的担保情况综合确定，各银行间区别较大，一般最高不超过 50 万元。

2）　商业性助学贷款期限的规定

一般为 1～6 年，期限最短为 6 个月，最长不超过 8 年(含)。

3）　商业性助学贷款利率的规定

按照中国人民银行规定的同期贷款基准利率执行。在贷款期间如遇利率调整时，贷款期限在 1 年(含)以下的，按合同利率计算；贷款期限在 1 年以上的，实行分段计算，于下一年年初开始，按相应利率档次执行新的利率。

受教育人在校就读期间，贷款人可给予借款人一定的宽限期，宽限期内只付利息不还本金，受教育人自取得毕业证之日起次月，应与贷款人重新制定还款计划，即必须按月还本付息。

4）　贷款担保与保险

借款人应在签订借款合同之前提供贷款人认可的财产抵押、质押担保或第三方不可撤销的连带责任保证或投保助学贷款保险。

(三)出国留学贷款

1. 贷款对象与贷款条件

出国留学贷款的对象为拟留学人员或其直系亲属或其配偶或其法定监护人。

出国留学贷款的借款人应具备以下条件：

(1) 具有中华人民共和国国籍，年满 18 周岁的具有完全民事行为能力的自然人。

(2) 贷款到期日时的实际年龄不得超过 55 周岁。

(3) 应具有可控制区域内的常住户口或其他有效居住身份，有固定住所、稳定职业和收入来源。

(4) 借款用途为出国留学教育消费。

(5) 借款人信用良好，有按期偿还贷款本息的能力。

(6) 应持有拟留学人员的国外留学学校的《入学通知书》或其他有效入学证明和已办妥拟留学人员留学学校所在国入境签证的护照。

(7) 贷款人要求的其他条件。

2. 贷款额度与期限

出国留学贷款限额：最低不少于 1 万元人民币，最高不得超过借款人学杂费和生活费的 80%。出国留学贷款期限：最短 6 个月，一般 1～6 年，最长不超过 10 年。

3. 币种与利率

出国留学贷款的币种分为人民币贷款和外汇贷款两种。

出国留学贷款利率是根据中国人民银行公布的贷款利率档次和浮动幅度执行，当中国人民银行调整贷款利率时，已发放的留学贷款利率从中国人民银行调整贷款利率的下一次还款期开始执行新的利率。

4. 还款方式与方法

出国留学贷款可以采用如下还款方式：一次性还本付息、等额偿还，本金等额偿还，等比递增偿还，等比递减偿还。贷款的偿还遵循"贷人民币还人民币"和"贷外汇还外汇"的原则。

5. 担保方式

出国留学贷款的担保方式主要有抵押、质押和保证担保三种。

抵押贷款最高额不超过贷款人认可的抵押物价值的 60%。质押贷款最高额不超过质物价值的 80%。保证担保贷款的保证人经银行认可，可全额。

三、国家助学贷款的业务流程

由于国家助学贷款是一种信用贷款，无需担保，是助学贷款的主要形式，因此这里只介绍国家助学贷款业务流程。

国家助学贷款业务是在贷款学生、贷款银行与合作学校之间开展的，其办理程序可分为 6 个主要环节，如图 6-3 所示。

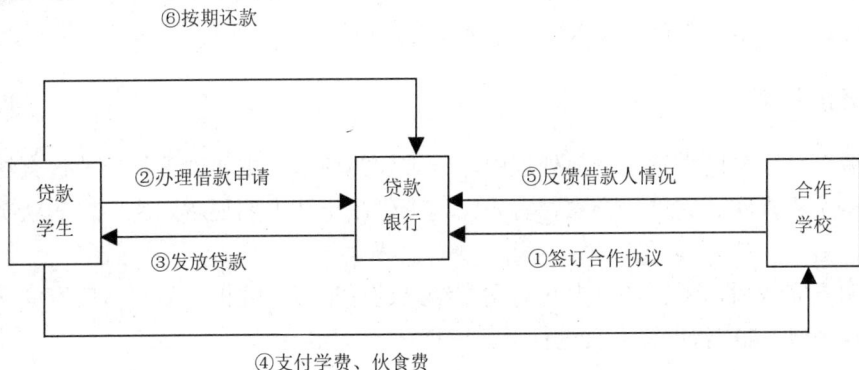

图 6-3　国家助学贷款的办理程序

(一)贷款银行与高校签订合作协议

国家助学贷款是面向高等院校在校学生提供的由国家财政贴息的优惠贷款，在贷款的申请、发放、贷后管理等环节上离不开贷款学生所在学校的大力协助。因此，贷款银行需要与高校签订合作协议，明确双方合作的方式以及权利、义务。

(二)贷款学生提出借款申请

国家助学贷款实行一次性申请，每个学生原则上在校期间只能申请一次贷款。银行每年集中一次审批，一次统一签订合同。申请贷款的学生应在规定的时间内凭借本人有效证件向所在学校提出贷款申请，领取国家助学贷款申请审批表等材料，如实完整填写，并准备好有关证明材料一并交回学校国家助学贷款经办机构。

申请人需提交以下材料：

(1) 借款人有效身份证件的原件和复印件。

(2) 借款人学生证或入学通知书的原件和复印件。

(3) 乡、镇、街道、民政部门和县级教育行政部门关于其家庭经济困难的证明材料。

(4) 借款人同班同学或老师共两名见证人的身份证复印件及学生证或工作证复印件。

(5) 《银行国家助学贷款审查表》。

(6) 《督促还款承诺书》。

(7) 贷款银行要求的其他材料。

学校国家助学贷款经办机构在全国学生贷款管理中心下达的年度借款额度及控制比例内,组织学生申请借款,并接受学生的借款申请。学校机构对学生提交的国家助学贷款申请材料进行资格审查,对其完整性、真实性、合法性负责,初审工作无误后,学校机构在审查合格的贷款申请书上加盖公章予以确认,将审查结果通知学生,并编制国家助学贷款学生审核信息表与申请资料一并送交助学贷款经办银行。

(三)贷前调查

贷前调查是国家助学贷款贷前处理中非常重要的环节,主要由银行贷款调查经办人审核申请材料是否真实、完整、合法、有效,调查借款申请人的还款意愿、困难状况的真实性等情况。

贷前调查完成后,银行经办人应对调查结果进行整理、分析,填写《国家助学贷款申请审批表》,然后送贷款审核人员进行贷款审核。

(四)银行审查、审批

银行的贷款审查人负责对借款申请人提交的材料进行合规性和真实性审查。审查后签署审核意见。贷款审批人应根据审查情况签署审批意见:对不同意贷款的,应写明拒批理由;贷款审批人签署审批意见后,应将审批表连同有关材料退还信贷业务部门。

业务部门对审核合格的,经办银行应编制《国家助学贷款学生审查合格名册》,并加盖公章后随同电子文档及空白借款合同、借据一并送交学校机构。

(五)签订借款合同

对经审批同意的贷款,高校收到经办银行的《国家助学贷款学生审查合格名册》后,应组织学生填写、签署《国家助学贷款借款合同》及借据的工作,并提交经办银行。

(六)贷款发放

国家助学贷款实行借款人一次申请、贷款行一次审批、单户核算、分次发放的方式。其中,学费和住宿费贷款按学年(期)发放,直接划入借款人所在学校在贷款银行开立的账户中;生活费贷款(每年的 2 月、8 月不发放生活费贷款),根据合同约定定期划入借款人在贷款银行开立的活期储蓄账户。

(七)学校协助银行进行贷后管理

在银行发放贷款之后，学校应协助贷款银行进行贷后管理，及时向银行反馈贷款学生在校期间的学习、生活情况，以便更好地保证贷款安全。每年借款学生毕业离校前，学校应组织借款学生与经办银行办理还款确认手续，制定还款计划，签订还款协议。经办银行对学生毕业去向及相关资料进行抽查，并与学校进行核实。

借款学生毕业后当年继续攻读学位的，可申请办理贷款展期。

(八)档案管理与贷款的催收和保全

各经办银行在与借款学生签订还款协议后，需将相关信息补录入零售信贷系统。各经办银行需严格按零售贷款档案管理办法管理国家助学贷款相关档案。各经办银行应建立详细的还贷监测系统；要加强日常还贷催收工作，做好催收记录，确认借款人已收到催收信息；应按季将已到还款期的借款学生还款情况反馈给学校，学校负责协助经办银行联系拖欠还款的借款学生及时还款。

四、国家助学贷款的风险防范

个人助学贷款业务的开展，在一定程度上解决了部分贫困学生上学难的问题，对支持教育事业发展、为国家建设积蓄人力资源起到了举足轻重的作用。但是，由于我国个人信用制度尚不健全，贷款过程中还存在一系列问题，诸如个人信用调查难、借款跟踪管理难、违约借款追索收回难等，借款学生普遍还款意识不强，违约问题时有发生，潜在风险不断暴露，极大地影响了各商业银行开办个人助学贷款业务的积极性。

要防范助学贷款风险应从以下几个方面入手：①加强对大学生信用观念的教育与信用意识的培养，将诚信教育纳入入学与毕业教育之中；②从管理工作入手，派专人在建立特困生档案的基础上，认真做好符合贷款条件学生的遴选与审批工作，同时要建立贷款学生管理档案，及时了解和掌握贷款学生信息，及时与经办银行沟通，在贷款学生毕业前，积极协调银行落实学生还款计划，将学生的毕业去向和贷款情况通知银行和用人单位，此外将学生的信息提供给信息征询部门，以便与社会各方面进行查询；③利用高等学校学籍学历管理信息系统，建立国家助学贷款学生个人信息查询系统，配合换发的大学生终身号码的身份证，以此逐步建立社会个人信用监控体系，以防范个人信用贷款风险；④探索切实可行的国家助学贷款方式，如实行生源地的学生家庭担保贷款等。

📖 案例点击

──────── 北京森豪公寓骗贷大案 ────────

开发商邹庆只有初中文化程度，曾担任北京华运达房地产开发有限公司法定代表人、北京华运达经贸发展公司法定代表人、华庆时代投资集团有限责任公司董事。几年前，由于公司资金链紧张，邹庆便产生了从银行骗取按揭贷款的念头。

自2000年年底开始，公司要求员工冒充购房者，来购买华运达房地产开发的项目，然后向中国银行北京分行(更名为中国银行股份有限公司北京市分行)申请按揭贷款，这些按揭贷款都由公司来还。第一批冒充购房者是公司的部门经理和一些老员工，后来，公司又让员工发动身边的亲朋好友，冒充购房者向银行按揭贷款，公司承诺给每个虚假购房人2000元的好处费。

就这样，在一年半的时间里，华运达房地产公司找到257名"购房者"，并伪造购房按揭申请材料，这些材料由该公司办公室工作人员填写盖章后封装。为提防银行和律师的抽查，华运达公司还为每个虚假购房人准备一张打印好的纸条，上面有房号、面积、贷款金额等，并要求"购房者"熟记。

负责贷款申请人资格调查的原系北京市嘉惠律师事务所律师孔卫东和原系北京市浩天律师事务所战军在办理业务中，对开始收到的几份申请都来自华运达房地产公司或关联公司的员工及亲属认为是正常的，对后来收到的二十几个同样的申请觉得比较奇怪。但华运达方面解释说此项目不错，首先照顾内部人员。虽然无法判断申贷人的资质与所递交的材料是否相符，但他们还是为这些申请人开了"绿灯"。不仅如此，他们在办理业务过程中，只是对申贷人提交相关资料和文件进行审阅，然后就进行面签。对于发现的问题，他们也是"睁一只眼闭一只眼"。

时任中国银行北京市分行零售业务处副处长徐维联、消费信贷业务科科长尚进、消费信贷业务科科员张笑非，在负责调查、审批森豪公寓等商品房的个人住房贷款业务过程中，严重不负责任，没有认真执行银行关于个人住房贷款的有关规定，先后批准向257名虚假贷款申请人发放个人住房贷款共计7.5亿余元，案发时造成中国银行北京市分行贷款本金损失共计6.6亿余元。

2007年9月6日，北京市第二中级人民法院以国有企业人员失职罪，分别判处徐维联5年有期徒刑，判处尚进3年零6个月有期徒刑，判处张笑非3年有期徒刑，缓刑4年；以出具证明文件重大失实罪，分别判处孔卫东3年有期徒刑，缓刑4年，判处战军1年零2个月有期徒刑，缓刑1年零6个月。

2009年4月29日，被二中院以合同诈骗罪和信用证诈骗罪判处北京森豪公寓骗贷主犯邹庆无期徒刑。其公司的另5名成员，一同获刑。

(资料来源：人民网)

点石成金

这是一起典型的假按揭骗贷案，是开发商伙同银行工作人员和律师制造出的骗贷大案。这7.5亿元的巨额骗贷可以给我们以下启示。

1. 个人住房贷款并非都是"优质产业"，不能放松对贷款的调查和审查。本案中中国银行北京市分行涉案人员徐维联、尚进、张笑非等，在负责调查、审批森豪公寓等商品房的个人住房贷款业务过程中，严重不负责任，没有认真执行银行关于个人住房贷款的有关规定，不仅给银行造成了损失，也触犯了法律，受到了法律的制裁。

2. 房贷律师费用不能转嫁给借款人，应由银行承担。负责贷款申请人资格调查的房贷律师孔卫东和战军在办理业务中，对申贷人提交相关资料和文件进行审阅，然后就进行面签。对于发现的问题"睁一只眼闭一只眼"一定程度是由于费用由借款人承担而非银行承担，银行对此过问的可能性不大导致的。

3. 制定相应的法律法规，打击配合骗贷的行为。涉案的银行员工和律师的获罪情况与给银行造成的损失相比是明显不成比例的，说明打击配合骗贷行为的法律法规还不健全，应尽快出台这方面的法律法规。

4. 发挥完税证明的效用，有效避免虚假按揭。判断借款人的还贷能力主要依据借款人的收入水平，而收入水平的真实性就是借款人的完税证明。因此发挥完税证明的效用，可以有效地避免假按揭。

本 章 小 结

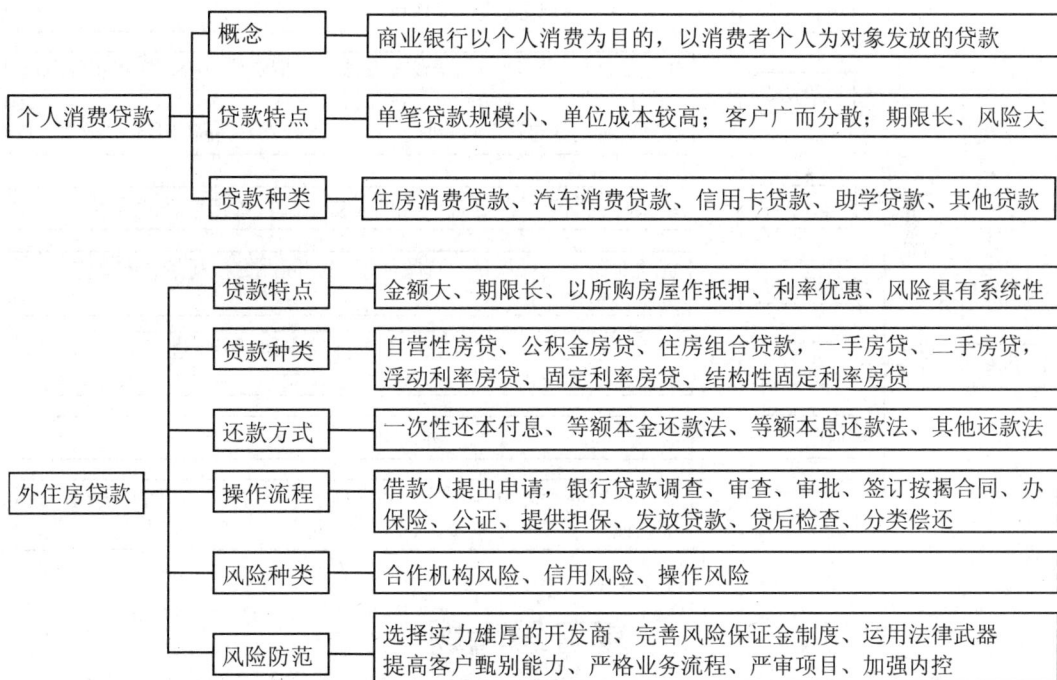

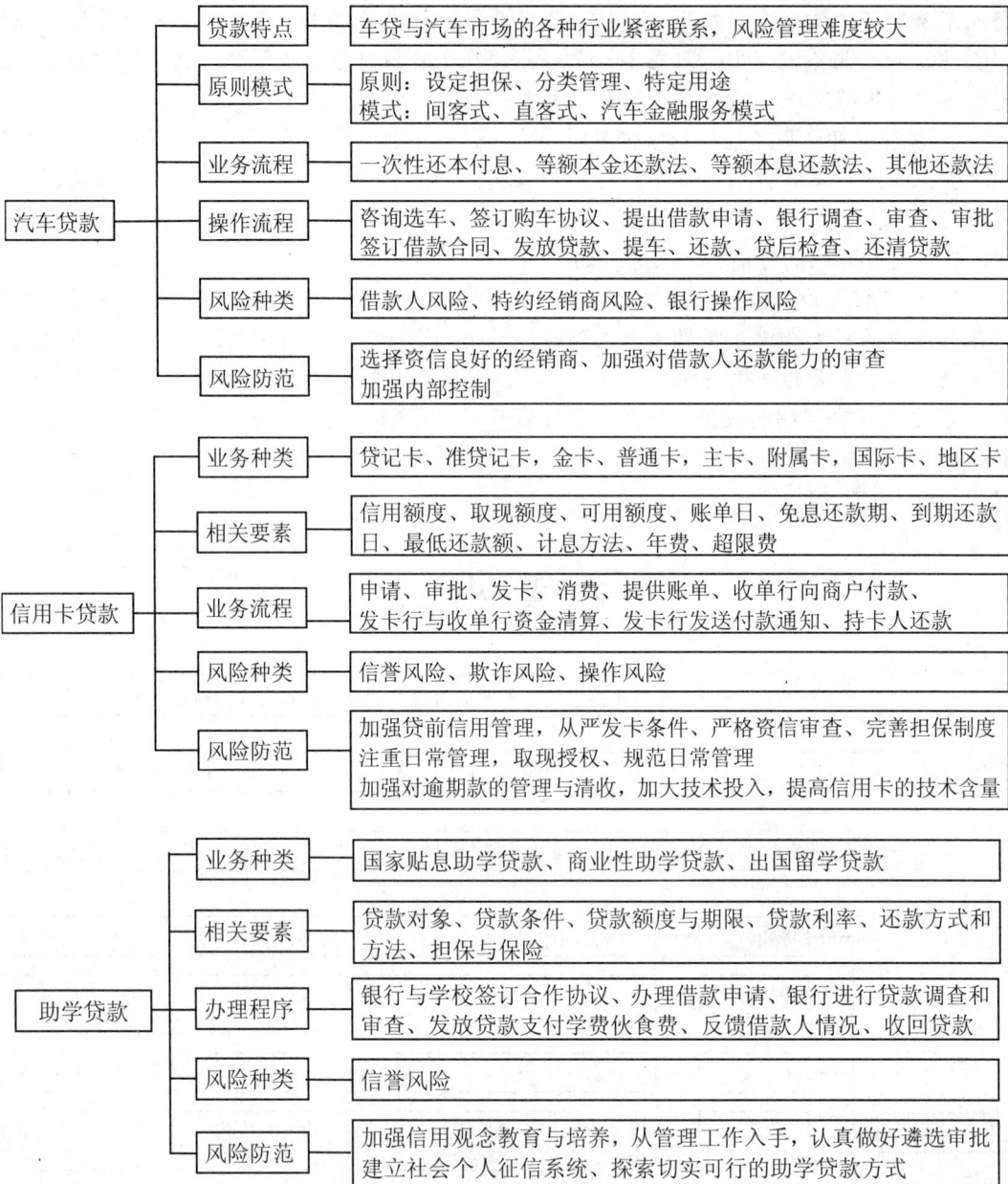

	贷款特点	车贷与汽车市场的各种行业紧密联系，风险管理难度较大
	原则模式	原则：设定担保、分类管理、特定用途 模式：间客式、直客式、汽车金融服务模式
	业务流程	一次性还本付息、等额本金还款法、等额本息还款法、其他还款法
汽车贷款	操作流程	咨询选车、签订购车协议、提出借款申请、银行调查、审查、审批 签订借款合同、发放贷款、提车、还款、贷后检查、还清贷款
	风险种类	借款人风险、特约经销商风险、银行操作风险
	风险防范	选择资信良好的经销商、加强对借款人还款能力的审查 加强内部控制

	业务种类	贷记卡、准贷记卡，金卡、普通卡，主卡、附属卡，国际卡、地区卡
	相关要素	信用额度、取现额度、可用额度、账单日、免息还款期、到期还款 日、最低还款额、计息方法、年费、超限费
信用卡贷款	业务流程	申请、审批、发卡、消费、提供账单、收单行向商户付款、 发卡行与收单行资金清算、发卡行发送付款通知、持卡人还款
	风险种类	信誉风险、欺诈风险、操作风险
	风险防范	加强贷前信用管理，从严发卡条件、严格资信审查、完善担保制度 注重日常管理，取现授权、规范日常管理 加强对逾期款的管理与清收，加大技术投入，提高信用卡的技术含量

	业务种类	国家贴息助学贷款、商业性助学贷款、出国留学贷款
	相关要素	贷款对象、贷款条件、贷款额度与期限、贷款利率、还款方式和 方法、担保与保险
助学贷款	办理程序	银行与学校签订合作协议、办理借款申请、银行进行贷款调查和 审查、发放贷款支付学费伙食费、反馈借款人情况、收回贷款
	风险种类	信誉风险
	风险防范	加强信用观念教育与培养，从管理工作入手，认真做好遴选审批 建立社会个人征信系统、探索切实可行的助学贷款方式

复习思考题

1. 简述发放个人住房按揭贷款的程序。

2. 信用卡贷款有哪些风险？如何进行风险防范？
3. 个人汽车消费信贷的运行模式有哪些？
4. 简述校源地国家助学贷款的业务流程。

第七章　票据贴现及表外业务

【学习目标】

- 了解商业银行其他信贷业务的主要内容。
- 掌握办理银行承兑汇票及其贴现业务的程序及风险防范措施。
- 掌握保函业务的主要内容及风险防范措施。
- 掌握保理业务及其风险防范。
- 掌握信用证业务及其风险防范。

【重点难点】

- 票据贴现业务流程。
- 贴现利息的计算。
- 贴现业务风险防范。
- 保理业务种类。
- 保函业务的风险防范。
- 信用证业务风险防范。

章前导读

2009 以来，农行湖北黄冈分行始终将票据贴现业务作为资产业务的重要突破口，采取内活机制增动力、外拓市场抓源头的措施，使票据贴现业务得到了稳步发展，在本地区票据贴现市场上占领了较大份额，业绩排名一直稳居第一。截至 7 月中旬，全行共办理贴现794 笔，金额 24.3 亿元，实现贴现利息收入 227.8 万元。

(资料来源：农行银行网站)

关键词：票据承兑　票据贴现　保函业务　信用证

第一节　银行承兑汇票及票据贴现

一、银行承兑汇票业务

(一)银行承兑汇票的概念及其业务特点

银行承兑汇票是商业汇票的一种，是由收款人或承兑申请人签发，并由承兑申请人向开户银行申请，经银行审查同意签章承诺到期承认兑付的汇票。对于银行来讲，无论是收款人签发汇票，还是承兑申请人签发汇票，均应由承兑申请人的开户银行承兑。银行承兑汇票在经济生活中具有支付手段、信用手段、结算手段、融资手段等多种作用。从票据行为来说，它以票据为对象，是票据的取得和转让。对银行来说，只要承诺了汇票到期付款，银行就成了债务人，到期见票必须无条件支付，所以开出商业汇票并由银行承兑，是商业信用向银行信用的转化，也是以银行信用来保证商业信用，是一种银行授信业务。对于客户提出的承兑申请，银行必须像对待贷款客户一样进行认真审查、评估，符合条件的才给予承兑，因此，银行承兑汇票既有票据的某些特征，也有信贷业务的某些特征。

(1) 与贷款业务相比，银行承兑汇票的期限短、流通性强。在银行的资产业务中，贷款的期限一般都在半年以上，半年以下的贷款较少。银行承兑汇票是以票据为载体，具有票据的文义性、要式性、无因性及流通性等特征，即票据的格式和记载事项须遵照法定方式、票据的权利与义务以票据所记载的事项为依据、票据设立后其权利义务关系与产生转让票据的原因相分离，票据作为一种金融债权证券可以背书转让。票据的期限及转让等均只受《票据法》的制约，如果持票人有需要，还可以将银行承兑汇票贴现以提前取得资金，因此，银行承兑汇票的期限短、流通性强。

(2) 与其他票据业务相比，银行承兑汇票的风险高。银行承兑汇票由银行承兑，银行为票据的主债务人，银行的良好信誉使汇票到期后的付款不成问题。因而对持票人来讲，银行承兑汇票的风险小；但对于承兑银行来讲，承兑是给予承兑申请人的一种授信，如果不能对承兑申请人及该笔业务的状况进行认真了解，可能造成如下结果，即当银行承兑汇票到期后银行必须按照当初承诺见票无条件付款，此时，如果承兑申请人无法按时偿付汇票到期资金，银行的资金便出现了风险。而除银行承兑汇票以外的其他票据业务(如银行本票业务、支票业务等)，银行虽是参与方，但只充当了结算中间人的角色，提供服务后收取服务费用，只存在结算风险。而银行承兑汇票业务既有票据的结算风险，也有信贷业务风险，对承兑行来讲，是一种风险较高的业务。

(二)银行承兑汇票业务的办理程序

一般情况下，承兑申请人向其开户银行提出承兑申请，作为承兑人的银行将会对申请人的资信、财务状况、业务的具体贸易背景进行调查，并要求承兑申请人缴付一定的保证金才能为其承兑。具体办理程序如下。

(1) 客户向开户银行提出申请，填写《银行承兑汇票申请书》，要求银行为其汇票进行承兑。客户向银行提供能够证明其真实贸易背景的贸易购销合同等资料。

(2) 银行信贷部门派专人对申请人的资信及该笔款项的用途进行调查了解。

(3) 银行为客户开立保证金专户，客户按照约定比例存入保证金，并对其余部分提供抵押、质押或第三人保证等担保。

(4) 银行在承兑汇票上签章承兑，并收取承兑手续费，一般是 0.5‰左右。

(三)银行承兑汇票业务的风险种类及其防范

1. 银行承兑汇票业务的风险种类

银行承兑汇票作为一种关系权利义务的全债权凭证，是财产权的化身，在市场上具有极高的流通性；作为承兑人的银行信誉度非常高；作为一种票据它又受到《票据法》的约束和保护，具有安全性高、信用好等特点，在实际经济生活中被广泛使用。正因为如此，商业银行在办理银行承兑汇票业务时，必须谨慎、认真，否则容易被不法分子或其他别有用心的人所利用，造成资金风险。一般来讲，银行承兑汇票业务的风险有如下几种：

(1) 诈骗风险。为了获得银行承兑汇票，不法分子可能利用各种手段，如以虚假公司名义申请、以伪造的贸易购销合同申请、以低比例的保证金获得高面额的银行承兑汇票等，通过以上手段获得银行承兑汇票以后，他们会立即到另一家商业银行申请贴现，套走资金，使银行承担全部风险。因此，商业银行在对客户的申请进行承兑前，必须对申请人和其贸易背景进行深入调查，严防上当受骗，调查的过程要像发放贷款一样从严掌握。

(2) 虚假贸易背景风险。有时企业向银行借款时，银行可能因受存贷比限制无法发放贷款，为了增加赢利来源，此时银行可能为没有真实贸易背景的企业出具银行承兑汇票，企业再以该汇票向其他银行贴现套取资金。由于企业没有真实的贸易背景，拿走贴现资金后的用途也就无法限定，到期后极有可能无法偿还承兑银行的资金。

(3) 担保不落实风险。如果商业银行对于有些承兑汇票不收保证金或收取保证金的比例偏低，质押物或抵押物不足值，又没有要求落实担保人，致使银行的债务悬空。一旦承兑汇票到期，债务人不能及时足额归还银行款项，则银行没有足以抵偿损失的担保物可供处理。因此，对于不熟悉的客户或把握性不大的贸易项目，如果不能收取全额保证金，或质押物、抵押物不足值，则应要求申请人提供担保，否则宁可不做业务。

(4) 票款不到位风险。由于银行客户经理疏于管理，在汇票到期前未督促企业将足额票款汇入银行账户，以便银行按时收回票款、对外支付，致使银行不得不对外垫付资金。过后相关人员又不及时采取措施向客户追索垫款，形成风险敞口。

(5) 业务差错风险。银行在各项审批手续办完之后，不及时向客户出具汇票，由于作风拖拉而影响客户资金的结算。或者填写汇票时不认真，造成汇票被受益人退回，或者被其他银行拒绝贴现。这些问题轻者会影响银行与企业的关系，重则企业可能要求银行赔偿经济损失。为此，必须对银行经办人员严格要求，同时加强复核制度，确保及时准确地出具汇票。

2. 银行承兑汇票业务的风险防范

了解银行承兑汇票业务的风险以后，就可知防范风险的要点。

(1) 对银行承兑汇票的真实贸易背景进行调查了解。真实的贸易均会出具增值税发票，因此，客户经理要求客户提供此项贸易的增值税发票，将真实的增值税发票与商品购销合同对照检查，就能判断贸易业务的真实性。通常关联公司或有利害关系的公司之间为了共同的利益签订虚假的商品购销合同并不难，但这些合同不履行就无法取得真实的增值税发票，如果申请人能够提供同一购销业务的增值税发票，则其贸易的真实性一般可得到保障。银行客户经理还可通过其他途径了解该项业务的贸易背景，如是否经常做这种贸易，贸易对手是否为经常的合作伙伴等。从多种途径了解到的情况均说明贸易的背景是真实的，则该笔业务的风险将大大降低。

(2) 落实保证金及抵押或担保措施。通常情况下，申请人向银行申请商业汇票承兑，一定要预存一定的保证金，商业银行一定要对保证金账户实行严格管理，将保证金专户存储，不允许客户挪作他用。同时，不能用保证金保证的部分也一定要落实其他抵押或担保措施，以便银行垫付资金后，能通过处置抵押物收回资金，或由担保方代为偿付。

(3) 避免出现业务差错。有关人员对汇票的审核要认真仔细，办理业务要及时，以便及时准确出具汇票，为客户提供良好的服务。

二、票据贴现业务

(一)票据贴现业务及其特点

票据贴现(简称贴现)是指商业汇票的持票人，为提前取得票款，将未到期的商业汇票卖给银行，向银行贴付一定的利息，取得现款的一种票据转让行为。"贴现"是商业汇票的持票人用"贴水"的办法转让票据，将未来获得现金的债权提前转换为现金的缩略语。贴现，对于票据持有人来说，是将未来的货币收入提前实现为现实的货币收入，对于承做贴现的银行来说，是对商业汇票的持有人融通资金。因此，贴现形式上是一种票据转让行为，实际上是一种资金融通，是一种银行信用与商业信用相结合的融资。也正因为如此，票据贴现也称为贴现贷款。

尽管票据贴现是一种融资的方式，但与贷款相比仍有显著区别，主要有以下几点。

(1) 两者的性质不同。票据贴现具有票据买卖性质，因为票据贴现对银行来说，是向贴现人购进票据，付出货币资金，票据到期，贴现银行向票据付款人收取款项。一般贷款是借贷性质，贷款到期，借款人必须偿还。

(2) 两者的当事人不同。票据贴现的当事人有贴现申请人、贴现银行、票据付款人，承兑人、背书人等。一般贷款的当事人包括借款人、商业银行、保证人、抵押人、出质人。

(3) 两者的回收时间不同。票据贴现期限一般较短，既从贴现日起到到期日止，通常3个月，最长不超过半年。票据到期后，承兑人必须无条件支付。当然，票据贴现还可以通过再贴现、转贴现随时收回资金。一般贷款的回收期相应较长，一般都要贷款到期才能收回，目前看，最短是六个月。

(4) 两者利息收取时间不同。票据贴现在贴现当时从贴现金额中扣收利息；一般贷款定期收取利息，即按季收息。

(5) 两者办理手续不同。票据贴现由贴现申请人填贴现凭证，银行审核，由会计部门扣收利息，支付余款。票据到期由银行向付款人或承兑人收取款项；一般贷款由借款人填借款申请书，银行调查、审查，签订借款合同，发放贷款、贷后检查，到期收回贷款。

(二)我国商业银行的票据贴现业务操作

1. 贴现申请

商业汇票的持票人(或收款人)急需资金时，持未到期的商业承兑汇票或银行承兑汇票向银行申请贴现。申请贴现时，要提交《承兑汇票贴现申请书》，承兑汇票正本和据以签发票据的交易合同、发货票、发货单和运单等供银行审查。

2. 银行审查

银行受理票据贴现申请后要对贴现申请人和提交的票据进行审查，审查的内容主要有以下几个方面。

(1) 审查贴现的承兑汇票本身是否具备合法的票据要式。即验证票据的真伪，票据要素是否齐全、有效。

(2) 审查商业汇票的贸易背景。通过检查申请人提供的与汇票相关的商品购销合同与增值税发票调查贸易背景的真实性。重点检查商品交易合同与增值税发票是否具有对应关系，如果汇票已经过背书转让，则还要检查贴现申请人与其前手之间的商品交易合同及增值税发票，以确定汇票的真实。汇票没有真实的贸易背景，不能贴现。

(3) 审查贴现资金的投向是否符合国家的法律规定及银行的信贷政策。企业通过贴现融通的资金只限于流动资金需要，控制企业任意扩大固定资产投资规模，体现贴现的短期融资性质。

(4) 审查票款能否及时收回。要认真审查承兑人清偿能力和信誉。银行承兑汇票贴现，须向承兑银行查询，做好查询记录并保管好回复的电文。未经查询的银行承兑汇票一律不得办理票据贴现业务。商业承兑汇票的审查要认真研究票据到期承兑的可能性，一般情况是：票据背书人越多，表示该票据流通性越好，信用越高。同时也应调查票据背书人的资信状况，借以了解票据的经济背景，确认该票据款项收回的可靠程度。

对有下列情形之一的，不得办理贴现业务：

(1) 承兑汇票要素不全。

(2) 承兑汇票的背书不连续。

(3) 内容有涂改，有关签章不符合要求。

(4) 注有"不得转让"字样的汇票。

(5) 汇票金额期限不符合规定。

(6) 承兑行已发出通知停止办理贴现汇票或汇票本身不准贴现的。

3. 贴现利息及实付贴现金额的计算

(1) 贴现利息的计算。考虑到贴现是商业汇票的转让，在正常情况下，商业汇票贴现后，贴现人与贴现银行已不存在经济关系，所以银行在办理票据贴现时，要及时收取贴现利息，并在贴现票据金额中预先扣收。贴现利率是按汇票金额、实际贴现天数和日贴现率计算的，其计算公式为

$$贴现利息=汇票金额×实际贴现天数×(月贴现率÷30)$$

公式中的实际贴现天数即贴现期限，是指贴现银行向申请贴现人支付现款之日起到贴现票据到期日止的期限。在计算实际天数时，从贴现日至汇票到期前 1 日计算贴现期(算头不算尾)。承兑人在异地的，应另加 3 天的划款日期。

公式中的贴现率是贴现利息与票据到期收回款项的比例。由于利息提前扣收及期限较短，因此贴现率一般略低于银行同期贷款利率。另外由于贴现率参照再贴现率、市场利率等情况结合确立，在具体执行时要根据实际情况掌握，有所浮动。

(2) 实付贴现金额的计算。实付贴现金额，是指在贴现汇票金额中，扣除从贴现日起至汇票到期日止的贴现利息后，实际支付给贴现申请人的金额。其计算公式为

$$实付贴现金额=汇票金额-贴现利息$$

经银行审查同意后，银行信贷审批人员在贴现凭证"银行审批"栏签注"同意"字样，加盖有关人员印章后，送交会计部门。会计部门收到信贷部门转来的商业汇票和贴现凭证后，经审核无误，将汇票的实付贴现金额转入贴现申请人账户。

4. 贴现票据到期收回票据款项

贴现票据到期，贴现银行应根据不同情况分别处理：如为商业承兑汇票，由贴现银行向汇票承兑人开户银行提出清算；如为银行承兑汇票，则由贴现银行向汇票承兑银行提出清算。

对于商业承兑汇票收款方式：属于同城票据交换范围的应收票据，通过同城票据交易向承兑人收取票款；属于异地的应收票据，采取委托收款结算方式，以贴现银行作为收款人，匡算邮程提前填制委托收款凭证，通过对方银行向付款人收取票款。如果遭承兑拒付，未能如期收回票款，贴现银行可依法将贴现汇票退还申请人，将贴现款项从其账户中扣收。如果存款户中存款不足，不足部分转作逾期贷款，并根据规定对不能如期偿付的贴现款项按 5%但不低于 50 元罚款，列作银行收益。

对银行承兑汇票的收款方法：属于同城票据，贴现银行应凭票据以银行内部划付方式，在同城票据交换范围内，通过票据交换承兑银行收取票款；属于异地票据，贴现银行通过银行联行向承兑银行收取票款。承兑银行在向贴现行付款的同时，应凭票按照银行与承兑申请人达成的承兑协议向承兑申请人收回票款。

(三)票据贴现业务的风险及其防范

1. 贴现业务的风险种类

票据贴现业务虽属低风险业务，但不等于无风险。贴现业务风险归纳起来有票据风险、信用风险、操作风险、市场环境风险、票据价格风险和贷后管理风险六类。

(1) 票据风险，指用以申请贴现的商业汇票因票据虚假、非法取得以及存在贴现瑕疵等情形，导致持票人不得享有或行使票据权利。

(2) 信用风险，主要包括出票人恶意挂失、承兑银行在公示催告期间隐瞒票据曾被查询的事实、二次贴现和出票人与承兑人联手诈骗等情形。

(3) 操作风险，突出表现为审核风险、查询风险、授信风险、审查风险、贷时风险、管理风险和托收风险。

(4) 市场环境风险，指贴现银行在信息不对称的情况下，对包装票据、融资性票据等办理贴现而出现的风险。

(5) 票据价格风险，主要指贴现银行为获取利息收入以低于成本的价格办理贴现或个别银行人员在与客户敲定贴现价格后，以更低的利率在银行办理贴现，然后将扣除价差收益的资金返回客户(即票据倒卖)。

(6) 贷后管理风险，指银行对贴现后的票据管理不当，或对托收不回的票据未及时采取有效措施进行保全或清收，以致贴现业务出现风险。

2. 票据贴现业务的风险防范

从以上分析可以看出，目前贴现业务的风险大致可以分为内部操作风险、外部信用风险和业务环境风险三类，对不同类型的业务风险应该采取不同的风险管理措施。

1) 增强风险经营意识，树立稳健的发展观

发展贴现业务首先要增强风险意识，坚持六个"做到"，即认识贴现诸环节可能潜在的业务风险，做到防范先于规范；建立银行系统内部票据诈骗案件的及时通报制度，对源自诈骗案件多发地区和银行的票据严格审核，做到防范之中有重点；对于大额票据要双人上门查询，做到大额业务重点防范；完善贴现业务内部控制制度，做到防范与规范并重；完善票据定价机制，做到利率反映风险，价格补偿成本；增强风险管理能力，做到加快业务发展与自身的风险控制与管理能力相适应。

2) 加强内控制度建设，规范业务操作行为

一是提高业务人员素质，即提高从业人员对票据诈骗行为方式及表现形式的识别能力，把好票据审查关；二是强化内控制度建设，堵塞风险管理漏洞。实施贴现业务精细化管理，将贴现细分为验票、查询、授信、审查、审批、贷前查询、放贷、贷后管理、贷后定期查询(每隔 60 天)、到期收款、收贷等环节，合理设置业务岗位，明确岗位工作职责，使票据查询查复、贷款审批发放、到期收款收贷等工作及时、规范、有序，确保票据真实、交易

真实和资金安全。

3）　加强信贷登记咨询系统和企业信用征信体系建设，构建有效的票据风险防范体系

信贷登记咨询系统的推广与应用，对商业银行防范和控制信贷风险发出了积极作用。从目前两大系统运行情况看，银行承兑汇票的签发与兑付、贴现贷款的发放与回收等信贷事项已经得到实时反映，但与票据有关的其他信息，系统尚无记载。随着贴现业务的快速发展，咨询系统应增强票据业务风险防范功能，按照承兑行和票据号码，增加票据查询、质押、贴现、挂失、公示催告以及诉讼等记录，以完整反映票据所处的业务状态。通过票据信息网上即时发现，银行系统可以构建起有效的票据风险防范体系。

4）　协同打击票据诈骗行为，塑造良好的票据业务信用环境

对于伪造或变造票据实施诈骗的犯罪行为，银行要主动向公安机关报告，配合公安机关及时侦破诈骗案件。商业银行要定期开展反诈骗培训，提高业务人员的识假和反假能力，同时要加强票据业务的行业信息交流，共同防范票据风险。司法机关要完善票据案件审判制度，在对票据业务作出除权判决时，应将票据权利留至票据到期。对于伪报票据丧失的当事人，人民法院在查明事实，裁定终结公示催告或者诉讼程序后应追究当事人的法律责任。

小常识　银行承兑汇票诈骗的方式

从已发现的票据诈骗手段看，当前不法分子实施票据诈骗的方式主要有以下几种：

一是伪造票据。不法分子模拟票据的样式，利用现代化的工具和手段，伪造银行承兑的商业票据。

二是变造票据。主要以变更汇票金额的方式最为常见，多是将汇票金额由小变大，以加零法和改写法为作案手段。

三是"克隆"票据。因为银行承兑汇票具有承付期限长、金额大和反复多次转让等特点，先签发真汇票，根据真汇票伪造内容完全相同的假汇票用于诈骗。

四是投机取巧。为了使诈骗行为容易蒙混过关，犯罪分子往往选择临近下班、周末或节假日前一日进行诈骗。节假日前一天，银行往往是办理业务的高峰期，需要处理的业务繁多，业务繁忙时人声嘈杂，眼、耳、手、脑都处于高度紧张的状态，员工的精力分散，审验票据也容易疏忽。有些犯罪分子在实施票据诈骗前，往往选择人员熟悉、环境熟悉的机构为目标，而金融从业人员认为是熟人，往往在思想上放松警惕，在审验时出现疏忽，给不法分子以可乘之机。

(资料来源：金融网)

第二节 贷 款 承 诺

一、贷款承诺的含义及其特点

(一)贷款承诺的含义

贷款承诺最早产生于西方国家，是指商业银行等金融机构作出的在一定期间内以确定条款和条件向承诺持有者(潜在借款人)提供贷款的承诺。1993 年 12 月，美国联邦储备系统理事会发布修订后的条例 H。条例 H 中认为，承诺是指任何致使一家银行承担以下义务的具有法律约束力的协定：①以贷款或租赁形式提供信用；②购买贷款、证券或其他资产；③参与一项贷款或租赁。 此外，承诺还包括透支便利、循环信贷安排、住房权益和抵押信用额度以及其他类似交易。从形式上看，贷款承诺是承诺的重要构成内容，透支便利和循环信贷安排等都是其具体表现形式。贷款承诺在信贷市场中扮演着重要的角色。在竞争性信贷市场中，贷款承诺的存在可以满足借款者未来不确定性信贷的需要；对承诺方而言，贷款承诺可以使其尽早作出资金安排，并可以通过建立长期客户关系来最大化其信贷市场份额。此外，贷款承诺还可以解决信息不对称引发的风险并降低交易成本，从而提高金融市场的整体效率。

在我国，贷款承诺是最近几年才开展的新业务，是银行向客户作出的在未来一定时期内按商定条件提供约定额度和期限的贷款承诺。我国自 20 世纪末各金融机构就在试点贷款承诺业务。主要是国有商业银行以国有大型企业为主要对象提供的贷款承诺业务。贷款承诺分为流动资金贷款承诺和项目贷款承诺，主要是项目贷款承诺。21 世纪初，贷款承诺业务逐渐获得推广，逐渐走向成熟。2003 年杭州市商业银行在国内开展不可撤销的中小企业贷款承诺业务，这种形式在国内尚属领先。杭州市商业银行将贷款承诺协议分普通贷款承诺协议和项目贷款承诺协议两种。前者针对客户日常生产、经营周转 1、消费(个人)等短、中期融资需求，后者用于满足客户购置固定资产、技术改造、房地产开发等项目的中长期融资需求。2006 年初交通银行上海分行推出了办理流程最短 3 天、授信额度最高 1000 万元、融资期限最长 3 年的"交银展业通"业务。在展业通业务中为处于项目建设阶段的优质实业制造型小企业提供贷款承诺服务。虽然中小企业贷款承诺业务在我国获得快速发展，但是目前我国商业银行提供贷款承诺业务的主要对象依然是国有大型企业，中小企业贷款承诺业务在全国范围内相比而言从事的银行数量少、适用的范围小、承诺贷款数额小。

(二)贷款承诺的特点

贷款承诺与授信进行比较主要有以下三个特点。

1. 贷款承诺从法律意义上保证客户的资金需求

对于企业的支持，银行采取最多的是授信方式，双方签订银企合作意向，银行给予企业一定的贷款额度，但是企业要真正拿到足额贷款，却有难度，银行会在协议中加上种种限制性条件，而且在办理具体贷款业务时，还需要经过银行严格的审批，能否得到足额贷款不确定。这种授信关系较为松散，双方甚至可以单方面中止。

相比授信方式，贷款承诺(不可撤销)具有法律性质，能在有效期限内，在客户提出贷款要求后，很快拿到足额贷款，保证企业经营资金的需求。

2. 贷款承诺能够一定程度地降低银企双方成本

在办理普通贷款业务时，贷款利率通常按照当时的人民银行规定的基准利率来算，也就是说，如果是一年期的贷款，年利率为 5.31%；但在与银行签订了贷款承诺协议后，企业可以采取半年一借的方式，先借半年，按半年的年利率 5.04%计算，半年期满后再借半年，这样全年的利率仅为 5.04%，当中银行并不需要重新审批贷款，只需在每次贷款时签订一个贷款合同，确定贷款期限。这样贷款时间灵活，有利于银企双方节省成本，更有利于企业的成本控制，资金周转效率提高。

3. 贷款承诺更大的意义在于可以锁定利率风险

利率市场化之后，利率的不确定性所带来的风险很难控制，但是在贷款承诺协议中，企业和银行可以确定按何种标准利率计算。这样一来，在期限内的任何时候，企业要求贷款，均按照这一协定利率。如果届时利率比协商利率高了，企业仍按照原协商利率贷款；如果低了，企业可以放弃贷款。相当于一项期权交易。而如果企业放弃贷款，银行则从收取的承诺费中得到补偿，也一定程度地锁定了风险。

二、贷款承诺的种类

贷款承诺具有多种表现形式。根据作出承诺的条款和条件等要素，贷款承诺可以划分为不同的种类。

1. 根据承诺方是否可以不受约束地随时撤销承诺划分

根据承诺方是否可以不受约束地随时撤销承诺，贷款承诺可分为可撤销贷款承诺和不可撤销贷款承诺。

(1) 可撤销贷款承诺(revocable loan commitment)一般情况下又称营销性贷款承诺，是指商业银行与借款客户达成的一种具有法律约束力的正式协议。商业银行在有效承诺期内，按照双方约定的条件，随时准备应客户需要提供贷款。该协议附有客户在取得贷款前必须履行的特定条款，在银行承诺期内，客户如没有履行条款，则银行可撤销该项承诺。

(2) 不可撤销贷款承诺(irrevocable loan commitment)一般情况下又称实质性贷款承诺，是指银行不经客户允许不得随意取消的贷款承诺，具有法律约束力。在有效承诺期内，按照双方约定的条件、金额和利率等，随时准备应客户需要提供贷款。

2. 根据利率的变动特性划分

根据利率的变动特性，可以划分为固定利率承诺和变动利率承诺。

前者是指承诺方必须以预先确定的利率向借款人提供信用，后者一般根据市场主导利率(prime rate)加上一个附加率来确定。

3. 根据借款人能否多次使用贷款划分

根据借款人能否多次使用贷款，贷款承诺分为定期贷款承诺(term load commitment)、备用承诺(standby commitment)和循环承诺 (revolving commitment)。

(1) 定期贷款承诺，在承诺期内，借款人只能一次性全部或部分使用银行所承诺之贷款金额。

(2) 备用承诺，是指借款人可多次使用银行所承诺之贷款金额，并且剩余承诺在承诺期内仍然有效。

(3) 循环承诺，指借款人可在承诺有效期内多次使用银行所承诺之贷款金额，并且可以反复使用偿还的贷款，只要借款人在某一时点所使用的贷款不超过全部承诺即可。

目前，我国商业银行办理的贷款承诺业务主要包括可撤销贷款承诺和不可撤销贷款承诺两种。不可撤销贷款承诺函多用于投标等需要正式承诺商业银行将叙做该笔贷款，并对具体贷款条件作出承诺的情况；可撤销贷款承诺函多用于客户营销，如向发改委报批项目核准时使用。

4. 根据贷款的用途划分

根据贷款的用途不同，贷款承诺分为流动资金贷款承诺(即普通贷款承诺)和项目贷款承诺。

流动资金贷款承诺(即普通贷款承诺)主要满足客户日常生产、经营周转、消费(个人)等短、中期融资需求，期限为1～3年；项目贷款承诺主要满足客户购置固定资产、技术改造、房地产开发等项目的中长期融资需求，期限为1～5年。下面主要介绍我国商业银行贷款承诺业务的有关内容。

三、贷款承诺的对象和条件

目前，我国国有商业银行办理的贷款承诺业务主要是项目贷款承诺，小型商业银行办理的贷款承诺业务主要是普通贷款承诺业务。贷款承诺业务不同，贷款对象和条件也不同。

(一)项目贷款承诺的对象和条件

1. 贷款对象

经国家工商行政管理机关(或主管机关)核准登记的依法从事经营活动并经年检的企(事)业法人及其他经济组织，对国家有权部门正式批准立项，客户完成项目可行性研究报告的固定资产项目，由调查评估后，经审查同意提供固定资产贷款时，可以对外提供固定资产项目贷款承诺函。贷款承诺函是为客户报批项目可行性研究报告时，向国家有关部门表明同意贷款支持项目建设的文件，具有一定的法律效力。

2. 贷款条件

(1) 在银行开立基本账户或一般账户。

(2) 承诺贷款的项目必须是经国家有权部门批准正式立项，并且已完成可行性研究报告(基本建设贷款项目的初步设计文件)，只待国家有权部门审批或已通过审批的项目。

(3) 已编制项目资本金和其他建设资金到位方案。

(4) 取得涉及土地征用、供水、供电、供气等有权部门的批文或协议。

(5) 经营活动正常，有稳定的经济收入。对于新建客户，可不受本条制约。

(二)普通贷款承诺的对象和条件

1. 普通贷款承诺的对象

普通贷款承诺的对象主要是中小企业和个人。

1) 贷款条件

主要是在本行开立基本结算账户，资金均在本行结算，贷款担保充足，以存单、国债、保单、房产、摊位使用权、存货等作为担保物，或通过多种担保方式组合担保。

2) 企业贷款提供的资料

(1) 企业基本信息资料：企业营业执照、组织机构代码证、企业章程、税务登记证等。

(2) 企业财务资料：近三年审计年报、近期财务月报、纳税证明材料等。

(3) 近期财务管理分析资料。

(4) 其他资料。

2. 个人贷款承诺

个人贷款承诺是指商业银行向客户作出的在未来一定时期内按商定条件向其提供约定数额贷款的承诺。承诺项下发放的贷款称为承诺贷款。

个人贷款承诺需提供的资料：①借款人及其配偶的身份证、户口簿、结婚证；②借款人及其配偶的收入证明资料；③抵押担保的相关资料；④借款用途的相关资料。

四、贷款承诺业务流程

(一)项目贷款承诺业务流程

项目贷款承诺业务流程主要有申请、调查和审批、出具承诺函、项目持续跟踪及放款。

1. 客户提出申请

客户提交申请书时，还应提供下列项目资料及基本生产经营、财务资料。

(1) 使用政府投资的项目，提供有权部门同意立项的批准文件、有相应资质的机构提供的可行性研究报告及批复文件。

(2) 根据有关部门要求提供环保评价报告及批准文件、特殊行业批准文件、其他批准文件。

(3) 资本金和其他建设、生产资金筹措方案及落实资金来源的证明材料。

(4) 其他前期准备情况。

(5) 企业法人营业执照、法人代码证、法定代表人资格证书等。

(6) 前三年会计年度财务报表、申请借款前一个月的资产负债表、损益表和现金流量表。

(7) 担保方式及相应承诺书。

2. 进行项目评估及相关调查和审批

经营行客户部门在收到客户出具有条件贷款承诺函的申请后，要对项目进行评估，同时还必须对以下内容进行详实调查。

(1) 借款人的基本情况：企业性质、组织形式、开户情况、资产负债情况、经营状况、法人代表情况。

(2) 是否有真实项目背景，项目涉及产业、行业的发展状况及国家当前产业政策和主导产品的市场前景。

(3) 拟上项目前期准备工作情况。

(4) 项目内容、投资估算(不得随意扩大项目投资估算总额)、投资资金构成和资金来源。

(5) 项目财务状况及经济效益预测。

(6) 银行对客户流动资金需求出具有条件贷款承诺函的，可按照流动资金贷款相关规定执行。

客户部门调查完成后，形成调查报告，按照业务流程将申请报告和有关资料(要求国家有权部门审批立项的原则上需提供项目可行性研究报告或项目建议书)逐级上报有权审批行审批。

3. 出具贷款承诺函

贷款承诺函审批后，审批行有关部门根据有权审批人审批内容起草有条件贷款承诺函，将有条件贷款承诺函文本送同级法律事务部门审查无误后对外出具(中国农业银行贷款承诺函样本如下)。在出具贷款承诺函时，可根据贷款管理制度和项目的具体情况，增加有关的附加条款。凡由总行对外出具贷款承诺函，一级分行应提前 10 天将申请报告和有关资料报总行。一级分行以下(不含)无权对外出具贷款意向书、承诺函。对外出具贷款承诺函的具体事项，由信贷部门办理。对外出具的贷款承诺函要统一编号、专门登记，防范不法分子利用其进行诈骗活动。贷款承诺函的有效期为：从开出之日起到正式签订借款合同止。在发生下列情况之一，对已开出的贷款承诺函应重新确认。

(1) 借款人未能满足提供贷款承诺函时约定的条件。

(2) 建设项目发生重大方案调整。

(3) 借款人发生重大经营变故。

(4) 国家有关政策变化，影响项目效益。

中国农业银行贷款承诺函样本

中国农业银行贷款承诺函

我行同意对＿＿＿＿＿＿＿项目给予贷款支持，贷款总额严格控制在人民币＿＿＿＿＿以内，贷款期限＿＿＿年，贷款用途仅限于＿＿＿＿＿，贷款利率执行中国人民银行公布的贷款利率。

本承诺函不得对外(第三人)融资、担保，转让无效。本承诺函的有效期限为，从开出之日起到正式签订借款合同止。

(单位签章)　　年　　月　　日

---

4. 项目持续跟踪及放款

贷款承诺函出具后，公司业务部门对企业和项目进行持续跟踪。在企业正式提出授信需求后，按照商业银行贷款业务流程操作。

(二)普通贷款承诺的业务流程

普通贷款承诺业务流程比项目贷款业务流程简单。主要有：客户向银行提出申请，并提交相关资料；银行信贷审批；银行与客户签订承诺协议；客户交纳承诺手续费；在承诺约定的期限、额度内使用贷款。

五、贷款承诺风险及其防范

(一)贷款承诺风险的种类

作为一项信用工具，贷款承诺一般需要承受两方面的金融风险：

一是信用风险，这种风险与潜在借款人的还款能力和意愿直接相关。贷款承诺的信用风险几乎全部来自潜在借款者。

二是市场风险，这种风险广泛地与市场条件的不利变化相关，包括利率和汇率等及价格变动风险。但是，对于贷款承诺，只有当其中一方拥有正市场价值(positive market value)时，才可能出现违约行为，因为这种价值代表了预期将要发生的损失或现金流出义务。从经济性质上看，一项贷款承诺具有期权特征。

对于商业银行等金融机构，承诺持有者的收益相当于其因持有贷款承诺而带来的机会成本。因此，随着市场利率与设定利率偏离程度的加大，承诺方实际上承担了所有的市场风险(外币贷款时还包括汇率风险)，风险可能是无限的，而收益仅限于收到的按照一定比例或固定数额支付的贷款承诺费。因此必须加强和规范商业银行对外出具贷款承诺函的管理，防范贷款风险。

(二)贷款承诺的风险防范策略

贷款承诺是银行向其客户作出的一种保证，使客户能根据事先确定好的条件从银行取得贷款。贷款承诺常用的方式是信用额度，即银行和客户在谈妥融资条件后，银行答应给客户提供贷款的最高限额。贷款承诺的风险与一笔实际贷款的风险相差无几，应采取严厉措施来防范风险。

(1) 贷款承诺业务必须被纳入信贷管理体系。

(2) 制定比较严厉的贷款限制条款，以防止任何不利因素出现。

(3) 根据银行的筹资能力和客户的信用程度确定信用额度。

(4) 制定有利的贷款承诺价格和对客户的约束条款，如当客户财务状况恶化时，银行可以拒绝客户的融资要求，而且不退还已收取的承诺费。

此外实际贷款的风险防范措施也都可以用来防范贷款承诺的风险。

小常识 贷款承诺与贷款意向的区别

贷款意向是银行愿意在符合自己条件的情况下对某客户或项目提供贷款的表示。通常是在客户项目立项阶段，银行对项目初步评估论证，在项目符合银行信贷投向和贷款条件的前提下，对客户表示将来拟贷款支持项目建设的表外业务。贷款承诺与贷款意向虽都是银行在将来拟对客户进行信贷支持的表示，但二者有着严格的区别。

1. 承诺程度不同

贷款意向书的涵义是可以为贷款协议进行进一步的准备和商谈；贷款承诺则是已经就贷款条件和合同主要条款达成一致。

2. 阶段不同

大型建设项目在项目建议书批准阶段一般需要银行出具贷款意向书；而在可行性报告批准阶段则需要银行出具贷款承诺书。

3. 法律责任不同

贷款承诺具有法律约束力，银行须按正常贷款的审查程序对贷款作出评估，签订正式的贷款承诺协议；而贷款意向书则不具备法律约束力。

4. 内容不同

贷款承诺内容包括承诺额度、承诺的有效期限、贷款的有权批准机关、贷款条件及收费事项等而贷款意向不表示贷款的额度以及期限。

5. 费用不同

贷款承诺一般要收取承诺费；而贷款意向不收取费用。

贷款承诺业务的具体体现形式是贷款承诺函。贷款承诺函是指银行承诺在未来一定时期内向客户提供一定意向性信用额度贷款，在客户信贷需求符合国家产业政策、银行信贷管理规章制度等贷款条件的前提下，给予一定信贷支持的书面文件。

(资料来源：金融网)

第三节　保函业务

一、银行保函业务的含义及特点

(一)银行保函业务的含义

银行保函是指商业银行应商业合约或经济关系中的一方(即申请人)要求，以自身的信誉向商业合约或经济关系中的另一方(即受益人)出具的，担保申请人或被担保人履行某种责任或义务的一种具有一定金额、一定期限、承担某种支付责任或经济赔偿责任的书面付款保证承诺。银行保函虽然可以作为合同的支付手段，也可以作为其他义务履行的保证手段；可以是国际贸易项下的结算方式，也可以是国内贸易项下的结算方式，更可以是非贸易项下的信用工具，但实质上银行保函业务是银行非常重要的表外融资业务。银行保函业务虽然不占用银行的信贷资金，对资本占用较少，在银行的赢利方面发挥着越来越重要的作用，但是一旦被保证人不履行其责任，银行就必须承担相应的责任，或进行经济赔偿。可见保函业务存在一定的风险，商业银行应加强风险防范。

(二)银行保函业务的特点

银行保函的应用范围远远大于银行承兑汇票、信用证等银行支付工具，并且具有以下两个特点。

(1) 银行信用作为保证，易于为客户接受。在商业合约、贸易交易或经济关系中，由于多种原因，双方彼此不熟悉、不信任的情况经常存在，为保证合约、贸易或经济关系的受益人的利益，有银行信用作保证，易被客户接受，保证商业合约或贸易交易的顺利进行。

(2) 保函是依据商务合同开出的，但又不依附于商务合同，是具有独立法律效力的法律文件。当受益人在保函项下合理索赔时，担保行就必须承担付款责任，而不论申请人是否同意付款，也不管合同履行的实际事实。即保函是独立的承诺并且基本上是单证化的交易业务。

二、保函的基本种类

银行保函业务种类很多，本书主要介绍最常发生的工程项下保函业务、融资保函业务及贸易中常用保函业务。即投标保函、履约保函、预付款保函、融资保函、租赁保函、付款保函、关税保函、质量保函八个主流品种。

1. 投标保函

投标保函是指在以招标方式成交的工程建造和物资采购等项目中，银行应招标方的要求出具的，保证投标人在招标有效期内不撤标、不改标，中标后在规定时间内签订合同或提交履约保函的书面文件。投标保函适用于所有公开招标、议标时，业主要求投标人缴纳投标保证金的情况。招标人为避免投标人在评标过程中改标、撤标，或中标后拒签合同而给自身造成损失，通常都要求投标人缴纳投标保证金，以制约对方行为。投标保函是现金保证金的一种良好的替代形式。

2. 履约保函

履约保函是指担保银行应工程承包方或商品供货方的申请而向业主或买方出具的、保证承包方或供货方严格履行合同义务的书面文件。履约保函适用范围非常广泛，可用于任何项目中对当事人履行合同义务提供担保的情况，常见用于工程承包、物资采购等项目。在工程承包、物资采购等项目中，业主或买方为避免承包方或供货方不履行合同义务而给自身造成损失，通常都要求承包方或供货方缴纳履约保证金，以制约对方行为。履约保函是现金保证金的一种良好的替代形式。

3. 预付款保函

预付款保函是指担保银行应工程承包方或商品供货方的申请向业主或买方出具的、保证承包方或供货方在业主或买方支付预付款后履行合同义务的书面文件。预付款保函适用于所有支付方式中包含预付款的项目，常见用于工程承包、物资采购等项目。在工程承包、物资采购等项目中，业主或买方为避免承包方或供货方拿到预付款后不履行合同义务而损失预付款，要求承包方或供货方银行对承包方或供货方偿还预付款作出担保。

4. 融资保函

融资保函是指担保银行应借款人的申请而向贷款人出具的、保证借款人履行借贷资金偿还义务的书面文件。商业银行办理的融资保函业务主要包括借款保函、透支保函、有价证券发行担保、银行授信额度保函等。融资保函适用于借款人向银行等金融机构取得各种形式的融资；借款人在金融市场上发行有价证券融资等。

5. 租赁保函

租赁保函是指担保银行应承租人的申请而向出租人出具的、保证承租人按期支付租金的书面文件。租赁保函根据租赁方式不同分为融资租赁保函、经营租赁保函。租赁保函适用于租赁合同。在租赁项目中，出租方为避免承租人无法按期偿还租金，特别是在融资租赁情况下，租期长、租赁对象的特定性等使出租方承担较大的风险，往往要求银行对承租人按期偿还租金进行担保。

6. 付款保函

付款保函是指担保银行应买方的申请而向卖方出具的，保证买方履行因购买商品、技术、专利或劳务合同项下的付款义务而出具的书面文件。付款保函适用于一切存在付款行为的商品贸易、技术劳务贸易、工程项目等。在商品贸易中付款保函作为买方在卖方按照合同约定发货后及时支付货款的付款保证。工程项目中付款保函作为工程承包项下业主向承包方按期足额支付工程进度款的付款保证。付款保函中的付款条件可以在一定程度上制约卖方、承包方的行为，并保证货物、工程质量表面上达到买方、业主的要求，从而维护买方的利益。

7. 关税保函

关税保函是指担保银行应进口商(含加工贸易企业)的申请而向海关出具的、保证进口商履行缴纳关税义务的书面文件。商业银行办理的关税保函业务主要包括两种类型，即关税保付保函、加工贸易税款保付保函。关税保函适用于国家相关进口商品减免税政策未明了前的相关商品货物进口；境外工程承包建设、境外展览、展销等过程中有关设备、器械等物品临时进入他国关境；加工贸易企业进口料件；海关对某些货物实行先放后征的情况。关税保函为客户提供了便利，减少了企业因缴纳关税保证金引起的资金占压，提高了资金周转效率，获得了资金收益；"先放后征"的方式加快了货物通关速度，避免货物滞留港口而加大成本；避免重复办理通关手续；对临时进入他国关境的物品，减少了办理退税手续的烦琐。

8. 质量保函

质量保函是指担保银行应工程承包方、供货方的申请而向业主或买方出具的，保证承包方、供货方履行在保修期或维修期内的合同义务的书面文件。质量保函也称为"维修保函"。它适用于工程承包、供货安装等合同执行进入保修期或维修期，业主或买方要求承包方、供货方良好履行保修义务的情况。在工程承包、供货安装等项目进入保修期或维修期后，业主、买方为避免工程、货物的质量与合同规定不符，而承包方、供货方不愿或不予进行修理、更换和维修，造成自身损失，往往要求承包方或供货方在履约保函期限届满前提供质量保函，对其在保修期内的行为进行约束。

三、银行保函业务的办理程序

银行保函业务的办理程序主要包括保函申请、审批、签订协议、提供反担保、缴纳担保费、开立保函、保函执行和检查管理八个程序。

1. 保函申请

保函申请人与保函受益人签订商务合同之后，填写《开立保函申请书》，提供保函涉及的有关合同、协议、标书等文件以及其他资料。

2. 保函审批

人民币保函业务实行三级审批制度。商业银行信贷部对申请人的合法资格、经济实力、有关交易的真实性、反担保情况进行核实评估。申请书经部门经理审核同意后报有权审批人员审批。

3. 签订协议

保函申请获批准后，商业银行与申请人签订《开立保函协议》，明确担保内容、金额、期限、担保责任、反担保措施、违约处理等经济权责。

4. 提供反担保

保函申请人按《开立保函协议》约定的金额和期限交足保证金并提供保函金额扣除保证金后差额部分的反担保(抵押、质押、保证)。

5. 缴纳担保费

保函申请人按照双方约定日期交足担保费。保函的收费标准依据保函的内容不同而定。一般投标类保函费率最低，债务类保函费率最高。

6. 开立保函

申请人交足保证金、办理反担保手续并交清担保费后由商业银行签发保函文本。保函文本内容依保函种类不同而不同(见履约银行保函样本)。

7. 保函执行

保函有效期内申请人和受益人如需要修改人民币保函内容的，按新的条件重新审批；保函申请人未履行主合同义务，商业银行向受益人赔付并向申请人追偿；保函到期后按照规定办理注销手续。

8. 检查管理

商业银行开具人民币保函后由信贷部负责履行监督管理的职责，对主合同的履行情况、保函申请人担保期间内的经营活动、财务状况、反担保变化情况进行追踪检查。

履约银行保函

致：　　　　(业主全称)

　　鉴于(承包人全称)　(下称"承包人")与(业主全称)(以下简称"业主"，签订修建　(公路项目名称)　　第　　　合同段合同协议书，并保证按合同规定承担该合同段工程的实施和完成及其缺陷修复，我行愿意出具保函为承包人担保，担保金额为人民币(大写)　元(￥　　　元)。

　　本保函的义务是：我行在接到业主提出的因承包人在履行合同过程中未能履约或违背合同规定的责任和义务而要求索赔的书面通知和付款凭证后的　　天内，在上述担保金额的限额内向业主支付任何数额的款项，无须业主出具证明或陈述理由。

　　在向我行提出要求前，我行将不坚持要求业主应首先向承包人索要上述款项。我们还同意，任何对合同条款所作的修改或补充都不能免除我行按本保函所应承担的义务。

　　本保函在担保金额支付完毕，或业主向承包人颁发交工证书之日起失效。

担 保 银 行：(银行全称)　(盖章)

法 定 代 表 人 (签字)

年　　　月　　　日

四、保函业务的风险及其控制与防范

(一)保函业务的风险

商业银行为客户出具保函时，实际上是承担了一项或有负债，当某种情况(如客户信誉低下，或合同条款不严谨，或商业银行内部审核不严)出现时，这项或有负债就可能变成真正的负债，银行就会因此遭受资金损失。可能使商业银行遭受损失的风险主要有以下几项。

1. 信誉风险

信誉风险是指保函申请人及反担保人资信不良，使商业银行遭受损失的可能性。银行保函主要是担保申请人履行某一合约项下的义务，并在申请人违约和受益人索赔时向受益人支付规定金额的赔偿金。银行如果如约向受益人支付赔偿金，则申请人对银行作出的赔付应予以补偿。如果申请人的资信不好或实力不强，当申请人无力或不愿偿债时，银行在支付给受益人赔偿金后可能得不到来自申请人的补偿。

为了防范来自申请人的风险，商业银行对外出具保函前，通常会要求申请人提供一份由第三方出具的反担保保函。反担保人的责任是保证银行对外赔付后，在申请人无力偿还赔款的情况下，替申请人补偿银行因履约担保责任而作出的任何支付。如果实际业务中接受的反担保人资信不良，一旦担保银行对外赔付后不能从申请人处得到全部补偿而向反担保人追索时，也可能出现反担保人不愿履约或无力履约的情况，从而使担保银行遭受损失。

2. 合同风险

合同风险指由于保函合同中的条款不严谨而使商业银行遭受损失的可能性。由于保函与其所依附的商务合同是各自独立的法律文件(从属性担保例外)，虽然保函是根据合同(协议)而来，但它又独立于合同。这就是说，受益人的索赔能否成立，关键在于他的索赔是否满足了保函条款的规定，所以保函合同的各项条款是否严谨，将直接影响担保人保函项目的风险。

3. 审查或管理风险

审查或管理风险主要是指商业银行对担保申请人和反担保人的资信审查不严，对债务及担保的风险认识不足；银行缺乏专业人员，在制度不健全或上级未授权的情况下，超越权限审批和办理担保业务；未经上级法律部门审核而出具非银行统一格式的保函，致使保函条款不严谨；未落实保证金和相应的反担保条件，或反担保措施无效等，均可能使商业银行出具保函后承担极大的风险。

(二)银行保函业务的风险控制与防范

针对保函业务的风险成因及其特点，商业银行可采取如下控制与防范措施。

1. 做好保函业务的前期审查和后期管理工作

前期审查包括开立保函前对申请人及反担保人的资信审查，对受益人的资信调查，对担保项目的可行性研究，对保函条款的审查等。银行为了保证赔付后能够及时得到申请人的补偿，应建立完善的风险转化机制，一方面，明确保函申请人在保函项下应承担的责任，将这些责任书面化、合法化；另一方面，加强保函项下的抵押与反担保，以便银行在保函项下发生索赔时能合法地从申请人或反担保人处获得及时足额的资金补偿。

后期管理主要是及时跟踪担保项目的进展，以便随时解决保函有效期内出现的问题。

2. 严格审批制度

对于保函业务，要在银行制定统一制度，进行统一管理，保函条款应由银行法律部门统一把关，严防基层银行不经上级同意或授权擅自出具保函。具体包括以下内容。

(1) 各级行的内部职能机构一律不得以部门名义对外出具保函。

(2) 严格审查担保申请人的资格和资信情况，不符合要求或情况不明的，不得担保。

(3) 严格按规定范围受理担保业务，基层行不得接受境外金融机构、企业、商社的担保申请，也不得为其经济组织的担保事项提供反担保。

(4) 严格按照规定比例收取保证金。

(5) 不得出具没有受益人的空头保函，或无担保事项、担保金额、担保期限和无限责任的保函，同时，保函格式要采用银行统一规定的格式，如果客户要求变通的，在确认无风险后方可同意。

(6) 不得以其他有价证券代替保函。

(7) 加强对保函的监控，严禁转让、贴现和用于抵押。

(8) 因申请人保证金账户资金不足以支付受益人债务而造成银行垫付资金时，经办行应督促申请人在 1 个月内归还垫付资金；否则，将依法向申请人、反担保人追索，或处理抵(质)押物。

(9) 空白保函应归入重要空白凭证管理。

小知识　招商银行保函费率

投标保函	0.25‰～2.0‰	
履约保函	0.50‰～2.5‰	1. 委托人存足全额保证金时，才可执行费率下限
工程预付款保函	0.50‰～2.5‰	2. 如遇费率调整，调整前出具的保函继续执行原费率，调整后出具的保函执行新费率
工程维修保函	0.50‰～2.5‰	
工程留置保函	0.50‰～2.5‰	3. 保函按收费标准每三个月收取一次(即本费率是三个月费率)，也可一次性收取
付款类保函	1.00‰～3.5‰	
债务类保函	1.00‰～4.0‰	4. 本标准以 300 元为起点，不足 300 的收取 300
其他保函	0.50‰～3.0‰	

第四节　保理业务

一、保理业务的概念及特点

(一)保理业务的概念

保理业务(factoring)是保付代理业务的简称,是指销售商将其现在或将来的基于其与购货商(债务人)订立的货物销售或服务合同产生的应收账款转让给银行(或保理商),从而获得银行(或保理商)为其提供的商业资信调查、贸易融资、应收账款管理及信用风险担保等方面的综合性金融服务。

保理业务是一项新兴综合性金融服务。近年来随着国际贸易竞争的日益激烈,国际贸易买方市场逐渐形成。对进口商不利的信用证结算的比例逐年下降,赊销日益盛行。由于保理业务能够很好地解决赊销中出口商面临的资金占压和进口商信用风险的问题,因而在欧美、东南亚等地日渐流行。在世界各地发展迅速。据统计,截至 2007 年年末,全球保理年业务量就已达到 13 000 亿欧元,比 2006 年增长近 15%,刷新了世界保理业发展的历史纪录。

(二)保理业务的特点

保理业务是一种集客户资信调查、融资、销售账户管理、账款催收以及坏账担保于一体的综合性金融服务业务。它和单纯的融资或收账管理有本质的差别。具体体现在以下几个方面。

1. 保理是一种全程信用管理系统

保理包括从交易之前的客户资信调查开始,经过事中的销售账款回收阶段,一直到最后的账款回收和坏账担保,其核心是对风险进行全程控制。而卖方融资只是其中可由债权人在核定的信用额度内选择的一部分服务。

2. 保理是一种风险转移或分担的契约设计

保理不仅仅具有融资功能,更重要的是保理商对企业风险的转移和分担。在提供一揽子服务时,商业银行在核定的信用额度内提供 100%的坏账担保,这也就是"保付代理"中"保付"的含义。由此,企业的坏账风险转移到了商业银行身上,应收账款风险被锁定。在银行向保险公司再投保后,坏账损失的风险由商业银行和保险公司共同分担。

3. 保理是对信息资源的有效配置和利用

一般保理商都是由银行等金融机构担任,银行与一般工商企业相比,具有得天独厚的信息资源优势，无论是在专业技能方面，还是业务涉及的广度和深度上，银行依托其丰富的客户资源、众多的分支机构和合作伙伴，能够在应收账款全程管理中发挥更大的效益。同时，也能为工商企业松绑，使他们将更多的人力、物力、财力投入到自身的生产经营中，实现资源共享和优势互补。

二、保理业务的种类

保理业务依据不同的划分标准，有不同的种类。

1. 按委托者权益转让程序划分

保理业务根据委托者权益转让程度的不同，可分为有追索权(回购型)保理和无追索权(非回购型)保理。

有追索权(回购型)保理是指销货商将符合保理协议约定条件且经银行认可的应收账款债权转让给银行，约定应收账款债权不能如期足额回收时，由销售商负责等额回购(含置换)，银行对销售商有追索权。

无追索权(非回购型)保理是指销售商将符合保理协议约定条件且经银行认可的应收账款债权售与银行取得商业资信调查、贸易融资、销售分账户管理、应收账款催收、信用风险担保等服务。购货商因财务或资信原因不能履行付款责任时银行业必须按其确认的保理额度向销货商支付全额保理款项。若银行已向销货商提供了保理项下融资，银行无权向销货商追索融资款。

2. 按是否公开保理银行的名称或保理关系来划分

按是否公开保理银行的名称或保理关系来划分，又分为公开保理和隐蔽保理。

公开保理(明保理)是指在应收账款债权从销售商转让给银行的同时，通知购货商债权转让的事实，在票据上写明货款付给银行。

隐蔽保理(暗保理) 是指不通知购货商债权转让的事实，按一般程序收款，不在票据上写明该票据是在银行承办的，不突出保理银行的名称。

3. 按照保理业务的贸易性质来划分

按照保理业务的贸易性质来划分，可将保理业务分为国际保理业务及国内保理业务。

国际保理业务是为进出口贸易的信用销售而设计的综合性服务，是指在国际贸易中出口方以赊销(O/A)、承兑交单(D/A)等信用方式向进口方销售货物时，由保理商提供的一种集信用风险承担、应收账款催收、账务管理及贸易融资于一体的综合性金融服务。国际保理的融资服务主要表现在对出口商的资金融通上。出口商以信用形式出卖商品，在货物装船后即将应收账款转卖给保理商，从而使出口商的部分或全部应收账款立即转换成现金。银行提供的融资型保理业务的实质就是银行代理出口企业进行售后对国外应收账款的收讨工作。

国内保理业务是为国内贸易中的信用销售(特别是赊销方式)而设计的一项综合性金融服务。卖方将其与买方订立的销售合同所产生的应收账款转让给银行,由银行为其提供贸易融资、销售分户账管理、应收账款催收、信用风险控制及坏账担保等各项相关金融服务。

三、保理业务办理流程

(一)办理保理业务的条件

1. 办理有追索(回购型)保理的,销售商应具备的条件

(1) 信用等级在 A+(含)级以上,无不良信用记录。

(2) 经营管理规范,财务制度健全,现金流量大,有较强的回购能力和偿债能力。

(3) 发展前景良好,主要产品所占市场份额较大。

(4) 应收账款的期限、地区、客户结构合理。

(5) 符合商业银行要求的其他条件。

2. 办理无追索权(非回购型)保理业务的条件

首先应具备上述办理回购型保理的条件,此外还应符合以下条件。

(1) 购货商的信用等级必须在 AA-(含)级以上,无不良信用记录。

(2) 经营管理规范,财务制度健全,现金流量情况较好,无拖欠销售商货款和其他不良记录。

(3) 原则上要求提供担保。①具有保险公司提供的履约保险;②大企业提供的购货商付款担保;③穆迪公司评定的 Aaa、Aa、A 级企业或标准普尔当年评定的 AAA、AA、A 级企业,基于商业银行有代理关系的一、二类国内外商业银行出具的备用信用证担保或出具无条件、不可撤销的保函。

(4) 销售商提供的银行定期存款(存单)或有价证券质押。

(5) 销售商与银行按照商定的比例承担坏账损失。还应有银行认可的其他担保。

3. 办理保理业务的应收账款必须符合的条件

(1) 商品交易或提供的服务合法、有效、真实,购销双方没有争议。

(2) 应收账款权属清楚,没有瑕疵,不受抵销权、质权、留置权、求偿权的影响。

(3) 应收账款还款期限一般在 12 个月内,其中叙作有追索权保理业务的应收账款可以适当延长,但最长不得超过 18 个月。

(4) 应收账款账龄结构合理、坏账比例适度、风险能有效预测和控制,应收账款周转率在行业良好值以上。

(5) 购销合同中未含有禁止应收账款转让的条款。

(二)客户申请材料

1. 卖方企业须提供材料

保理业务申请书；公司的证明文件，包括公司简介、公司章程、验资报告、经过年审的营业执照、法人代码证、税务登记证、贷款卡(证)；法定代表人资格和身份证明，如果授权还需提供授权委托书及授权人身份证明；公司有权决策机构或有权决策人同意在本行办理本业务的决议；公司生产经营情况介绍；经过审计的最近两年财务报表和最近两期的财务报表(月报或季报)；公司应收账款管理体系和应收账款明细情况。

2. 买方企业须提供材料

公司证明文件，包括公司简介、公司章程、经过年审的营业执照等；公司近期财务报表和经审计的上两个年度的年报。

3. 应收账款资料

购销合同原件或经证实为原件的复印件；货运证明或其他表明货物确已发运的单据；交易发票；提货单、质检证明、预付款(定金)证明；本行规定格式的《应收账款确认书》。

(三)保理业务流程

1. 国际保理业务流程

国际保理业务分为双保理方式和单保理方式。在保理业务中，仅涉及一方保理商的保理叫做单保理方式，如仅有进口保理商或仅有出口保理商。在实际业务中，一般采用双保理方式，主要的当事人除了进出口贸易双方以外，还包括出口保理商(export factor)和进口保理商(import factor)。首先，由出口商委托本国出口保理商办理保理业务，该出口保理商从进口国的保理商中选择进口保理商。进出口国两个保理商之间签订代理协议。由进口保理商对进口商进行资信调查，逐笔核定相应的信用额度，并通过出口保理商通知出口商执行。出口商在信用额度内发货，出口保理商则根据进口保理商核定的额度易于付款方式向出口商提供不超过发票金额80%的短期贸易融资。

双保理业务流程图如图 7-1 所示。

(1) 出口商向本地保理商申请叙作保理业务，通知进口商的名址，申请(进口商)的信用额度。

(2) 出口保理商传递申请给进口保理商。

(3) 进口保理商资信调查，并初步核定信用额度，通知出口保理商，由出口保理商向出口商通知信用额度、提出报价。

(4) 出口商与出口保理商正式签订《出口保理协议》后，与进口商正式签约发货，寄正本单据(提单、发票、保险单、原产地证明等)。

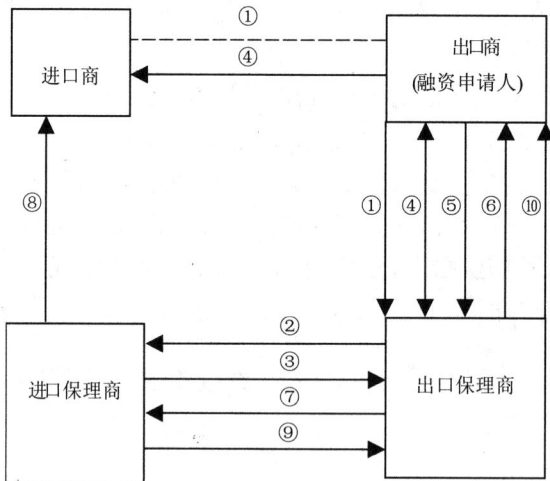

图 7-1　双保理业务流程图

(5) 出口商将应收账款(债权)转让给出口保理商：将发票等有关单据副本、《债权转让通知书》、《出口保理融资申请书》提交出口保理商。

(6) 出口保理商按《出口保理协议》向出口商提供发票金额 80% 的融资。

(7) 出口保理商将债权再转让给进口保理商：发票及单据的详细内容通过 EDI-Factoring 系统通知进口保理商。

(8) 进口保理商在规定时间按商业惯例向进口商收款，进口商到期付款。

(9) 货款转交。

(10) 扣除预付款、服务费或贴息后，付余款。

2. 国内保理业务流程

国内保理业务较国际保理业务简单，其业务流程见图 7-2。具体流程如下。

(1) 供应商向买方以赊销的方式销售货物或提供服务取得应收账款。

(2) 供应商向保理商提出办理国内保理业务的申请并提供相关材料(包括买方资料)。

(3) 保理商对供应商和买方进行审查，审查通过后，与供应商签订应收账款融资协议，进行债权转移确认。

(4) 如供应商需要，保理商向其发放融资款项。

(5) 应收账款到期日前保理商通知买方付款。

(6) 买方将款项汇入保理商指定账户。

(7) 保理商扣除融资本息和费用，余款支付卖方；如果是买断的，则结账即可。无追索权保理项下，保理商承担由于付款人信用风险不能足额支付到期应收账款的责任。

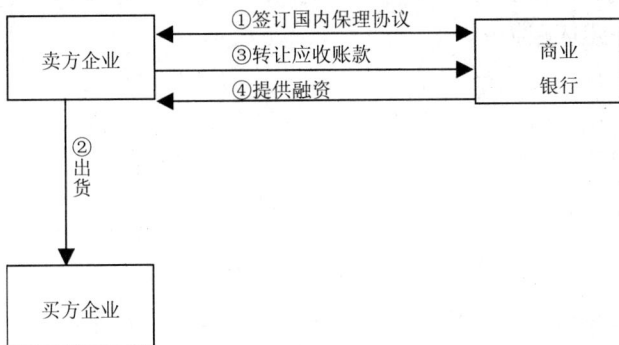

图 7-2 国内保理业务流程图

四、保理业务的风险及防范

保理业务中保理商的信用风险是显而易见的。在无追索权保理业务中，出口商将单据卖断给保理商，如果进口商拒付货款或不按期付款，保理商不能向出口商行使追索权，全部风险由保理商承担。在有追索权保理业务中，保理商收回账款多了出口商这一道信用保障，因而相对无追索权保理风险要小，但如果出口商信用欠佳甚至倒闭时，保理商将面临损失，保理商作为普通债权人甚至有可能得不到补偿。

保理业务是一种风险业务，保理商对其承担的风险应相当重视，采取的防范措施主要有以下几个。

(1) 保理商要对债务人资信进行深入调查。逐一核定相应的信用限额。供应商必须在保理商为其客户核定的信用限额内发货，保理商只对信用限额内的货款保付代理。

(2) 保理商只提供不超过 80%发票金额的短期贸易融资。剩余 20%的发票金额则于收到进口商付款时，扣除有关费用及贴息后转入出口商的银行账户。在保理业务中，供应商必须保证它出售给保理商的所有应收账款都是合法有效的债务求偿权，如果由于债务人的抗辩和反索，保理商未能按期收回购入的债款，保理商可以向供应商行使追索权。但从供应商那里得到的偿付通常只能以抵消的方式来实现，即从保理商对供应商的应收账款中扣减，保理商保留的尾款一般都能够满足这种通过抵消行使追索权的需要。

(3) 保理商可以要求供应商投保出口信用险。许多国家为鼓励出口成立有专门机构承保出口信用险，对出口商可能发生的收不回货款或不能如期收款的风险提供担保。保理商可以建议出口商投保出口信用险，并凭出口信用险保单来提供融资，从而将保理商承担的信用风险转嫁给出口信用保险机构。

(4) 保理商可以要求供应商适当分散业务。不要将销售集中在一两个主要客户身上，或是对大客户的销售实行限额控制，对限额外的销售不提供融资，以迫使供应商分散业务，从而达到分散风险的目的。此外，保理商应从保理业务收入中，按一定比例提取坏账准备金，用于弥补保理呆账坏账损失。

(5) 商业银行内部制定严格的保理业务操作流程及管理规范。针对保理业务的特点，商业银行应制定严格的保理业务操作流程及管理规范，对保理业务的对象、保理业务的范围、保理业务的合同条款、保理业务的管理、保理合同的签订等均归口由统一的部门管理，以便及时研究解决存在的问题，将保理业务做大做好。

===== 小常识　国际保理业务别名知多少 =====

国际保理业务是由国外引进的。由于引进的时间不同，国际保理业务在中国内地、中国台湾地区、中国香港特别行政区和新加坡有不同的译名。

中国内地："国际保理业务"(1991 年外经贸部和有关银行赴欧考察国际保理业务后，正式确定使用本名)。

中国台湾地区："国际应收账款管理服务"、"应收账款收买业务"和"账务代理"。

中国香港特别行政区："出口销售保管服务"。

新加坡："客账融资"。

(资料来源：中国银行网)

第五节　信用证业务

一、信用证的含义和特征

(一)信用证的含义

简单地说，信用证(letter of credit，L/C)是银行开立的有条件的承担第一性付款责任的书面文件。具体地说，它是银行(开证行)根据进口方(开证申请人)的要求和指示，向出口方(受益人)开立的，在一定期限内凭符合信用证条款规定的单据，即期或在可以确定的将来的日期，对出口方支付一定金额的书面保证文件。

2007 年最新修订的《跟单信用证统一惯例》(国际商会第 600 号出版物，简称 UCP600)第二条对信用证的定义是："信用证指一项不可撤销的安排，无论其名称或描述如何，该项安排构成开证行对相符交单予以承付的确定承诺。"

本定义中的承付指以下几个含义。

(1) 如果信用证为即期付款信用证，则即期付款。

(2) 如果信用证为延期付款信用证，则承诺延期付款并承诺到期日付款。

(3) 如果信用证为承兑信用证，则对承兑受益人开出汇票并在汇票到期日付款。

在理解信用证概念时应注意以下两点：一是它强调了信用证存在着以银行自身名义开出这种情况；二是它强调开证行对信用证的义务是付款，或承兑并付款，或授权另一家银行付款或承兑并付款，或授权另一家银行议付。

(二)信用证的特征

根据上述信用证的含义及相关国际惯例的规定，可以总结出信用证的以下三个基本特征。

1. 开证行负有第一性的付款责任

在信用证结算方式下，只要受益人提交的单据完全符合信用证的规定要求，开证行必须对其或其指定人付款，而不是等进口商付款后再转交款项。可见，与汇款、托收方式不同，信用证方式依靠的是银行信用，是由开证行而不是进口商负第一性的付款责任。

2. 信用证是一项独立的文件

虽然信用证以买卖合同为基础，但一经开出，就成为独立于买卖合同之外的另一种契约，各当事人的责任与权利均以信用证为准。买卖合同只能约束进出口双方，而与信用证业务的其他当事人无关。因此，开证行只对信用证负责，只凭完全符合信用证条款的单据付款，而且一旦付款，开证行就丧失了对受益人的追索权。

3. 信用证业务是一种纯粹的单据业务

在信用证方式下，银行付款的依据是单证一致、单单一致，而不管货物是否与单证一致。信用证交易把国际货物交易转变成了单据交易。信用证方式也有它自身的缺陷：首先是不问商品，只问单据，给欺诈活动造成可乘之机；其次是手续复杂，耗时较长，费用也较高。尽管如此，信用证结算方式仍然是目前国际贸易结算中采用最多的结算方式，也是商业银行表外业务的种类之一。

二、信用证业务流程

不同类型的信用证在运作程序上存在差异，手续繁简不一。在此以国际贸易结算中大量使用的跟单信用证为例，简要描绘信用证业务操作流程(见图 7-3)。按信用证方式支付国际贸易货款，一般要经过以下 10 个主要环节。

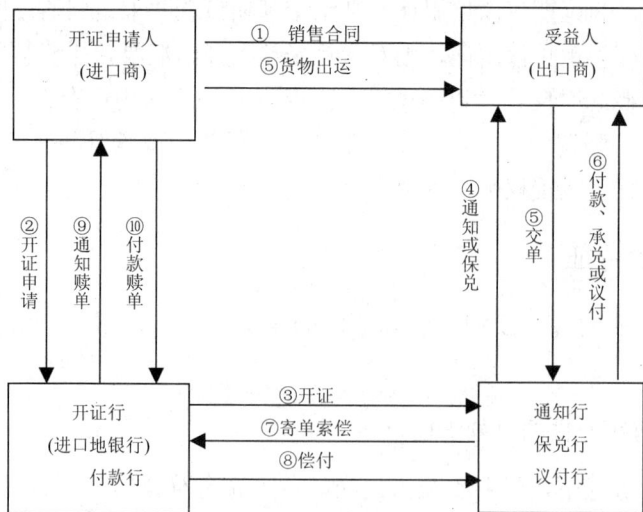

图 7-3　信用证业务流程

图示说明如下。

(1)　买卖双方签订合同，约定以信用证方式进行结算。

(2)　进口方向开证行递交开证申请书，约定信用证内容，并支付押金或提供保证人。

(3)　开证行接受开证申请书后，根据申请开立信用证，正本寄给通知行，指示其转递或通知出口方。

(4)　由通知行转递信用证或通知出口方信用证已到。通知行在开证行要求或授权下对信用证加以保兑。

(5)　出口方认真核对信用证是否与合同相符，如果不符，可要求进口商通过开证行进行修改；待信用证无误后，出口商根据信用证备货、装运、开立汇票并缮制各类单据，船运公司将装船的提单交予出口商。

(6)　出口商将单据和信用证在信用证有效期内交予议付行；议付行审查单据符合信用证条款后接受单据并付款，若单证不付，可以拒付。

(7)　议付行将单据寄送开证行或指定的付款行，向其索偿。

(8)　开证行收到单据后，应核对单据是否符合信用证，如正确无误，即应偿付议付行代垫款项。

(9)　开证行通知开证申请人备款赎单。

(10)进口方付款赎单，如发现不符，可拒付款项并退单。进口方发现单证不符，也可拒绝赎单。

三、信用证项下贸易融资

信用证是一种结算方式，也是一种融通资金的方式。在国际贸易中，进口商不可能在任何时候都能凭自己的能力履行付款义务，出口商也很难自负一切生产、装船等费用，于是银行在为买卖双方办理信用证结算的同时也提供融资便利，促进贸易的顺利进行。信用证项下的贸易融资分为出口融资和进口融资两种方式。

(一)出口融资方式

出口融资方式是指信用证项下银行向出口商提供的融资。对于出口商来说，并不能保证在任何时候都有足够的资金来经营其出口业务，特别是在货物数量较多、金额较大的情况下，就需要某种形式的资金融通，而这种融通可能发生在货物的装运前和装运后。货物装运前，出口商可能需要资金采购备货或完成货物的生产，直到货物装运上船；货物装运后，若不是采用即期付款的结算方式，出口商就要到规定的付款期限才能收到货款，在这段时间，出口商的资金被占用，一旦急需用款就必须另外融资。因此，可将出口商的融资分为装运前和装运后两个阶段。

1. 装运前融资

装运前的融资主要有打包放款。打包放款是指出口商收到国外开来的信用证，凭借信用证正本合同和销售合同作为还款凭证和抵押品，向银行申请抵押贷款(第五章已经介绍，这里不再赘述)。

红条款信用证属于部分预支信用证的一种。这种信用证本身就是对出口商的资金融通，它有一个特别的条款，规定允许出口商在全部货运单据备齐之前可以向出口地的银行预支部分货款(80%的信用证金额)，待其交单请求议付时，以已付款项偿还垫款本息。倘若出口商不能办理议付时，则垫款本息由开证行负责偿还，开证行随后可向申请人追索此款。

2. 装运后融资

装运后的融资主要有出口押汇和汇票贴现。

出口信用证押汇是指出口商为了解决资金周转的困难，凭借进口银行开来的信用证将货物发运后，按照信用证要求制作单据并提交其议付银行要求议付，即以出口单据为抵押，要求银行提供在途资金融通。对议付行来讲，有开证行的保证付款，这种融资风险较小；对开证行来讲，风险则较大(第五章已经介绍，这里不再赘述)。

汇票贴现是指贴现信用证项下远期汇票，先经指定承兑行(在出口地)对单据审核并对汇票贴现后，提前把汇票净款垫付给受益人作为融资，随后，承兑行将单据寄给开证行，并通知汇票到期日。汇票到期时承兑行能获得开证行的偿付。

(二)进口融资方式

进口融资,是指商业银行对本国进口商从国外进口商品授予信用。进口商只有在进行了结算即付款后才能拿到提货单据,否则不能提货,在这个过程中,银行就可以为其融资。进口融资的方式主要有开证授信额度、假远期信用证和提货担保。

1. 开证授信额度

开证授信额度是指开证行对在本行开户且资信良好的进口商,在申请开立信用证时,提供的免收保证金或不要求其办理反担保或抵押的最高资金限额。这是银行根据资信情况对进口商在开证方面给予的信用支持,这样能使进口商的资金压力减轻,是对进口商的一种融资方式。

对于开证行来说,只要出口商提交的单据相符,便承担了第一付款责任,因此银行把开立信用证视为一种授信业务。进口商必须向银行提供保证金、抵押品或担保书后,银行才会考虑开立信用证。在实际业务中,为了方便一些资信较好、有一定清偿能力的客户,银行通常根据客户所提供的抵押品数量和质量及客户的资信情况,核定一个相应的开证额度,供客户循环使用。在开证授信额度内,不收保证金或减收保证金。银行根据资金实际业务的需要,可将开证授信额度分为循环使用的开证授信额度和一次使用的开证授信额度。

授信额度的确定是建立在银行对客户的了解和信任基础上的。银行一般从三个方面调查和了解客户情况:一是企业以往的授信记录及其信用情况;二是企业的财务状况和管理水平;三是企业发展前景。

2. 假远期信用证

假远期信用证是指信用证项下远期汇票付款按即期付款办理的信用证,它是相对于远期信用证而言的,既非远期信用证,也非即期信用证。就商品交易而言是即期买卖,就汇票的付款期而言,却是以远期买卖的面貌呈现的,这是出口方银行通过开证行向开证申请人(进口商)提供短期融资的一种方式。

3. 提货担保

所谓提货担保是指当货物已运抵目的地而提单尚为寄到时,进口商可凭到货通知单请求开证行出具提货担保书,凭此从船务公司现行提货。该提货担保书中声明,正本提单到达后进口商应立即向船务公司提示,当船务公司因提货担保而蒙受损失时,由进口商及开证行负连带赔偿责任。

四、信用证业务风险的防范

(一)信用证风险的种类

信用证业务是商业银行适应经济全球化趋势，为完善服务手段、提升服务质量而向涉外企业开办的一项重要的国际结算贸易融资业务。近年来，在银行进口开证业务快速发展的同时，也出现了业务风险暴露而造成资金垫付的问题，远期信用证项下的银行风险更大，严重影响了银行资产质量。信用证项下银行的风险主要有以下三种。

1. 申请人套用银行资金

一些企业在通过正当途径无法得到银行贷款(尤其是外汇贷款)的情况下，把开立无贸易背景远期信用证作为骗取银行资金的主要手段之一。其方法是，用假合同、假单据伪造贸易背景，国内开证申请人和国外受益人联手诈骗银行。国内申请人利用假合同欺骗银行开出远期信用证后，国外受益人通过交单行交来与证相符的假单据。由于双方的目的是骗取银行的资金，所以不管单据真伪，有无不符点，申请人都接受单据，催促开证行承兑汇票。开证行承兑后，受益人(或申请人)再持该银行承兑汇票到其他银行办理贴现，达到套取银行资金的目的。

2. 挪用资金

在远期信用证业务中，进口方将货物销售出去，收回货款，在付款日期未到时，它很可能会把这笔资金继续周转或挪作他用。有的进口方为追求高额利润，甚至挪用这笔资金炒股票、期货。这给开证行带来很大风险。如果进口方不能按时回笼资金，开证行就必须在到期日为其垫款。

3. 市场风险

市场风险是指某些商品市场行情发生变化所带来的风险。在远期信用证中，进口方通常会以进口商品在国内市场的销售款来偿付信用证款项。一旦进口商品价格下跌，销售不畅，到期资金不能收回，进口方无法按时支付货款，开证行将被迫垫付资金。

(二)开证行对风险的防范措施

1. 实行统一授信，控制客户风险信用总量

实施总授信额度内的贸易融资额度管理。随着一些大型客户可办理授信业务的选择范围(包括业务品种和经办机构)明显扩大，客户在某一银行多头融资、信用过度膨胀的风险也明显上升。根据新的形势，对授信业务必须明确由信贷部门对客户风险信用总量实行统一

扎口管理。每年年初由信贷部门对与银行有业务关系的客户进行评级，并根据客户申请确定客户总授信额度，严格控制客户在内部多家机构进行授信。同时，根据客户贸易结算总量的情况，在总授信额度内，核定其贸易融资额度占比。

2. 实行分类指导，优化授信结构

授信结构的优化有助于降低授信的整体风险度。在客户分类的基础上，实施客户结构调整，加大对大型优良客户的攻关力度；调整融资结构，逐步压缩对客户长期贷款以及流动资金贷款的比例，相应增加贸易融资的比例；区分风险度实行分类指导政策，对非全额保证金的开证，经办行必须严格审查担保文件与信用证项下其他合同文本的关联性和一致性，确保抵押担保的真实有效。

3. 严格开证保证金管理，落实风险担保措施

开证保证金要实行台账管理，而且要做到天天对账，定期检查，保障保证金不被挪用。以存单或国债作为保证金时，必须办理质押手续，银票要经过查询、查复，存单、国债要办理止付冻结手续。银票到期委托收款时，确保收款人的账号和户名为保证金专户的账号和户名。对于存单、国债的到期日在信用证付款日之前的情况，结算人员与客户经理要相互配合，跟踪到期款项进入保证金专户。

4. 加强跟踪管理，确保开证业务的真实贸易背景

对客户的生产经营情况掌握得越全面，银企间的信息不对称程度越轻，越有利于银行降低业务风险。因此，对企业申请的每笔进口开证业务，除进行正常开证条件的审查外，还要对企业开证业务的贸易真实性进行严格审查，确保每笔开证业务都有真实的贸易背景。

5. 了解客户基本情况及其主营业务

一方面要对客户经常进行调查了解，及时掌握其生产经营的动态情况，另一方面还要掌握客户所经营的主营业务，了解进口商品的市场行情，积极参与到客户的贸易交易过程中去，这是审查客户的贸易合同的业务基础。

6. 实行特定业务的专人管理

对进口设备及大宗商品的大额开证业务，要区别于一般的贸易业务，指定专人进行跟踪管理，对开证的企业、进口商品的行情、贸易背景实时掌握了解，必要时实行仓单质押，与企业一道完成开证业务的循环过程，充分体现贸易融资的自偿性的特点。

─────── **小常识　信用证业务的种类** ───────

信用证的种类非常多。根据用途、性质、期限、流通方式的不同可分为：跟单信用证与光票信用证；可撤销信用证与不可撤销信用证；保兑信用证与不可保兑信用证；即期付

款信用证、议付信用证、承兑信用证、延期付款信用证与假远期信用证；可转让信用证与不可转让信用证；背对背信用证与对开信用证；备用信用证；循环信用证。

(资料来源：金融网)

案例点击

河南华信工行特大票据诈骗案

2003 年 11 月 2 日，郑州市中级法院对一起涉案金额为 1.3 亿元的特大票据诈骗案进行一审宣判，以票据诈骗罪判处中国工商银行河南省分行经纬支行原副行长兼票据中心主任杨红霞死刑，其他涉案的 5 名被告人分别被判处死刑、无期徒刑、有期徒刑等。

1. 目标指向商业承兑汇票

2002 年 11 月上旬，珠海某公司董事长谢某(另案处理)急需资金，经人介绍认识了专门从事融资活动的"掮客"陈明全、陈启洪、梁永权，并与时任中国建设银行珠海分行丽景支行(以下简称丽景建行)行长的黄学良和中国工商银行河南省分行经纬支行(以下简称经纬工行)副行长兼票据中心主任的杨红霞取得了联系。之后，6 人开始商量融资事宜，决定利用虚假的商业承兑汇票贴现回购的方式骗钱。

2. 副行长亲自指挥填写汇票

2003 年 2 月，谢某等人携带 5000 万元假商业承兑汇票来到郑州，杨红霞审看后，认为汇票上所盖的假汇票专用章伪造得太粗糙，且汇票内容也填错了，难以通过银行审核，不能使用。

谢某即让其公司人员将 10 张空白商业承兑汇票送到郑州，在杨红霞的指导下，填写好商业承兑汇票及其他相关材料。杨红霞将此笔业务介绍给中国工商银行新乡分行，被该行以手续不符合规定将汇票传真给珠海查询，诈骗未得逞。

随后，杨红霞又介绍梁永权等人将该笔业务交由时任中国工商银行河南省分行华信支行(以下简称华信工行)三部客户经理的张颖晖，于 2003 年 3 月 31 日，顺利取得转贴现款 4940 万元。同年 4 月上旬，他们又合伙做成一笔 8000 万元的商业汇票回购。

经查，梁永权分得赃款 470 余万元(已追缴、查封财物价值 290 余万元)，黄学良分得 120 余万元，陈明全分得 330 余万元，陈启洪分得 50 万元(已追回 11 万元)，杨红霞分得 600 余万元(已追回、查封赃物价值 240 万元)，张颖晖分得 20 万元(已追回 3 万元)。

(资料来源：工商银行网)

点石成金

近年来，票据市场得到国内各家商业银行的高度关注，纷纷拓展票据市场的规模和客户范围。值得注意的是，几乎每家商业银行都遭受过票据诈骗之苦。票据诈骗，给银行带来的损失单个案件高达数亿的已经不少，几千万的早已是不足为奇了。该笔1.3亿元票据诈骗案使工行河南郑州华信支行陷入全面危机，其危害性可见一斑。票据诈骗已经成为金融犯罪中一个危害巨大的毒瘤。

本案例是一起典型的商业承兑汇票诈骗案例，有以下几方面值得注意：①团伙作案。涉案人员多达6人。②伪造商业承兑汇票进行诈骗。杨红霞认为谢某等人携带5000万元假商业承兑汇票伪造得太粗糙，且汇票内容也填错了，重新伪造10张汇票。③金额巨大。该团伙先后诈骗1.3亿元，给银行造成巨大损失。④内外管理人员勾结进行诈骗。这起诈骗案是由副行长兼票据中心主任的杨红霞利用职务之便形成的。

关于防范商业承兑汇票诈骗的措施：其一，严控商业承兑汇票贴现。其二，规范银行票据贴现程序，无论什么人介绍，信贷部门必须审查持票人和其前手之间的增值税发票和商品发运单据，确保票据来源真实，手续齐全才准许申请贴现。其三，加强银行管理者及其员工的职业道德教育，防范道德风险。

本 章 小 结

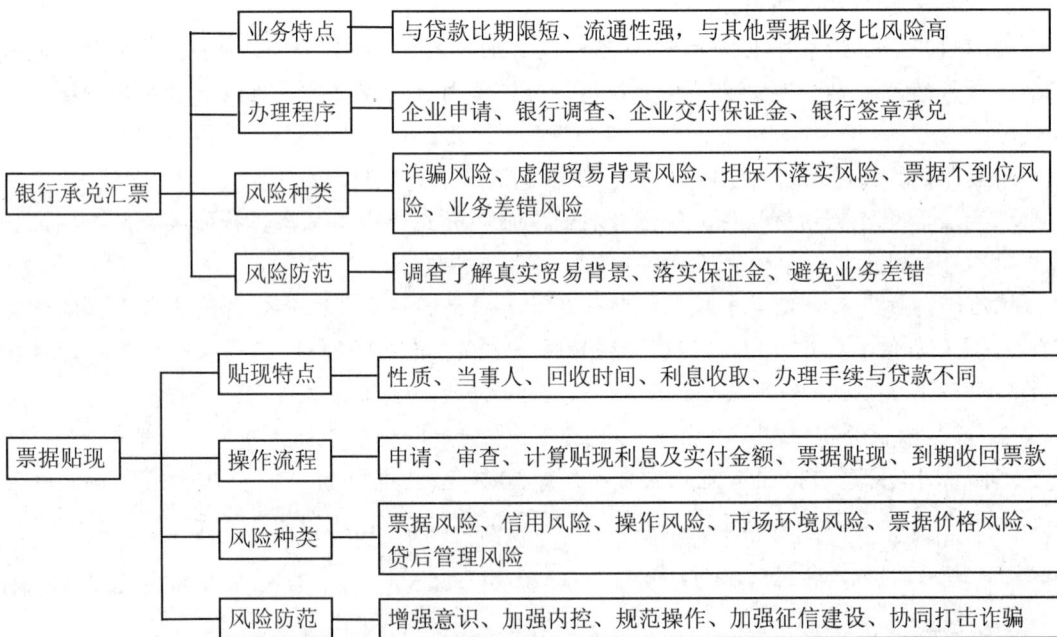

银行承兑汇票	业务特点	与贷款比期限短、流通性强，与其他票据业务比风险高
	办理程序	企业申请、银行调查、企业交付保证金、银行签章承兑
	风险种类	诈骗风险、虚假贸易背景风险、担保不落实风险、票据不到位风险、业务差错风险
	风险防范	调查了解真实贸易背景、落实保证金、避免业务差错

票据贴现	贴现特点	性质、当事人、回收时间、利息收取、办理手续与贷款不同
	操作流程	申请、审查、计算贴现利息及实付金额、票据贴现、到期收回票款
	风险种类	票据风险、信用风险、操作风险、市场环境风险、票据价格风险、贷后管理风险
	风险防范	增强意识、加强内控、规范操作、加强征信建设、协同打击诈骗

贷款承诺	承诺特点	从法律上保证客户资金需求、降低银企成本、锁定客户利率风险
	承诺种类	可撤销承诺和不可撤销承诺，固定利率承诺和变动利率承诺，定期承诺、备用承诺、循环承诺，项目承诺和普通承诺
	承诺对象	项目：正式批准立项的有营业执照并已年检的企业 普通：中小企业和个人
	承诺条件	项目：开户、立项、有资金到位方案、相关批文、收入稳定 普通：开户、资金在本行结算、担保充足
	风险种类	信用风险、市场风险
	风险防范	纳入信贷管理体系、制定严格限制条款、科学合理确定信用额度、制定有利的贷款承诺价格和对客户的约束条款

保函业务	业务特点	银行信用作保证，易于为客户接受，是具有独立效力的法律文件
	保函种类	投标保函、履约保函、预付款保函、融资保函、租赁保函 付款保函、关税保函、质量保函
	业务流程	申请、审批、签订协议、提供反担保、交费、开立保函、执行
	风险种类	信誉风险、合同风险、审查风险、管理风险
	风险防范	做好前期审查和后期管理工作、严格审批制度

保理业务	业务特点	全程信用管理系统、风险转移或分担契约设计 信息资源有效配置
	保理种类	有追索保理和无追索保理，公开或隐蔽保理，国际或国内保理
	业务流程	申请、传递、资信调查、核定信用额度、报价、签订出口保理协议、提供80%融资、债权转让进口保理商、进口保理商收款、转交出口保理商、出口保理商退余款
	保理风险	信用风险
	风险防范	调查资信、融资不超80%、供应商投保、分散业务、规范流程

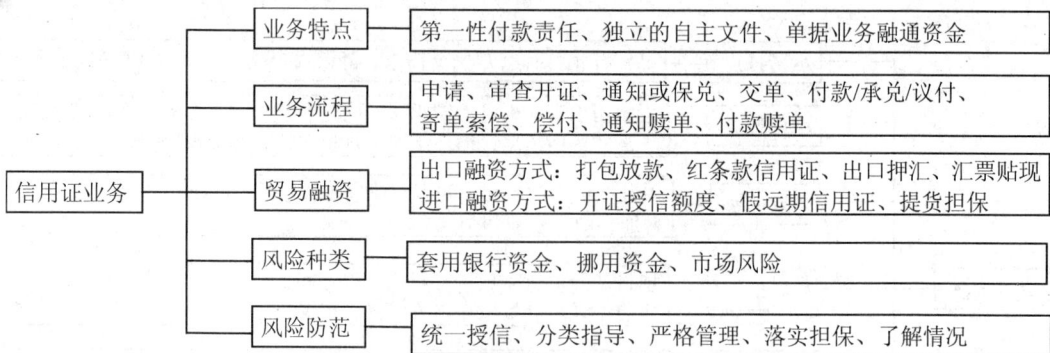

	业务特点	第一性付款责任、独立的自主文件、单据业务融通资金
	业务流程	申请、审查开证、通知或保兑、交单、付款/承兑/议付、寄单索偿、偿付、通知赎单、付款赎单
信用证业务	贸易融资	出口融资方式：打包放款、红条款信用证、出口押汇、汇票贴现 进口融资方式：开证授信额度、假远期信用证、提货担保
	风险种类	套用银行资金、挪用资金、市场风险
	风险防范	统一授信、分类指导、严格管理、落实担保、了解情况

复习思考题

1. 试比较票据贴现与贷款的异同。
2. 简述项目贷款承诺业务的操作流程。
3. 如何防范贷款保函业务风险？
4. 简述国际双保理业务的种类。
5. 简述信用证业务风险及防范。

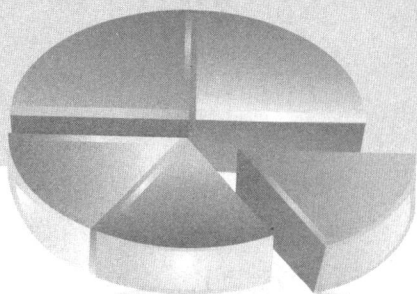

第三篇

商业银行信贷业务管理篇

在商业银行信贷业务的经营过程中，由于各种因素的作用，尤其是商业银行在市场中运行，在利益驱使之下，其经营行为有时会对其信贷资金和银行自身的安全形成不利的影响；再加之金融业本身具有的高风险特征，商业银行不良贷款的现象，也屡屡发生。因此，加强对商业银行信贷业务的管理，也是保证商业银行信贷业务健康发展的重要途径。本篇主要系统地阐述与介绍商业银行信贷业务的基础管理制度、贷款担保与合同管理制度、客户信用分析管理制度、商业银行贷款风险管理制度、不良贷款管理实务和商业银行业务的营销管理等内容；重点突出了信贷业务的基础管理制度、贷款担保与合同管理制度、客户信用分析管理制度、商业银行贷款风险管理制度、不良贷款管理实务制度。通过本篇的学习，使得读者掌握商业银行信贷业务管理的各项基本制度，形成防范信贷业务工作中的风险意识，更好地做好信贷业务工作。

第八章　　信贷业务基础管理

【学习目标】

- 掌握信贷业务基础管理的含义。
- 了解信贷管理的信息系统管理、信贷业务档案管理、信贷业务台账管理、信贷业务统计报表与报告管理要点。

【重点难点】

- 信贷业务台账管理。
- 信贷档案管理。

章前导读

工商银行临沂分行，严把"三关"提高信贷档案管理水平

今年以来，工商银行临沂分行为进一步完善信贷业务档案资料管理，提高信贷业务档案质量，确保资产安全，达到最佳的档案利用效果，在日常档案管理工作中严把"三关"，取得了显著成效，实现了档案集中管理以来无差错事故。

一、严把入库关。对新入库档案认真审查，逐页核对，确保实物档案与移交清单、文件目录三相符。工作中坚持做到：不经过信贷管理部门检查验收并签字确认的档案不入库；有问题或有疑问的档案不入库；有问题整改不彻底的档案不入库，从源头上保证入库档案质量。

二、严把借阅关。认真执行上级行关于档案借阅的有关规定，对不属于借阅范围的档案一律不提供借阅，对确需借阅的档案，坚持首先利用电子档案，确实不行的才提供实物档案，尽量减少对实物档案的利用。借阅档案时，借阅人需认真填写档案借阅单，写明借阅的内容和用途，明确归还时间，并经支行、分行有权人签字批准，依据签字齐全的借阅单为借阅人提供档案借阅服务。对借出利用档案，及时做好档案催交入库工作，确保借出档案无损毁、无错漏、无涂改。

三、严把安全保护关。认真落实总行档案安全保护管理规定，定期核对数量，检查档案保管及使用情况，随时掌握档案安全保护基本情况，发现问题及时整改，确保各类档案实体的安全完整。

(资料来源：中国金融网，2009年)

关键词：基础管理　信息系统　台账

第一节　信贷业务基础管理概述

一、信贷业务基础管理的含义

信贷业务基础管理是信贷业务操作过程的重要组成部分，是保障各项信贷业务正常运行的基础，是防范信贷风险、促进信贷业务规范化、制度化的重要手段。有广义和狭义两种含义。

从广义上讲，既包括各项信贷业务资料的管理、信贷业务信息的处理、信贷业务报表报告，又包括对信贷人员的管理等内容。从狭义上讲，主要指对信贷业务资料的管理以及对信贷业务信息的处理等内容和过程。一般指的是狭义的信贷业务基础管理。

二、信贷业务基础管理的作用和范围

(一)信贷业务基础管理的作用

商业银行的信贷业务基础管理，作为信贷管理工作中的一个重要组成部分，对防范信贷风险、提高信贷资产质量来说，起着以下几个方面的作用。

1. 有效控制信贷风险源头

通过对相关借款人的经营状况、管理水平、盈利能力、发展前景及信用状况等资料进行科学的整理与分析，可以掌握客户综合信贷风险与单笔贷款的信贷风险程度，为今后贷款决策时确定贷与不贷、贷多贷少、期限长短等提供科学依据，对一些明显存在问题的借款人，予以信贷"拒绝"，由此堵住信贷风险产生的源头。

2. 有效预警信贷风险

健全的基础管理能提供早期预警信息，有效预防信贷风险。一是健全的信贷资料，可供我们对借款人的经营业务量、资金运营状况、偿债能力、盈利能力等进行分析与预测，以此测评借款人贷款额度的警戒线，从而合理掌握信贷投放量，降低信贷风险发生概率。二是通过科学规范的信贷资料，可随时掌握借款人的贷款到期、逾期情况，确保适时采取必要的措施，防范信贷风险的发生。三是通过翔实的借款人经营资料，可以掌握借款人的原材料、产成品情况，分析产品的销售动态、市场行情和销售货款回笼及应收账款的情况，从而及时发现和掌握信贷资金运行中的潜在风险，做好相应的预防工作。建立健全借款人经营状况的信贷档案，可以加强对借款人经营全过程的监督，有效防范借款人的经营风险，以及由此带来的信贷风险。

3. 全面降低企业运作成本

提高商业银行的整体运作效率，大幅拓展业务，争取利润最大化，进一步提高银行的竞争力，规范并优化商业银行内部各部门、各机构的业务流程，再造业务规范，对信贷业务实行全面质量监控。

4. 有效规避借款人改制风险

完善的信贷基础管理，可保证银行参与借款人改制，坚持"债随资产走、资产与负债相统一"的原则，及时有效地落实债权债务，规避因改制造成的信贷风险。一是对借款人改制成本来源进行甄别，掌握借款人实施人员分流的具体方案，制止借款人带钱、带物分流及抽逃资金现象的发生，严防悬空、挤占挪用信贷资金。二是可以翔实的资料为依据，做好主管部门的参谋，解决改制中遗留的有关政策与经济问题，落实拖欠的各类补贴与债务，减少借款人改制风险。

5. 为依法管贷提供依据

建立健全信贷档案、信贷信息系统、信贷报告与报表制度，可以为信贷管理工作提供具体、翔实的法律依据，从而有效防避信贷风险。一是有利于贷款实行依法管理。严格按照相关法规政策和信贷管理制度要求收集、建立信贷资料信息，以此为依据，有利于贷款严格按照合同规定执行，依法加强对借款人经营全过程的监督。二是有利于保证诉讼时效。利用信贷资料档案，对到期贷款及时通知，对不良贷款及时催收，并收回回执，有利于保证诉讼时效的不过期。三是有利于依法收贷。通过对信贷资料的分析，并以借贷资料为依据，我们可以对不良贷款及时实施依法诉讼；对资不抵债、丧失发展空间、通过普通诉讼程序无法收回贷款的借款人，及时提出破产申请；对依法破产的，及时申报债权，积极参与和监督借款人资产的清算、评估、变现和分配，最大限度地减少信贷资产的损失。四是翔实的信贷资料也是按政策进行贷款呆账认定及核销申报的依据与条件。

(二)信贷业务基础管理的范围

信贷业务基础管理范围主要包括信贷管理信息系统、信贷业务档案、信贷业务台账、信贷业务统计报表与报告管理等。

第二节　商业银行信贷管理信息系统

一、信贷管理信息系统概述

(一)商业银行信贷管理信息系统

1. 管理信息系统概述

管理信息系统是为了适应现代化管理的需要，在管理科学、系统科学、信息科学和计算机科学等学科的基础上形成的研究管理系统中信息处理和决策的整个过程，并探讨计算机的实现方法。它是一个由人、计算机、通信设备等硬件和软件组成的，能进行管理信息的收集、加工、存储、传输、维护和使用的系统。管理信息系统可促使企业向信息化方向发展，使企业处于一个信息灵敏、管理科学、决策准确的良性循环之中，为企业带来更高的经济效益。

2. 信贷管理信息系统

信贷管理信息系统是银行信贷管理的重要组成部分和载体，它是以信贷管理信息为基础，以计算机网络技术为手段，通过对营业机构信贷业务和借款人、担保人的信息进行登录和处理，全面反映信贷业务的运行态势和借款人、担保人的资信情况，对可能形成的风险进行科学预测和防范，对营业机构和借款人的信贷行为进行监控的管理信息系统。

(二)信贷管理信息系统的构成

对信贷管理信息系统的管理工作是信贷业务基础管理工作的重要组成部分。

信贷管理信息系统综合财务分析、信用评级、信贷监测各个单独系统，是贯穿贷前、贷中、贷后全过程，集客户信息管理、客户财务分析、业务申请审批管理、贷款台账管理、信贷员贷款业绩考核、网点贷款业绩考核、信贷报表、信贷统计分析以及客户信用评级、风险度测算、贷款定价、五级分类等功能，具有较高相关智能的计算机应用系统。系统既是各级管理人员进行信贷管理的有效工具，又是信贷员进行贷款分析的有力帮手。系统通过先进的手段和管理技术来提高信贷管理体制的水平，通过完善信用评级、风险度测算、五级分类、财务分析等模型来完善信贷分析和信贷管理的过程，对建立健全相对理想的信贷管理体制具有重要的意义。

信贷管理信息系统将所有客户、业务申请审批等信息，集中存储在中心机房的服务器中，通过网络将服务器与工作终端相连，终端广泛分布在一、二级支行、总行有关部门、总行行长室。信贷员通过终端搜集、整理和分析客户信息，提出业务申请，管理贷后台账，撰写贷后检查报告并定期进行贷后分析(分类);支行行长和总行各级管理人员,通过终端查阅申请信息,审批贷款申请,对贷款余额及贷款质量按网点或按个人进行查询,根据不同口径对信贷业务进行各种统计分析,产生各类信贷报表。该系统的建立,使信贷员和管理人员有了一套自己的工作网络及软件系统,是对传统工作方式的极大改革,是科学、高效与实用的时尚工具,将助你驾驭数字信息并获得竞争优势。

在现代化管理中,计算机管理信息系统已经成为企业管理不可缺少的帮手,它的广泛应用已经成为管理现代化的重要标志。管理现代化中,组织、方法、控制的现代化离不开管理手段的现代化。随着科学技术的发展,尤其是信息技术和通信技术的发展,使计算机和网络逐渐应用于现代管理之中。面对越来越多的信息资源和越来越复杂的内外部环境,有必要建立高效、实用的管理信息系统,为管理决策和控制提供保障,这是实现管理现代化的必然趋势。

信贷管理信息系统有助于提升信贷管理、内部控制和信贷文化的水平。它具有以下优点:一是加强了贷款的全过程管理。系统信息涵盖一笔贷款的全过程,不仅方便信贷员对贷款户的管理,而且方便上级行对下级行、管理人员对信贷员、管理人员对贷款质量的管理,通过它能及时掌握贷款质量总体状况和信贷员的工作状况,提高了银行风险识别机制的水平,有利于信贷文化的建设和信贷员水平的提高。系统将信贷员应该掌握的知识结构和应做的工作集成化,能提示信贷员或管理人员必须具备的知识和必须完成的工作。由于监督更加适时,它促使信贷员不得不建立完整的信贷档案,收集、整理、更新最基本的信贷资料,按时撰写贷后检查报告,从制度上引导信贷员水平的提高。二是加强了财务分析、现金流量分析。系统能快速计算出各类财务比率和结构比率,进行趋势分析及综合分析,如果信贷员连续收集报表,则能对企业的财务状况进行连续的监控,并在企业财务指标恶化时发出警示,规范了信用等级评估、风险度测算、五级分类的操作步骤,提高了准确性和工作效率。开展上述工作,既充分利用了系统的信息资源,又促使信贷员必须收集到必要的信息,同时,每个信贷员或网点的贷款质量(即综合风险度、不良率)更具有定量的可分析性。三是提高了检查人员非现场稽核的实效性和针对性,规范和完善了各类台账。通过信息系统与会计系统的接口,能直接从会计系统得到各类台账信息,建立借款人财务预警、借款即将到期预警、信贷员或网点工作质量预警等,有助于及时识别和弥补潜在风险。四是保障贷款分级审批权限的执行和提高审批效率,减少往返报送、传递申请的时间,有利于信贷员书面表达能力的提高。有助于减少审批环节中的道德风险,保证了审批人员的独立思考的环境,减少了审批人员的相互影响。五是通过贷款风险分类,为正确计提普通呆账准备金和专项准备金提供正确依据,为贷款呆账准备金制度的改革做好准备。通过计提专项准备金,使银行的贷款呆账准备金不仅与贷款规模相联系,而且与不良贷款的预计损失程度直接相关,可以考虑与人民银行信贷登录系统联网,利用该系统的信息直接上报人民银行,既快捷又准确。通过该系统,可以发布有关文件、法律法规、金融消息、行业信息、利率资料等,方便使用人员查询常用资料。

二、系统管理的结构与职责

(一)系统管理的结构

1. 银行信贷管理信息系统

银行信贷管理信息系统(CMIS)，主要实现一个适合前台、中台、后台操作的信贷业务处理平台，建立全行信贷管理信息系统。实现信贷管理涉及的业务流程，绝大多数业务流程都需要经过多级业务管理部门进行处理，业务流程复杂且流程跨度比较大；面对银行的金融信贷策略都会受国家政策的调整、市场信息的变化等因素影响，这些外因加上银行内部机制调整等内因，都可能导致信贷审批过程的变化，实现银行信贷业务流程的随需而变；银行的台账、风险管理、放款中心等业务系统都有大量的报表，系统能够快速、灵活地展示这些复杂的中式报表；增强快速响应信贷流程变化的能力，提升业务服务质量；实现系统中大量信贷报表展现功能，对复杂信贷业务数据报表进行灵活定制和展现；通过采用构件化开发方式，缩短项目建设周期，降低系统投资。

2. 银行信贷管理信息系统的体系结构

银行信贷管理系统主要分为表示层、中间逻辑层、业务逻辑层和数据层，如图 8-1 所示。

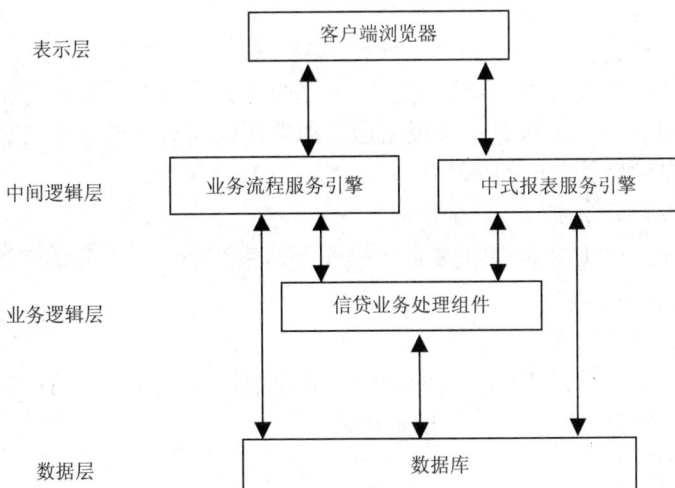

图 8-1　银行信贷管理信息系统体系结构

一个完整的商业银行信贷管理信息系统的业务功能主要包括：客户信息系统、客户授信额度系统、放款中心系统、风险资产管理系统、信贷台账系统、上报人民银行系统、公共控制系统等功能，如图 8-2 所示。

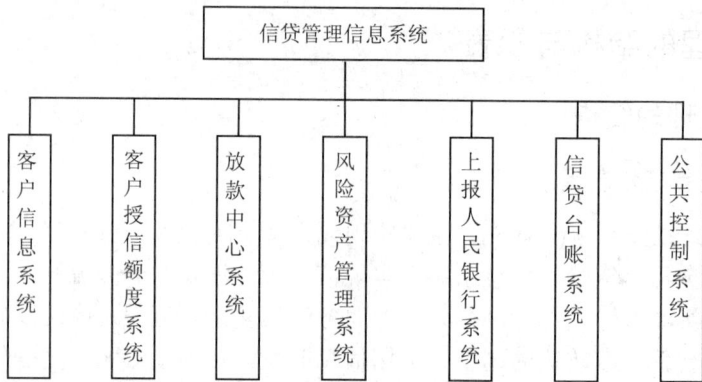

图 8-2　银行信贷管理信息系统的业务功能

1)　客户信息系统

客户信息系统是集中管理客户资料的子系统，任务是集中处理客户财务、非财务数据和集团客户关系信息，满足信贷业务对客户资料的需求，建立满足多种营销、管理、监督、分析需求的统一的公共客户信息平台。

2)　客户授信额度系统

客户授信额度系统是针对公司客户授信额度的维护、使用、恢复进行集中统一管理的子系统。

3)　放款中心系统

放款中心系统是连接交行信贷管理系统与核心账务系统的重要信息平台，放款中心进行最终信贷发放确认后，由账务系统根据送达的凭证调用有关电子流信息经会计确认后作入账处理，从而完成信贷发放的全程工作。

4)　风险资产管理系统

作为信贷管理系统 CMIS 的主要业务操作处理系统之一，风险资产管理子系统处理风险资产及其管理。

5)　上报人民银行系统

按照人民银行信贷登记咨询系统的要求，商业银行将每天发生的信贷业务变化情况，通过网络向当地人民银行数据库进行批量传输。

6)　信贷台账系统

信贷台账子系统是管理、维护、查询授信客户信息、授信业务信息管理子系统。它可以为信贷业务用户和信贷管理用户提供稳定、全面、统一的数据和信息。

7)　公共控制系统

对系统的操作者、操作对象和操作权限进行管理、控制，并为其他业务应用系统提供基础支持功能。

(二)系统管理的职责

商业银行应该明确专门的系统管理人员负责上下级联系和系统的日常管理与维护,确保信息系统正常运行。加强对柜员级别、柜员角色及审批流程环节的日常维护与管理;负责调查、审查、签批的各级人员,要及时跟踪项目审批流程,加快审批环节流转,提高审批效率。同时,商业银行要加强沟通和反馈,应将信贷管理信息系统中遇到的问题及时进行反映并指定专人负责答疑解难和业务指导。

银行信贷信息管理系统采集信息主要包括:一是凡中华人民共和国境内与金融机构发生信贷业务的企业、事业单位及其他借款人(自然人除外),必须全部进入银行信贷登记咨询系统;二是中华人民共和国境内依法设立的中资、外资、中外合资金融机构,均须向银行信贷登记咨询系统传输信贷数据信息;三是目前金融机构开展的贷款、承兑汇票、信用证、保函、担保等所有本外币信贷业务全部登记进入系统;四是登记了借款人的基本概况、财务状况、欠息、被起诉等以及其他资信信息。目前,银行信贷信息管理系统所采集的信息数据是全面而完整的。只要业务人员按要求操作,一个借款人在国内任何地方发生的所有信贷业务,都将记录在银行信贷登记咨询系统中。

银行信贷信息管理系统的运行方式是,借款人向所在地人民银行分支机构办理建立信贷登记档案的基本手续,登记其基本概况、财务状况和其他资信内容,并获得由人民银行统一颁发的贷款卡;借款人持贷款卡向金融机构申请办理信贷业务;金融机构凭贷款卡向人民银行数据库查询借款人的资信情况,作为审贷的重要依据,并按人民银行的统一要求,将其对借款人办理信贷业务过程中产生的各种信息数据进行登录,及时通过计算机网络,传输到所在地的人民银行数据库中。

三、信贷登记、查询管理及系统安全管理

(一)信贷登记管理

银行信贷登记管理,是对与银行有信贷业务关系的企事业单位和其他经济组织的信息进行管理。主要是由各金融机构按照人民银行的统一要求,将其对客户开办信贷业务中产生的信息(包括本外币贷款、银行承兑汇票、信用证、保函、担保,以及企业基本概况、财务状况和欠息、逃废债、经济纠纷等情况),通过计算机通信网络,传输到人民银行的数据库,金融机构可以向人民银行数据库查询所有与其有信贷业务关系的客户的有关资信状况,以防范银行信贷风险。

(1) 金融机构办理信贷业务时,应查验借款人的贷款卡,并通过银行信贷登记咨询系统查询借款人贷款卡的状态和借款人的资信情况。金融机构不得对持有被暂停、注销贷款卡的借款人发生新的信贷业务,已发生的信贷业务可以作延续处理。金融机构查验借款人贷款卡的时间不得超过五个工作日。经办行的业务操作层在信贷业务发生或变化的工作日

结束前，将有关信贷业务数据在系统中进行登录，并逐笔复核，确保数据完整、准确无误。分行当月信贷统计报表最晚要在次月初在系统中生成登录，并与计划部门或会计部门的有关数据进行核准。总行按月检查各营业机构向信贷管理信息系统报送有关数据的及时性、真实性和完整性。

(2) 经办行的业务操作层在借款人的贷款性质和风险分类发生变化时，要及时在信贷管理系统中对该借款人的分类作相应调整。核销呆账时，也应及时在信贷管理信息系统中作呆账冲销登录。

(3) 商业银行对所办理的信贷业务，应及时、完整地在银行信贷登记咨询系统内登录有关要素、数据。对中国人民银行规定须登记的其他情况的发生、变化，金融机构应及时、完整地在银行信贷登记咨询系统中登录有关要素、数据。

(4) 商业银行在所规定需登记的业务发生、变化后，应在第二个工作日 12 时前，将其所登录的业务有关要素、数据及时传送到所在城市中国人民银行中心数据库。在上报前应进行逐笔复核，确保数据准确无误。

(5) 由于商业银行分设、合并等原因引起的债权转移，应由转让、受让债权的金融机构分别持有关的证明文件，报请中国人民银行在银行信贷登记咨询系统中作变更处理。应定期组织检查金融机构向银行信贷登记咨询系统报送有关要素、数据的及时性、完整性和真实性。

(二)查询管理

查询管理应做到：

(1) 对借款人的资信情况查询，可通过借款人的贷款卡编码、机构代码或名称等关键字进行查询。

(2) 各营业机构除可查询总行发布的公共信息外，只能查询本机构范围内与其发生或申请发生信贷业务关系的借款人的资信情况。如需查询本机构范围外借款人的资信情况，各营业机构可向其有管辖权的上级行信贷管理部门申请查询授权，获准后可对有关借款人的资信情况进行查询。

(3) 通过信贷管理信息系统查询获取的借款人资信情况，不得向商业银行以外的机构泄露。

(4) 总行可以对辖内各营业机构在总行中心数据库中的信息进行查询、汇总、分析。

(5) 上级行根据工作需要，可以要求下级行上报有关信息数据。

(三)系统安全管理

(1) 信贷管理信息系统的安全管理应符合商业银行计算机信息系统安全保护工作的有关规定。

(2) 安装信贷管理信息系统的操作端必须专机专用，不得用于其他用途。系统操作端不得和 Internet 有任何物理连接(包括拨号上网和专线连接)，不能与其他计算机互相串用软盘。

(3) 系统管理员和操作人员不得互相兼职，调离岗位前需在有关部门监督下办理交接手续，于脱岗后一个月方可离岗。营业机构的业务操作员和系统管理员须分别报总行信贷管理部和信息数据处理中心备案。

(4) 信贷管理信息系统的操作应严格按照商业银行的有关规定进行，进入系统各层次的密码只允许被授权人员掌握，并定期更换。系统管理员或操作人员调离岗位时，对其权限登记必须立即更换到接任操作人员的名下，密码重新设定。

(5) 信贷管理信息系统设备的安装、使用应符合商业银行电脑部有关规定，并定期进行检查、维护。

(6) 信贷管理信息系统的数据备份工作应符合商业银行电脑部的有关规定。

(7) 要按月对信贷管理信息系统运行、使用及管理等情况进行检查。

小常识　我国银行信贷信息化建设

中国人民银行从 1993 年起就针对部分企业隐瞒自身不良信用记录，在多家银行开户，向多家银行申请贷款引发潜在风险问题，研究建立了企业档案及信用制度，并逐步在全国 200 个大中城市推行了贷款证制度。1997 年下半年起，中国人民银行借鉴一些工业化国家中央银行信贷登记系统的做法，并汲取国内部分城市对贷款证制度进行电子化管理的经验，开始建设以计算机网络为手段的银行信贷登记咨询系统。在 301 个城市人民银行分支行的数据库中，已录入约 6.2 万亿元贷款余额信息，以及其他相关信息，如银行承兑汇票、信用证、保函、担保及借款人的其他不良信用记录等资信情况。通过对这些数据信息的加工分析，可以掌握各个城市银行部门信贷资产运用的详细情况，如贷款期限、贷款种类、贷款方式、贷款质量等常规金融统计得不到的信息；可以查询到借款人欠息、逃废债、被起诉等方面的情况。为充分发挥银行信贷登记咨询系统的作用，中国人民银行计划于 2000 年年底实现银行信贷登记咨询系统的全国联网，实现异地查询和总行汇总分析，为金融监管和货币政策决策提供全面的信息服务。银行信贷登记咨询系统运行的方式是：企业法人首先要到人民银行所在地分支机构办理建立信贷登记档案的手续，并获得由人民银行统一颁发的信贷登记磁卡(或贷款证)；企业在向各金融机构申请或办理贷款手续时，必须持有信贷登记磁卡(或贷款证)；各金融机构按照人民银行的统一要求，将其对客户提供信贷过程中产生的各类业务信息，及时通过计算机通信网络，传输到所在地人民银行数据库中，同时也可向人民银行数据库查询其客户的全面资信状况，以防止资信不佳的企业因多头贷款给银行信贷资产带来潜在风险。

(资料来源：中国人民银行网站)

第三节 信贷业务的档案管理

一、信贷档案管理的概念

信贷档案管理系指商业银行分支行在信贷业务经营管理过程中，对形成的具有法律意义，具有史料价值或查考利用价值的信贷管理专业技术资料进行收集、整理、归档和保管的过程。

具体包括在信贷工作中形成的具有保存价值的文字、图表、盘片、声像等不同载体和不同门类的文件材料，它是信贷工作的历史记录，是维护信贷工作历史真实面貌的重要资料。

信贷档案管理工作是商业银行信贷工作的一个非常重要的组成部分，也是维护信贷历史真实面貌的重要基础性工作。

我们通常所理解的也就是狭义上的信贷档案，系指以贷款客户(包括企事业法人、自然人和个体工商户)为基本单位，并与商业银行已经发生或将要发生借贷关系形成的有关档案资料，是记载每笔信贷业务从受理、调查、审批、发放、收回各流程的系统记录及具有史料价值和查考利用价值的信贷经营管理专业技术资料，包括贷款客户提供和信用社内部形成的各项贷款业务原始的、具有保存价值的不同载体和不同门类的基础资料，是商业银行信贷资产管理的重要内容和保全信贷资产的重要资料。

二、信贷档案的分类

信贷档案分为信贷管理档案和贷款资料档案两大类。

(一)信贷管理档案

信贷管理档案主要包括以下内容。

(1) 信贷管理的相关法律法规：如《贷款通则》、《担保法》、《商业银行法》等。

(2) 信贷管理规章制度：如《银行联保贷款指引》、《××银行贷款操作规程》、《××银行联保贷款管理办法》、《××银行"三违"贷款管理办法》等。

(3) 各类信贷业务文件资料、通知、检查反馈等。

(4) 会议记录：信贷讨论会议记录等。

(5) 各类贷款台账：如支农再贷款台账、"三违"贷款台账、已置换不良贷款台账、公职人员拖欠贷款台账及财政、政府贷款台账等。

(二)贷款资料档案

贷款资料档案主要包括以下内容。

(1) 贷款审批会议记录。

(2) 每笔贷款业务的资料。

三、信贷档案的管理

(一)信贷档案管理的原则

信贷档案实行"统一领导、分级管理，严格监督、定期检查"的管理原则。一是信贷档案资料必须真实、要素齐全、完整和合法；二是档案管理要原始材料账册化，必备资料标准化，移交档案制度化，贷款资料信息化；三是要严格执行谁贷款，谁立卷；谁建档，谁管理；四是档案管理实行规范化：建立信贷档案要求科学、合理、规范、易于查找。五是档案管理保密化，任何人对涉及商业机密的信贷档案资料均不得泄密。

(二)信贷档案管理的程序

1. 信贷档案的分类

(1) 按照信贷档案资料的重要程度分为一级档案资料和二级档案资料。

一级档案资料包括用于贷款抵(质)押的房产证、财产保险单、货币存单、有价证券、贴现票据等所有作为抵(质)押物的证明文件。一级档案一律由经办行根据规定登记后交会计部门核算、出纳入库保管。

二级档案资料是一级档案资料的复印件以及以上所列除一级档案资料外的其他资料。

(2) 为了便于装订和查找，将二级档案资料分为客户情况档案和单笔信贷档案资料。客户情况档案是指信贷业务办理后在日常管理中所形成的客户资料，主要包含客户基本资料、贷后管理资料和特殊情况处理资料，单笔信贷档案是指在每笔信贷业务的受理—发放—回收过程中形成的档案资料。

二级档案按信贷档案保管部门来分，又可分为信贷业务档案及信贷审批档案。

信贷业务档案，由经办行信贷人员负责收集，经办行信贷档案管理人员保管，内容为贷前调查、审查审批、贷款发放以及贷后管理中形成的资料，包括客户情况档案及全部单笔信贷档案资料。

信贷审批档案，由信贷审查部门负责收集和保管，包括贷款调查、审查过程中形成的资料，主要由客户情况档案及部分单笔信贷档案资料组成。

2. 信贷档案资料的收集

1) 客户情况档案

主要包括：①基本情况简介；②营业执照复印件；③法人代码证复印件；④公司章程；⑤纳税登记证复印件；⑥注册验资报告复印件；⑦法定代表人身份证明、授权委托书及身份证复印件；⑧董事会成员签字样本；⑨客户所在行业资质许可证书复印件(进出口经营权、建安、施工许可证等)；⑩贷款证(卡)资料复印件；⑪有权部门批准成立事业单位机构设置的文件复印件；⑫申请人在信贷发放前三年及最近数期财务报表、信贷发放后连续的月、季度财务报表；⑬《商业银行客户评价报告》(综合授信业务)；⑭《商业银行信贷资产检查报告》。

2) 保证人的客户情况档案资料

与借款人的①～⑫项相同。

3) 单笔信贷档案资料

主要内容包括：①《商业银行信贷业务申请书》(分信贷品种)；②企业最高管理层或董事会同意借款的决议及授权书；③申请信贷支持的各种证明材料，如购销合同、承包协议、委托加工合同等；④担保企业最高管理层或董事会同意借款的决议及授权书；⑤信贷担保承诺书；⑥信贷担保核保书；⑦信用等级评定表；⑧信贷调查报告；⑨《商业银行信贷业务申报审批书》；⑩抵(质)押物权属证书原件及其复印件，如房产证、国有土地使用权证、财产保险单、存单、有价证券等；⑪信贷审查委员会会议纪要；⑫信贷业务审批通知书、信贷业务发放通知书；⑬《借款合同》、《银行承兑协议》；⑭《保证合同》、《抵押合同》或《质押合同》、《承兑保证金协议》；⑮抵押物登记证明(他项权证)、抵押物保险权益转让书；⑯借款凭证、贴现凭证(复印件)；⑰提前还款申请书；⑱还款凭证；⑲《商业银行借款展期申请书》；⑳展期调查报告；㉑《商业银行贷款展期申报审批书》；㉒《展期协议书》；㉓《商业银行重大事项报告表》；㉔《商业银行逾期贷款/欠息催收通知》；㉕《商业银行不良资产化解报告》；㉖《商业银行呆滞、呆账贷款认定报告》；㉗《商业银行呆账贷款专题报告》。

3. 信贷档案的移交和组卷

1) 档案移交

经办信贷人员将信贷档案资料按单笔档案资料和客户情况档案分类归并后，于信贷业务发生后两日内移交本部门信贷档案管理人员，之后形成的信贷档案材料，均应在形成后两日内移交，不得遗漏。

经办信贷人员在信贷档案移交前，应填写拟移交的《信贷档案资料清单》一式两份，连同信贷档案材料一并交信贷档案管理人员。对于移交的信贷档案，双方必须依照清单逐份核实，并确认每一份信贷档案材料是否为原件、原稿或指定的复印件。如有缺项，信贷档案管理人员有权要求经办人员补齐；特殊原因无法补齐的，应由经办人员在清单备注中注明原因。交接完毕后，清单一份退经办信贷人员，另一份作为信贷档案资料首页。双方登记《信贷档案交接登记薄》。

2）　档案组卷

（1）　每一客户情况资料档案设立一专卷，每年装订一次，保证人资料视同借款人资料管理；每一单笔信贷档案设一专卷，按业务发生时间顺序排列，结清后装订。

（2）　每一案卷应填制两份《信贷档案资料目录》，一份作为卷首，另一份用做检索。

（3）　案卷内资料以件为单位装订，即以每一份有效档案资料为单位，每件资料首页左上角编写件号，同时，每件资料都在有效张页正面右上角和背面左上角编写页号，将件号和页号登记在《信贷档案资料目录》中，在备注中注明密级。

4. 信贷档案的存放与调用

1）　档案的存放

信贷档案管理人员负责将上述卷宗统一编号，并分别客户建立档案盒，档案盒统一编号。

（1）　客户情况档案资料按年度分卷，每一客户归入一档案盒存放，不同客户集中存放。

（2）　单笔信贷档案首先按客户区分，每一客户再按信贷品种分类，同一信贷品种按时间顺序排列，视案卷多少同一客户的同一品种归入一个或多个档案盒保管，序号要连续。信贷档案管理人员要建立信贷档案目录索引记录本。索引应每年整理并更新一次。

2）　信贷档案的调用

（1）　查阅、调阅、复印档案资料需填写《信贷档案借阅登记薄》，经有权人批准后方可进行。

（2）　查阅信贷档案须在登记簿上签字后，在档案保管地进行，不得将档案资料带离保管地点。

3）　可以查阅信贷档案资料的人员

（1）　本级行或上级行信贷、纪检、稽核部门因工作需要，可办理有关手续，直接查阅、调用、复印需要的信贷业务档案资料。

（2）　其他业务部门因业务需要，经本级行主管行长同意，可通过信贷档案管理人员查阅有关信贷档案资料。

（3）　公安部门、司法部门办案人员因办理案件需要，持有权部门签发的查询书及必要证件，经主管行长同意并在查询书上签字后，可查阅和复印有关信贷档案资料。

（4）　本行法律部门及资产保全部门因诉讼需要，可经主管行长批准，查阅、调阅、复印有关信贷档案资料。

5. 信贷档案资料的清退及销毁

(1) 对已经结清债权债务关系的信贷档案，其中应退还给客户的资料，经主管领导批准后，办理退还手续。

(2) 对已失去债权债务关系、失去法律效力及参考意义的无保存价值的各类信贷档案资料，报经信贷审查委员会及本行档案管理部门批准后，在档案管理部门的监督下，采取两人负责方式销毁。未经批准，任何人不得擅自销毁信贷档案资料。档案销毁前，信贷部门必须对要销毁的档案资料逐一登记造册，资料登记清册必须永久保存备查。

6. 移交档案部门保存

每会计年度终了后两月内，信贷档案管理人员要整理好已终了年度全部结清贷款的档案，向档案室移交，并办理移交手续，信贷档案管理人员和办公室档案管理人员要在《信贷档案交接登记簿》上签字。

对已经批准核销的贷款，信贷档案管理人员应在收到核销通知一个月内将该企业的信贷档案资料移交分行档案室统一保管。国家重点建设项目贷款档案以及具有史料价值建设项目的贷款档案须永久保存，一般中长期贷款项目档案的保存期限为 15～20 年，小型项目及短期贷款档案保存期限为 5 年。

银行贷款发放后，信贷员应按以上规定内容，及时建立和搜集、整理归类所管理贷款客户从借款申请到贷款使用、回收全程的有关档案资料，按资料形成时间顺序和归类要求整理立卷、建档，并登记借款人贷款资料目录，并将全部资料编号，按序归入借款人档案盒保管。并对已收清的贷款资料，以社为单位年末统一列出清单，统一规范装订成册(装订成册后信贷员应加封、盖印)，移交会计归入会计档案登记保管。

7. 信贷档案资料的调阅

内部人员调阅信贷档案。凡已归档保管的信贷档案和由信贷员负责保管的信贷档案，因工作需要调阅的，由调阅人填写信贷档案调阅登记簿，应由调阅人出具借条，并经主任签字同意方可调阅。信贷员和档案管理员应负责登记调阅人员名单、时间和调阅内容；调阅的信贷档案不得涂改、圈划、复制、拆散原卷册，用后必须及时归还。

外部人员调阅信贷档案。信贷档案原则上不对外调阅借出。当发生借款纠纷或依法起诉、处理案件等情况时：①司法、法院等部门需查阅、复印时，必须持有县(市)级以上主管部门的正式公文介绍信，经信用社主任签字批准后方可查阅；②己方律师如有需要可以查阅；③对方律师原则上不可以查阅，若其通过法院来查阅，法院须持有县(市)级以上主管部门的正式公文介绍信，经信用社主任签字批准后方可查阅。查阅时，信用社应有专人在场陪同，查阅人需要索取复印有关证据和资料时，须经信用社主管领导同意后，方可抄录和复印，但严禁将原件抽出借出。公安、检察、法院等执法部门查阅信贷档案资料时，必须持有县级以上主管部门出具的正式公文介绍信或执行公务证，经县级以上主管部门负责人签字批准后方可查阅。

信贷档案资料借用人或查阅人在借用或查阅期间，应保证资料的安全、完整性和有效性，借用或查阅人均不得在信贷档案资料上涂改、拆取、标注、伪造、损毁、遗失和对外公开，对因资料的遗失、毁损或泄密而造成的经济损失可要求其承担相应责任。

第四节　信贷业务的台账管理制度

一、信贷业务台账的概念

台账是各个业务部门用于管理、统计本部门日常工作的各种文本、文件、资料的明细记录表。信贷业务台账是按照一定的格式和一定的分类方法对本部门所发生的信贷业务进行登记而形成的信贷业务账簿，通过信贷业务台账，能够及时、准确、动态地掌握本行信贷业务发展及变化情况。信贷业务台账由信贷经营部门指定专人(兼职)进行登记、整理和保管。信贷管理信息系统涵盖所有信贷业务后，信贷业务台账的管理和登记按照系统的设置要求进行。

二、信贷业务台账的设置

信贷业务台账是每一个信贷户的明细账，包括贷款额、利率、期限，当期还款本金、当期还款利息、本金余额等要素。按账务记载内容分为信贷总账、分户账两类，商业银行也可以根据账页格式制作电子台账。总账又分为信贷业务流水总账和按照信贷业务科目记载的分类总账。信贷业务流水台账按信贷业务种类发生的顺序记录全部业务，如贷款流水台账、银行承兑汇票流水台账等。信贷业务科目总账是按信贷业务科目填写的分科目账。

信贷业务分户台账记载每一信贷客户逐笔信贷业务的发生情况和余额情况。不良贷款分户台账要求按笔设立账户，专门记载。

三、信贷业务台账的登记要求

信贷业务台账要由信贷监测会计专人负责登记与管理，按照"形态调整——认定责任人——登记台账——通知责任人——编制月报表"的程序进行操作。

1. 贷款管理台账由基层行信贷员按企业设置并按有关规则进行登记

对具有法人资格，实行独立核算与不具备法人资格的企业分别对待，信贷员要随时掌握企业资金的运行情况，严格按照各个台账登记的要求，认真、及时地进行登记。

2. 贷款管理台账主要登记各项财务指标的变化情况

指标与企业有关会计账表不一致的，要按实际发生情况和有关规定进行登记，同时做好分析记录。但有些指标，如结余货币资金、企业账面亏损额等必须与企业相应账表真实反映的数据一致。信贷人员必须逐月将台账数据与企业的有关账表进行核对，以保证台账的真实性、准确性和完整性。

3. 严格对台账内容准确性的审核

应将台账登记与管理工作纳入对信贷员的责任目标考核之中。

第五节　信贷业务统计报表与报告

一、信贷业务统计报表与报告的概念

统计报表是按国家统一规定的表式，统一的指标项目，统一的报送时间，自下而上逐级定期提供基本统计资料的调查方式方法。我国大多数统计报表要求调查对象全部单位填报，属于全面调查范畴，所以又称全面统计报表。

统计报表具有统一性、全面性、周期性、可靠性等特点。在信贷管理中，信贷业务统计报表主要包括了月度、季度的定期统计报表和年度统计报表。信贷业务统计报表统一制定、统一治理、统一编号，报行领导批准后统一下达，并送相关部门备案。为保证全行统计数据的完整、准确，总行有关职能部门直接经办的各类存、拨、贷款业务应按《统计报表制度》要求，定期提供有关数据。

统计报告就是指运用统计资料和统计分析方法，以独特的表达方法和结构特点，表现所研究事物本质和规律性的一种应用文章。信贷业务统计分析报告是信贷管理分析研究过程中所形成的论点、论据、结论的集中表现；它不同于一般的总结报告、议论文、叙述文和说明文，它是运用统计资料和统计方法、数字与文字相结合，对信贷进行分析研究的结果。

信贷业务统计报表与相关分析报告是信贷基础管理工作的重要内容，是及时、全面掌握信贷业务开展情况、分析信贷资产状况、防范和化解经营风险的重要依据。报表格式及报告内容一般由总行具体规定并根据业务需求进行适时调整。

二、信贷业务统计报表的基本要求

1. 统计报表数据准确

各种报表之间、报表前后期的相关数据之间应保持一致性、可比性。全行性专业定期统计报表和临时性调查表(国家有关主管部门统一制定的报表除外),由各职能部门提出表式和编制说明,经计划部门会签、编号,报行领导批准后下达,同时抄送计划部。

2. 报表填制的各项指标须全面、完整

要注意各指标之间的层次关系、勾稽关系,相关横行、竖列子项合计数字应与母项相吻合。职能部门制发的专业统计报表要与综合性统计报表内容、口径、指标解释、计算方法等相衔接,以避免出现矛盾,职能部门设置统计报表和统计指标时应本着互为补充、数据共享、精简报表、避免重复、减轻基层行负担的原则,同时要考虑凡各行原始记录卡能反映的内容,原则上不另加指标,如确需增加,可通过增加原始记录卡的有关指标解决。

三、信贷分析报告的内容与基本要求

(一)信贷分析报告的内容

信贷分析报告一般包括对统计报表的数据分析和实例分析,并对下期经营状况进行预测。

(1) 基本评价。根据报告期信贷运行基本数据及总体情况,对信贷运行情况进行总体评价。

(2) 信贷结构分析。按照信贷品种、期限、行业、信贷额度等划分标准,对信贷结构进行分析,判断信贷资产的流动性,评价信贷业务余额结构和新增结构的合理程度。

(3) 风险状况分析。分别按照一逾两呆和五级分类口径,对信贷资产的风险状况进行分析,对新增不良资产的原因要进行详细说明和分析,对不良资产的清收进度和遇到的主问题进行说明,并预测下期不良资产的发展趋势。

(4) 典型分析。列出贷款超过一定额度的贷款明细,如 100 万元以上、信贷余额前十名的客户等,并根据情况对这些客户进行繁简适当的分析。

(5) 重点说明。对不良资产额度较大的客户、近期清收有进展或有望取得进展的客户进行重点说明。说明下个报告期(一般为下月)到期信贷业务总量、预计能收回数量、预计收回有问题的业务额度、客户及原因。

(6) 提出信贷基础管理工作中存在的问题。

(7) 根据以上几方面的分析,提出下期信贷工作的重点和改进建议。

(二)信贷分析的管理要求

(1) 信贷经营部门指定专人负责信贷统计报表的统计和分析工作。

(2) 信贷统计分析资料的调用、借阅手续,比照二级信贷档案的有关规定办理。

(3) 信贷统计分析资料作为信贷业务发展的纪录档案,要长期保管。

(4) 信贷统计分析资料每年集中移交档案室统一保管,档案移交时要办理交接手续,

档案室经办员与信贷经营部门负责档案管理人员均应在信贷档案交接登记簿上签字。

四、格式及时限要求

格式及时限要做到以下几点：

(1) 下级行要按照上级行规定的报表格式、纸型制作和报送，一般要用电子格式(Excel、Word)。

(2) 所有报表和报告必须由制表人、审核人和负责人签字(签章)并加盖制表单位公章，正本一般一式两份，一份报上级行，一份存档。

(3) 报表及相关分析报告要严格遵照上级行有关文件要求的时间和范围进行统计分析。

(4) 报表及分析必须在规定时间内报送，若遇特殊情况要提前请示。

(5) 各行应按要求在信贷管理信息系统中进行报表的录入、生成和发送，为使用系统报送各类报表创造条件。

小常识　企业贷款调查报告内容

通常，企业贷款调查报告应包括以下内容。

(1) 企业贷款调查报告格式的调查人的姓名、性别、工作单位、职称和经理级别、调查内容、时间和地点。

(2) 企业贷款调查报告的基本情况：企业名称、地址、企业性质、注册资本、法人执照、法人代表姓名、性别、年龄、职称、学历、专业年限、诚信程度、领导成员名称、技术人员和员工人数、生产的产品，注册商标。

(3) 企业贷款调查报告的资产及负债。固定资产分为办公管理类的固定资产，用于生产方面的固定资产，如厂房、设备；流动资产分为原材料、产成品、应收贷款、现金(含周转金)逐项写清；无形资产包括土地、商标等；递延资产、不能变现的待摊费用、租金、装修费。负债包括银行借款、民间筹资，应付贷款分项写清，银行借款写清所属行社、贷款金额、贷款形态、欠息情况。所有者权益，资产负债比率。

(4) 企业贷款调查报告中要介绍一下企业的生产经营状况、生产规模(包括设计规模和实际规模)、产值、产品的生产与销售周期、产品销售形势和市场的前景。成本计算分别计算出生产平均成本和综合平均成本、销售平均价、产品利润、实现税利和纯利润。

(5) 企业贷款调查报告中要说明企业贷款的可行性分析、资产负债分析、生产周期与流动资金分析、现金流量分析、资金的分布分析、生产与销售分析，这些项目要采用比较、趋势、指标分析方式进行分析，全面评估分析贷款的风险与否，还款的保证和来源，提出负债性的调查结论、贷出与否、准贷金额、采用贷款方式、贷款期限、调查人所承担的责任。

(6) 企业贷款调查报告中还要报批贷款商业银行签署集体研究意见，按规定确定第一、

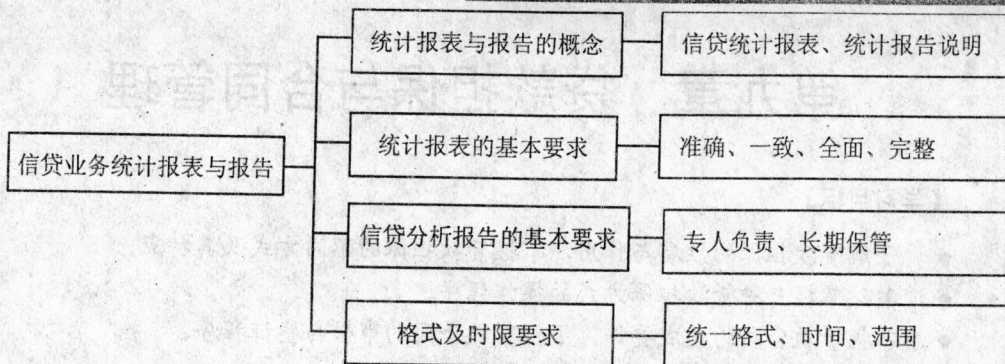

```
                          ┌─────────────────────┐   ┌─────────────────────────┐
                          │  统计报表与报告的概念  │───│ 信贷统计报表、统计报告说明 │
                          └─────────────────────┘   └─────────────────────────┘
┌──────────────────────┐  ┌─────────────────────┐   ┌─────────────────────────┐
│  信贷业务统计报表与报告  │──│  统计报表的基本要求   │───│  准确、一致、全面、完整   │
└──────────────────────┘  └─────────────────────┘   └─────────────────────────┘
                          ┌─────────────────────┐   ┌─────────────────────────┐
                          │ 信贷分析报告的基本要求 │───│    专人负责、长期保管     │
                          └─────────────────────┘   └─────────────────────────┘
                          ┌─────────────────────┐   ┌─────────────────────────┐
                          │   格式及时限要求      │───│   统一格式、时间、范围    │
                          └─────────────────────┘   └─────────────────────────┘
```

复习思考题

1. 信贷档案管理的原则包括哪些？
2. 信贷业务台账设置与登记的基本要求是什么？
3. 信贷业务统计报表有哪些基本要求？

第九章 贷款担保与合同管理

【学习目标】

- 了解贷款担保的性质与作用，掌握贷款担保的不同方式及其特点。
- 熟练掌握三种贷款担保方式的操作程序。
- 掌握贷款合同的构成要件，了解贷款合同的审核与鉴证程序。

【重点难点】

- 保证、抵押和质押的具体操作程序。
- 贷款合同的构成要件。

章前导读

2007 年 5 月，无棣县农信社首次将 1628 亩海域使用权经当地海洋渔业管理部门登记批准，试点性地为埕口镇水产养殖户吴某开办了第一笔海域使用权抵押贷款业务，金额为 350 万元，借款合同及抵押手续由当地公证部门进行了公证，"海域使用权抵押"贷款业务成功破冰。截至 2008 年 4 月末，无棣县农村信用社累计投放"海域使用权抵押"贷款 18 笔，金额共计 850 万元。

(资料来源：农村金融网)

关键词：保证 抵押 质押 合同

第一节 贷款担保概述

一、贷款担保的含义和性质

贷款担保是指担保人向商业银行承诺，在债务人(包括借款人和其他信贷业务债务人)未清偿信贷合同约定的对商业银行所负债务时，担保人替代债务人向商业银行清偿债务，或以特定的物或权利向商业银行清偿债务。

担保是商业银行信贷业务的第二还款来源，当债务人不清偿债务时，商业银行可以要求担保人代为偿还或以处分担保物或担保权利的方式清偿。商业银行应与担保人约定担保合同的独立性，即担保合同的效力独立于主合同，主合同无效并不影响担保合同的效力。

二、贷款担保的作用

贷款的担保实际上是借款人向银行直接或通过第三者提供的一种信用，是商业银行减轻信用风险的有效手段。保证是一种信用担保，抵押则是一种物权担保。贷款担保的主要作用有以下几个方面。

(一)担保有利于贷款人转移风险

银行贷款的风险是客观存在的。银行在贷款活动中，必须采取有效的措施来防范风险，以避免或减少损失。转移风险，即银行以某种方式将可能发生的风险损失转嫁给他人来承担，这是银行经常采用的一个有效措施。在担保贷款中，银行将贷款风险转移给了保证人。

(二)担保有利于减少贷款的损失

由于银行对贷款实行担保和抵押，如果借款人不能按期偿还贷款而造成损失就可以通过其他方式进行弥补。如贷款实行保证担保，由于保证方负有代为偿还债务或连带承担赔偿损失的责任，贷款方就能避免因借款人经营不善等原因而使贷款可能出现的损失。如对贷款实行抵押和质押，则银行在借款人由于某种原因不能按期偿还贷款时，可以依据有关法律规定和抵押合同协议处理抵押物，并从所得价款中优先得到清偿的权利，从而尽量减少甚至避免造成银行贷款的损失。

(三)担保有利于保证方加强对借款人的督促

保证方一旦为借款人的借款行为进行担保，就开始承担代为偿还债务和连带赔偿损失的责任。因此，保证方就会依据承还保证协议和有关合同条款，加强对借款人的生产经营的监督和检查。一方面，监督借款人生产经营活动和资金使用状况，防止借款人违反借款合同条款从事风险投资情况出现，督促借款人按期归还贷款本息；另一方面，由于担保方一般都是经济效益好，具有代为偿债能力的企业，因此，当借款人由于经营不善或其他原因有可能影响偿还债务能力时，担保方就会从管理、技术、资源甚至市场等方面提供帮助，协助借款人走出困境，增强其债务偿还能力，尽可能减少风险和损失。

三、贷款担保的分类和特点

(一)贷款担保的分类

1. 保证

保证是指保证人和商业银行约定，当债务人不履行债务时，保证人按照合同约定代债务人履行债务或者承担赔偿责任的行为。《担保法》规定，当债务人不履行债务时，保证人应按照约定履行债务或者承担责任。

保证可分为一般保证和连带责任保证。一般保证指保证人和商业银行约定，当债务人不能履行债务时，由保证人承担保证责任的一种担保方式。连带责任保证是指保证人和商业银行约定，保证人与债务人对债务承担连带责任的一种担保方式。商业银行只接受保证人提供的连带责任保证，不接受保证人提供的一般保证。

2. 抵押

抵押是指债务人或者第三人不转移对拥有所有权、处分权的财产的占有，将该财产作为对商业银行债权的担保。债务人不履行债务时，商业银行有权以抵押财产折价或者以拍卖、变卖该财产的价款优先受偿。

3. 质押

质押是指债务人或者第三人将其财产移交商业银行占有，将该财产作为对商业银行债权的担保。债务人不履行债务时，商业银行有权以该财产折价或者以拍卖、变卖该动产、权利的价款优先受偿。按质押物的不同，质押分为动产质押和权利质押。动产质押是指债务人或第三人将其动产移交债权人占有，将该动产作为债权的担保，当债务人不履行债务时，债权人依法以该动产折价或者以拍卖、变卖该动产的价款优先受偿。权利质押是指债务人或者第三人将实体财产以外的可以让与的财产权利为标的，依法履行质押手续，作为债权的担保，债务人不履行债务时，债权人依法对质押权利予以处分或者直接控制，行使质押权利而优先受偿。

(二)贷款担保的特点

1. 保证的特点

如前所述，保证的信用担保方式就是保证人以自己的名义、信用(资产)向债权人作出保证，担保债务人履行债务。如果债务人没有履行债务，保证人将以自己的资产承担代为履行或赔偿的保证责任。显然，保证的目的在于担保债务的履行和债权的实现，不同于商品交换、市场经济流通中的普通法律关系之目的。后者的当事人双方各有特定的经济目的，一方获得物品使用价值，另一方收取相应的价金，实现其商品的价值。而前者当事人双方的目的不在于发生财产转移，而是注重担保一定债务的切实履行和相应的债权的充分实现。这种保证具有以下特点。

1) 从属性

首先表现在保证的成立。保证的成立，是以被保证担保的债的成立为前提，否则，保证就会因无担保对象而失去其存在的意义。其次就是保证的责任范围。保证的责任范围和强度不得超越被担保之债务，但可以小于被担保之债。一般说来，是由当事人约定或法律规定保证担保的责任范围。如果当事人约定的保证担保责任范围大于被担保之债务，或者不明确，在法律上，该保证担保之责任范围则被视为与被担保之债务相同，即包括被担保之债务本身及其从属债务，如违约金、利息等。再次就是保证的责任解除。随着被保证担保之债务的解除，保证之担保责任也随之解除。

2) 相对独立性

其相对独立性表现在：保证的无效、被撤销或解除，并不影响被其所担保的债的效力，如债权人免除保证人的责任，债务人的债务并不因此被免除；保证所担保的债被确认无效，保证并不必然因此而丧失效力。比如在担保的经济合同被确认无效后，若被保证人应当返还财产而不能返还，或者应当赔偿损失而不能赔偿时，除有特殊约定外，保证人应当承担连带责任。

3) 信用性担保

保证担保是保证人以自己的名义和资产担保的，自然同保证人的信用密不可分。主要是保证人的名义(身份)和商誉(经济实力)。这是由保证作为人的担保之本性所决定的。实际生活中，保证人的名义、身份，往往就意味着或代表了其商誉和经济实力，保证人的经济实力体现了其履行能力或清偿能力，是保证人所获得良好商誉的物质条件，也是债权人是否信任的客观基础。换言之，保证人拥有雄厚的经济实力，具有足够的履行能力或清偿能力，是保证担保的强有力的后盾。否则，保证人的保证担保就会令债权人难以置信。由此可见，保证的成立，取得债权人的信任，保证人的信用是关键所在，而保证人的资产——经济实力则是物质基础。

2. 抵(质)押的特点

关于抵押权与质押权的区别标准，各国有所不同，有的以标的物的占有是否转移为标准，不转移标的物的占有而提供担保的为抵押权，转移标的物占有而提供担保的为质权。在法国民法中，抵押权只为用于清偿债务而对不动产设立的物权，而质权既包括动产质权，也包括不动产质权；在德国民法中，质权是指动产质权及权利质权，抵押权仅指不动产；日本民法中是以权利人是否占有抵押标的物区分抵押权与质权，不转移占有的不动产债务担保的，为抵押权，占有作为其债权担保的标的物的，为质权，包括动产、不动产和权利质权；德国民法典以提供担保的物的性质来区分质权和抵押，提供担保的标的物为不动产的，是抵押权，提供担保的标的物为动产的，不论是否转移占有，均称为质权。从以上划分抵押权与质权的标准可以看出，区分质权与抵押权的标准基本上是：一种是以是否转移标的物的占有为标准，一种是以标的物是动产还是不动产为标准。我国《担保法》规定，抵押是指债务人或者第三人不转移抵押财产的占有，将该财产作为债权的担保。质押是债务人或者第三人将其动产或权利移交债权人占有，将该动产或权利作为债权的担保。由此可见，我国是以是否转移标的物的占有为标准区分抵(质)押权标准的。

抵(质)押权作为一种担保物权，具有如下特点。

(1) 抵(质)押权是一种从物权。设定抵押权的目的，是为了确保债的履行，它不能脱离债权而独立存在，因此，它与所担保的债权是主从关系，具有从属性。其从属性表现在抵押权的效力取决于债权，随债权的成立而成立，随债权的转移而转移，随债权的消灭而消灭。

(2) 抵(质)押权的不可分性，也就是说抵(质)押权所担保的债权，债权人得就抵押物的全部行使其权利，其标的物的分割或者部分灭失，债权分割或者部分转让或清偿，对于抵押权没有影响。

(3) 抵(质)押权是以债务人或第三人所有或者经营的财产设立的担保，具有标的和担保范围的特定性。其中抵(质)押权的特定性是通过特定财产的占有转移或者登记公示体现出来的。所担保债权范围的特定，是指抵(质)押权只能为特定的债权而设定，"特定的债权"，既可以是现实已经存在的特定债权，也可以是将来必然发生且数额已经有所限定的特定债权。但是，抵押权所担保的债权须是明确的、具体的，它不能笼统地担保债务人的一切债务。

(4) 抵(质)押权有物上代位性。抵(质)押权以取得抵(质)押物的交换价值，使债权得到清偿为目的，即使抵(质)押物变化为其他价值形态，仍可行使优先受偿权。抵押人将抵押物转让他人时，抵押权人仍可对抵押物行使权利。抵押权人可就由于抵押物灭失、毁损而取得的保险金行使请求权。在抵押人或者第三人不法损害抵押物时，抵押权人有权依法要求加害人承担损害赔偿责任，他人侵害抵押权人对抵押物占有的，抵押权人有权请求返还抵押物。抵押人将抵押物再行设定其他权利时，不能对抗优先设定的抵押权。

(5) 抵(质)押权具有优先受偿性。抵(质)押权的实质和担保作用就在于，抵押权人可以通过对抵押物变卖或者折价，优先受偿。正是优先受偿权保证了债权人可以优先于其他债权人而受清偿的权利，以抵(质)押的价值满足自己的债权。首先，抵(质)押权优先于普通债权。当债务人有两个以上债权人时，设定抵(质)押权的债权人就抵押财产有优先于未设定抵(质)押的普通债权人而受清偿的权利，只有抵押权人的债权得到完全清偿后，其他债权人才可得以清偿。其次，在同一项财产上设定有数个抵(质)押权时，设定或者登记在先的抵(质)押权人优先于后者而受清偿，只有前一抵(质)押权人的被担保的债权得到完全清偿后，后一顺序的抵(质)押权人才能就剩余部分受到清偿。

(6) 抵(质)押权是一种他物权。抵(质)押权是为担保债权而设定的，但它是一种物权。抵(质)押权人可以直接行使抵(质)押权，而不需要债务人的行为就可以实现自己的权利。但是抵(质)押权是在他人之物上设定的权利，因此，抵(质)押权为他物权。抵(质)押权作为一种担保物权具有担保物权的一般属性，即支配性、排他性和追及性。

四、贷款担保的特殊形式

(一)共同担保

1. 共同担保的种类

共同担保，是指对同一债权提供的多个担保。可以分为以下几种。①同一债权有多个保证人的共同保证；②同一债权有多个抵押权的共同抵押；③同一债权有多个质权的共同质押；④同一债权既有保证又有抵押和质押的混合共同担保。

2. 采用共同担保应注意的问题

(1) 共同保证可分为按份共同保证和连带共同保证。按份共同保证是指保证人与债权人约定按份额对主债务承担保证义务的共同保证。连带共同保证是指各保证人均对全部主债务承担保证义务的共同保证。

(2) 两个以上保证人对同一债务同时或分别提供保证时，各保证人与债权人没有约定保证份额的，应当认定为连带共同保证。在连带共同保证中，债务人在主合同规定的债务履行期届满没有履行债务的，债权人可以要求债务人履行债务，也可以要求任何一个保证人承担全部保证责任。

(3) 同一个债权有两个以上抵押人的，当事人对其提供的抵押财产所担保的债权份额或者顺序没有约定或约定不明的，抵押权人可以就其中任一或者各个财产行使抵押权。

(4) 同一债权既有保证又有第三人提供物的担保的，债权人可以请求保证人或者物的担保人承担担保责任。

(5) 同一债权既有保证又有债务人提供的抵(质)押担保的，在实现债权时，保证合同如无特别约定，原则上首先实现抵(质)押担保。如果实现抵(质)押权不能全部清偿债权，保证合同的保证人，执行剩余债权的清偿。

(6) 同一债权有两个以上抵押人的，债权人放弃债务人提供的抵押担保的，其他抵押人可以请求人民法院减轻或免除其应当承担的担保责任。

(二)最高额担保

1. 最高额担保的种类

1) 最高额保证

最高额保证，是指债权人与保证人之间就债务人在一定期间内连续发生的多笔债务，确定一个最高债权额，由保证人在此最高债权限额内对债务人履行债务承担保证责任。

2) 最高额抵押

最高额抵押，是指抵押人与抵押权人，在最高债权额限度内，以抵押物对一定期间内连续发生的债权作担保。

2. 最高额担保的特征

(1) 虽然最高额担保可以为已发生的债务作担保，但通常是为未来发生的债务作担保。

(2) 最高额担保所担保的债务为一定期间内连续发生的若干笔债务。

(3) 担保责任具有最高限额。

3. 最高额担保应注意的问题

(1) 最高额担保中，保证人或抵押人担保的最高限额是指债权的最高限额，而不是指保证人或抵押人不承担担保责任。

(2) 当事人对最高额抵押合同的最高限额、最高额抵押期间进行变更，以其变更对抗顺序在后的抵押权人的，人民法院不予支持。

(3) 最高额抵押的主合同债权不得转让；最高额抵押权所担保的不特定债权，在特定后，债权已届清偿期的，最高额抵押权人可以根据普通抵押权的规定行使抵押权。

小常识　债权转让对保证人的效力

《担保法》生效前的担保，债权人将债权转让给第三人的，负有通知保证人的义务。债权人通知保证人后，保证人应向债权受让人承担保证责任。

《担保法》生效后的担保，债权人依法将主债权转让给第三人的，保证债权同时转让，债权人无须通知保证人，保证人在原保证担保的范围内对受让人承担保证责任。

但保证人与债权人事先约定仅对特定债权人承担保证责任，或者约定禁止债权转让的，主债权转让后保证人不再承担保证责任。

(资料来源：中国财经网)

第二节　贷款担保的具体运作

一、保证担保

(一)保证人初选

债务人向商业银行提出信贷申请时，信贷人员应要求客户提供担保方式意向。如采用保证担保形式，信贷人员应依据掌握的情况对客户提出的保证人意向进行判别。如认为不符合条件，应告知客户另行提供保证人或改变担保方式。

债务人应在提交的信贷业务申请书上写明采用保证担保方式及保证人全称，并提供保证人的下列材料。

(1) 担保意向书。担保意向书应对其保证责任作出明确表示。担保意向书必须具备以下内容：被保证人的名称，保证的信贷类别、币种、金额、期限等。担保意向书上应加盖公章，并由法定代表人(负责人)或授权代理人签字。

(2) 经工商行政管理部门年检合格的法人营业执照副本。保证人如为企业法人的分支机构，应在提供营业执照副本的同时，提供企业法人的书面授权委托书(原件)。授权委托书必须具备以下内容：授权代理人全称；保证的信贷类别、币种、金额、期限等。

(3) 法定代表人(负责人)或其授权代理人的身份证明文件。

(4) 股份有限公司、有限责任公司、中外合资企业、具有法人资格的中外合作企业担任保证人的，应查阅该公司或企业的章程，确定有权就担保事宜作出决议的机关是股东会还是董事会(或类似机构)。保证人须提供有权作出决议的机关作出的关于同意出具保证担保的文件、决议或其他具有同等法律效力的文件或证明(包括但不限于授权委托书、股东会决议、董事会决议)。

(5) 保证人最近一期的财务会计报表及近三年经审计的财务会计报表和审计报告。企业成立不足三年的，应提供与其成立年限相当的财务和会计报表和审计报告。

(6) 中国人民银行颁发并年审合格的贷款卡(证)。

(7) 税务部门年检合格的税务登记证明。

(二)保证人评价

信贷人员应对保证人进行严格调查、评价。对保证人的评价包括确认保证人的主体资格、评价保证人的代偿能力和保证限额分析三方面。

1. 审查保证人的主体资格

经商业银行认可的具有较强代为清偿能力的、无重大债权债务纠纷的以下单位和个人可以接受为保证人。

(1) 金融机构。

(2) 从事符合国家法律、法规的生产经营活动的企业法人。

(3) 从事经营活动的事业法人。

(4) 其他经济组织。

(5) 自然人。

商业银行不接受下列单位作为保证人。

(1) 国家机关，但经国务院批准为使用外国政府或者国际经济组织贷款进行转贷的除外。

(2) 以公益为目的的事业单位、社会团体：学校、幼儿园、医院、科学院、图书馆、广播电台、电视台等。

(3) 无企业法人的书面授权或者超出企业法人书面授权范围提供保证的企业法人的分

支机构。

    (4)　企业法人的职能部门。

    (5)　商业银行的分支机构、全资附属企业，总行另有规定的除外。

2. 评价保证人的代偿能力

    对符合主体资格要求的保证人应进行代偿能力评价。对保证人代偿能力的评价，包括代偿能力现实状况评价和代偿能力变动趋势分析，并按照规定程序审定保证人的信用等级，测算信用风险限额。

3. 保证人保证限额分析

    保证人保证限额，是指根据客户信用评级办法测算出的保证人信用风险限额减去保证人对商业银行的负债(包括或有负债)得出的数值。

4. 保证率的计算

    在计算出保证限额后，还应计算保证率。通过计算保证率，进一步衡量保证担保的充足性。保证率一般不得高于 80%。保证率的计算公式为

$$保证率 = \frac{申请保证债权本息}{可接受保证限额} \times 100\%$$

5. 经评价符合保证人条件的，信贷人员撰写《商业银行担保评价报告》，随信贷审批材料一并报送评价审查人员

    如不符合条件，应及时将保证人材料退还，并要求债务人另行提供保证人或提供其他担保方式。担保评价审查人员及审定人员应认真审查保证人的材料和《商业银行担保评价报告》，并签署意见。

(三)签订合同

    签订合同的注意事项有以下几点。

    (1)　所担保的信贷业务经规定的审批程序批准后，应在与客户签订信贷合同的同时签订保证合同。

    (2)　保证合同一般采用总行制定的统一标准格式。

    (3)　保证期间一律约定至主合同项下的债务履行期限届满之日后两年止，最高额保证的保证期间按商业银行对债务人的每笔贷款分别计算，自每笔借款合同签订之日起至该笔债务履行期限届满之日后两年止。

    (4)　如因特殊要求需调整保证合同的条款或采取非标准保证合同文本的，经业务性审查后应送一级行法规部门进行合法性审查。

    (5)　保证合同经保证人加盖公章且法定代表人(负责人)或委托代理人签字，商业银行或

各授权行(处)加盖公章且法定代表人或负责人签字后生效。

(6) 保证合同签订后,信贷人员应及时在保证人的贷款卡(证)上进行登录。

(四)对保证人的检查、监控

(1) 信贷人员应定期对保证人进行检查,对保证人代偿能力的变动情况进行监控。

(2) 信贷业务发放后按照信贷资产检查的有关要求定期对保证人进行检查。检查后,在客户检查报告中反映检查情况,提出相应处理措施和建议。

(3) 对保证人实施检查和监控的主要内容有:

① 生产经营活动;

② 财务状况变动情况;

③ 重大投资活动;

④ 重大体制改革;

⑤ 重大法律诉讼和对外担保;

⑥ 重大事故和赔偿;

⑦ 重大人事调整。

(4) 保证期间,如发现保证人的代偿能力下降,无力承担其保证责任,应及时向信贷主管报告。经其同意后,要求债务人另行提供保证人或追加采取抵押、质押等担保方式。

(5) 保证人因转变企业体制或经营方式影响保证责任履行的,信贷人员应及时要求债务人另行提供保证人或追加采取抵押、质押等担保方式。

(6) 债务人或商业银行要求变更信贷合同的,应当事先取得保证人的书面同意。未取得保证人的书面同意,不得与客户变更信贷合同条款或内容。

(五)履行保证合同

履行保证合同的注意事项有以下几点。

(1) 债务人履行合同偿还债务,信贷人员应及时通知保证人,并在保证人的贷款卡(证)上进行注销登记。

(2) 信贷人员应在信贷合同到期后 1 个月内,在对向未清偿或未全部清偿信贷合同项下债务的债务人发出催收通知的同时,向保证人发出《履行保证责任通知书》。《履行保证责任通知书》由信贷人员送达保证人(一式二联),其中一联由保证人法定代表人(负责人)或委托代理人签收,并加盖公章后带回交信贷经营部门保管。信贷人员必须在《保证合同》约定的保证期间内向保证人主张权利,以免丧失保证追索权。

(3) 发出通知书后,信贷人员既应督促债务人履行合同,也应经常直接向保证人督促求偿。

(4) 通知书送出 3 个月客户仍不履行合同偿还债务的,信贷人员应立即向主管和经营责任人报告，必要时经批准后以债务人和保证人为被告向法院提起诉讼，要求保证人履行保证义务。

(六)避免保证人因诉讼时效或保证期间届满而免责

1. 应避免因主债务诉讼时效届满而使保证人免责

保证人享有主债务人的抗辩权。如果主债务诉讼时效届满，保证人可以主张主债务诉讼时效完成的抗辩权而免于承担保证责任。

2. 应在保证期间内要求保证人承担保证责任

保证期间在性质上为除斥期间，该期间不因任何事由而中止、中断或延长，银行没有在保证期间内要求保证人承担保证责任的，保证人将免除保证责任。要求保证人承担保证责任，可以采取提起诉讼或仲裁的方式，也可以采取向保证人送达《履行保证责任通知书》的方式。如果采取送达《履行保证责任通知书》的方式，应要求保证人在该通知书上签字并加盖公章，并收回存档，以证明在保证期间内已要求保证人承担保证责任。如果保证人拒绝签收该通知书，可采取公证送达的方式。

3. 应在保证合同的诉讼时效内要求保证人承担保证责任

连带责任保证中，主债务诉讼时效中断，保证债务诉讼时效不中断。连带责任保证的债权人在保证期间届满前要求保证人承担保证责任的，从债权人要求保证人承担保证责任之日起，开始计算保证合同的诉讼时效。

为避免保证人主张诉讼时效届满而免责，应在保证合同的诉讼时效内及时提起诉讼。最为稳妥的办法是，在起诉主债务人时，将保证人作为共同被告一并提起诉讼。

(七)债务人或保证人破产时对保证责任的处理

1. 人民法院受理债务人破产案件时对保证责任的处理

1) 商业银行有权选择实现债权的方式

保证期间，人民法院受理债务人破产案件时，商业银行既可以向人民法院申报债权，也可以向保证人主张权利要求保证人清偿。

2) 商业银行不申报债权的应及时履行通知义务

商业银行知道或应当知道债务人破产时，如果不申报债权的，应该及时通知保证人，以便保证人能及时了解债务人的破产情况，预先行使追偿权。如果商业银行既未申报债权也未通知保证人，致使保证人不能预先行使追偿权的，保证人在该债权在破产程序中可能受偿的范围内免除保证责任。

3) 债务人破产终结后对保证责任的处理

商业银行申报债权后在破产程序中未受清偿的部分，保证人仍承担保证责任。商业银行要求保证人承担保证责任的，应当在破产程序终结后六个月内提出。

2. 保证人破产时对保证责任的处理

依据《最高人民法院关于审理企业破产案件若干问题的规定》，保证人被宣告破产前，保证人已经生效的法律文书确定承担的保证责任，属于破产债权。因此，人民法院受理保证人破产案件后，商业银行如果要申报债权，参加保证人破产清算程序的，需要先行通过诉讼的方式确定保证人应当承担的保证责任。

二、抵押担保

(一)初步确定抵押方式

债务人在向商业银行提出信贷申请时，信贷人员应要求提供担保方式意向。如采用抵押担保，信贷人员应依据平时掌握的情况，对债务人提出的抵押人和抵押物进行初步判断。如认为不符合条件，应告知债务人另行提供抵押人、抵押物或改变担保方式。

(二)选择抵押物

商业银行接受下列财产的抵押。

(1) 抵押人所有的、依法有权处分的房屋和其他地上定着物。

(2) 抵押人所有的、依法有权处分的机器、交通运输工具和其他财产。

(3) 抵押人依法有权处分的国有的土地使用权、房屋和其他地上定着物。

(4) 抵押人依法有权处分的国有的机器、交通运输工具和其他财产。

(5) 抵押人依法承包并经发包方同意抵押的荒山、荒沟、荒丘、荒滩等荒地的土地使用权。

(6) 商品林中的森林、林木，森林或林木资产作为抵押时，其林地使用权须同时抵押，但不得改变林地的属性和用途。

(7) 依法可以抵押的其他财产。

商业银行不接受下列财产的抵押。

(1) 国家机关的财产。

(2) 土地所有权。

(3) 耕地、宅基地、自留地、自留山等集体所有的土地使用权。

(4) 学校、幼儿园、医院等以公益为目的的事业单位、社会团体的教育设施、医疗卫生设施和其他社会公益设施。

(5) 所有权、使用权不明或有争议的财产。

(6) 依法被查封、扣押、监管的财产。

(7) 违法违章的建筑物。

(8) 法律法规规定禁止流通的财产或者不可转让的财产。

(9) 列入文物保护的建筑物和有重要纪念意义的其他建筑物。

(10) 已依法公告列入拆迁范围的房地产。

(11) 依法不得抵押的其他财产。

(三)接受抵押材料

债务人在向经办行提送信贷申请报告的同时，应提交抵押人出具的《担保意向书》及下列材料。

1. 抵押财产的产权证明资料

(1) 以土地使用权作抵押的，须提交县级以上土地管理部门颁发的《国有土地使用权证》。

(2) 以现房作抵押的，须提交提供房产管理部门核发的《房屋所有权证》、县级以上土地管理部门颁发的《国有土地使用证》。

(3) 以在建工程作抵押的，须提交《国有土地使用权出让协议(合同)》、《国有土地使用权证》、《建设用地规划许可证》、《建设工程规划许可证》、《建设工程开工许可证》、《商品房销(预)售许可证》(如有)等。

(4) 以企业的设备、原辅材料、产品或商品设立动产抵押的，提供有关动产抵押物的所有权证书或者使用权证书。

(5) 以机动车抵押的，提供《机动车行驶证》和《机动车登记证》。

(6) 以船舶抵押的，提供船舶所有权登记证书或者船舶建造合同。

2. 抵押人资格证明材料

(1) 法人：经工商行政管理部门年检合格的企业法人营业执照副本、事业法人营业执照副本。

(2) 非法人：经工商行政管理部门年检合格的营业执照副本、授权委托书。

(3) 自然人：抵押人身份证明。

(4) 以民用航空器抵押的，提供民用航空器所有权登记证书。

股份有限公司、有限责任公司、中外合资企业、具有法人资格的中外合作企业作为抵押人的，应查阅该公司或企业的章程，确定有权就担保事宜作出决议的机关是股东会还是董事会(或类似机构)。抵押人须提供有权作出决议的机关作出的关于同意提供抵押的文件、决议或其他具有同等法律效力的文件或证明(包括但不限于授权委托书、股东会决议、董事会决议)。

(四)审查抵押设立的合规性

信贷人员应对客户或抵押人提交的材料和抵押物进行审查，对抵押设立的合法合规性进行审查。

(1) 审查抵押物是否在商业银行可以接受的抵押物范围之内。

(2) 审查抵押人是否为抵押物的合法产权人，是否有权将该抵押财产设定抵押。

(3) 审查抵押物的共有人是否同意设立抵押。

(4) 审查抵押的设定是否已由抵押人有权决议的机关作出决议。

(五)确定价值

对于抵押品，按照以下方法确定其公允价值。

(1) 如果该抵押品已经经过商业银行认可的评估机构评估，客户经理及其负责人对评估报告表示认可，且评估报告出具时间在一年之内的，同时客户经理认为评估报告中的抵押品评估价值仍可据实反映目前市场价值的，可将评估报告中确认的抵押品评估价值确定为该抵押品的公允价值。

(2) 如抵押品不符合前款情况，客户经理应对抵押品的目前实际价值进行分析判断，并根据以下因素确定该抵押品的公允价值：借款合同签定时对抵押品的评估价格；最近一次外部评估价格；当前该抵押品的投标价格；同类物品的市场价格(如以房屋及土地使用权作为抵押的，可考虑同地段、类似档次房屋及土地使用权的成交价格)；对于以车辆、机器设备等作为抵押的，必须考虑抵押品的折旧情况和实际损耗程度、技术功能等；抵押品的适用性及实现变现的可能性；抵押品价值的变动趋势。

(六)确定抵押率

确定抵押率的依据主要有以下几个。

1. 抵押物的适用性、变现能力

选择的抵押物适用性要强，由适用性判断其变现能力。对变现能力较差的，抵押率应适当降低。

2. 抵押物价值的变动趋势

一般可从下列方面进行分析。

(1) 实体性贬值，即由于使用磨损和自然损耗造成的贬值。

(2) 功能性贬值，即由于技术相对落后造成的贬值。

(3) 经济性贬值，即由于外部环境变化引起的贬值或增值。

信贷人员应根据抵押物的评估现值，分析其变现能力，充分考虑抵押物价值的变动趋

势，科学地确定抵押率。

担保审查和审定人员应认真审核抵押率的计算方法，准确确定抵押率。抵押率的计算公式为

$$抵押率=\frac{担保债权本息总额}{抵押物评估价值额}\times100\%$$

抵押率一般不能超过 70%。

(七)向法院主张行使抵押权的期限

该期限为至被担保的债权诉讼时效届满之日后两年止。

(八)形成抵押担保评价报告

经审查、评价符合抵押条件的，信贷人员撰写《商业银行担保评价报告》并随信贷审批材料一并报送担保评价审查人员。如不符合条件，应及时将担保材料退还，并要求债务人另行提供抵押物或提供其他担保方式。

担保评价审查人员及审定人员应认真审查保证人的材料和《商业银行担保评价报告》，并签署意见。

(九)签订合同

信贷人员应在与客户签订信贷合同的同时，与抵押人签订抵押合同。

(十)保险

信贷人员应要求抵押人到商业银行认可的保险公司，按商业银行指定的险种办理抵押物保险。对抵押物保险的具体要求如下。

(1) 保险单上应注明：商业银行为该保险的优先受偿人(即第一受益人)，一旦发生保险事故，保险人应将保险赔偿金直接划付至商业银行指定的账户。

(2) 办理抵押担保前，抵押人已办理抵押物保险的，应要求保险公司出具变更商业银行为优先受偿人的批单。

(3) 保险期应长于信贷期限。如有多份保单，则最早到期保单的保险期限应长于信贷期限。

(4) 保单正本须存放于商业银行。

(5) 投保总值不少于抵押物估价总值。

(6) 保险费用由抵押人承担。

(7) 抵押有效期内，投保人不得以任何理由中断保险或退保。

(十一)公证

信贷人员可以根据抵押人和抵押物的情况，要求对抵押合同办理公证手续。公证手续由抵押人和经办行共同办理。抵押合同公证的办理机构为经办行所在地公证部门。

(十二)抵押物登记

信贷人员应按《担保法》和其他法律法规的规定办理抵押物登记手续。

1. 及时办理抵押登记

信贷人员应与抵押人于抵押合同签订后 15 日内到登记部门办理抵押物的登记手续。

2. 抵押物登记部门

(1) 以无地上定着物的土地使用权抵押的，抵押登记部门为核发土地使用权证书的县级以上地方人民政府土地管理部门。

(2) 以城市房地产或者乡(镇)、村企业的厂房等建筑物抵押的，抵押登记部门为县级以上地方人民政府规定的管理部门。

(3) 以林木抵押的，登记部门为县级以上林木主管部门。

(4) 以民用航空器抵押的，登记部门为国务院民用航空主管部门。

(5) 以船舶抵押的，登记部门为船籍港船舶登记机关。

(6) 以机动车抵押的，登记部门为机动车管辖地车辆管理所。

(7) 以企业的设备和其他动产抵押的，登记部门为财产所在地的工商行政管理部门。

(8) 以《担保法》第三十七条和第四十二条规定之外的财产抵押的，登记部门为抵押人所在地的公证部门。

(十三)文件保管

信贷人员办妥抵押手续后，应及时整理抵押文件，按规定移交有关部门、人员妥善保管。需要退回时，应经主管批准并办理登记、交接手续。

(十四)抵押物监管与提起诉讼

1. 对抵押物状况的监管

抵押期间，信贷人员应经常检查抵押物的状况，要求抵押人保持抵押物的正常状况。如发现抵押物价值非正常地减少，应及时查明原因，采取有效措施。

如因抵押人的行为将造成抵押物价值的减少，应要求抵押人立即停止其行为。

如抵押人的行为已经造成抵押物价值的减少，应要求抵押人恢复抵押物的价值。如抵押人无法完全恢复，应要求抵押人提供与减少的价值相当的担保，包括另行提供抵押、质押或保证。

2. 对抵押物处分的监管

抵押期间，未经商业银行同意，抵押人不得赠与、转让、出租、重复抵押、迁移或以其他方式处分抵押物。抵押人如提出上述处分抵押物的要求，必须书面向商业银行提出申请，经该笔信贷的原审批部门批准后办理。

抵押人以商业银行认可的最低转让价款转让抵押物的，抵押人转让抵押物所得的价款应当优先用于向商业银行提前清偿其所担保的债权。

抵押人经商业银行同意可以部分转让抵押物，所得的收入应存入商业银行的专户或偿还商业银行债权，并保持剩余抵押率不高于规定的抵押率。

抵押人经商业银行同意出租抵押物，所得的租金收入应存入商业银行的专户或偿还商业银行债权。

3. 赔偿金的处理

抵押期间，抵押物因毁损、灭失所得赔偿金(包括保险赔偿金和第三人损害赔偿金)应作为抵押财产，由抵押人存入商业银行指定的账户。

抵押物灭失后，商业银行可以就抵押物灭失后所得赔偿金数额不足清偿部分，要求客户或抵押人提供新的担保。

4. 提起诉讼

抵押期间，抵押人有下列情形之一的，信贷人员应立即向主管报告，经有权部门批准，可以向人民法院提起诉讼，请求人民法院保护商业银行的抵押权：

(1) 抵押人未经商业银行同意擅自处分抵押物。

(2) 抵押人的行为足以使抵押物价值减少，商业银行要求抵押人停止其行为，而抵押人予以拒绝的。

(3) 抵押人转让抵押物的价款明显低于其价值，商业银行要求抵押人提供相应的担保，抵押人不提供的。

(4) 抵押人就其转让抵押物所得的价款没有向商业银行提前清偿其所担保的债权的。

(5) 抵押人有故意阻碍商业银行依法实现抵押权的其他行为的。

小常识　产权证上以幼子名买卖抵押麻烦多

现在许多市民在购房时，直接将产权证上的名字写为幼子的名字。一些是因为由农村进城，为解决孩子读书问题；另外一些则是为了逃避遗产税或认为反正房子以后也是孩子的，署孩子的名字直接方便。

根据有关法律，为保护未成年人的合法权益，房屋产权登记管理中心对所有权人为孩子的房产进行交易或抵押贷款时有许多限制性的要求，审批更为慎重，要求也更为严格，需要家长及监护人出具的文件及依据也更为复杂。这对于部分家长来说，就增加了很多不必要的麻烦，而且很有可能因为不能出具相关文件而无法进行交易抵押，延误时机。

(资料来源：法制周刊)

三、质押担保

(一)初步确定质押方式

债务人向商业银行提出信贷申请时，信贷人员应要求提供担保方式意向。如采用质押担保，信贷人员应依据平时掌握的情况对质物、质押权利进行初步判断。如认为不符合条件，应告知债务人重新提供质物、质押权利或改变担保方式。

(二)选择质物、质押权利

商业银行接受下列财产的质押。

(1) 出质人所有的、依法有权处分的机器、交通运输工具和其他动产。

(2) 汇票、支票、本票、债券、存款单、仓单、提单。

(3) 依法可以转让的股份、股票。

(4) 依法可以质押的其他权利。

商业银行不接受下列财产的质押。

(1) 所有权、使用权不明或有争议的财产。

(2) 法律法规禁止流通的财产或者不可转让的财产。

(3) 国家机关的财产。

(4) 依法被查封、扣押、监管的财产。

(5) 珠宝、首饰、字画、文物等难以确定价值的财产。

(6) 租用的财产。

(7) 依法不得质押的其他财产。

(三)接受质押材料

出质人向商业银行申请质押担保，应在提送信贷申请报告的同时，提送出质人提交的《担保意向书》及以下材料。

(1) 质押财产的产权证明文件。

(2) 出质人资格证明。

法人：经工商行政管理部门年检合格的企业法人营业执照、事业法人营业执照。

非法人：经工商行政管理部门年检合格的营业执照、授权委托书。

自然人：出质人身份证明。

股份有限公司、有限责任公司、中外合资企业、具有法人资格的中外合作企业作为出质人的，应查阅该公司或企业的章程，确定有权就担保事宜作出决议的机关是股东会还是董事会(或类似机构)。出质人须提供有权作出决议的机关作出的关于同意提供质押的文件、决议或其他具有同等法律效力的文件或证明(包括但不限于授权委托书、股东会决议、董事会决议)；财产共有人出具的同意出质的文件。

(四)审查质物、质押权利

1. 审查出质人对质物、质押权利占有的合法性

(1) 用动产出质的，应通过审查动产购置发票、财务账簿，确认其是否为出质人所有。

(2) 用权利出质的，应核对权利凭证上的所有人与出质人是否为同一人。如果不是，则要求出示取得权利凭证的合法证明，如遗嘱、判决书或他人同意授权质押的书面证明。

(3) 审查质押的设定是否已由出质人有权决议的机关作出决议。

(4) 如质押财产由两人或两人以上共有，出质是否经全体共有人同意。

2. 审查质物、质押权利的合法性

(1) 所有权、使用权不明或有争议的动产，法律规定禁止流通的动产不得作为质物。

(2) 凡出质人以权利凭证出质，必须对出质人提交的权利凭证的真实性、合法性和有效性进行确认。确认时向权利凭证签发或制作单位查询，并取得该单位出具的确认书。

(3) 凡发现质押权利凭证有伪造、变造迹象的，应重新确认，经确认确实为伪造、变造的，应及时向有关部门报案。

(4) 对以海关监管期内的动产作质押的，需由负责监管的海关出具同意质押的证明文件。

(5) 对于用票据设定质押的，还必须对背书进行连续性审查。每一次背书记载事项、各类签章完整齐全并不得附有条件，各背书都是相互衔接的，即前一次转让的被背书人必须是后一次转让的背书人。票据质押应办理质押权背书手续，办理了质押权背书手续的票据应记明"质押"、"设质"等字样。

(6) 对以股票设定质押的，必须是依法可以流通的股票。

(五)确定质物、质押权利价值

(1) 对于有明确市场价格的质押品，如国债、上市公司流通股票、存款单、银行承兑汇票等，其公允价值即为该质押品的市场价格。

(2) 对于没有明确市场价格的质押品，如上市公司法人股权等，则应当在以下价格中选择较低者为质押品的公允价值。

① 公司最近一期经审计的财务报告或税务机关认可的财务报告中所写明的质押品的

净资产价格。

②　以公司最近的财务报告为基础，测算公司未来现金流入量的现值，所估算的质押品的价值。

③　如果公司正处于重组、并购等股权变动过程中，可以交易双方最新的谈判价格作为确定质押品公允价值的参考。

(六)质押率的确定

(1)　信贷人员应根据质押财产的价值和质押财产价值的变动因素，科学地确定质押率。

(2)　确定质押率的依据主要有以下几个。

①　质物的适用性、变现能力。对变现能力较差的质押财产应适当降低质押率。

②　质物、质押权利价值的变动趋势。一般可从质物的实体性贬值、功能性贬值及质押权利的经济性贬值或增值三方面进行分析。

(3)　各类质押担保的质押率上限具体如下。

①　可转让股票的质押率不得超过 60%。

②　动产和仓单、提单质押率不得超过 70%。

③　存款单、汇票、本票、国库券的质押期限在 1 年以内的(含)，质押率不得超过 90%；质押期限在 1 年以上的，质押率不得超过 80%。

④　其他财产权利质押率不得超过 70%。

(七)质权的存续期间

质权的存续期间至被担保的债权诉讼时效届满之日后两年止。

如果主债权诉讼时效一直没有届满，则质权一直存续；主债权诉讼时效届满后，质权人必须在主债权诉讼时效后两年内行使质权。

(八)形成质押担保评价报告

经审查、评价符合质押条件的，信贷人员撰写《商业银行担保评价报告》并随信贷审批材料一并报送担保评价审查人员。如不符合条件，应及时将出质人材料退还，并要求债务人另行提供质物、质押权利或提供其他担保方式。担保评价审查人员及审定人员应认真审查保证人的材料和《商业银行担保评价报告》，并签署意见。

(九)签订合同

信贷人员应在与债务人签订信贷合同的同时，与出质人签订质押合同。

(十)保险、公证、质押公示

质物必须办理保险手续，也可根据实际需要对质押合同进行公证。办理保险、公证的有关要求基本与抵押相同。

对于动产质押，出质人必须将质物移交商业银行占有，质押合同自质物移交于商业银行占有时生效。

同一财产法定登记的抵押权与质权并存时，抵押权人优先于质权人受偿。因此，债务人或第三人以车辆、设备和其他动产等既可作为抵押物又可作为质物的财产，为商业银行债权提供担保的，应根据实际情况确定是设立质权还是设立抵押权；如果是设立质权，应防止债务人或第三人将上述财产向其他债权人重复设定抵押权；如果是设立抵押，必须依法办理抵押登记，具体登记办法参见本书中抵押物登记有关内容。

对于权利质押，必须依照法律、法规及相关规定进行公示，否则质押合同不生效。公示的方式有：

(1) 将质押权利凭证移转占有。

(2) 办理出质登记。

(3) 依法办理出质记载。

不同的权利质押，应依法采取不同的公示方式。

(十一)质物(权利)的交接和文件保管

质押合同签订后，信贷人员应通知客户按质押合同所附质物、质押权利情况，将质物、权利凭证送到经办行指定地点。经办行收妥占管质物和有关权利凭证后，信贷人员应逐项登记质物及权利凭证，并开具质物(质押权利)保管凭证交出质人。

以动产作为质物的，经办行应落实质物保管地以及保管部门，妥善保管质物，严禁因保管不善而致质物损坏或价值明显减少的情况。质物的保管、维修费用由出质人承担。保管部门对质物实行双人管理，一人管登记簿，一人管实物，登记人员与保管人员要有明确的分工。因诉讼及其他工作需要领用、退回、变更保管地点、变更登记和保管人员时，应经主管批准并办理登记、交接手续。如因保管不善致使质物灭失或毁损的，商业银行将由此承担民事责任。质物权证、权利质押的权利证明、保单及其他重要单证由会计部门负责保管，权利凭证必须入库保管。需要领用、退回时，应经主管批准并办理登记、交接手续。

──── 小常识　办理房地产抵押登记，抵押双方应提交哪些文件 ────

根据我国担保法的规定，房地产抵押须在签订抵押合同的30日内在房地产所在地的房屋土地管理部门办理抵押登记手续，抵押登记手续是一个不可缺少的法定程序，也是不动产抵押活动中的一个不可缺少的法律文件。办理房地产抵押登记时，抵押双方应带齐以下有关法律文件。

(1) 营业执照复印件。

(2) 抵押当事人的身份证明或法人代表证明书。

(3) 如代理人办理，应有法人代表或当事人的授权委托书。

(4) 借款合同(主合同)。

(5) 抵押合同。

(6) 抵押物的产权证明(包括《国有土地使用权证》、《房屋所有权证书》)。

(7) 如果抵押物属于合资企业或股份公司拥有，应有董事会同意抵押的决议书。

(8) 如果是重复抵押，应提供前抵押权人同意再次抵押的书面文件。

(9) 如果是共有房产的抵押，应提供所有共有人同意的书面文件。

(10) 抵押人应有声明其所提供的抵押物没有任何法律瑕疵的书面文件。

(11) 其他与抵押有关的法律文件。

第三节　贷款合同

一、贷款合同概述

贷款合同，从借款人的角度来讲称为借款合同。它是由借贷双方根据当事人利益需要，共同协商议定的，是由一方将一定数量的货币借给另一方，另一方按照合同约定的时间以同等数量的货币归还，并按规定给付利息的协议。

贷款合同是以信用为基础，以法律为保障，由有关签订单位共同信守的准则，具有法律约束力。它是借贷双方发生借贷关系的文字依据之一，对于明确借贷双方的权利与义务具有极为重要和不可替代的作用。认真推行贷款合同，加强贷款合同的管理，有利于强化法制观念，巩固信用关系，提高贷款的经济效益。

贷款合同适用于商业银行与公司类客户或个人客户之间签订的各类本外币流动资金贷款、固定资产贷款和其他贷款。主要包括人民币资金贷款合同、外币资金贷款合同、个人住房贷款合同、个人消费贷款合同(包括个人耐用品、住房装修、助学、个人汽车等)、个人存单质押借款合同等。贷款合同的缔结主体应当符合《贷款通则》和商业银行相关业务管理规章规定的条件。

二、贷款合同的内容

订立贷款合同，就是由贷款合同当事人就合同的各项条款通过相互协商达成一致意见，从而建立贷款合同关系的行为。拟定贷款合同文书是将双方就借贷事宜协商一致的意见，用条文、表格或二者相结合的形式表述出来，从而形成具有法律效力的文书的过程。这是订立贷款合同过程中的关键环节。合同文书是由借贷双方根据各自的实际情况以及洽谈协商的进展情况来具体确定拟定时间。贷款合同文书一般应包括以下内容。

1. 标题或合同的名称

无论是条文式的书面合同还是表格式的书面合同，或者是表格与条文相结合的书面合同，都必须在其卷首写明合同的名称。贷款合同的名称应当简明扼要，重点表明合同的性质，使人一目了然。如"流动资金人民币贷款合同"、"融资租赁合同"、"资金拆借合同"等。

2. 合同编号

每一类贷款合同都应当有统一的编号，这样利于有效管理，防止产生麻烦。

3. 合同当事人名称和住所

合同当事人的名称和住所是贷款合同不可缺少的内容，它与合同的履行有关。因此，合同当事人在书写时必须认真，不能马虎。名称和住所应当按照营业执照上核准的名称和住所填写。应写全称，并应详细具体。简称时应写成借款方、贷款方，而不能写成甲方、乙方，更不能写别人不了解的代称或者代号。

4. 正文

正文就是当事人双方议定的合同条款，这些条款反映了当事人双方的权利与义务。当然，合同的种类不同，基本条款就不一样；书面格式不同，合同内容的具体表述方式也不会相同。正文部分是合同中最重要的部分，一般由以下几方面的内容构成。

(1) 签订贷款合同的依据和目的。应当符合《贷款通则》和商业银行相关业务管理规章规定的条件。

(2) 贷款种类。

(3) 借款用途。应根据借款人经批准的投资计划或建设项目计划任务、企业经营生产计划和经批准的贷款调查评估报告等有关文件确定。借款用途应当合法。

(4) 贷款的币别和金额。

(5) 利率标准及利息计收的有关规定；对于《人民币资金借款合同》，"贷款利率"空白栏依双方商定的利率填写；结息方式根据《人民币利率管理规定》，短期贷款可以按月或季结息，中长期贷款应按季结息；关于贷款发放前利率调整，一般情况下应按照新公布的法定利率执行，但若借款合同原约定利率不超过法定利率浮动幅度的，结息方式根据人民银行及总行有关规定执行。对于《外币资金借款合同》，贷款利率依双方商定的利率方式填写，贷款行在确定利差时，应不得超过总行对其利率浮动的授权权限；"贷款到期一次性结息"的结息方式，仅适用于借款期限在一年内且本息到期一次偿清的外币贷款，其他贷款可根据双方商定确定计息方式。

(6) 贷款期限。按照各类贷款性质及商业银行相关业务规章的规定，结合考虑借款人建设或生产经营周期、还款能力和贷款行的资金情况，在双方协商一致的基础上填写。

(7) 贷款的使用与归还。

(8) 还款的资金来源和还款方式。

(9)　双方的权利、义务。

(10)　保证条款。

(11)　违约责任及违约处理。

(12)　当事人双方商定的其他条款。

(13)　合同的变更与解除。

(14)　合同的份数及保存方式。

(15)　争议解决。

(16)　合同附件。

5. 结尾

结尾是书面借贷合同不可缺少的一部分，有头无尾的合同，首先从内容上讲就是不完整的。结尾部分一般应包括以下内容：合同双方法定代表人或者经法定代表人授权证明的经办人签名、盖章，还应加盖签约单位公章；有担保的担保人还要出具《贷款担保书》并加盖担保单位的公章；双方单位的开户银行及银行账户，电话及电报挂号、邮政编码、签约的时间和地点，有关机关签署的审核签证、公证意见等。

三、贷款协议草案审查与贷款合同的鉴证

(一)贷款协议草案的审查

在贷款协议订立操作过程中，通常需要经过借款人申请，借贷双方协商贷款协议条款，草签贷款协议，最后签署和鉴证贷款协议。

贷款协议草案审查的目的：

一是堵塞管户信贷员工作疏忽；

二是防止管户信贷员操作中的舞弊。

审查的内容如下。

1. 贷款合同是否与相关国家及地区法律及法规有相抵触之处

审查人员通常需对草案的每一个条款进行审查，审查它们与相关法规是否有相抵触之处，包括借款人计划、借款用途合法性的审查。

2. 审查借款人和保证人主体的合法性

审查的内容包括：借款人在法律上能否独立承担刑事和民事责任。企业借款人或担保人必须是在当地工商部门登记注册的、独立核算的企业法人；自然人借款人或担保人必须是有独立承担刑事和民事责任的公民。

3. 审查贷款签署人的真实性和合法性

企业借款人或担保人，需对签署合同草案的法人代表或董事长或总经理的权限进行审

查。确认贷款协议草案签署人的权限需查阅该借款人或担保人备案的企业章程。

4. 审查担保品情况

在抵(质)押贷款条件下，在审查抵(质)押品权属真实性和价值充足性的同时，还需要审查抵(质)押手续和签证手续的准备等情况。其审查的主要内容包括：

(1) 抵(质)押品的所有人的真实性及抵(质)押其资产的意愿。

(2) 抵(质)押品实物形态的有用性和价值形态的有价性。

(3) 抵(质)押品估值(如果已估价)的可靠性。

(4) 抵(质)押物的可抵性。

(二)贷款协议的鉴证

贷款协议经借贷双方有权签字的人员签署后，从法律上说协议已经生效，但在一些特殊情况下，这些贷款协议还需鉴证，以强调协议双方履约的约束力。

所谓经济协议或合同的签证是经济合同或协议管理机关依订约双方申请，依法证明合同或协议知识性和有效性的一项制度。

贷款协议的签证须遵循以下程序。

1. 申请

双方当事人向签证人机关提出贷款协议签证申请。通常借贷双方需同时向鉴证机关提供申请资料，其中包括鉴证申请书、申请人法定主体和贷款合同文件。

2. 受理申请

签证机关根据签证申请，审查双方当事人所提供的申请资料，即受理申请。其中包括审查申请人主体情况、贷款借贷双方地位的平等性和其他预约鉴证事项的真实性和合法性，并在适当情况下，对某些鉴证事项进行实地调查。

3. 登记备案

签证机关在确认签证事项真实合法后，对签证事项进行登记备案等工作。在这一阶段，签证机关根据审查结果，确认协议已满足鉴证的各种要求后，对贷款协议的鉴证事项进行登记备案，并通知双方当事人鉴证结果。

在实际操作过程中，贷款协议鉴证实行与否与各商业银行所处具体经营环境直接相关，当然也与各商业银行信贷经营风格和习惯有关。

小常识　哪些借贷合同不受法律保护

(1) 借贷进行非法活动。出借人明知借款人是为了进行非法活动而借款的，其借贷关系不受法律保护。如明知个人借款用于赌博、贩卖假币、贩卖毒品、走私等非法活动而借款给他人，其借贷合同不受法律保护，对行为人还要处以收缴、罚款、拘留，甚至追究刑事责任。

(2) 非法金融业务活动。包括:

① 非法吸收公众存款,是指未经中国人民银行批准,向社会不特定对象吸收资金,出具凭证,承诺在一定期限内还本付息的活动;

② 变相吸收公众存款,是指未经中国人民银行批准,不以吸收公众存款的名义,向社会不特定对象吸收资金,但承诺履行的义务与吸收公众存款性质相同的活动;

③ 未经依法批准,以任何名义向社会不特定对象进行的非法集资;

④ 非法发放贷款、办理结算、票据贴现、资金拆借、信托投资、金融租赁、融资担保、外汇买卖;

⑤ 中国人民银行认定的其他非法金融业务活动。

实践已充分表明,非法金融业务活动扰乱了国家正常的金融秩序,从根本上损害了群众利益,给经济生活和社会安定造成了严重危害。按照国务院(1998)第 247 号令第 18 条规定,因参与非法金融业务活动所受到的损失,由参与者自行承担。这是因为非法金融业务活动本身是违法行为,参与非法金融业务活动也是不合法的,参与者由此造成的损失,不受国家法律保护。

(3) 非金融企业以合法借贷掩盖的非法金融活动。最高人民法院《关于如何确认公民与企业之间借贷行为效力问题的批复》规定: 具有下列情形之一的,应当认定无效:

① 非金融企业以借贷名义向职工非法集资;

② 非金融企业以借贷名义非法向社会集资;

③ 非金融企业以借贷名义向社会公众发放贷款;

④ 其他违反法律、行政法规的行为。

该批复还规定: 借贷利率超过银行同期贷款利率四倍的,按照最高人民法院《关于人民法院审理借贷案件的若干意见》的有关规定办理。无效的民事行为不具备民事法律行为的有效要件,因而不能产生行为人预期的法律效果。

(4) 企业之间的借贷合同。《贷款通则》规定: "企业之间不得违反国家规定办理借贷或者变相借贷融资。"企业之间的借贷合同违反国家金融法规,属于无效合同。依照有关法规,对于企业之间的借贷合同,法院除判决返还本金外,对出借方已经取得或约定取得的利息应当收缴,对借款方应处以相当于银行利息的罚款。

(5) 明为联营实为借贷的合同。依照最高人民法院《关于审理联营合同纠纷案件若干问题的解答》,企业法人、事业法人作为联营一方向联营体投资,但不参加共同经营,也不承担联营的风险责任,不论盈亏均按期收回本息,或者按期收取固定利润的,是明为联营,实为借贷,违反了有关金融法规,应当确认合同无效。除本金可以返还外,对出资方已经取得或者约定取得的利息应予收缴,对另一方则应处以相当于银行利息的罚款。

(6) 违背真实意图的借贷关系。一方以欺诈、胁迫等手段或者乘人之危,使对方在违背真实意图的情况下所形成的借贷关系,应认定无效。借贷关系无效由债权人的行为引起的,只返还本金; 借贷关系无效由债务人的行为引起的,除返还本金外,还应参照银行同类贷款利率给付利息。

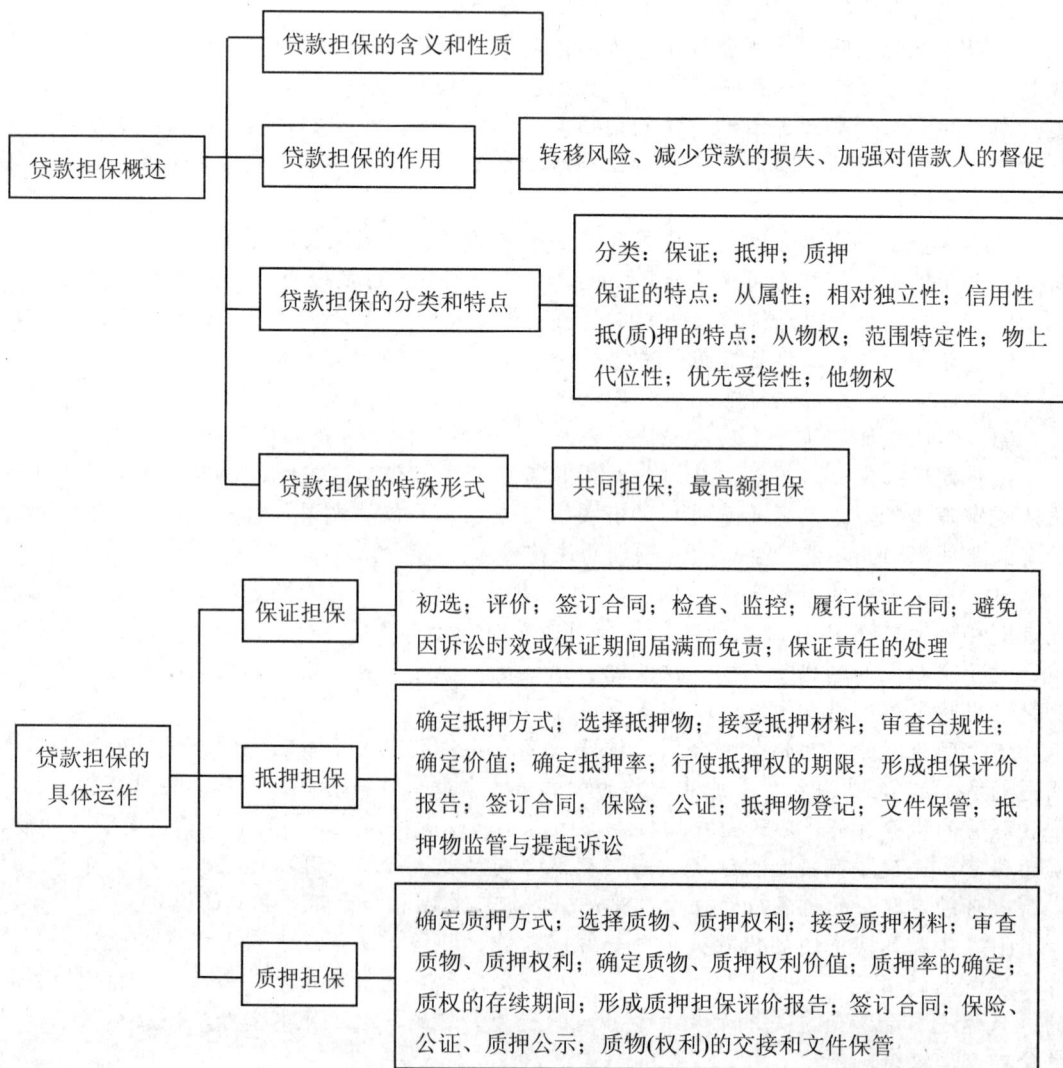

(7) 高利贷利息。最高人民法院《关于人民法院审理借贷案件的若干意见》规定："民间借贷的利率可以适当高于银行的利率，各地人民法院可根据本地区的实际情况具体掌握，但最高不得超过银行同类贷款利率的四倍(包含利率本数)。超出此限度的，超出部分的利息不予保护。"由此可见，高利贷利息不受法律保护。

(资料来源：金融网)

本 章 小 结

```
                 ┌─ 贷款担保的含义和性质
                 │
                 │  贷款担保的作用 ──── 转移风险、减少贷款的损失、加强对借款人的督促
   贷款担保概述 ──┤
                 │                    分类：保证；抵押；质押
                 │  贷款担保的分类和特点  保证的特点：从属性；相对独立性；信用性
                 │                    抵(质)押的特点：从物权；范围特定性；物上
                 │                    代位性；优先受偿性；他物权
                 │
                 └─ 贷款担保的特殊形式 ──── 共同担保；最高额担保
```

```
                    保证担保 ──── 初选；评价；签订合同；检查、监控；履行保证合同；避免
                                 因诉讼时效或保证期间届满而免责；保证责任的处理

                                 确定抵押方式；选择抵押物；接受抵押材料；审查合规性；
   贷款担保的       抵押担保 ──── 确定价值；确定抵押率；行使抵押权的期限；形成担保评价
   具体运作                      报告；签订合同；保险；公证；抵押物登记；文件保管；抵
                                 押物监管与提起诉讼

                                 确定质押方式；选择质物、质押权利；接受质押材料；审查
                    质押担保 ──── 质物、质押权利；确定质物、质押权利价值；质押率的确定；
                                 质权的存续期间；形成质押担保评价报告；签订合同；保险；
                                 公证、质押公示；质物(权利)的交接和文件保管
```

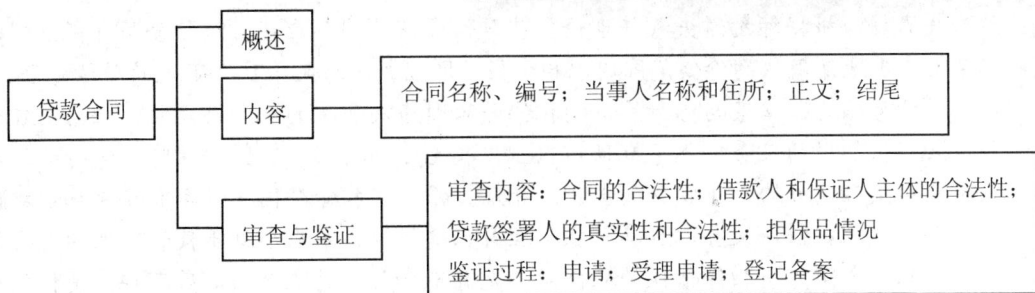

```
                    ┌─── 概述
                    │
                    │                ┌─────────────────────────────────────────────┐
                    ├─── 内容 ────────┤ 合同名称、编号；当事人名称和住所；正文；结尾    │
贷款合同 ────────────┤                └─────────────────────────────────────────────┘
                    │
                    │                ┌─────────────────────────────────────────────┐
                    │                │ 审查内容：合同的合法性；借款人和保证人主体的合法性；│
                    └─── 审查与鉴证 ──┤ 贷款签署人的真实性和合法性；担保品情况            │
                                     │ 鉴证过程：申请；受理申请；登记备案              │
                                     └─────────────────────────────────────────────┘
```

📖 案例点击

集体土地使用权可否为个人贷款作担保

卢某是位个体工商户，经营一家水产养殖场。为了扩大再生产，1995 年 3 月 28 日，卢某前往某银行要求借款人民币 18 万元。经银行审核后，认为卢某要办的是个人投资经营贷款，需提供银行认可的抵押担保。于是卢某和朋友路某商量，约定以路某享有的集体土地使用权为该 18 万元借款提供抵押担保。银行对路某享有的集体土地使用权进行了审查，路某享有的集体土地使用权的价值经评估为 3 万元，该集体土地上建有一幢民房，该房价值 6 万元。尔后不久，银行与卢某签订了一份 18 万元人民币的借款合同，与路某签订了一份抵押担保合同，同时路某向该银行提供了集体土地建设用地许可证。

一年后，因发大水，卢某的水产养殖场被洪水冲毁，亏损严重，卢某的上述借款遂进入逾期。此后多年，卢某与银行签订了多次还款协议，卢某东拼西借，勉强应付，终因经营不善，无力偿还银行贷款及其利息。银行忍无可忍，起诉到法院，要求判令卢某偿还借款及其利息，判令路某承担连带赔偿责任。

(资料来源：金融网)

🐟 点石成金

法院审理中，对判令卢某偿还借款及利息没争议，但对路某承担连带赔偿责任有以下三种意见。

第一种意见认为：路某以集体土地使用权为贷款提供担保，违反法律禁止性规定，担保无效；但路某的无效担保行为促使银行向卢某提供贷款，路某应知法律的禁止性规定，其对担保无效与银行存在混合过错，按照过错责任相抵原则，且依照最高人民法院《关于适用担保法的若干问题的解释》第 7 条规定：债权人、担保人有过错的，担保人承担民事责任的部分，不应超过债务人不能清偿部分的 1/2，故应判决路某承担 9 万元及其利息的赔偿责任。

第二种意见认为：路某与银行签订的担保合同无效，路某与银行存在共同过错，应根据其过错各自承担相应的责任，即路某应承担与其过错相应的赔偿责任。该责任在性质上属缔约过失责任，根据缔约过失责任理论，其赔偿责任范围不应超过履行合同责任范围，因此路某应在土地使用权的价值范围内承担责任，即应判决路某承担3万元的赔偿责任。

第三种意见认为：路某与银行签订的担保合同因违反法律的规定而无效，但路某在合同中仅承担提供担保的义务，不享有任何权益，属无偿的行为，我国法律对无偿行为所要求的义务有所减轻，并给予了特殊的保护；相反，银行在担保合同中只享有要求承担担保责任的权利，不承担任何义务，且其是在管理自己的债权，本应尽到善良管理人的充分注意。此外，担保合同为所担保债权的从合同，先有借贷关系的主合同，后有担保债权的从合同，为此，路某提供集体土地使用权的行为促使银行向卢某放贷的因果关系不成立，而是先有银行的放贷行为后有路某的担保行为，对银行债权的损失主要是由卢某无偿还能力造成的。而且银行作为金融部门，相对于作为农民的路某，其应有充分注意法律禁止性规定的合理期待。

上述三种意见，不管法院判决最后采纳哪一种，银行的损失是确定无疑了。

思考题： 在办理贷款业务中，应如何关注合规经营问题？

复习思考题

1. 简述抵押担保与质押担保的区别。
2. 简要分析在商业银行操作实务中，哪些类型的贷款适合于抵(质)押。

第十章　客户信用分析的管理

【学习目标】

- 掌握法人客户非财务因素分析的内容和程序。
- 熟练掌握资产负债表、损益表、现金流量表分析的内容。
- 熟练掌握各种财务比率的含义与判别标准。
- 了解现金流量分析的主要内容。
- 了解个人客户信用分析的主要理念。

【重点难点】

- 财务比率指标的判别标准。
- 财务报表分析的主要理念。

章前导读

　　2005 年 2 月 3 日，客户秦某向南宁某商业银行江南支行申请个人汽车贷款，该行按照贷款审批程序，在得到客户授权后，查询了个人信用数据库，系统查询信息显示，秦某曾于 2002 年 4 月向该行北海分行贷款 12 万元，用于购买汽车，贷款期限为 3 年，截至 2005 年 2 月，秦某尚未还清该笔贷款，贷款余额为 8.1 万元；同时信用报告还显示该笔贷款秦某累计逾期 26 次，最高连续逾期数达 16 次。在贷前调查过程中，秦某得知该行已了解他的信用记录后，为了使此次贷款申请得到审批，2005 年 3 月初，将其在北海分行的贷款还清。该行根据个人信用数据库提供的秦某的个人信用报告，分析认为秦某的信用意识淡薄，诚信度差，于 4 月份作出了拒贷的决定。

关键词： 不良贷款　清收　重组　以资抵贷　贷款核销

　　所谓贷款信用分析就是商业银行对借款人偿还债务的能力与意愿进行调查分析，借以了解借款人履约还款的可靠性，从而制定出正确的贷款政策，提高贷款决策的科学性，有针对性地加强贷款管理，防范信用风险。信用分析是商业银行贷款业务基本而主要的工作内容，信用分析的质量决定贷款的质量。对借款人的信用分析，主要包括五个方面的内容，一般称为 5C，即品德(choracter)、能力(cpacity)、资本(capital)、担保(collateral)及经营环境(condition)。信用分析离不开对借款人的信用调查研究，因此，信用分析也叫做信用调查或信用调查分析。

第一节　法人客户的非财务因素分析

非财务因素分析是与财务因素分析相对应的一个概念。从国外贷款风险分类的实践看，突出非财务因素分析是其重要特征。在我国信用体系尚不健全、财务报表粉饰过多的情况下，在贷款风险分类工作中，引入非财务因素，从定性角度进行分析，具有特殊意义。

一、行业因素分析

每个企业都处在某一特定行业中，每一行业都有其固有的风险，在同一行业中的借款人要面对基本一致的风险。掌握了某一行业的特征、表象和风险程度，知道借款人的表现在同一行业中处于什么样的水平，就可以从行业的基本状况和发展趋势来判断借款人的基本风险。行业风险分析中考察的因素主要包括如下几个方面。

1. 成本结构

企业的固定成本在总成本中所占比重越高(即其经营杠杆越高)，企业产销量相同幅度的增长所导致的企业利润的增长幅度也就越高；同样，企业产销量相同幅度的下降所导致的企业利润的下降幅度也就越高。因此，一般来说，企业所在行业的经营杠杆越高，企业的风险也就越大。通过对成本结构的分析，可对借款入所在行业的风险有一个基本的判断。如表 10-1 所示。

表 10-1　借款人所在行业的风险构成表

行业特征	低风险	中风险	中高风险	高风险
成本结构	低经营杠杆 低固定成本 高变动成本	固定成本与变动成本平衡	固定成本略高于变动成本	高经营杠杆 高固定成本 低变动成本

2. 成熟期

新兴行业的增长率高，但一般没有明确、稳定的还款来源，贷款风险相对较高；成熟行业的增长率较低，但很稳定，贷款风险一般要小于新兴行业贷款；衰退行业的销售增长额呈下降趋势，这类行业中的企业把生存放在第一位，从而贷款风险一般比较大。判断借款人行业所处的成长期，主要依据行业的销售增长率以及进入或退出该行业的企业比率。这些信息主要来源于新闻界或借款人提供的资料。在银行的信贷政策中，往往对某些行业有所侧重或限制，银行同样会对行业的发展和风险有所研究。

不同行业成熟期的风险程度可用表 10-2 表示。

表 10-2　不同行业成熟期风险程度表

行业特征	低风险	中风险	中高风险	高风险
成熟期	成熟行业——销售和利润仍在以合理比率增长	正在成熟行业——摆脱了成长的主要问题和弱的竞争者；高度成熟行业——处于衰退的边缘	新兴行业——仍迅速成长，弱的竞争者开始退出；衰退行业——销售和利润下降	新兴行业——爆炸性比率成长

3. 周期性

如果一个行业是周期性的，则该行业的经营能在一定程度上反映经济的趋势，随着经济的繁荣而繁荣、萧条而萧条；如果一个行业是反周期性的，该行业的经营在萧条时期反而会比繁荣时期更好。受经济周期影响而波动幅度较大的行业，贷款的风险程度一般会较高。当了解了借款人的行业周期性，就可以评价其历史上在行业繁荣和萧条中的表现，结合目前的行业周期，分析判断借款人的贷款风险，如表 10-3 所示。

表 10-3　贷款风险周期表

行业特征	低风险	中风险	中高风险	高风险
周期性	不受经济周期的影响	销售的增长或下降较为温和，能反映经济的繁荣和萧条	销售受繁荣和萧条的轻度影响	高度周期性或反周期性

4. 盈利性

利润是企业长期生存的基础，如果一个行业中的大部分企业亏损，则这个行业继续存在下去的可能性就值得怀疑。当然行业的盈利性是与其行业周期性密切相关的。一个从扩张到衰退期间均持续高盈利的行业，其贷款风险应该是最低的，如表 10-4 所示。

表 10-4　盈利分析表

行业特征	低风险	中风险	中高风险	高风险
赢利性	从扩张到衰退期间持续盈利	在衰退期持续盈利，但低于平均水平	在扩张期盈利，在衰退期略有亏损	在扩张期和衰退期都不盈利

5. 对其他行业的依赖性

如果借款人所在的行业受其他行业的影响较大，说明借款人所在行业对其他行业的依赖性较大，这样，就必须分析其所依赖的行业的发展情况。以汽车制造业为例来说，如果这一行业呈现出萧条的迹象，那么钢铁、玻璃和轮胎等行业的生产和销售就有下降的可能。

借款人所在行业对其他一个或两个行业的依赖性越大，贷款的潜在风险就越大；行业的供应链或顾客群越多元化，贷款的风险越小，如表 10-5 所示。

表 10-5　行业风险的依赖分析表

行业特征	低风险	中风险	中高风险	高风险
对其他行业的依赖性	顾客和供应商高度多元化	顾客或供应商局限于几个行业；但没有一个占购、销额的 10% 以上	顾客或供应商局限于少数行业；有的占购、销额的 20%～30%	高度依赖于其他一两个行业或顾客群

6. 产品的替代性

替代产品是指那些与某一行业的产品有相同功能或能满足相同需求的产品。如果一个行业的产品与替代产品在价格上差距较大，消费者可能会转向替代产品，对此行业贷款的潜在风险相应较大。如当水果的价格明显低于蔬菜价格时，人们会去买更多的水果。如表 10-6 所示。

表 10-6　产品替代性分析表

行业特征	低风险	中风险	中高风险	高风险
产品的替代性	没有替代产品或类似产品	有少数替代产品，或者转换成本高	有数种替代产品，或转换成本轻微	有许多替代产品，没有转换成本

7. 法律政策

法律政策的变化可以对一个行业有潜在的好处，也可以使一个行业的盈利或生存受到威胁。同样，宏观政策，如金融货币政策、税收政策、产业指导政策等，也会对借款人所在行业产生不同的影响，不利的影响将使贷款的风险程度更大。

8. 经济、技术环境

如通货膨胀、地区经济形势、国际金融形势、重大技术突破和进步等经济技术环境因素都会对借款人所处的行业产生影响。东南亚金融危机直接影响我国的进出口企业；世界石油价格的下降可能会使化工行业死而复生；而技术的变革，对借款人行业的产品或生产成本等的影响更是明显。例如，DVD 技术的发展可能使 VCD 这一过渡产品被迅速淘汰，许多企业会因此而不得不转产。

二、贷款目的与用途分析

银行在发放任何一笔贷款之前，都要先分析企业的借款理由，符合银行的要求的企业借款理由可以归纳为以下几个方面。

(一)销售增长导致的借款

企业销售的增长可以帮助企业获得更多的利润，但同时它也需要更多的资金支持。由于销售增长，企业的应收账款和存货通常也会成比例地增长。如果销售增长适中，企业需要的额外现金可以由企业内部创造的利润满足，而不需要向外部筹集资金；如果销售增长非常快，额外的现金就需要从外部筹集，银行贷款就是其主要来源。

企业销售增长有两种类型：短期或季节性销售增长(1 年以内)和长期性销售增长(1 年以上)。这两种类型的销售增长都会导致借款需求。对于短期或季节性销售增长引起的借款需求，银行发放的贷款一般是为应收账款和存货增加提供临时性资金。贷款也应该是短期的，并且随着销售的下降而得到偿还。银行在发放该类贷款时，要检查至少一年的企业月销售额的情况，确定是否存在季节性增长，发放的贷款要保证银行有盈利。同时，企业在产生短期季节性借款需求时，还会由于营业投资的增加而提出借款申请。贷款是为弥补应收账款和存货的增加而提供的融资。企业的营业投资额等于净应收账款加存货减去应付账款减去应计费用。如果销售增长是长期性的，那么企业的借款需求也会持续增长。相对于未分配利润，企业的营业投资会以一个更快的速度持续增长。如果利润率没有大的变化，并且没有外界的资本输入，企业必然产生对长期贷款的需求。银行要检查最近几年企业的销售增长情况，一般情况下，销售增长率超过 10%意味着企业可能需要资金。银行发放此类贷款的期限要根据销售增长的时间、盈利水平和外界资本的可获得性而定。

(二)营业周期减慢引起的借款

企业营业周期减慢包括存货周转减慢和应收账款回收减慢。

存货周转减慢可以用存货周转次数(主营业务成本/平均存货)或存货周转期(平均存货/主营业务成本)来衡量。银行发放此类贷款的目的是为企业业务的临时性扩大或结构性转换提供资金，贷款的期限要根据存货周转减慢的原因和企业产生现金的能力而定。

应收账款回收减慢可以用应收账款周转率(销售收入净额/应收账款净额) 或应收账款回收期(应收账款净额/销售收入净额)来测量，同时要检查最近的应收账款账龄分析表。银行贷款的目的是为因回收减慢导致的应收账款增加提供资金，贷款的期限要视其是长期问题还是短期问题而定。

(三)固定资产购买引起的借款

固定资产购买引起的借款有两种形式：一是更新固定资产的需要而产生的借款需求；二是固定资产扩大引起的借款需求。任何一个企业都有扩大固定资产的需要，因此银行要先证明是否存在合理的固定资产扩张需求。对于前者的借款需求，银行可以用固定资产利用率(已提折旧累计额/折旧固定资产总额)和固定资产存续期(固定资产净额/折旧费)来测算。银行提供的借款通常是长期的，具体要根据借款的生利能力和资产的使用期限确定。对于固定资产扩张需求的鉴定，销售—固定资产比是一个有效的工具，它能计算每一元的固定资产带来的销售收入有多少。银行对固定资产扩张需求的贷款一般是长期的，具体期限要视借款人产生现金的时间和资产的使用期限而定。

(四)其他原因引起的借款

由其他原因引起的借款需求常见的主要有：资产增长增加的支出、债务重组增加的支出、低效经营增加的支出、股息支出或所有者提款引起的支出，以及不正常的或意外的费用支出等。

投资账户、递延费用、预付费用、无形资产以及商誉都是资产账户，它们的超常增加能够产生借款的需要。仔细审查账户，就会发现它们是否迅速增加，是否占到总资产的10%以上，是否反映了不同于企业主营业务的一个重要部分。银行要根据资产账户增加的原因确定是否贷款和贷款的期限。

对债务重组所需贷款，银行要检查企业的资金搭配是否不当及其原因，发放贷款的目的是替换现存的债务还是支付费用，借款期限要视被替换债务的性质而定，并确定借款理由。对低效经营贷款，银行要观察企业利润占销售收入比例的下降情况，确定贷款是支付费用、为生产提供资金，还是替换负债，贷款期限根据低利润的持续期长短而定。如果企业为股息支出或所有者提款而产生借款需求，银行要检查企业的股利发放率(现金股息/税后净利润)以确定是否贷款。有时，企业也会发生一次性的或意外的费用支出，如保险费、设备安装费等，银行要确认是什么原因导致企业无法支付这些费用，以确定是否应该发放贷款和贷款的期限。

银行掌握了企业的借款理由，就可以进行详细的偿还来源分析和风险分析。

三、担保分析

贷款担保是银行防范风险的重要手段。在任何时候，银行所持有的担保权益都应当大于被担保的贷款本息和执行担保所可能发生的费用，这是进行担保分析的一个基本原则。具体到贷款抵押的分析和评估，可归纳为两个方面：一个是法律的方面，即贷款抵押的合法性和有效性，包括抵押物是否真实、合法，抵押物的权属；另一个是经济的方面，即贷款抵押的充分性和可靠性，包括抵押物的评估、抵押物的流动性、抵押物的变现价值、银行对抵押物的管理等。

1. 对抵押物占有和控制的分析

贷款抵押物必须是借款人有权处分的，法律允许转让，同时又便于监控。在对贷款抵押进行分析时，首先要明确抵押物是否是借款人合法拥有和控制的，抵押物种类是否符合法律的规定，用法律、法规禁止流通的财产或者不可转让的财产设置抵押权的，要视同抵押无效。

2. 对抵押物权属的分析

银行对贷款抵押进行分析时，要注意抵押物是否确属借款人具有完全支配权的财产，使用他人的财产或与他人共有的财产未征得他人同意的，其抵押行为无效。

3. 抵押登记分析

按照我国《担保法》的规定，以法律规定的某些财产设定抵押权的，还须进行登记，这是抵押权的公信和公示原则所要求的，其目的是为了保护第三人的利益。在我国实践中，银行由于种种原因，存在一些未办理抵押登记的情况，如因费用高、手续烦琐或时间紧未办理抵押登记，或借款人有意不去办理抵押登记，银行未认真核查抵押登记的有效性，等等。根据我国《担保法》司法解释第四十九条规定，以尚未办理权属证书的财产抵押的，在第一审法庭辩论终结前能够提供权利证书或者补办登记手续的，可以认定抵押有效。当事人未办理抵押物登记手续的，不得对抗第三人。同时，第五十六条规定，法律规定登记生效的抵押合同签订后，借款人违背诚实信用原则拒绝办理抵押登记致使银行受到损失的，借款人应当承担赔偿责任。

4. 抵押物的流动性分析

一般而言，银行所希望的是在主要还款来源之外，获得可靠的次要还款来源。因此，用作抵押的财产应该与用于还款的现金来源之间有一定的联系，可以在市场上出售，流动性好。抵押物的流动性或变现能力，是指抵押物处理时能否为市场所接受，以及接受程度如何。在借款人失去主要还款来源时，抵押物的变现能力将直接影响到贷款本息的及时偿还和偿还的程度。流动性和市场状况是密切联系的，如果抵押物能够很容易地转换为现金，也就一定会有很好的市场需求。银行必须通过分析借款人提供的财务信息和有关资料，确定借款人用作抵押的财产是否有流动性，质量是否可靠。

对偿还能力稍差的借款人来说，银行必须要求其提供存款、金银等流动性强的抵押物。在正常情况下，这类抵押物能按照市场价值出售，变现时间短，费用低，也使银行感到有安全保障。相反，变现能力弱的抵押物，如库存在产品、机器设备，则很难按照市场价值出售，且变现时间长，费用高，使银行感到缺乏安全保障。

5. 抵押物价值分析

银行获得抵押物价值的途径：一是由借款人提供，银行与借款人协议，对抵押物作出合理的估价；二是聘用专业评估机构对抵押物进行评估；三是由银行进行现场检查与评估。以上三种方法结合起来使用可获得比较好的效果。银行的信贷人员都不可能是评估专家，不可能去评估所有的抵押物，而借助于信誉较高的评估机构和专业评估人士，有助手银行掌握抵押物的真实价值。同时，银行通过定期检查抵押物的保管和使用情况，定期测试评估结果，避免沿用上一次发放贷款时抵押物的评估价值作为下一次放款的决策参考，确保评估结果的合理性。

6. 抵押物评估机构的信誉分析

银行应对评估机构和评估人员的资格和声誉进行调查，内容包括：评估机构是否具备评估特定抵押物的资格；评估机构与所评估的财产是否存在资金或其他利益关系；评估机构与借款人或与银行内部人员之间的关系；评估机构所使用的评估方法是否适用于评估项目等。抵押物评估机构应具备完全的独立性和权威性，评估人员应能充分胜任评估工作，具备比较丰富的执业经验，能独立、客观、公正地进行评估工作等。

7. 抵押率分析

处理抵押物收回贷款时，资产的估价难以形成公平价值，而是会大大低于继续使用或公开市场条件下的价格，因此银行贷款的金额不可能完全等同于抵押物的市场价值，而是要保持在抵押物价值的一定比例之内，不同类型的贷款需要不同的抵押物，抵押率也不尽相同。我国有的银行规定，抵押率最高不得超过70%。抵押率的高低也反映了银行对抵押贷款风险所持的态度，抵押率低，说明银行对抵押贷款采取比较审慎的态度；反之，则说明银行对此采取了较为宽松的态度。在设定的抵押率下，如果抵押物的价值大幅下降，不足以防范和分散贷款风险，银行应要求借款人追加抵押物或另行提供其他担保。

8. 抵押物的变现能力分析

我国《担保法》规定，抵押物的变现有拍卖、折价和变卖三种方式。对于抵押物的拍卖而言，通过竞买人之间的竞争机制能够比较容易地发现一个较为公平、合理的价格，但是，对抵押物的折价、变卖则不存在这样一个价格形成机制。因为银行无论是以处理抵押物的价款抵补贷款本息，还是将抵押物变卖给他人，都不存在买主与卖主之间的竞争，很容易出现折价金额或变价款畸高畸低的问题，从而要么是担保人利益受损，要么是银行的利益受损。为此，我国《担保法》相应地作了规定，抵押物、质物折价或变卖的，应当参照市场价格。

四、经营因素分析

行业因素分析使我们对借款人所在行业整体的共性风险有所认识，但同一个行业中的不同企业又都有其独特的自身特点。要全面地评价借款人的还款能力和贷款风险，还需要在行业风险分析的基础上，进入借款人的生产经营过程，分析其自身的经营风险。具体包括以下几个方面。

1. 总体经营特征

这是分析借款人经营风险的第一步，其基本思路是，通过分析借款人的总体特征和经营策略来判断其经营风险的大小。借款人的总体特征可以从企业生产或销售规模、企业所处的发展阶段、产品多样化程度及经营策略等方面来考察：①规模。规模是一个相对数，必须与同行业的其他企业比较才有意义。相同投资的服装厂与钢铁厂的比较是没有意义的。一般情况下，规模越大，市场份额也就越大，企业经营也就越稳定，风险越小；反之，规模越小，市场份额越小，很容易被对手挤出市场，风险也就越大。但也有些小企业管理得比大企业好，盈利水平也较高。②所处的发展阶段。分析企业所处的发展阶段，就如同分析行业成熟期，其主要标志就是发展的速度。新兴企业发展速度快，前景较难预测，因而风险也较高；平稳发展的企业，风险相对较小。③产品多样化程度。如果产品单一，客户单一，而且产品用途少，那么企业风险就大。另外，如果企业有多种产品，但已经有个别产品不能为企业带来利润，这也蕴涵着一定的风险。④经营策略。企业的经营目标是什么，是否合理？为实现目标所采取的策略是否可行？企业实现目标的可能性有多大？管理人员是否能够应付其中的风险？回答了这些问题，对企业的经营策略也就有了大致的了解。

2. 产品分析

产品分析主要是分析产品在社会生活中的重要性和产品的独特之处。如果产品是需求稳定的常用品或必需品，如盐、小麦和牛奶等生活必需品，而且质量好，有独特之处，那么风险就低；反之，如果产品是奢侈品，如别墅等高档消费品，需求量小，替代品多，那么风险就较高。

3. 市场分析

市场分析主要考察市场竞争的激烈程度、企业对市场价格和需求的控制能力、客户的分散程度以及销售方法等。以上各方面的不同，会导致不同程度的风险。

产品的特性与市场营销是相关的。如果产品质量好、价格便宜、供货快、竞争对手少，那么企业就应该把主要精力放在保持这些优势上；相反，如果产品的技术要求低、竞争对手多、质量或款式没有明显优势，那么企业就应该在营销上多花工夫。

4. 采购环节分析

在对借款人采购环节中的风险进行分析时，重点是分析原料价格风险、购货渠道风险和购买量风险。①原料价格风险。借款人如果能影响其供应商的价格，就能够很好地控制其生产成本，按计划完成生产、经营周期，获取利润，承担较低的风险；否则可能会因原料价格过高而不能维持生产经营的连续性。②购货渠道风险。如果借款人的原材料供给渠道单一，且经常发生变化，则其生产所需的原料供给不能得到保证，生产不能如期完成，那么对银行来说，贷款就不能及时收回。③购买量风险。借款人原材料的购买量要根据存货管理计划、生产规模来确定。供应不足会影响生产，过量的供应也会带来过高的成本。

5. 生产环节分析

借款人生产中风险的分析重点在于分析生产的连续性、生产技术更新的敏感性，以及抵御灾难的能力、环境考虑和劳资关系等。①生产的连续性。借款人要赢得顾客的信赖，必须能够及时将产品送到顾客的手中。这要求借款人保持生产的连续性，尤其是当生产过程复杂、环节繁多时，生产的连续性更为重要，这是保障借款人及时送货的关键。②技术上的弱点。对于借款人来说，技术进步会对低成本企业带来重大影响。如果借款人不能及时采用新技术，生产效率就不能得到提高，产品成本就不能降低，就可能会失去原有的客户。

6. 销售环节分析

对借款人销售中风险的分析要考虑到以下环节：①销售范围。借款人是否能够将产品顺利地送到目标客户手中，是其实现利润的重要环节。如果这一环节出现故障，就会造成产品的积压，甚至报废。顾客群的过分集中、销售环节过多等也是影响借款人财务状况和还款能力的不利因素。②促销能力。借款人是否能够有效地管理其销售网络，对于推广其产品意义重大。例如，麦当劳公司对自己的销售网络有安全的控制力，向顾客提供统一的质量和服务。反之，借款人对销售网络缺乏控制力，就会使各种渠道销售出的产品，在质量和服务方面存在较大差异，影响产品整体声誉。③销售的灵活性。产品销售过程包括包装、装载、运输、卸货、出售等环节，如果某一环节发生变化，借款人是否有灵活的对策是考察借款人销售过程风险程度的一个重要因素。

五、管理风险因素分析

管理风险重点分析借款企业的组织形式、管理层的素质与经验及管理能力、管理层的稳定性、经营思想和作风、员工素质、法律纠纷等。

1. 借款人的组织形式分析

借款人的组织形式是否适当，内部组织构架是否健全，是否建立了科学的决策程序、人事管理政策、质量管理与成本控制措施等，都在很大程度上影响着企业的正常运作和经营成果，并最终反映在其还款能力上。另外，借款人如果发生增资扩股、股权拆分、并购重组、联营等组织形式的变化，均可能对借款人的盈利能力、现金流量等产生有利或不利的影响。

2. 管理层的素质和经验分析

对借款人管理层素质和经验的分析主要分析管理层人员的文化程度、专业知识、年龄结构、开拓精神、团结精神等。其中管理层的管理经验及熟悉程度是考察的重点。一个好的借款人其高级管理人员应具有较强的技术、营销、财务和管理方面的综合能力，有较强的处理行业风险、控制风险的经验和能力，能适应市场和环境的变化，预测和把握企业未来的发展方向和发展前景。

3. 管理层的稳定性和经营思想分析

借款人主要管理人员的离任、死亡和更换均会对借款人持续、正常的经营管理产生一定的影响。同样，董事会和高级行政人员在经营思想上的不统一，存在过分保守或过分冒险的经营思想或作风以及过分以利润为中心，经营行为短期化或制定短期化的利润分配政策，过度分配股息等，均会影响借款人的稳定性和持续的还款能力。

4. 其他因素

如借款人的内控制度是否健全、财务管理能力的强弱、员工素质的高低、有无法律纠纷以及关联企业的经营管理状况好坏等均会对借款人的经营管理产生影响。

六、还款意愿分析

上面所述及的各种非财务分析因素，均是在借款人愿意偿还贷款的主观假定下，影响借款人的还款能力的非财务性因素。而在实际工作中，有不少借款人不是没有能力偿还贷款，而是"有钱不还"、"赖账不还"，即我们所说的"还款意愿差"，这也是一项非财务因素问题。所以在贷款分析中，我们除分析影响借款人还款能力外，还必须分析借款人的还款意愿。

还款意愿的高低，可以从借款人的还款记录，包括对其他银行、供应商等债权人的还款记录情况进行判断。同时，要对还款意愿问题进行深入的分析。一般来说，还款意愿差主要是管理层的品质存在问题。诚实守信、遵纪守法是经商之道，但有的企业在经营中偷税、漏税，采用隐瞒事实等不正当的手段套取银行贷款，不与银行进行积极配合，有意拖欠银行贷款等。这主要是因为借款人管理层的法律意识较为淡薄，道德品质上存在缺陷；但有的也可能是借款人在经营资金方面确实暗含危机，或是银行缺乏有效的贷款监督，收贷不力，还款意愿差只不过是一种假象或结果而已。

小常识　令人满意的信用评价方法应具备的关键特征

(1) 信用评价对公司信用品质的实质变化比较敏感。

(2) 在人们发现信用品质发生实质变化之前，对该结果的预测应有一个超前时间，亦即预到结果应具有超前性。

(3) 没有出现信用品质的实质变化时，信用等级比较稳定。

(4) 风险评价的层次划分应有助于促进信用定价及信用条件设定的合理性。

(5) 信用等级对于不同行业、不同规模及处于不同地理位置的企业应该保持一致性。

能否具备以上特征，关键取决于信用评价过程使用的变量。需要强调的是，即使参与评估的专家再有经验，分析工作做得很细致，也是以事后的认识作为基础进行预测的。一个良好的信用分析应该在不同时期——无论是在整体经济环境好还是差时，都能作出正确的预测。在会计原则、宏观经济、股市市盈率、通货膨胀率及其他可能产生影响的因素发生变动时，必须仍能保持好的表现。这就需要信用评价应有足够的超前时间以便采取有针对性的政策。

(资料来源：刘戎骄. 个人信用管理. 北京：对外经济贸易出版社，2003)

第二节　法人客户的财务分析

财务分析是判断潜在借款人信用状况最为通用的技术。银行通过解读和阐释企业的财务资料，对企业的既往业绩、目前状况以及未来前景作出评价和预测。银行进行财务分析的原始资料主要是借款企业的财务报告，包括财务报表(如资产负债表、利润表、现金流量表等)及有关附表和财务报表附注。在确保财务报告的质量和可靠性的基础上，银行着手进行财务分析。财务分析的重要技术有财务报表分析、财务比率分析和现金流量分析。

一、财务报表分析

财务报表分析，又称财务分析，是通过收集、整理企业财务会计报告中的有关数据，并结合其他有关补充信息，对企业的财务状况、经营成果和现金流量情况进行综合比较和评价，为财务会计报告使用者提供管理决策和控制依据的一项管理工作。

(一)财务报表分析的意义

财务报表能够全面反映企业的财务状况、经营成果和现金流量情况，但是单纯通过财务报表的数据还不能直接或全面说明企业的财务状况，特别是不能说明企业经营状况的好坏和经营成果的高低，只有将企业的财务指标与有关的数据进行比较才能说明企业财务状况所处的地位，因此要进行财务报表分析。

(二)财务报表分析的内容

企业的财务报表一般包括资产负债表、损益表、现金流量表、所有者权益变动表、附注五部分。资产负债表反映的是企业在某一特定日期的财务状况；利润表反映的是企业在一定会计期间的经营成果；现金流量表反映的是一定期间内企业现金(及其等价物)的流入和流出情况；所有者权益变动表反映的是构成所有者权益的各组成部分当期的增减变动情况；附注则是对前述四类报表中列示项目的文字描述或明细资料，以及对未能在这些报表中列示项目的说明。商业银行在企业财务分析中，主要分析对象是资产负债表、损益表和现金流量表(及三者的附注)。

财务报表分析的一般程序为：

(1) 明确分析目的，制定分析工作计划。

(2) 收集有关的信息资料。

(3) 根据分析目的，运用科学的分析方法，深入比较、研究所收集的资料。

(4) 做出分析结果，提出分析报告。

财务报表分析常用的方法包括比率分析法、比较分析法和趋势分析法等基本方法。

(三)资产负债表分析

资产负债表包括两大类：资产类与负债及所有者权益类。根据会计平衡原理，这两大类在量上必然相等。资产是由于企业过去的经济活动所形成的，目前所拥有或掌握的以货币计量，并能在今后为企业带来经济效益的经济资源。负债是企业由于过去经济活动所形成的，目前承担的能以货币计量，并将以资产、劳务或新的负债偿还的一种经济义务。所有者权益亦称产权或资本，是企业所有者对企业净资产所拥有的权益，在数量上等于企业资产减去负债最后的余额。资产负债表是一时点表，它是企业特定时点上财务状况的静态反映。

1. 资产项目分析

(1) 货币资金。货币资金是企业以现金、银行存款和其他货币资金形式持有的货币。其目的是满足企业正常经营支付的需要，是偿还银行短期贷款的最直接资金来源。在企业可以在多家银行开户的前提下，作为债权人为保证贷款安全即期收回，就必须全面了解企业在各家银行开户的情况以及货币资金到期的流向。

(2) 各项应收账款。各项应收账款包括应收账款、应收票据、预付账款及其他应收款等。在所有资产中,应收账款的流动性仅次于货币资金,故是偿付短期债务的主要来源。但鉴于不是所有应收账款都能按时收回,因此对此项目要作正确的分析和估价。分析的主要内容是如下。

① 账欠情况。是集中在几个大户,还是分散到许多企业;是老客户多,还是新客户多。一般来讲,集中的风险大于分散的风险,稳定的老客户风险小于不知底的新客户的风险。

② 账龄分析。应收账款入账的时间长短。一般来讲,账款被拖欠的时间越长,发生坏账的可能性就越大。对过期太久的欠款,要求企业冲销"坏账准备"。

(3) 存货。存货是指企业为销售或耗用而储存的各种流动资产,或在途、在库、在加工中的各项商品或物资的实际成本,包括商品、产成品、半成品、在产品以及各类原材料、燃料、包装物、低值易耗品等。对存货的分析主要看:存货的有效期、流动性、价格的稳定性、规模的合理性和是否投保。

(4) 固定资产。一般情况下,银行不需以企业固定资产的销售作为偿还短期贷款的资金来源,但对中长期贷款和抵押贷款是分析的重点。主要分析企业是否提足折旧,如果企业没提足固定资产折旧,说明企业经营有困难,不愿加大成本;是否投保;财产效用如何,通用的财产容易出售;财产使用的时间等。

(5) 长期投资。目前我国企业的长期投资主要有两种形式:一种是购买其他公司或企业的股票和长期债券;一种是联营投资。对购买股票和债券的长期投资,银行主要分析投资的实际价值、所购有价证券的行情、信用等级和被投资公司企业的经营情况、盈利等,以确定对借款者偿债能力的影响程度。对联营投资除了要分析投资联营公司的经营管理、财务状况和产品市场竞争能力外,更要注意可能影响借款人偿债能力的财务关系和契约关系。

2. 负债和所有者权益项目分析

(1) 短期借款和一年内到期的长期借款。这两部分都是企业必须在会计年度内归还的借款。贷款银行应着重分析借款企业在所有银行借款的数额和期限,还款的安排,抵押的资产是什么?以便了解企业对该银行偿债的各种影响。

(2) 各项应付款项。各项应付款项主要包括应付账款、应付票据、其他应付款及未交税金等。对这些应付款项应主要分析付款的时间及该企业付款的安排。因为各项应付款及上述短期借款都是企业的流动负债,需用该年度的流动资产或流动负债清偿。

(3) 或有负债。或有负债是指将来可能需要承担的潜在的债务。这是由于企业资产项目中应收账款、应收票据等被抵押、贴现或背书转让,并且附带有追索权,或企业担保别人的债务,一些待决诉讼事项可能引起的赔偿,这些情况在一定时间内都有支付的可能,即形成了潜在的债务，一旦发生，企业则需偿付。因而银行要充分估计这些或有负债以保证银行贷款的按期收回。

(4) 所有者权益。所有者权益包括实收资本、资本公积、盈余公积和未分配利润四部分。其是企业实力所在，是银行提供贷款时极为重要的项目。根据我国银行贷款制度的规定，借款企业向银行贷款，必须具有一定比例的自有资金。对所有者权益的分析主要看其额度是否符合制度规定要求，有无虚假、抽逃部分，有些经营不善的企业往往少计一些应计的负债，从而夸大净值的数额。

(四)损益表分析

利润表是反映企业在一定会计期间内的经营成果及其分配情况，是评价企业经营管理水平，分析企业未来盈利能力的重要资料和信息来源。在对借款企业的利润表进行分析时，应重点考虑以下几个方面。

1. 产品销售收入

该项目反映企业销售产品的销售收入和提供劳务业务的收入。对其审查应着重看企业有无隐瞒销售收入，变盈利为微利，甚至亏损；或者反之，虚构销售收入，变亏损为盈利。信贷人员应将企业一个时期开出的增值税发票(或销售发票)数据与该项目数据进行核对，或者根据企业所交的产品税金倒套到产品税率，看本期销售收入是否有虚构因素，如果数据相差甚大，应进一步查明原因。

2. 产品销售成本

该项目反映企业销售产品和提供劳务等主要经营业务的实际成本。应审查其内容是否真实，前后期计算方法是否一致，特别要注意本期销售成本同上期或前几期相比，是否存在着突增、突减的情况。发生突增的现象，很可能是企业虚增成本开支，降低利润，以达到拖欠税款、贷款目的；突减成本，是为了虚增利润，使信贷人员误认为该企业经营状况良好，可以贷款。所以，信贷人员要调阅企业销售成本明细账，逐项审查，发现问题及时反映，并采取相应措施。

3. 管理费用、财务费用

管理费用是指企业行政管理部门为管理和组织生产所发生的费用。财务费用是指企业为筹集资金而发生的各项费用。这两项费用均属于期间费用，主要审查其总量变化情况，与前期相比，差异不大，可不作深入分析；如差异很大，则要进一步查明各项目有无虚假情况，并逐项审阅明细账。

4. 投资收益

投资收益是企业对外投资所得的收益。对该项目的审查主要看收益是否入账，有无隐瞒不报的现象。

5. 营业外收入、营业外支出

这两项是指企业发生的与企业生产经营无直接关系的各项收支。营业外收入大于营业外支出，则可以增加利润；反之，就会减少利润。主要审查其有无虚增减现象。

在对损益表的分析中还要注意对表中的各项目与以前各时期对比、与同类企业对比、与企业的计划对比，从而考察企业的经营状况是否令人满意。另外，商业银行还应对借款企业财务状况变动表进行分析，这有助于银行了解企业在一定时期内营运资本的变动和企业的流动性状况。

(五)现金流量表分析

借款人的现金流量主要分为三类：一是经营活动产生的现金流量；二是投资活动产生的现金流量；三是筹资活动产生的现金流量。

1. 经营活动产生的现金流量分析

审查其当期销售商品、提供劳务收到的现金，购买商品、接受劳务支付的现金是否全额入账。

如果经营活动现金流量的稳定性好、再生性好，同时可由经营活动现金流量规模大小推测融资策略：经营活动现金流量一般情况应占较大比例，说明借款人从生产经营中获得现金能力较大，属于融资策略利润型；经营活动现金流量所占比例小，说明借款人资金主要依赖增加资本或对外借款，属于融资策略金融型。

通过流入与流出对比，推测现金适应能力。正常情况是当期经营活动现金流入首先应满足生产经营的基本支出：购原材料与商品，支付经营费用、工资、福利费，缴纳税金等，然后才用于偿付债务或扩大投资；流入远远大于流出反映借款人成长和支付能力较强；流入远远小于流出说明经营活动现金适应能力差，财务困难。

通过与收入、利润对比，了解收入与利润质量。销售所获现金流入与当期销售收入之比高，说明回款及时，借款人经营质量高；反之，企业经营质量差，坏账发生可能性大，必须关注其资产质量。经营活动现金与净利润之比高，说明借款人经营质量高。通过购货现金与销货成本对比，判断借款人付现成本情况：购货现金与销货成本之比大于1，不仅支付本期全部账款，且还清了前欠账款，虽现金流出多，但树立了企业的信誉；小于1，表明赊购多，虽节约了现金但形成偿债压力。

2. 投资活动产生的现金流量分析

审查其是否按计划、规定用途购建固定资产，收到的投资返利是否按规定入账。

若流入大于流出：或者企业是变现了大量的固定资产，如果这些资产是闲置或多余的，这种变现对借款人的经营和理财就是有利的,否则说明借款人经营或偿债可能出现了困难,不得不靠处理固定资产来维持经营和偿还债务;或者是由于经营困难或环境变化,不得不开始收缩投资战线,集中资金克服经营困难或解决其他问题;或者是二者的结合。

若流出大于流入:或者是企业实施了投资扩张的政策,这是借款人获得新的投资、获利和发展机会的表示,但要与投资效益结合起来考察;或者是前期的投资收益的品质较差;或者是二者的结合。

判断投资收益质量:通过投资现金收益/投资收益(利润表、成本法、权益法) 推测借款人投资政策变化。投资活动现金净流出量大,反映借款人实施了投资与经营扩张政策,说明借款人可能面临新的投资和发展机遇;投资活动现金净流入量大,反映借款人实施了投资与经营收缩政策,说明借款人内部经营可能出现困难,或调整经营政策,或对外投资出现问题。

3. 筹资活动产生的现金流量分析

审查其筹措的资金对企业资本及债务规模和构成产生的影响,筹资成本是否适中。

一般情况下,如果企业筹资活动的现金流入明显大于现金流出,说明借款人吸收资本或举债的步伐加快,联系投资的净现金流量,如果投资的净现金流出也非常明显的话,则意味着借款人加快了投资和经营扩张的步伐,这可能意味着借款人有了扩大获利的机会;联系经营活动的现金净流量,如果经营活动的现金净流出明显的话,则说明吸收资本或举债的资金部分补充了经营活动的现金支出。

二、财务比率分析

财务报表的项目分析虽然可提供很多情况以说明企业的偿债能力,但各项目间都是孤立的。通过两个相互联系项目的比率分析,更能评价出企业的信用水准和经营业绩。财务比率指标很多,因为任何有关联的两个项目都可构成一财务比率指标。

(一)偿债能力比率

公司的偿债能力包括短期偿债能力和长期偿债能力。反映短期偿债能力(即将公司资产转变为现金用以偿还短期债务的能力)的比率。主要有流动比率,速动比率以及流动资产构成比率等。反映长期偿债能力(即公司偿还长期债务的能力)的比率主要有股东权益对负债比率、负债比率、举债经营比率、产权比率、固定资产对长期负债比率等。

1. 流动比率

流动比率,也称营运资金比率,是衡量公司短期偿债能力最通用的指标。其计算公式为

$$流动比率 = \frac{流动资产}{流动负债} \times 100\%$$

这一比率越大，表明公司短期偿债能力越强，有充足的营运资金；反之，说明公司的短期偿债能力不强，营运资金不充足。一般财务健全的公司，其流动资产应远高于流动负债，起码不得低于 1∶1，一般认为大于 2∶1 较为合适。

2. 速动比率

速动比率，又称酸性测验比率，是用以衡量公司到期清算能力的指标。计算公式为

$$速动比率 = \frac{速动资产}{流动负债} \times 100\%$$

其中，速动资产=流动资产-存货。通过分析速动比率，可以测知公司在极短时间内取得现金偿还短期债务的能力。一般认为，速动比率最低限为 0.5∶1，如果保持在 1∶1，则流动负债的安全性较有保障。因为，当此比率达到 1∶1 时，即使公司资金周转发生困难，亦不致影响即时的偿债能力。

3. 流动资产构成比率

其计算公式为

$$流动资产构成比率 = \frac{每一项流动资产}{流动资产总额} \times 100\%$$

分析这一比率的作用在于了解每一项流动资产所占用的投资额，弥补流动比率的不足，达到检测流动资产构成内容的目的。

上述三种比率，主要涉及公司的短期偿债能力。下述的各种比率则主要涉及长期偿债能力。

4. 股东权益对负债比率

其计算公式为

$$股东权益对负债比率 = \frac{股东权益}{负债总额} \times 100\%$$

这一比率表示公司每 100 元负债中，有多少自有资本抵偿，即自有资本占负债的比例。比率越大，表明公司自有资本越雄厚，负债总额小，债权人的债权越有保障；反之，公司负债越重，财务可能陷入危机，可能无力偿还债务。

5. 资产负债率

资产负债率是负债总额与资产总额之比，其计算公式为

$$资产负债率 = \frac{负债总额}{资产总额} \times 100\%$$

资产负债率衡量借款人偿还长期债务的能力，反映了借款人总资产中由债权人提供的

资金的比重，也反映了债权人权益的保障程度。该指标对债权人来说越低越好。该比率越低，债权人权益保障程度越高；反之，资产负债率越高，债权人权益保障程度越低。一般来说，正常的借款人其资产负债率一般应低于75%；如果借款人的资产负债率高于100%，则说明借款人已经资不抵债，濒临破产。

6. 负债资本比率

负债资本比率是负债总额与资本之比，其计算公式为

$$负债资本比率 = \frac{负债总额}{资本总额} \times 100\%$$

负债资本率表明资本对债权人权益的保障程度。该比率越低，表明借款人的偿债能力越强，债权人权益保障程度越高；反之，该比率越高，说明借款人的杠杆经营比率越高，偿债负担越重，风险越大。

7. 有形净值债务率

有形净值债务比率是指负债总额与有形净资产之比，其计算公式为

$$有形净值债务率 = \frac{负债总额}{资本总额 - 无形资产净值} \times 100\%$$

有形净值债务率表明有形净资产对债权人权益的保障程度，该比率越低越好。

8. 利息保障倍数

其计算公式为

$$利息保障倍数 = \frac{利息费用 + 税前赢利}{利息费用}$$

这一比率可用于测试公司偿付利息的能力。利息保障倍数越高，说明债权人每期可收到的利息越有安全保障；反之，则不然。

9. 或有负债比率

或有负债比率是或有负债与净资产的比率，其计算公式为

$$或有负债比率 = \frac{或有负债}{净资产} \times 100\%$$

其中或有负债指借款人为第三方提供的担保和商业汇票承兑。

或有负债具有不确定性，其最终可能形成企业的负债，也可能不形成借款人的负债。因此，相对于借款人净资产而言，或有负债不可过高，以免成为企业不能承担的负担。一般而言，或有负债比率必须控制在150%以下，以100%以下为最佳。

10. 应付账款清付率

其计算公式为

$$应付账款付清率=(1-\frac{应付账款年末余额}{应付账款年初余额+本年应付账款贷方发生额})\times100\%$$

该指标用于考察借款人对年初累积及本年新发生应付账款的清付能力。应付账款长期不付，将影响借款人持续发展的能力，只有不断对发生的应付账款进行清付，才可能获得应付款及信誉。

(二)周转能力比率

周转能力比率亦称活动能力比率，是分析公司经营效应的指标，其分子通常为销售收入或销售成本，分母则以某一资产科目构成。企业资产周转速度等有关指标反映的是资产的利用的效率，它表明管理人员经营管理和运用资产的能力。营运能力与偿债能力有关，在正常经营情况下，营运能力越强，各项资产周转速度越快，表明企业用较少资金就能获得更好的经济效果。考察企业营运能力的重要指标有以下几个。

1. 应收账款周转率

其计算公式为

$$应收账款周转率=\frac{销售收入}{应收账款平均余额}\times100\%$$

由于应收账款是指未取得现金的销售收入，所以用这一比率可以测知公司应收账款金额是否合理以及收款效率高低。这一比率是应收账款每年的周转次数。如果用一年的天数即 365 天除以应收账款周转率，便求出应收账款每周转一次需多少天，即应收账款转为现金平均所需要的时间。其算法为：应收账款变现平均所需时间=一年天数/应收账款年周转次数。应收账款周转率越高，每周转一次所需天数越短，表明公司收账越快，应收账款中包含旧账及无价的账项越小；反之，周转率太小，每周转一次所需天数太长，则表明公司应收账款的变现过于缓慢以及应收账款的管理缺乏效率。

2. 存货周转率

其计算公式为

$$存货周转率=\frac{销售成本}{平均商品存货}\times100\%$$

存货的目的在于销售并实现利润，因而公司的存货与销货之间，必须保持合理的比率。存货周转率正是衡量公司销货能力强弱和存货是否过多或短缺的指标。其比率越高，说明存货周转速度越快，公司控制存货的能力越强，则利润率越大，营运资金投资于存货上的金额越小；反之，则表明存货过多，不仅使资金积压，影响资产的流动性，还增加了仓储费用与产品损耗。

3. 固定资产周转率

其计算公式为

$$固定资产周转率 = \frac{销售收入}{平均固定资产余额} \times 100\%$$

这一比率表示固定资产全年的周转次数，用以测知公司固定资产的利用效率。其比率越高，表明固定资产周转速度越快，固定资产的闲置越少；反之则不然。当然，这一比率也不是越高越好，太高则表明固定资产过分投资，会缩短固定资产的使用寿命。

4. 资本周转率

资本周转率，又称净值周转率。其计算公式为

$$资本周转率 = \frac{销售收入}{股东权益平均余额} \times 100\%$$

运用这一比率，可以分析相对于销售营业额而言，股东所投入的资金是否得到充分利用。该比率越高，表明资本周转速度越快，运用效率越高；但如果比率过高，则表示公司过分依赖举债经营，即自有资本少。资本周转率越低，则表明公司的资本运用效率越差。

5. 资产周转率

其计算公式为

$$资产周转率 = \frac{销售收入}{资产总额} \times 100\%$$

这一比率是衡量公司总资产是否得到充分利用的指标。总资产周转速度的快慢，意味着总资产利用效率的高低。

(三)盈利能力比率

盈利能力的分析就是通过一定的方法，判断借款人获得利润的能力，它包括借款人在一定会计期间内从事生产经营活动盈利能力的分析和借款人在较长时期内稳定地获得利润能力的分析。这是对借款人盈利水平、盈利稳定性和持久性分析的一项重要内容。

1. 净资产收益率

净资产收益率是税后净利润与净资产年平均余额之比。其计算公式为

$$净资产收益率 = \frac{税后净利润}{净资产年平均余额} \times 100\%$$

其中

$$净资产年平均余额 = \frac{年初净资产余额 + 年末净资产余额}{2}$$

该指标是把借款人一定时期的净利与净资产相比较，表明借款人资产利用的综合效果。

该指标越高，资产的利用效率越高，说明借款人在增收节支和节约资金使用等方面取得良好的效果；反之，则利用效果不好。

2. 总资产报酬率

总资产报酬率是税后净利润与总资产年平均余额的比率。其计算公式为

$$总资产报酬率 = \frac{税后净利润}{总资产年平均余额} \times 100\%$$

其中

$$总资产年平均余额 = \frac{期初资产总额 + 期末资产总额}{2}$$

该指标的意义与净资产收益率基本一致，只是分母的范围有所差别。

3. 销售利润率

销售利润率是利润总额与销售收入的比率。其计算公式为

$$销售利润率 = \frac{利润总额}{年销售收入净额} \times 100\%$$

该比率用以反映和衡量借款人销售收入的收益水平，比率越大经营成果越好。

4. 营业利润率

营业利润率是营业利润总额与年销售收入之比。其计算公式为

$$营业利润率 = \frac{营业利润总额}{年销售收入净额} \times 100\%$$

该比率反映营业利润占产品销售收入净额的比重。营业利润率越高表明借款人营业活动的盈利水平越高。

5. 成本费用利润率

成本费用利润率反映企业利润总额与成本费用总额之比。其计算公式为

$$成本费用利润率 = \frac{利润总额}{成本费用总额} \times 100\%$$

成本费用利润率越高越好，说明同样的成本费用取得更多的利润。

三、现金流量分析

现金流量分析就是以现金流量表为主要依据，利用多种分析方法，进一步揭示现金流量信息，并从现金流量角度对企业的财务状况和经营业绩作出评价。 对企业的现金流量相关指标进行分析不仅可以考察某一时期现金流量的状况，亦可通过现金流量与资产负债及损益项目的稽核关系识别出潜在错报风险。

现金流量表将企业的现金流量归为经营活动、投资活动、融资活动的现金流量，分别反映企业当期各种活动所引起的现金流入和现金流出。经营活动产生的现金流入主要包括销售商品和劳务所得现金、收到的租金、收到的增值税销项税额和退回的增值税款等；现金流出主要包括购买商品和劳务所付现金、因经营租赁而支付的租金、支付给职工的现金、支付的增值税款和所得税款等。投资活动产生的现金流入主要包括收回投资所得现金、获得股利或债券利息所得现金、处置资产而收回的现金等；现金流出主要包括购建固定资产等所支付的现金、权益性与债权性投资所支付的现金等。筹资活动产生的现金流入主要包括吸收权益性投资所得现金、发行债券所得现金、借款所得现金等；现金流出主要包括偿债所付现金、分配股利或偿付利息所付现金、融资租赁所付租金等。上述三类活动各自的现金流入量和流出量之差为其净流量，将之加总即得到企业的净现金流量总额。

银行可以根据测算出的净现金流量，对企业支付能力进行直觉判断。如果净现金流量为正值，意味着现金流入大于现金流出，企业目前的净现金状态还具有支付能力。但是，如果净现金流量与往年相比是持续下降的，则应对企业的现金支付能力保持高度警惕，这往往是财务陷入困境的一个危险信号。如果净现金流量为负值，意味着现金流入总量小于现金流出总量，但是企业能否偿债还需作具体分析。

实际上，现金流量分析更为关键的是进一步分析企业净现金流量的组成元素、形成过程及其增减变化的原因。因此，银行在总量分析之后，还需要对现金流量进行结构分析。银行可以在企业现金流量表的基础上编制现金流入结构表、现金流出结构表和净现金流量结构表。现金流入结构表列明现金流入各组成部分占现金流入总量的百分比，现金流出结构表列示现金流出各项目占流出总量的百分比，净现金流量结构表则列示三种活动的净现金流量占现金总体净流量的百分比。银行首先应分别对三张报表进行分析，然后进行综合分析，以判别企业现金流量构成是否合理。

银行还可以编制企业现金流量变化表，对借款企业连续数期的现金流量进行纵向比较。银行可以采用某一时期的数据为基数，将各期数据与之对比，观察现金净流量及构成现金净流量各项目的变化情况、分析变化趋势及其原因。需要注意的是，不同行业或处于不同发展阶段的企业，其现金流量的特点各有差异，银行应对此有清楚的了解，以便确定分析重点。

由于企业内外部经营条件都处于不断变化之中，因此比较理想的现金流分析是银行不仅观察企业现金流量的历史数据，还预测企业未来的现金流量，作出动态变化的判断。首先，银行应确定影响企业未来现金流量的主要因素，包括企业内部经营管理的调整和外部经营环境的变化；其次，要区分哪些是短期因素，哪些是长期因素，哪些因素为企业可控，哪些不可控；最后，在此基础上，预测这些因素对未来现金流量的影响力度，得出企业未来现金流量的结构与总量变化情况，从而评价将来企业偿还贷款的可能性。

第三节　个人客户的信用分析

　　个人信用分析与企业信用分析，就分析目的和分析内容而言，理论上是一致的。从信用分析的目的来看，个人信用分析与企业信用分析是完全相同的，简单说有两个：一是分析借款人的还款意愿；二是分析借款人的还款能力。从分析内容来看，企业信用分析的内容，如品德、才能、资本、担保品、经营环境等，即所谓的5C原则也同样适用于个人信用分析。所不同的是由于个人贷款金额小，客户数量非常大，除住房、汽车等部分抵押贷款外，大多数是信用贷款，加上还款来源依赖于个人收入，而个人收入从长期看是较为稳定的，因此，个人信用分析更侧重于借款人的品德，因为个人消费贷款能否按期偿还更多地依赖于借款人的还款意愿。国外商业银行个人信用分析主要采用两种方法：一是判断式，一是经验式。

一、判断式信用分析方法

　　所谓判断式信用分析方法，是通过对贷款申请人的财务状况进行分析，也就是对贷款申请人的资产负债的分析，来判断贷款申请人的信用状况。

　　判断式信用分析通常是依靠对个人财务报表的分析来进行。个人财务报表是银行用来评价个人财务状况、确定个人信用高低的最有效的工具。尽管每张财务报表的明细内容不尽相同，但大多数财务报表都能够提供贷款申请人的资产和负债情况，列出与贷款申请人的财务活动有关的背景资料。除此之外，银行还可以从个人纳税申报表中了解贷款申请人的收入与支出。具体分析主要有以下内容。

(一)资产分析

　　由于贷款申请人的资产种类较多，银行受人财物的限制，既不可能，也没必要对个人财务报表上所有资产都进行评估。应该按照如下四个原则来确定所需分析评估的资产范围：一是抵押原则，即贷款申请人的资产是否可以作为银行的抵押品，许多贷款申请人财产不能够充当合格的抵押品，应将其排除在外；二是变现原则，贷款申请人是否有计划将资产变现来偿还贷款；三是重要性原则，贷款申请人从资产获得的收入是否是其重要的收入来源；四是比重原则，某项资产占贷款申请人总资产的比重是否超过了10%，如果超过了，银行应将其视为重要资产而进行分析。

　　在进行贷款申请人资产分析时，银行必须注意以下三个问题。

　　(1)　价值和稳定性。作为贷款抵押品或担保品的资产价值，在贷款期间可能发生多大变化。

　　(2)　流动性。资产是否有现成的市场，变现是否较容易。

(3) 所有权和控制权。贷款申请人是否拥有并控制着这些资产。贷款申请人对资产所有权是否真实。

1. 流动资产分析

流动性资产具有较强的变现能力，是偿还贷款的重要来源。其主要内容如下。

(1) 现金。现金是最容易确定的资产，在将现金作为抵押品之前，信贷人员必须检查贷款人个人账户的平均余额，并确定该账户是否已被作其他债务的抵押物而被留置。

(2) 大额可转让存单。通过与存单发行机构联系，检查大额存单的真实性。

(3) 可转让证券。通常在个人财务报表中都单独列入借款人的每种可转让证券及其价值的表格，有股票和债券两类。

2. 不动产分析

对不动产的审查主要有以下内容。

(1) 不动产的所有权是否真正属于贷款申请人。

(2) 确定不动产价值。

除了上述流动资产和不动产外，还有其他资产，如客户的应收账款、人寿保险单以及退休基金等应根据上述原则视情况加以分析。

(二)收入分析

对于经常性收入资料(包括工资和其他经常性收入)，银行必须依赖于贷款申请人提供，但贷款申请人常常夸大其收入水平，银行进行收入分析的关键在于确定贷款申请人的所有收入来源，并通过纳税申请表、雇主咨询、资产所有权证等手段，核实收入金额的准确性及稳定性。

(三)负债分析

在分析贷款申请人的负债项目时，银行应特别注意审查以下几点。

(1) 贷款申请人是否列出其所有负债。

(2) 哪些负债有资产阶级作担保。

(3) 借款申请人是否存在或有负债；如对外担保等。

(4) 是否存在未决诉讼。

(5) 负债中有无拖欠。

1. 信用卡分析

分析的重点在于信用卡的信贷限额以及信用卡金额。较为谨慎的贷款申请人在赊购商品时一般只使用 2～3 个信用卡，并按月及时还清；而缺乏谨慎态度的贷款申请人往往拥有较多的信用卡，并每月支付每张信用卡的最小限额。银行一定要分析贷款申请人所有信用卡用到最大限度时对客户财务状况的影响。

2. 营业负债分析

重点考虑：贷款余额是多少？贷款何时到期？还款来源是什么？

3. 其他贷款和负债分析

银行要注意确定贷款申请人是否列出了其全部负债，如学费贷款、其他贷款等。偶然负债和或有负债，如贷款申请人是否对某些债务进行了担保，是否拖欠赡养费等。

(四)综合分析

综合分析就是将从贷款申请人的财务报表中获得的每项信息有机地组织起来，从而达到确定潜在的抵押品或还款来源、确定流动性负债、确定所有者权益、确定贷款申请人的速动比率和所有者权益比率，并作为最终发放贷款的依据。

综合分析首先通过调整后的资产负债表按资产流动性强弱排序：一是确定最容易变现的流动性资产或第二还款来源的资产；二是确定其他可变现资产；三是通过对负债表调整，确定客户短期债务和下一年的债务，评估贷款申请人的现金流量；四是计算出贷款申请人的速动比率和所有者权益与资产比率。

判断式信用分析的效果取决于信贷员估计借款人偿还债务能力和意愿的经验和洞察力。这种评估类似于工商业贷款信用评估，消费贷款信贷员必须了解借款人的特点、贷款用途、第一还款来源和第二还款来源。判断式信用分析有两个明显的不足：一是受信用分析人的主观意愿影响较大；二是烦琐费时。

二、经验式信用分析方法

经验式信用分析也称为消费信用的评分体系，即建立信用评价模型，赋予影响贷款申请人信用各项因素以具体的分值，就是对贷款申请人各方面的情况进行量化，然后，将这些分值的总和与预先规定的接受—拒绝临界分值比较，如果贷款申请人总分低于接受—拒绝分值，银行则必须拒绝借款人的贷款申请。评分系统是一种非常客观的信用分析方法，可以消除对贷款申请人的标准掌握的主观随意性。

1914 年，David Durand 对消费者贷款建立了他自己的评分标准，被许多资信调查人员奉为经典。David Durand 评分体系考虑以下 9 个因素，并据以对贷款申请人信用状况进行评分。

(1) 年龄。一般年龄越大，评分越高，但有上限。20 岁以后每年给 0.01 分，最高分为 0.3 分。

(2) 性别。一般认为女性风险比较小，得分较高，给 0.4 分；男性给 0 分。

(3) 居住的稳定性。每年都居住在现住所的，给 0.42 分。

(4) 职业。好职业给 0.55 分，坏职业结 0 分，其他给 0.16 分。

(5) 就业的产业。在公共行业、政府部门和银行给 0.21 分。

(6) 就业的稳定性。每年都工作在现在的部门给 0.59 分。

(7) 在银行有账户，给 0.45 分。

(8) 有不动产，给 0.35 分。

(9) 有生命保险，给 0.19 分。

9 项总计为 2.12 分。David Durand 将临界分值定为 1.25 分。David Durand 的评分系统，为许多商业银行划分消费者信用提供了新思路，也为银行进行消费贷款决策提供了一种量化分析的新思路。因此，许多商业银行纷纷效仿这种信用分析方法对贷款申请人进行信用分析。

信用评分的基本理论是通过观察过去借款的大量人群，银行能够识别区分优劣贷款的财务、经济基础和动机等因素，将来也能把优劣贷款区别开来，当然其中含有可能接受的很小的错误风险。如果经济基础或其他因素发生剧烈变化，这一假定可能就是错的，所以，好的信用评分系统要经常重新测试和修改。

信用评分系统是一种非常客观的评价方法，可以消除对贷款申请人的标准掌握的主观随意性。但是，信用评分体系需运用包括多元回归或多重判别的复杂统计工具，其信息收集和定期调整的成本昂贵。更重要的是信用评分系统缺点在于：一是统计数据采用历史值，可能完全不适用推测目前值；二是统计数据仅包括获得贷款的贷款申请人，不包括被拒绝贷款申请，因为被拒绝的贷款申请人信用记录无法产生。

三、判断式与经验式信用分析方法的比较

两种分析方法都运用了影响贷款申请人信用因素的资料，但是，经验式信用评价根据影响贷款申请人信用的每项因素与其他相关因素的统计重要性制定该项因素的权重，反映影响贷款申请人信用因素重要性的等级，而判断式更多考虑影响贷款申请人信用各项因素重要性等级变动，较好反映贷款申请人不可量化的一些无形价值；经验式仅分析与影响贷款申请人信用状况有关的传统性因素，判断式可以分析甚至违背政府监管要求的一些因素；经验式综合影响贷款申请人信用状况的各项因素，判断式则限于人的思维能力，通常依次评价影响贷款申请人信用的各项因素。

判断式管理控制授信金额及贷款损失时，对影响贷款申请人的众多相关因素的政策标准难以统一实施和监控，但是，经验式则可以消除所有政策解释的差异性。

判断式能较好地反映贷款申请人当前及未来的环境变化；但是，经验式在贷款申请人当前环境显著变化时，过去数据不能典型反映当前情况，削弱了评分结果的有效性。

许多银行实际操作时综合运用判断式和经验式，利用信用评分体系识别显然可以贷款的贷款申请人和显然不可以贷款的贷款申请人，对介于二者之间的贷款申请人采用判断式，在掌握更多信息的基础上进一步认定。

📕 **案例点击**

新华电子公司分析案例

1997年12月15日，新华电子股份有限公司的财务部经理李力到G银行申请增加1000万元流动资金贷款。新华电子股份有限公司的前身是新华无线电仪器厂，属国有企业，主要从事无线电基础测量仪表的研制和生产。20世纪80年代中期，转向生产燃气热水器等民用产品。1992年，改组为新华电子股份有限公司，形成了以美蓉牌燃气热水器为主导，电子仪器和电子应用产品协调发展的产品格局。热水器的销售收入占全部销售收入的90%以上。1996年8月，新华公司股票在证券交易所正式挂牌上市。公司现注册资本10 977万元，总股本10 977万股，现有职工25 000人，高级专业人员430人。截至1997年年底，该公司资产总额3.66亿元，负债总额1.48亿元。

从近几年公司的产品和市场情况来看，1994年以前，由于热水器生产厂家不多，且质量也较该公司的热水器差，该公司的美蓉牌热水器形成了一定的品牌效应，故1994年以前该公司销售收入及利润连年增长；但自1995年开始，众多的厂家涌入热水器市场，有许多品牌质量已经赶上或超过美蓉牌热水器，形成了激烈的市场竞争局面，该公司销售收入自1996年以来逐年下降，尽管1996年其销售名列全国前几位，但应收账款却比1995年上升了126.9%，达7996万元；1997年应收账款又大幅增加，截至1997年11月底，已达1.2亿元。因此，近几年公司资金周转发生困难，其经营陷入困境。

1997年，新华电子股份有限公司的前任董事长退休，该公司领导层人员发生了变更，原公司副董事长张先生接任董事长兼总经理，另任命了三位副总经理，其他领导人员基本未变，仅职务作了相应调整。该公司现任董事长(兼总经理)现年51岁，本科学历，高级工程师，曾任厂车间主任、办公室主任、工会主席及新华股份有限公司副董事长。据了解，该公司员工大多数对张先生担任公司董事长较满意。针对公司目前所处困境，公司确定了一些未来发展思路，也制定了一些措施。尽管这些发展计划未必能完全实现，但张董事长力图扭转困境的决心很大。

目前，该公司的基本账户在G银行，同时在J银行、N银行、T银行、M银行、Z银行均有借款。截至报告期，公司贷款余额为9647万元，其中1996年增加短期贷款4500万元，该公司借款结构如下：

借款单位	金　额	性　质
J银行	3100	短期借款
G银行	2950	短期借款
N银行	1000	短期借款
T银行	900	短期借款
M银行	969	短期借款
Z银行	828	短期借款

　　1996 年 8 月，该公司通过证券市场发行了 1200 万普通股，从证券市场融资 8000 多万元。另外，公司作为股份制上市公司准备配股筹资，拟按现有股本(总股本 10 977 万股，流通股本 4200 万股)10 配 2 实施配股计划，配股价 5.5～5.8 元/股，其配股市盈率近 30 倍。根据股票市场情况，配股价较高，配股能否成功尚难以确定。

　　1997 年 12 月 16 日，G 银行信贷管理人员李华根据新华电子股份有限公司提交的贷款申请资料，开始作贷款的信用分析。李华首先把该公司近三年的资产负债表、损益表和财务状况变动表输入计算机信贷管理系统。以下是信贷管理系统输出的财务比率。

新华电子股份有限公司财务比率分析

财务比率	1995 年	1996 年	1997 年 11 月
流动比率	1.25	1.72	1.59
速动比率	0.8	1.33	1.2
现金比率	0.17	0.37	0.031
应收账款周转率	5.05	2.79	1.28
存货周转率	2.7	1.87	1.28
营业周期	204.6	321.5	570
资产负债率	0.48	0.4	0.43
有形净值债务率	0.95	67	0.77
利息保障倍数	6.6	6.7	2.3
销售净利润率	10.64	17.36	5.77
销售利润率	15.89	20.39	7.16
销售毛利率	37.34	43.42	45.99
资产净利润率	8.73	8.05	1.94
总资产周转率	0.91	0.55	0.35
流动资产周转率	1.61	0.93	0.56

　　根据新华电子股份有限公司报送的现金流量表，信贷员李华计算出近几年该公司的现金净流量。

指　标	1994 年	1995 年	1996 年	1997 年 11 月
经营活动净现金流量	2103	1438	−1770	−3022
投资活动净现金流量	−1539	−2615	−4011	−6960
筹资活动净现金流量	−957	2262	8512	−365
合计	−393	1085	2731	−4083

(资料来源：秦艳梅. 金融学案例教程. 北京：经济科学出版社，2002)

思考题:

(1) 如果你是信贷员李华,准备到新华电子股份有限公司作现场调查,你将调查询问哪些问题?

(2) 根据以上资料,写一份关于新华电子股份有限公司申请贷款 1000 万元的信用分析报告。

本 章 小 结

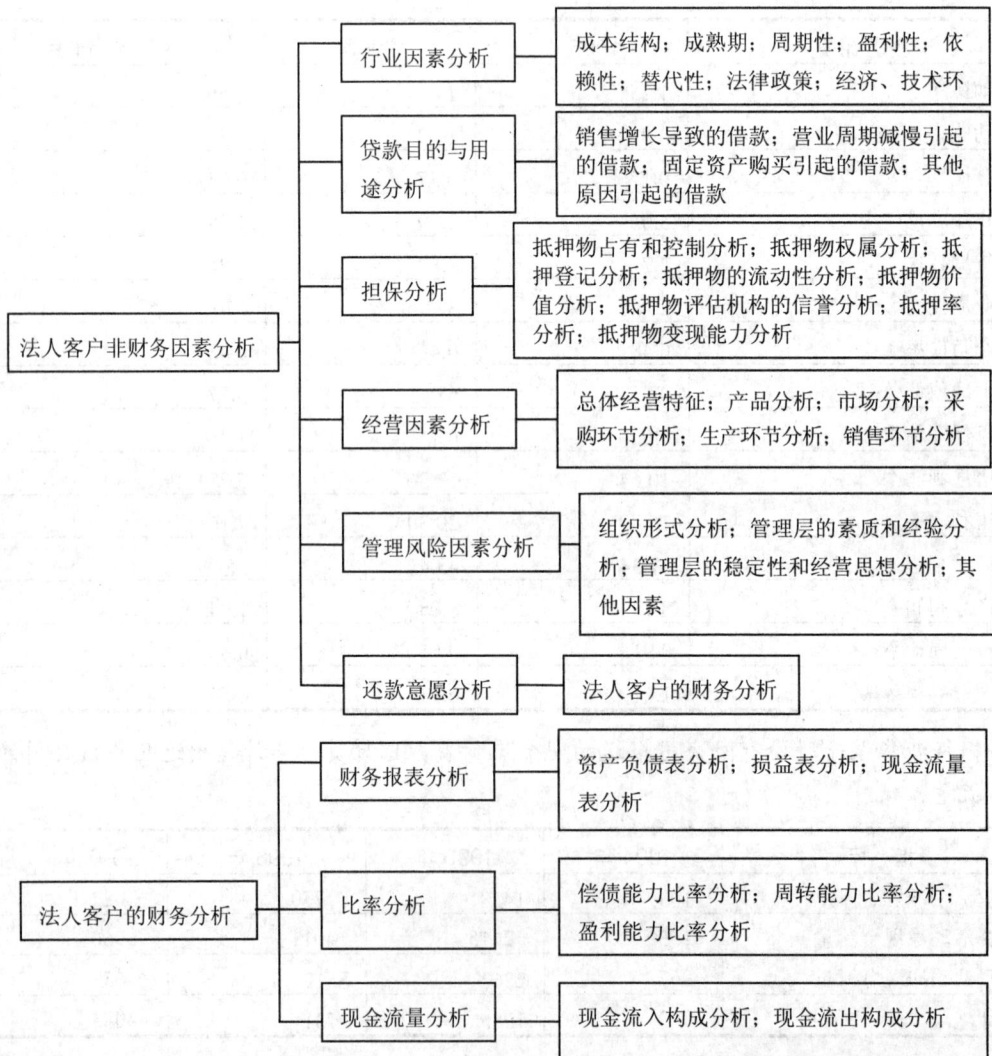

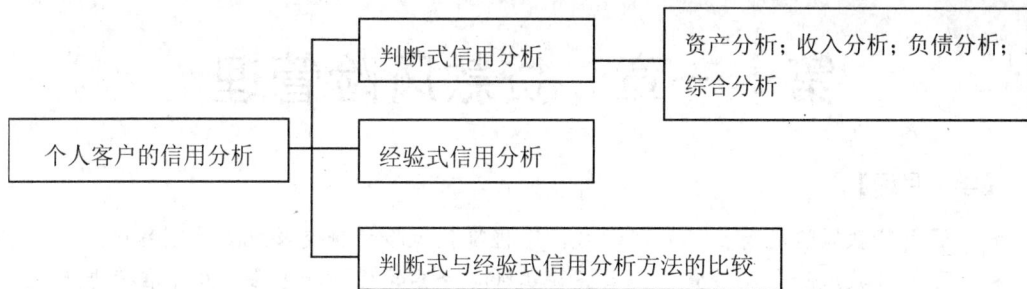

```
                              ┌─────────────────┐      ┌─────────────────────────┐
                              │  判断式信用分析  │──────│ 资产分析；收入分析；负债分析；│
                              └─────────────────┘      │ 综合分析                 │
┌─────────────────┐                                    └─────────────────────────┘
│                 │          ┌─────────────────┐
│ 个人客户的信用分析 │──────────│  经验式信用分析  │
│                 │          └─────────────────┘
└─────────────────┘
                              ┌──────────────────────────────┐
                              │ 判断式与经验式信用分析方法的比较 │
                              └──────────────────────────────┘
```

复习思考题

1. 在中国现有的体制环境下，影响信贷质量的非财务因素有哪些？

2. 在现实操作中，能否通过加强银行信贷管理提高借款人的还款意愿？

3. 信贷检查人员进行非财务因素分析的过程就是充分了解银行决策和企业真实情况的过程，其中可能遇到的障碍有哪些？如何解决？

第十一章　贷款风险管理

【学习目标】

- 了解贷款风险的特征、表现形式，掌握贷款风险的种类及风险管理程序。
- 了解贷款风险分类的意义。掌握贷款风险分类的程序和方法，并能准确进行分类。
- 掌握商业银行贷款风险防范与控制的基本措施。

【重点难点】

- 信用风险的影响因素。
- 操作风险的成因。
- 贷款风险分类的程序。
- 方法以及贷款风险的系统管理。

章前导读

　　2007 年，美国爆发了次贷危机。这场危机由美国房地产市场上的次级抵押贷款引发，导致相关银行和其他金融机构出现巨额亏损甚至破产倒闭、投资基金被迫关闭、股市剧烈震荡，并由美国迅速波及到世界其他国家，致使全球主要金融市场出现流动性不足，进而对实体经济产生一系列不利影响。次贷危机的直接原因是许多房贷机构降低了贷款条件，如零首付等，加大了次贷的供给，增加了贷款的风险。

(资料来源：金融网)

　　关键词：贷款风险　风险分类　风险控制

第一节　贷款风险管理概述

一、贷款风险的概念及特征

(一)贷款风险的概念

　　风险是指不利事件发生的可能性。由于贷款的发放和收回之间存在着时间间隔，而在此期间，各种因素交叉作用，会对借款人产生影响，使其不能及时足额归还贷款，进而使银行贷款遭受损失。这种在银行贷款管理过程中，由于事先无法预料的不确定因素的影响，借款人不能按照合同规定偿还本息的可能性，就是贷款风险。

贷款风险从其根本上说，来源于企业经营风险。由于贷款一旦发放后，就转化为企业经营资金，企业在生产经营过程中，因种种主客观原因造成其经营的不确定性，而给企业带来了经营的风险，这些风险通过贷款又转移给银行，一旦企业经营活动不能正常进行，银行贷款本金和利息也就难以按时收回；当企业亏损严重，资不抵债无法扭转时，就会破产倒闭，银行投放在企业的贷款就无法收回或不能全部收回，最后造成信贷资金损失。

需要说明的是，贷款风险和信贷资金损失是两个不同的概念，贷款风险是信贷资金损失的可能性，而信贷资金损失是实际已经发生的损失即风险损失。这种损失的可能性要化为现实的损失需要具备一定的条件，即企业完全丧失了偿还能力，又无其他补救来源致使贷款最终无法收回。故贷款风险大，并不一定会造成损失。不造成损失，就可能带来收益，这种收益称为风险收益，风险管理的目的也正在于此，将风险的可能性降至最低点，借以避免损失的出现。

贷款风险与风险贷款也是两个不同的概念。风险贷款是指已预测明知具有蒙受较大损失的可能性，也有可能获得较大收益的一种贷款种类。这种贷款专门投向高新技术开发，具有明显的高风险、高收益的特点，如我国的科技开发贷款。而贷款风险是泛指所有贷款活动中蒙受损失的可能性，它是一种随机现象，当然也包括了风险贷款中的风险。因此，贷款风险和风险贷款的主要区别在于，前者主要是一种预测，有存在风险的可能性，也有不存在风险的可能性，后者是已预测明知具有较大风险的可能，但由于有高收益的诱惑，银行将其作为一种专门的贷款种类来发放和管理。

(二)贷款风险的特征

1. 贷款风险的客观性

信贷活动的经济基础是社会化的商品生产和流通，具有三重支付、三重归流的运动规律。由于信贷活动和经济活动充满了许多不确定性因素，直接影响到信用社资金的合理配置以及借款人的有效使用，从而危及贷款安全。可见，贷款风险滋生于商品经济，它是客观存在的，是不以人的意志为转移的。

2. 贷款风险的可变性

贷款风险的可变性是指贷款风险的质态和程度具有不断变化的特征。首先，来自借款人的经营风险具有可变性。由于借款人所处的社会地位、技术装备、劳动者素质和管理水平等方面存在着差异，往往会改变借款人面临风险的种类和大小。其次，来自项目的建造风险也是可变的。由于通货膨胀、环境、技术、政策及国际因素的影响，贷款项目难以避免成本超支、延期竣工、中途停建等问题，从而造成贷款损失。再次，来自自然因素对贷款项目造成的风险，其可变性也十分明显。由于各种自然灾害的发生、严重程度都是偶然的，且难以预测，对于农业贷款的风险影响，也是大小不一、程度不一的。最后，金融业本身的不断改革和创新也使贷款风险具有可变性。贷款对象的多层次，贷款种类的多样化，贷款方式的变化，同业竞争的加强，以及经济运行机制的变革，金融宏观调控的强化等，无一不在改变着贷款风险的种类和程度。可见，贷款风险是随时空不断变化的动态随机变量。

3. 贷款风险的可控性

虽然贷款风险具有客观性、可变性，但它仍是带有规律性的。如经营管理不善、资金实力不强、信用等级差的企业，贷款风险大；信贷人员素质差、管理水平低的金融企业风险较大；自然灾害严重的地区风险较大等。因而，可以依据影响贷款风险的主要因素及其影响程度，采取相应的措施和方法，对贷款风险进行认识、测定和控制，以降低贷款风险，减少贷款损失。

4. 贷款风险的双重性

贷款风险的双重性是指贷款风险具有消极性和积极性双重功能。贷款风险有可能给银行、信用社造成经济损失，从而削弱其资金实力，降低经济效益和社会效益。但是，风险和效益是并存的，承受的贷款风险也可能带来高效益。同时，贷款风险的存在也给银行、信用社造成了压力和约束，有利于抑制贷款盲目扩张、粗放经营，迫使其努力提高管理水平，尽力减少风险损失。

贷款风险的上述特征，要求我们既不能盲目冒险，也不能谈"险"色变，要增强风险意识，树立风险动态观、风险量化观和风险管理观，切实防范和有效化解贷款风险。

二、贷款风险的类型和表现

(一)贷款风险的类型

贷款风险从不同角度划分有多种不同的分类方法。

1. 根据诱发风险的原因来划分

按照诱发风险的原因可分为信用风险、市场风险、操作风险和其他风险。信用风险指借款人不能或不愿按约定偿还贷款本息，导致银行信贷资金遭受损失的可能性。借款人的偿债能力和偿债意愿是决定贷款信用风险最主要、最直接的因素。影响借款人的偿债能力和偿债意愿的因素包括道德、市场、经营管理等。市场风险是指由于利率、汇率的不利变动而使银行贷款遭受损失的可能性。由于利率是资金成本，汇率变动离不开利率，利率的波动直接导致贷款价值的变化，因此，利率风险也是银行贷款所面临的主要风险。目前在我国，利率市场化进程才刚刚起步，影响利率的因素仍不明朗，利率风险还不是主要风险。相信随着我国利率市场化进程的推进，利率风险将逐步成为贷款的主要风险。贷款操作风险是指由不完善或有问题的内部程序、人员、系统或外部事件所造成贷款损失的风险。其他风险包括政策性风险、国家风险、战略风险等。政策性风险是指由于政策发生变化给贷款带来损失的可能性。国家风险是指由于借款国宏观经济、政治、社会环境的影响导致商业银行的外国客户不能偿还贷款本息的可能性。战略风险是指银行的贷款决策失误或执行不当而造成的贷款损失的可能性。目前我国商业银行贷款风险中最主要的是信用风险和操作风险。

2. 根据贷款风险的性质划分

根据贷款风险的性质可分为静态风险和动态风险。静态风险只有风险损失，而无风险收益；动态风险则既可能有风险损失，也可能有风险收益。静态风险源于自然灾害和意外事故，基本符合大数定律，一般可以比较准确地预测其发生概率，因而可以通过社会保险承担风险损失。如银行在分析借款企业的信用程度和办理抵押贷款时，都要求企业进行财产(如固定资产)保险。动态风险由于其发生的概率和每次发生的影响力都随时间而改变，是难以计算成本和把握的，因而保险不可能对此承担风险，只能由银行的借款企业承担，一旦造成风险损失，则可能危及银行安全。

3. 按贷款风险影响的范围来划分

按贷款风险影响的范围可划分为系统性风险和非系统性风险。系统性风险往往和整个社会的经济有关，它的作用范围比较广泛，通常涉及整个银行业，如政策性风险、利率风险、汇率风险等；非系统性风险只和具体银行的贷款业务有关，它的作用范围狭小，通常仅涉及银行，如决策风险、信贷人员风险等。

4. 按贷款风险的程度来划分

按贷款风险的程度可划分为高度贷款风险、中度贷款风险和低度贷款风险。对于风险企业、风险项目的风险贷款，其贷款风险出现的可能性最大，所以它属于高度贷款风险范畴；对于中长期贷款，由于需求量大，贷款管理的复杂程度较高，所以一般划归为中度贷款风险；一年以下的短期性和临时性贷款一般属于低度贷款风险。

(二)贷款风险的表现形式

目前我国商业银行贷款风险主要反映在三个方面：一是贷款资产的流动性弱。表现为短贷长占，流动资金贷款不流动，固定资产贷款长期化，贷款难以正常周转。二是贷款资产的安全性差。表现为贷款占用形态异常，存量不良贷款占比过高，增量预期风险不断增加，贷款损失大量产生，难以安全归流。三是贷款资产的收益性低。表现为筹资成本上升，资金使用效益下降。贷款资产质量下降，说明越来越多的贷款低效或无效投入在生产流通环节，不仅难以创造价值和实现增值，反而大量沉淀流失，甚至被虚假收入上缴财政而消费。它扩大了信贷收支缺口，增大了信贷需求压力，不利于信贷资金良性循环。其结果，一是大量空投的贷款难以创造价值和增加有效供给，同时贷款又形成了购买力，自然会加剧社会供求矛盾，诱发通货膨胀；二是大量信贷资金来源于居民储蓄，贷款空投难以回收，实际上是蚕食了存款，这种状况继续下去，终将酿成支付危机。可见，贷款质量下降，经营效益滑坡，既是金融问题，也是经济和政治问题，必须高度重视并有效管理。

三、贷款风险管理

(一)贷款风险管理的含义

风险管理是指人们用系统的、规范的方法对风险进行识别、计量和处理的过程。贷款风险管理是指商业银行运用系统的、规范的方法对信贷管理活动中的各种贷款风险进行识别、计量和处理的过程。

贷款风险管理是贷款管理的一个重要内容。这是因为，贷款管理的目的在于追求最佳贷款经济效益。而要取得最佳贷款经济效益，最基本的一点就是要确保信贷资金正常周转和安全归流。这就要求必须加强对贷款配置、使用和归流各个环节的科学管理，必须重视对贷款管理活动中有可能引起信贷资金周转失灵的各种不确定性因素的分析、研究和处理，而这些正是贷款风险管理的基本内容。

(二)贷款风险管理的程序

贷款风险管理的程序可以概括为以下三方面。

1. 风险识别

贷款风险识别是贷款人对贷款风险的类型和根源作出判别。一方面要正确判断风险类型，另一方面要准确寻找风险根源，二者相互联系、相互制约。不同的风险根源影响和制约着不同的风险类型，而不同的风险类型又是对不同的风险根源的归纳。因此，在识别贷款风险时，要将二者紧密联系起来进行分析和评价。

2. 风险度量

贷款风险度量是贷款人对贷款预期风险发生的可能性以及贷款事实风险可能造成的损失规模作出的评价。也就是要度量贷款风险对贷款人的经营状况和财务成果的影响程度。风险度量在贷款风险管理中既是重点，也是难点。只有在风险识别的基础上，对贷款风险发生的可能性及其可能造成的损失进行度量，才可能采取相应的对策加以防范和化解，从而将贷款损失降到最低限度。

3. 风险处理

风险处理是在识别和度量贷款风险之后，采取有效措施防范贷款预期风险，消除贷款事实风险。这是贷款风险管理的关键所在，必须双管齐下，同时并重，不可偏废。

小常识　什么是不良贷款拨备覆盖率

　　不良贷款拨备覆盖率是衡量商业银行贷款损失准备金计提是否充足的一个重要指标。该项指标从宏观上反映银行贷款的风险程度及社会经济环境、诚信等方面的情况。依据《股份制商业银行风险评级体系(暂行)》，拨备覆盖率是贷款损失准备对不良贷款的比率，该比率最佳状态为100%。这实际上是从另一个角度来评价贷款损失准备是否充分，以至于判断谁的业绩水分最大。

　　根据我国《银行贷款损失准备计提指引》规定，银行应按季计提一般准备，一般准备年末余额不得低于年末贷款余额的1%；银行可以参照以下比例按季计提专项准备：对于关注类贷款，计提比例为2%；对于次级类贷款，计提比例为25%；对于可疑类贷款，计提比例为50%；对于损失类贷款，计提比例为100%。其中，次级和可疑类贷款的损失准备，计提比例可以上下浮动20%。特种准备由银行根据不同类别(如国别、行业)贷款的特种风险情况、风险损失概率及历史经验，自行确定按季计提比例。

第二节　贷款风险分类

　　信贷资产风险分类是商业银行按照风险程度将信贷资产划分为不同档次的过程。其实质是根据债务人正常经营状况和担保状况，评价债权被及时、足额偿还的可能性。

一、贷款分类的含义

　　贷款风险分类是银行的信贷分析和管理人员、银行监管人员或其他有关人员，综合能够获得的全部信息，并运用最佳判断，根据贷款的风险程度对贷款质量作出评价。贷款风险分类不仅是分类的结果，实际上也包括了分类过程。

　　中国人民银行从1998年5月开始试行《贷款风险分类指导原则》，并在2001年12月修订后正式发布。指导原则采用贷款风险分类方法，按风险程度，将贷款划分为正常、关注、次级、可疑和损失五类，亦称"五级分类"。五级分类各档次分别定义如下。

1. 正常类贷款

　　借款人不仅正常履行合同，按时足额还本付息，并且无论是从借款人本身还是从外部环境，都没有理由怀疑贷款的本息不能按时偿还。

2. 关注类贷款

　　贷款的本息偿还仍然正常，但是发生了一些可能会影响贷款偿还的不利因素。这些因素目前对贷款的偿还尚未构成实质影响，然而如果这些因素继续下去，则有可能使贷款发生损失。

3. 次级类贷款

贷款的缺陷已经很明显，借款人依靠其正常经营产生的现金流量已经无法偿还贷款，即使通过重新融资也不能归还全部贷款本息。按照审慎的会计制度，贷款本金或利息拖欠超过 90 天，一般要划分为次级类。

4. 可疑类贷款

具备次级类贷款的所有特征，只是程度更加严重。即使履行担保，贷款本息也肯定要发生损失。由于存在一些影响贷款偿还的重大不确定性，例如，贷款正在重组或者诉讼等原因，对损失的程度尚难以确定，故为"可疑"。从期限上考察，贷款本息逾期在 180 天以上的，至少要划分为可疑类。

5. 损失类贷款

无论采取什么措施和履行什么程序，贷款都注定要全部损失；或者虽然经过大量努力能够收回极少部分，但其价值已微乎其微，已经没有意义将其作为银行的资产在账面上保留。贷款逾期在 360 天以上，就应当划分为损失类。

上述贷款风险分类方法，是将贷款的质量和风险与借款人的生产经营、财务状况、市场环境、抵押品、信用记录等多种因素紧密地联系起来，能客观地评价借款人清偿能力的高低和贷款风险的程度，具有较强的综合性、技术性和专业性。其最大的特点就在于使银行通过贷款风险分类，及时发现借款人存在的问题，并在贷款风险出现以前进行监测与控制，有利于银行的信贷管理。

二、贷款分类的意义

银行为什么要进行贷款分类，其必要性和意义主要体现在以下几点。

1. 贷款的特性决定贷款没有市场价格

银行的其他资产，例如有价证券，可以按照市场价格定值。但是一般情况下，一家持续经营的银行，贷款因客户和项目的差异而不同质，很难对其标准化。银行贷款在绝大多数情况下没有可观察到的统一市场价格。这一点与股票、外汇等其他有价证券具有根本的区别。即使是破产清算的银行，对于不同质的贷款，也无法按照一定的标准、程序、方法对贷款逐笔分类。

2. 贷款分类是银行稳健经营的需要

商业银行承担金融中介职能，把储蓄转化为投资，具有与生俱来的风险。银行吸收公众存款，到期必须足额支付，否则会触发挤兑。但是银行发放的贷款到期却不一定能够收回。这是因为借款人偿还贷款的能力具有不确定性，因此贷款从发放之日起，就伴随着倒账的风险。商业银行要在风险中生存发展，必须稳健经营。而稳健经营的前提，是不仅要化解已经发生的风险，而且还要及时识别和弥补那些已经发生但尚未实现的风险，即内在风险。各国金融危机的教训，尤其是 2007 年爆发的全球金融危机表明，合理的贷款分类方法，是银行稳健经营不可缺少的前提条件。贷款分类除了帮助识别贷款的内在风险以外，还有助于发现信贷管理、内部控制和信用文化中存在的问题，从而有利于银行改善信贷管理水平。

3. 贷款分类是金融审慎监管的需要

金融监管当局要对金融机构实行有效监管，必须有能力通过非现场体系，对金融机构的信贷资产质量进行连续监控，并通过现场检查，独立地对金融机构的信贷资产质量作出评估。而这些都离不开贷款分类的标准和方法。除此之外，监管当局还有必要对金融机构的信贷政策、程序、管理、控制作出评价。这其中包括对金融机构的贷款分类制度、程序、控制，以及贷款分类的结果是否连贯可靠，作出评价。没有这些，监管当局的并表监管、资本监管、流动性的监控等都失去了基础。

4. 贷款分类标准是利用外部审计师补充金融监管的需要

外部审计师是帮助金融机构防范金融风险不可缺少的力量。英国银行监管当局按照法律的规定，经常委托外部审计师检查金融机构。我国在目前金融监管人员严重缺乏的情况下，利用外部审计师的力量，补充金融监管的不足，尤其有重要意义。即使将来银行监管人员充足了，外部审计师在银行监管方面的作用也不会消失。对于申请上市的银行来说，证券监管当局规定必须由认可的审计机构对其财务状况作出审计，并按照审慎会计准则和五级分类的标准，披露不良资产、准备金和资金充足状况。综上所述，建立一套统一规范的贷款分类方法，有助于保证信贷资产质量审计的质量。

5. 不良资产的处置和银行重组需要贷款分类方法

对于商业银行拍卖或批量出售的不良资产，潜在的投资者需要作出尽职调查，对资产质量作出评估，才能作出投资决策。当一家金融机构出现了问题，需要对其重组的时候，潜在的投资者首先需要了解银行的净值。为此也要对被重组银行作出尽职调查。所有这些都需要贷款分类的理念、标准和方法。以风险为基础的贷款分类方法，为不良资产评估提供了有用的理论基础和方法。

三、贷款风险分类的程序

贷款风险分类涉及面广、实践性强，在一个不断变化、充满了不确定性因素的客观世界里，影响贷款偿还的原因不仅众多，而且易变。因此，贷款风险分类的方法不可能公式化、简单化，贷款风险分类的结果是否准确，在很大程度上取决于信用分析以及分类人员的经验、知识和判断能力。一般而言，贷款风险分类应遵循以下程序。

(一)收集并填写贷款分类的基础信息

贷款信息是否充分、可靠，直接影响到贷款风险分类结果的准确性。因此，分类人员首先必须阅读信贷档案，注意收集有利于分析、判断借款人偿还可能性的重要信息。必要时，可有针对性地对借款人及其关联客户、有关管理部门等进行现场调查或查询，然后根据要求，逐一填列到贷款分类认定表中。贷款风险分类认定表中需要的基础信息一般应包括以下内容。

1. 借款人的基本情况

借款人的基本情况一般包括以下内容。

(1) 借款人的名称、地址、营业执照、贷款卡及在人民银行信贷登记咨询系统的流水账单、税务登记证、特殊行业生产经营许可证、业务经营范围和主营业务、公司章程、法定代表人身份有效证明等。

(2) 组织结构、高级管理人员，以及附属机构情况。

(3) 借款人经营历史、信用等级，以及保证人的基本情况。

2. 借款人和保证人的财务信息

借款人和保证人的财务信息包括①借款人的资产负债表、损益表、现金流量表、外部审计报告、借款人的其他财务信息；②保证人的资产负债表、损益表、现金流量表、外部审计报告及其他财务信息。

3. 重要文件

一般包括以下文件。

(1) 法律文件。包括借款合同、借款借据、抵押合同、担保书、董事会决议、合同附加条款、关系人放款合同、股权证明、保险合同、租赁转让协议以及其他法律文件。

(2) 信贷文件。包括借款申请书、贷款调查报告、贷款审批报告、承诺函、贷款检查报告、备忘录、催款通知书、还款记录及其他信贷文件。

4. 往来信函

往来信函包括与其他银行的咨询信函、信贷员走访考察记录以及备忘录等。

基础信息收集以后，分类人员需要将重要信息与分析、数据、比率以及各种相关的资料，分别记录在《贷款分类认定表》中。《贷款分类认定表》有两张(如表11-1、表11-2所示)，需要填写的内容大致有60多个项目。第一张是主表，主要填写贷款的基本信息、贷款分类的不利因素及最后分类理由的综述。第二张表是附表，是支持分类结果的有关抵押物情况、借款人、担保人的连续三期财务信息分析等。《贷款分类认定表》应按借款合同逐笔填写，一份借款合同填写一份报告表。(见表11-1 和表11-2)

表 11-1　贷款分类认定表

贷款风险分类(2):　　　　借款人名称(3):　　　　信贷员(9):
正常:　关注:　　　　企业性质(4):　　　　分类截止日期(10): 1997 年末
次级:　可疑:　　　　行业类型(5):　　　　填表人(11):
损失:　　　　　　　主营业务(6):　　　　填表日期(12):
　　　　　　　　　注册地址(7):　　　　审表人(13):
(如果分为损失，应
填写表(6)～(9))　　　担保方式(8):

借款合同号 (14)	借款种类 (15)	合同贷款金额 (16)	1997 年末贷款余额 (17)	合同借款期限 (18)	展期情况 (19)	本金逾期天数 (20)	利息逾期天数 (21)	表内应收利息 (22)	表外应收利息 (23)	企业信用评级 (24)

合同贷款用途(25):　　　　合同还款来源(27):

实际贷款用途(26):　　　　实际还款来源(28):

影响借款人还款的近期事件(29):

影响贷款偿还的不利因素(30):

影响贷款偿还的有利因素(31):

贷款分类理由(32):

贷款人反馈意见(33):

表 11-2 贷款分类认定表

借款合同号(14)	抵押/质押物种类(34)	抵押/质押的有效性(35)	抵押/质押物价值(36)	评估时间(37)	评估方式(38)	抵押/质押比率 (17)/(36)=(39)
合计						单位：万元

借款人财务资料(40)　　　单位：万元

	上一期财务状况	当期财务状况	预测期财务状况		保证人名称(42)	保证人财务资料(41)		上一期财务状况	当期财务状况	预测期财务状况
报告日期(43)					报告日期(43)					
销售收入(44)					销售收入(44)					
利润总额(45)					利润总额(45)					
净利润(46)					净利润(46)					
净现金流量(47)					净现金流量(47)					
应付款(48)					应付款(48)					
短期借款(49)					短期借款(49)					
长期借款(50)					长期借款(50)					
总资产(51)					总资产(51)					
总负债(52)					总负债(52)					
流动资产(53)					流动资产(53)					
流动负债(54)					流动负债(54)					
净资产(55)					净资产(55)					
资产负债率(56)					或有负债(62)					
流动比率(57)										
应收账款周转率(58)										
存货周转率(59)										
净资产利润率(60)					保证限制/解除条款(63)：					
销售利润率(61)										

银团贷款总额(64)：
牵头行份额：
其他行份额：

借款人重大违法违规行为(65)：

银行贷款档案漏缺的文件(66)：

填写《贷款分类认定表》贯穿于贷款分类过程的始终，有的银行以备忘录的形式概括对贷款的分析和分类结果，但备忘录包含的信息，与报告表的内容是一致的。

(二)初步分析贷款基本情况

分类人员应根据收集、整理的基础信息进行审查、分析，对贷款正常与否作出初步判断。分析的重点是审查贷款合同约定的用途、还款来源与贷款的实际运用、归还是否一致；贷款期限是否与资产转换周期相匹配；借款人能否正常还本付息，是否出现了不利于贷款偿还的因素等。

1. 分析贷款目的

贷款目的及贷款的用途。看贷款的合同用途与实际用途是否一致，是判断贷款正常与否的基本标志，因为贷款一旦被挪用，就意味着将产生更大的风险。而贷款用途与借款人资金需求有关，在贷款分类中，对借款人资金需求进行分析，对于正确理解贷款的内在风险很有帮助。

2. 分析还款来源

通常说来借款人的还款来源不外乎有现金流量、资产转换、资产销售、抵押品的清偿、重新筹资以及担保人偿还等。由于这几种来源的稳定性和可变现性不同，成本费用不同，风险程度也就不同。由于在分类中，判断借款人约定的还款来源是否产生收益需要一个时间过程，而在这过程中存在很多变数，通常变数越多面临的风险也就越大，因此需要进一步确定目前的还款来源是什么，与合同约定的是否一致，进而判断贷款的偿付来源主要来自哪个渠道，风险是高还是低。

3. 分析资产转换周期

资产转换周期是银行信贷资金由金融资本转化为实物资本，再由实物资本转化为金融资本的过程。资产转换周期的长短，一般应该是银行确定贷款期限的主要依据。有些贷款逾期，就是因为借款合同比资产转换周期短。

4. 查验还款记录

还款记录对于贷款分类的确定具有特殊作用。一方面，还款记录直截了当地告诉我们，贷款是在正常还本付息，还是发生过严重拖欠或被部分注销，贷款是否经历重组，本息逾期的时间，是否已经挂账停息，以及应收未收利息累计额。这些信息对贷款分类无疑是必要的。没有还款记录，或还款记录完全正常；有还款记录，并且还款记录表明不正常，信贷人员可以很快地对贷款作出基本判断。另一方面，还款记录还是判断借款人还款意愿的重要依据。因为一个人的意愿往往不可以直接观察，而只能通过历史记录的事实推断。

(三)确定还款可能性

评估贷款归还的可能性应考虑的主要因素按性质大体可归纳为财务、现金流量、信用支持与非财务因素等方面。

1. 财务分析

在贷款的分类中，借款人的经营状况是影响其偿还可能性的根本因素，其财务状况的好坏是评估偿债能力的关键。通过财务分析，可以评价企业资本收益率能力，评价企业财务稳健性，是否具有清偿债务的能力，企业未来的发展前景如何等，从而对贷款分类作出较准确的判断。

2. 现金流量分析

贷款风险分类，主要考察借款人的内在风险程度，即贷款偿还的可能性，这主要取决于借款人的还款能力。还款能力的主要标志是借款人的现金流量是否充足，即来自经营活动的现金流量是否能够偿还贷款本息。

3. 抵押品和担保评估

在对借款人的现金流量和财务分析之后，信贷人员对借款人的第一还款来源和还款能力有了清楚的认识。但是当借款人的财务状况出现恶化、借款人不按照借款合同履行义务时，就要分析抵押和担保状况，抵押和担保作为借款人的信用支持为贷款的偿还提供了第二还款来源。但是，信用支持不能取代借款人的信用状况，抵押和担保只是保证偿还的一种手段，在还款来源上绝不能依赖抵押品和担保，取得了抵押品或担保如果不能如期还款，即使是再好的抵押品也不会使一桩交易由坏变好，它不能取代贷款协议的基本安排，也不一定能够确保贷款得以偿还。它只能是降低风险，而不能完全消除风险。

4. 非财务因素分析

除了上述财务因素和抵押担保状况对还款可能性会产生很大影响外，其他一些非财务因素，如行业环境、企业管理、还款意愿、银行信贷管理等因素都会对还款能力产生影响。通过对非财务因素进行分析，能够帮助信贷分析人员进一步判断贷款偿还的可能性，使贷款分类结果更加准确。

5. 综合分析

进行各种信用分析时，信贷人员必须明了每种分析方式的不足和局限性。因此，在确定还款可能性时，最主要的是对影响还款可能性的所有因素进行综合分析。从借款人偿还贷款本息情况、财务状况、信用支持状况等方面进行综合考察、多维分析，并将各种分析结果进行比较，差异较大的要进一步研判，最终形成对借款人偿还贷款可能性的基本判断和总体评价。

(四)确定贷款风险分类结果

通过以上各种因素的分析,银行可以掌握大量的信息,并且对贷款偿还能力与偿还可能性有了一定的分析与判断,因此,在这个基础上,按照贷款风险分类的核心定义,比照各类别贷款的特征(见表11-3),银行就可以对贷款得出最终的分类结果。

表 11-3 各类贷款的主要特征

类 别	主要特征
正常	借款人有能力履行承诺,并且对贷款的本金和利息进行全额偿还
关注	1. 净现金流减少 2. 借款人销售收入、经营利润在下降,或净值开始减少,或出现流动性不足的征兆 3. 借款人的一些关键财务指标低于行业平均水平或有较大下降 4. 借款人经营管理存在较严重问题,借款人未按规定用途使用贷款 5. 借款人的还款意愿差,不与银行积极合作 6. 贷款的抵押品、质押品价值下降 7. 银行对抵押品失去控制 8. 银行对贷款缺乏有效的监督等
次级	1. 借款人支付出现困难,并且难以按市场条件获得新的资金 2. 借款人不能偿还对其他债权人的债务 3. 借款人内部管理问题未解决,妨碍债务的及时足额清偿 4. 借款人采取隐瞒事实等不正当手段套取贷款
可疑	1. 借款人处于停产、半停产状态 2. 固定资产贷款项目处于停缓状态 3. 借款人已资不抵债 4. 银行已诉诸法律来回收贷款 5. 贷款经过了重组仍然逾期,或仍然不能正常归还本息,还款状况没有得到明显改善等
损失	1. 借款人无力偿还,抵押品价值低于贷款额 2. 抵押品价值不确定 3. 借款人已彻底停止经营活动 4. 固定资产贷款项目停止时间很长,复工无望等

注:表中对各类特征只是作了提示性的归纳,在实际贷款的发放过程中,影响某些贷款偿还的特征可能远比列举的复杂。

四、不同类别贷款分类

在具体分类时，对重组贷款、银团贷款、政府保证贷款、违规贷款等，由于贷款的种类和贷款的用途以及贷款的性质不同，为此，在分类时应从其不同的风险程度进行考虑和判断。

1. 重组贷款

对于需要重组的贷款，一般来说，贷款只有在发生偿还问题后才需要重组。银行应对重组贷款予以密切监督。在分析需重组的贷款时，重点应放在借款人的还贷能力上。由于借款人不能满足最初商定的还款条件，往往需冲销一部分本金或减免部分利息。在这种情况下，贷款分类时，不能把保留的账面余额都归为次级类。

2. 银团贷款

对于银团贷款，贷款风险还是应该注重借款人的经营风险，根据借款人的经营状况，依据一般贷款标准进行分类。但是银团贷款的牵头行在贷款的合同与协议安排方面负有管理的责任，如果合同与协议的约定本身不利于贷款偿还，那么，这样贷款至少为关注类。

3. 政府保证贷款

关注政府保证的贷款，在银行发放的许多贷款中，尤其是对国有借款人或某些关系国计民生的重要借款人的贷款，都是由政府部门提供保证的。在实际操作中，在某些情况下，政府保证的贷款并没有理论上那样可靠，在预算紧张的情况下，政府可能无法获得额外的资金以履行其保证责任，银行花费许多精力后仍然会无济于事，因此，银行在发放由政府保证的贷款时，仍要保持谨慎。

4. 违规贷款

关于违规贷款，违规行为使贷款的风险放大了，影响到贷款的正常偿还，而且有的违规行为引发的风险已非常严重，因此，即使贷款的偿还从目前看有充分保证，但存在着法律执行风险的问题，这样的贷款至少为关注类。

5. 表外信用替代项目

关于表外信用替代项目，包括贷款承诺、商业信用证、备用信用证、担保、承兑汇票等，也可以参照贷款风险分类的原理和方法对其进行风险分类。一般情况下，一旦表外业务出现了垫款，形成了信用证垫款，这样的项目至少为次级类。

6. 国际贸易融资

国际贸易融资包括进口押汇、出口押汇、打包放款、票据贴现等项业务，由于贸易融资本身的特殊性质，贸易融资项下的风险等级划分是不同的，应根据相应特点，划分出各类别的特征进行分类。

7. 国债、货币质押类贷款

国债、货币质押类的贷款如果质押手续完备有效且质物足值，就等同于有充分的还款保证，可视作正常类贷款。如果质押手续完备有效、质物不足值，分类时可进行拆分，足值部分属正常类，不足值部分分为次级类；如果质物足值，质押手续存在瑕疵，就为关注类。如果质押手续存在严重缺陷，足以构成质押无效的，至少归为次级类以下。

8. 承兑汇票贴现

承兑汇票贴现的分类可综合考虑承兑人、贴现申请人及贴现担保人的条件等情况，执行贷款分类标准。如凡具有合法商品交易背景、票据真实、贴现手续完备有效、背书完整有效但超出银行允许范围的银行承兑汇票分为关注类。如果承兑银行经营状况不佳或出现流动性困难，贴现手续不完全、有重大缺陷并足以造成不能顺利收款的，可归为次级类。

--- **小常识　农村信用社贷款的基本分类标准** ---

农户小额信用贷款的分类标准如下。

(1) 信用等级优秀的，贷款未到期或逾期90天以下的为正常；贷款逾期91～180天的为关注；贷款逾期181～360天的为次级；贷款逾期361～720天的为可疑。

(2) 信用等级较好的，贷款未到期或逾期30天以下的为正常；贷款逾期 31～90天的为关注；贷款逾期91～360天的为次级；贷款逾期361～720天的为可疑。原则上贷款逾期两年以上应当下调信用等级。

(3) 信用等级一般的，贷款未到期的为正常；贷款逾期90天以下的为关注；贷款逾期91～360天的为次级；贷款逾期361天以上的为可疑。

担保方式为抵押或质押的自然人一般农户贷款的分类标准如下。

(1) 抵押方式

正常贷款：贷款未到期或逾期30天以下。

关注贷款：贷款逾期31～90天。

次级贷款：贷款逾期91～360天。

可疑贷款：贷款逾期361天以上。

(2) 质押方式

质押贷款原则上划为正常贷款，但存在以下情况的划为次级贷款：贷款本息逾期30天以上(不含)，且对质物归属存在争议或质物的市场价值低于担保债权。

(资料来源：农村金融网)

第三节　贷款风险的防范与控制

贷款风险的防范与控制是个系统工程，涉及面广，层次性强，必须依据控制论和系统工程原理，建立健全贷款风险管理机制，实现贷款风险管理的系统化、制度化、规范化，才能有效地防范与控制风险。

一、建立贷款风险管理部门，明确贷款风险管理责任

商业银行为了确保贷款风险管理的实现，应设立履行贷款风险管理职能的专门部门，由该部门具体执行董事会与高级管理层制定的贷款风险管理政策，制定并实施识别、监测和控制贷款风险的制度、程序和方法，行使贷款日常风险管理职责。风险管理部门还要负责指导和监督业务管理层及分支机构的风险管理活动，在全行范围内对信用风险、市场风险、操作风险等各类风险进行持续的监控。在不同的组织结构和风险管理制度安排下，风险管理部门的设置也呈现出不同的模式。有的银行由风险管理部与其他部门共同执行风险管理职能，如目前的中国银行。有些银行采取事业部模式，将风险管理部门设置在各个事业部内部，如在个人金融部、公司金融部、资金营运部下分别设置风险管理部门。还有的银行在总层面设立一个与其他业务部门平行的独立风险管理部门，其下再分别设立管理不同风险的二级风险管理部门，如中国建设银行。中国建行银行设立的"矩阵型管理模式"实施以纵向的"报告线"为主、以横向的"报告线"为辅的两维风险报告制度，使得贷款风险管理得到全面的贯彻落实。

除贷款风险管理部门以外，商业银行还应设立全行系统垂直管理、具有充分独立性的内部审计部门。内部审计部门应配备具有相应资质和能力的审计人员，应有权获得商业银行的所有贷款经营、管理信息，并及时进行审计。

二、完善信贷风险分析评价机制

建立和完善科学有效的信贷风险分析评价机制是确保实施正确决策的前提和基础。一方面要建立和完善自身的业务经营风险分析机制，即建立一套以分析企业还款能力及企业信用状况为核心的资产风险分析指标体系，通过不间断地分析信贷统计月报、信贷管理月报、业务状况表、损益表及收息月报表，查找经营管理中存在的问题及可能发生的潜在风险，针对存在的问题和管理中的漏洞及时采取有效的防范措施加以解决；另一方面要建立和完善涉足行业及开户企业信用的分析评价机制。一是对涉足行业进行分析，就是在通过分析国家当前的经济运行情况及相关政策导向的基础上，结合行业所处的经济周期，分析投入资金需求量、风险度等，以确定贷款投向及控制贷款额度；二是对开户企业信用分析

评价，即建立和完善一套定量与定性相组合的信用评定体系，通过分析企业会计报表及相关的业务经营活动，对企业的经营状况及信用程度进行量化评级，根据评定结果来确定和控制贷款发放的额度、方式及期限，有效抑制借款人投资膨胀欲望，从源头上防范信贷风险。

三、完善信贷风险决策机制

把好贷款审批关，正确选择贷款投向是新增贷款风险管理的关键。按照内部控制的"不相容岗位分离"原则，建立"信贷制度制定权"、"贷款发放执行权"和"风险贷款处置权"三权分立的贷款决策组织结构，建立和完善相对独立的风险调查制约系统、风险审查制约系统、风险审批制约系统和风险检查制约系统。一是要根据贷款行的实际情况，对权、责、利进行合理划分，明确各级人员处理某项业务的权力，建立和完善科学有效的贷款审批制度，合理确定贷款审批权限；二是坚持实行三权分立的贷款决策机制。客户部门应严格按照进行贷前调查，信贷管理部门应根据客户部门提供的调查资料进行审查，贷款审批委员会负责对通过审查的项目进行审批，风险部门负责不良贷款的清收、处置工作；三是建立贷款集体审批制度。对全行的重大经营决策、大额贷款的发放集体研究，充分发挥集体审批的优势，减少贷款风险发生的频率。

四、建立贷款风险的控制机制

贷款风险的控制就是在风险发生之前或发生之时采取一定的方法和手段，以减少风险损失或制止风险损失继续发生的过程。贷款风险的控制机制包括风险回避、风险分散、风险转移、风险抑制等。

(一)贷款风险回避

这是一种事前控制，指贷款决策者考虑到风险的存在，主动放弃某些贷款业务，拒绝承担该贷款业务风险。对于银行来说，拒绝风险大的贷款是控制风险的方法之一，但是有时候在回避风险时也就放弃了获得收益的机会。所以应当在权衡收益和风险之后，对于极不安全的借款对象或项目采取回避态度。如客户信誉低下、获利来源不稳定等，即使利率很高，也不宜向其发贷款。因为再高利率的允诺也可能只是空头支票，到期本息都不可能收回。

(二)贷款风险分散

风险分散的原理在于减少各项贷款风险相关性，使风险贷款组合的总风险程度最小，其基本途径是实现贷款资产结构的多样化。对贷款资产结构多样化最常用的手段是贷款数量分散化、授信对象多样化、贷款利率分散、银行信贷资产期限分散化以及不同币种之间的贷款的分散化。

(三)贷款风险转移

贷款风险转移是一种事前控制，即在风险发生之前，通过各种交易活动把可能发生的风险转移给其他人承担，从而保证银行贷款的安全。贷款风险转移的途径主要有三种：一是向借款客户转移。一方面，采用适当提高贷款利率或浮动利率的方法把可能引起的风险转嫁给借款人；另一方面，通过要求借款人提供相应的抵押物或质物的方式，把贷款的风险转移给借款人。二是向保证人转移。即通过第三者的资信作担保来转移银行贷款风险。三是向保险机构转移。一方面，要求借款人对其拥有的财产向保险公司投保作为贷款的保证条款；另一方面，在信贷保险基金建立以后，可以采取直接向保险公司投保的方式，完成风险的转移。

现代商业银行在金融创新中，总结出了很多风险转移的途径，如一揽子贷款证券化、直接出售贷款等。

(四)贷款风险抑制

贷款风险抑制是指银行发放贷款后，采取种种积极措施以减少风险发生的可能破坏程度。如银行定期对借款人的财务状况、经营情况进行贷后检查，及时发现问题、及时解决问题，使风险在实际发生之前消灭或减少。或者在不能避免风险时，采取事后的补救手段，如追加保证人、提供新的抵押物或质物、减少贷款、停止发放未发放的贷款，甚至收回已发放的贷款。

五、建立贷款风险预警机制

贷款风险的预警机制是通过建立一系列的贷款监测制度，通过对借款人各方面情况的观察、记录和分析，及时发现贷款风险的信号，并迅速反馈到有关部门，尽快采取相应的补救措施，减少贷款风险造成的损失。

贷款风险的早期预警信号主要为有关财务状况的预警信号、有关经营者的预警信号、有关管理状况的预警信号、有关担保状况的预警信号四个方面。

有关财务状况的预警信号有：现金水平下降；应收账款的回收速度减慢；应收账款相对于总资产增加；应收账款分布集中；存货激增；固定资产超常增加或超常减少；负债水平的提高；销售水平提高但利润下降；坏账损失的增加等。

有关经营者的预警信号有：企业最高领导者发生变化；企业发生重大人事变动；领导层不团结，职能部门矛盾尖锐，不互相配合；冒险兼并其他企业或投资于不熟悉的行业；投机心理太重，风险过大；职工情绪对立，干劲不足等。

有关管理状况的预警信号有：借款人业务的性质发生变动；存货陈旧，数额巨大且杂乱无章；设备更新缓慢，缺乏关键产品生产线；财务记录和经营控制混乱等。

有关担保状况的预警信号有：保证人没有保证资格；保证人没有能力代偿贷款本息；保证人拒绝代偿贷款本息；超过保证时效；抵押物未办理抵押登记；抵押物难以处置；抵押物价值不足；抵押物被转移、变卖；抵(质)押物所有权有争议；抵(质)押物流动性差；抵(质)押物实际占管人管理不善；抵(质)押物市场价值与评估价值拉大；抵(质)押物变现价值与评估价值拉大；抵(质)押物保险过期。

借款人出现风险预警信号，可能危及贷款安全时，贷款人应协同管理，及时采取相应措施，清除种种风险因素，保全贷款债权。

六、建立贷款风险补偿机制

贷款风险补偿机制是通过建立一系列的风险基金，当贷款发生风险损失时，用该基金进行弥补。贷款风险补偿机制是一种事后控制措施，对于确保银行经营安全意义重大。

贷款风险的补偿机制是通过以下几方面得以实现的。

(一)按规定比例提取呆账准备金

由于种种原因，商业银行总有一部分贷款无法收回，形成损失。因此，建立贷款呆账准备金制度就显得至关重要。中国人民银行颁布的"贷款五级分类指导"明确规定"商业银行在税前利润中提取并留存的资金储备，其目的在于用以弥补贷款的固有损失。及时足额提取准备金，避免贷款损失因准备金不足而对资本金过度侵蚀，是银行持续、稳健经营的重要保证。"

(二)保持充足的资本金比例

当银行遭遇贷款风险，提用了呆账准备金后，仍不足以弥补贷款风险损失时，就只能采用被动的、最后的解决办法——动用资本金冲抵这部分损失了。

从银行资本金的作用看，其中最重要的功能之一就是作为弥补呆账损失的最后准备，为其安全提供物质保障，即在资产的风险损失和银行的安全之间发挥缓冲带的作用。可以说，资本金就是银行风险防范与控制的最后一道屏障。

(三)按规定报批核销损失贷款

商业银行不仅要按规定比例及时、足额提取呆账准备金，还应当规定损失类贷款冲销的适当时限。对贷款的冲销要建立严格的、授权明确的审批制度，对关系人、关联企业的贷款冲销更应严格审批。同时需要明确的是，贷款的冲销并不是贷款人对贷款债权的放弃，而只是内部账务的一种处理，应根据"账销案存"的原则继续追偿。

小常识　常见的风险管理部门设置的模式

在不同的组织结构和风险管理制度安排下，风险管理部门的设置也呈现出不同的模式。

1. 风险管理部集权的模式

这种模式是由总行设置专门的风险管理部，由该部门负责全行所有的风险管理工作，风险管理部门与其他业务部门平行(见图11-1)。在这种模式下风险管理职责高度集中于该部门，从风险管理战略的制定、风险管理政策的出台到风险管理工具的选择，再到具体的日常风险监测、风险检查都是由风险管理部负责。

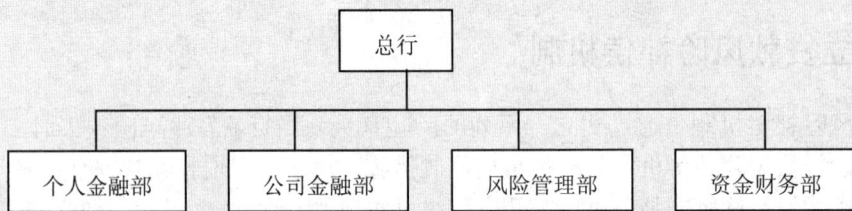

图 11-1　风险管理部集权模式

2. 事业部模式

在该模式下，银行按照不同的业务分别设置相应的事业部，每个事业部在内部设置风险管理机构，负责事业部范围内的风险管理工作，银行总行不再单独设置风险管理部，见图11-2。

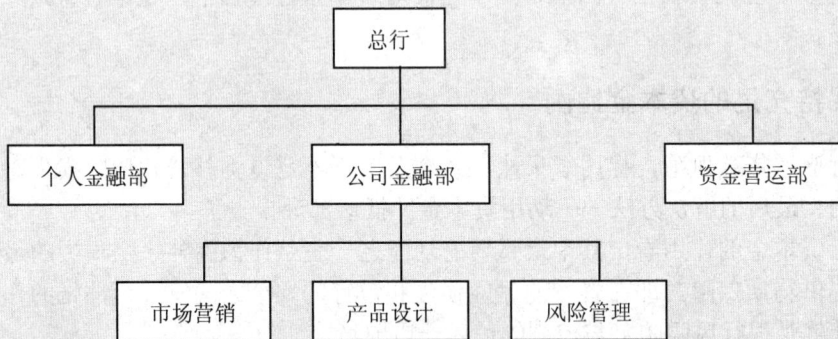

图 11-2　事业部模式

3. 矩阵型模式

该模式是前两种模式的综合。银行在总行设置风险管理部，同时在每个事业部内部设置风险管理小组，负责事业部范围内的风险管理工作。风险管理小组由总行风险管理部垂直领导，向其负责，同时对事业部和总行风险管理部实行双线报告，见图11-3。

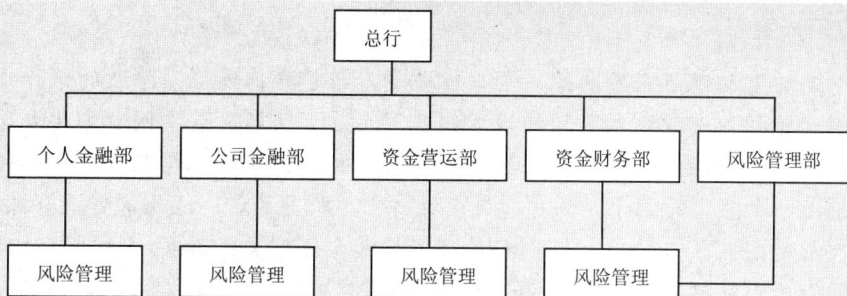

图 11-3 矩阵型模式

(资料来源：管理资源网)

📖 **案例点击**

哈尔滨"中行高山案"

2004 年 9 月，交行长春分行向吉林省高院，状告东北高速，要求其偿还已到期的 5678 万元贷款。为确保贷款安全，该行一并要求东北高速同时偿还尚未到期的 1.5 亿元贷款。

吉林高法遂查封东北高速在中国银行哈尔滨河松街支行开设的两个账户中共计 2.12 亿元的执行标的，并在当年 11 月 11 日，下达民事调解书——要求东北高速于当月 20 日前将剩余 1.5 亿元贷款全部还清。12 月 21 日，河松街支行向吉林高院出具回执称："东北高速公路股份有限公司在我行的账户存款 1.5 亿元已扣划至交行长春分行。"

2005 年 1 月 4 日，东北高速财务人员陪同吉林高法执行人员来中行黑龙江分行河松街支行扣划 1.5 亿元执行款，该行工作人员发现东北高速的 2.93 亿元存款消失，由此引爆震惊业界的"中行高山案"。此后数日纷纷爆出黑龙江哈工大辰能风险投资公司、黑龙江社会保险事业管理局等数家单位均存款失窃，总额近 10 亿元之多。

警方调查显示，自 1999 年以来，河松街支行行长高山以及该案幕后操纵者李东哲以高息揽储及"上门服务"等方式吸收众多客户存款，并制造假票据挪用企业巨额资金。在案发前，为隐瞒事实并转移资金，高山伪造假的回执及询证函以拖延时间，并于 11 月中旬和 12 月中旬，伪造假转账支票从河松街支行疯狂转移 3.6 亿元资金至李东哲控制的在加拿大温哥华企业。资金转移之后，高山和李东哲于 2004 年的 12 月 31 日逃往加拿大。案发后，东北高速原董事长张晓光对存款丢失负有责任，并由于贪污、受贿、巨额财产来源不明被判死刑，缓期执行；中行河松街支行原副行长、信贷员等多名涉案人员获罪，13 名中行内部涉案人员被免职或开除；犯罪嫌疑人高山和幕后主使李东哲仍在加拿大逍遥法外，中行被北京法院判令赔偿东北高速存款 2.92 亿元本金及利息，损失巨大。

(资料来源：金融网)

🔶点石成金

　　这是一起典型的银行内外勾结的票据诈骗案，属于操作风险而导致的银行损失案件，从中可以看出银行内部控制和风险管理方面还存在巨大问题。这些问题主要表现在三个方面：一是银行的业务流程和管理制度执行得不好。尤其是基层机构经常有章不循，违规操作。本案就是一个典型的例子。高息揽储以及"上门服务"这些违规操作没有被及时制止，导致巨额损失的发生。二是内控机制在基层机构没有得到真正落实，特别是对"一把手"缺乏完善的监督制约机制。从 1999 年开始至 2005 年案发，高山及其同伙李东哲票据诈骗、挪用资金长达 5 年时间而没有被发现，足以证明银行缺乏对基层行长的监督制约。三是银行机构的基层管理人员缺乏风险管理意识。如果风险管理意识较强，严格按程序办理业务，就不会有这么多人卷入此案。

　　从这一案例中可得到以下启示：一是商业银行必须调整业务流程和管理流程；二是商业银行必须切实加强基层机构的管理和控制；三是商业银行必须加强全员风险管理意识。

本 章 小 结

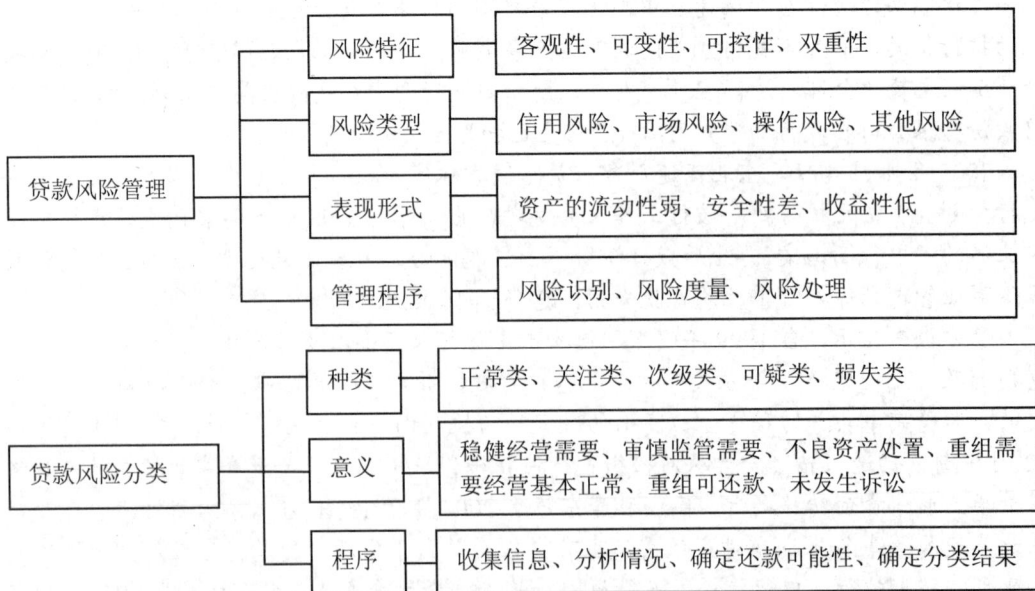

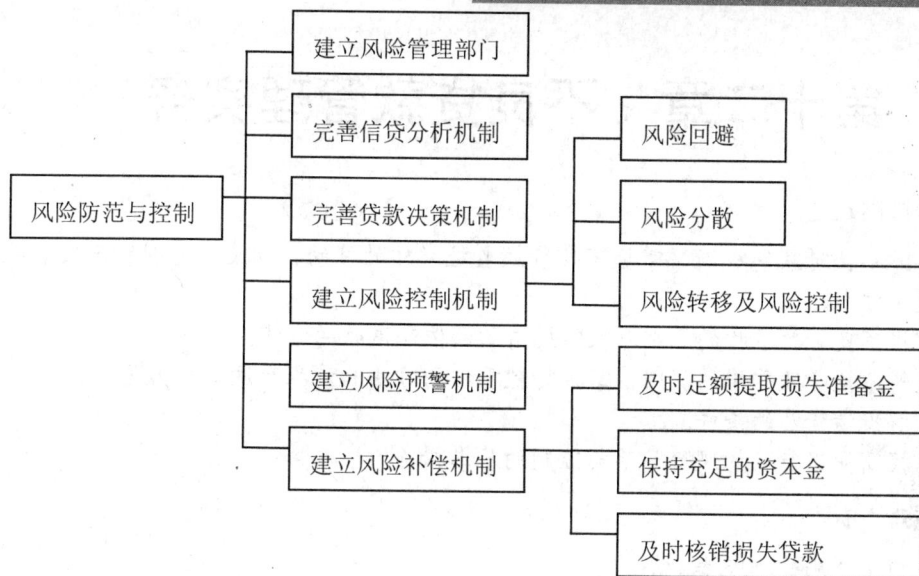

```
                          ┌──────────────────┐
                          │  建立风险管理部门   │
                          └──────────────────┘
                          ┌──────────────────┐      ┌──────────────┐
                          │  完善信贷分析机制   │      │   风险回避    │
                          └──────────────────┘      └──────────────┘
  ┌──────────────┐        ┌──────────────────┐      ┌──────────────┐
  │ 风险防范与控制  │        │  完善贷款决策机制   │      │   风险分散    │
  └──────────────┘        └──────────────────┘      └──────────────┘
                          ┌──────────────────┐      ┌──────────────────┐
                          │  建立风险控制机制   │      │  风险转移及风险控制  │
                          └──────────────────┘      └──────────────────┘
                          ┌──────────────────┐      ┌──────────────────┐
                          │  建立风险预警机制   │      │ 及时足额提取损失准备金 │
                          └──────────────────┘      └──────────────────┘
                          ┌──────────────────┐      ┌──────────────────┐
                          │  建立风险补偿机制   │      │  保持充足的资本金   │
                          └──────────────────┘      └──────────────────┘
                                                    ┌──────────────────┐
                                                    │  及时核销损失贷款   │
                                                    └──────────────────┘
```

复习思考题

1. 简述贷款风险的类型及表现形式。
2. 影响商业银行贷款信用风险的因素有哪些？
3. 商业银行贷款操作风险有哪些特征？
4. 论述商业银行如何进行贷款风险的防范与控制。

第十二章　不良贷款管理实务

【学习目标】

- 了解不良贷款的成因，掌握不良贷款监控考核的目的、意义、范围和不良贷款的处置方式。
- 掌握不良贷款清收的原则以及常规清收和依法清收的方法。
- 了解不良贷款重组的原因，掌握贷款重组的方法和流程及注意的问题。
- 了解抵债资产的条件。
- 掌握商业银行贷款风险防范与控制的基本措施。

【重点难点】

- 信用风险的影响因素。
- 操作风险的成因。
- 贷款风险的程序和方法以及贷款风险的系统管理。

章前导读

　　承德露露集团是一家老国有企业，1997 年将其主营业务、优质资产剥离后组建某股份有限公司并成功上市，而将全部银行债务、低效资产等留在了集团公司。到 2002 年末，该集团在承德分行的贷款 3.75 亿元全部被列为潜在风险贷款。工行河北省承德分行进行一场长达 5 年多的不良贷款清收攻坚战。5 年多来，共压缩退出该公司潜在风险贷款 1.77 亿元，现金清收不良贷款 1.91 亿元，收回欠息 2481 万元，核销 643 万元，清收率达 98.3%。如此高的清收比例，成为银行业在国有企业改制过程中保全银行贷款安全的成功案例。

(资料来源：中国工商银行网)

　　关键词：不良贷款　清收　重组　以资抵贷　贷款核销

第一节　不良贷款概述

一、不良贷款的定义及其分类

(一)不良贷款的定义

不良贷款是指债务人未按原贷款协议按时偿还本金或利息，或债务人已有迹象表明其不可能按原贷款协议按时偿还本金或利息的贷款。不良贷款不是有问题贷款或受批评贷款。通常有问题贷款或受批评贷款，是指按贷款风险程度不同进行分类以后除正常贷款以外关注、次级、可疑和损失四类贷款。不良贷款仅指不能按照贷款协议或合同规定的日期或其他可接受方式归还的后三类贷款，从这点上看不良贷款与有问题贷款不是同一个概念。

(二)不良贷款的分类

我国对不良贷款的分类主要有两种情况：一种情况是传统上的不良贷款分类，一种情况是贷款风险分类的不良贷款分类。

传统上的不良贷款分类是我国 1996 年颁布的《贷款通则》中的分类。《贷款通则》中不良贷款指逾期贷款、呆滞贷款和呆账贷款。

逾期贷款，是指借款合同约定到期(含展期后到期)未归还的贷款(不含呆滞贷款或呆账贷款)。

呆滞贷款是指按财政部有关规定，逾期(含展期后到期)超过规定年限以上(一般指两年)仍未归还的贷款，或虽未逾期或逾期不满规定年限但生产经营已终止、项目已停建的贷款(不含呆账贷款)。

呆账贷款是指根据财政部《关于国家专业银行建立贷款呆账准备金的暂行规定》(财商字第 277 号文)，呆账贷款系指：

(1) 借款人和担保人依法宣告破产，进行清偿后，未能还清的贷款；

(2) 借款人死亡，或者依照《中华人民共和国民法通则》的规定，宣告失踪或宣告死亡，以其财产或遗产清偿后，未能还清的贷款；

(3) 借款人遭受重大自然灾害或意外事故，损失巨大且不能获得保险补偿，确实无力偿还的部分或全部贷款，或者以保险清偿后，未能还清的贷款；

(4) 经国务院专案批准核销的贷款。

另一种情况是按贷款风险分类，将次级、可疑和损失三类的贷款合称不良贷款，以此作为反映商业银行贷款质量存在问题的严重程度，判断商业银行贷款质量总体状况的主要指标。

这三类不良贷款的主要特征已在前面作了详尽的论述，不再赘述。

二、不良贷款的成因

商业银行不良贷款形成原因比较复杂，既有银行内部的原因也有一些外部客观原因。

(一)内部原因

从银行自身看，不良贷款形成的原因归纳起来可以概括为以下几个方面。

1. 贷款风险识别和筛选机制不健全

这方面的问题反映了银行缺乏健全的信贷政策，或银行信贷人员贷款时缺乏对风险的判断力。主要表现如下。

(1) 对新的、资本不充足的而且尚未开发的业务进行融资。

(2) 贷款不是基于借款人的财务状况或贷款抵押品，而是基于对借款人成功地完成某项业务的预测。

(3) 在借款人的资信程度及偿还能力产生质疑的情况下，发放贷款过分倚重第二还款来源(如抵押物)。

(4) 贷款用于投机性的证券或商品买卖。

(5) 贷款的抵押折扣率过高，或抵押品的变现能力很低。

(6) 异地贷款、多头贷款过多，缺乏有效的监控。

(7) 贷款已存在潜在风险时，没能及时采取果断措施。

(8) 贷款已明显出现问题，却疏于催收或迅速采取有效措施清收，或不再过问，使贷款造成损失等。

2. 银行信贷管理体制不合理

(1) 贷款集中程度过高。贷款过分集中于某一借款人、某一行业、某一种类贷款，致使贷款风险相对集中，贷款金额超过借款人的还款能力而无力偿还。

(2) 在贷前信用分析阶段，获得的贷款信息不完全、贷款项目评估质量不高。依据不完全的信息、质量低下的贷款项目评估决策贷款，必然会形成一定的不良贷款。

(3) 在贷款的审批阶段，未严格把握贷款审批条件。

(4) 贷款发放后日常监督管理不力。由于一些银行在贷款管理中存在着"重放、轻收、轻管"的思想，贷后对贷款的监督管理不及时、不到位，致使一些贷款成为不良贷款。

(5) 信贷人员缺乏专业知识、素质低。部分信贷人员缺乏必要的信用评估、财务分析知识和经验，发放贷款时又没有充分听取必要的劝告而发放调查不充分、信贷资料有缺陷、抵押物变现力差、不足值的贷款。

(6) 内部交易。

(二)外部原因

不良贷款形成的外部原因主要有以下几个方面。

1. 借款企业经营机制不健全，经营管理不善

由于一些借款企业经营机制不健全，经营管理不善，缺乏市场观念、竞争意识，形成高负债、低效益、软约束、超分配的局面，致使企业经营困难，甚至倒闭。这给银行贷款造成损失，形成大量不良贷款。

2. 现代企业关系错综复杂，关联交易多

企业真实的财务状况很难全面掌握。尤其是集团法人客户内部关联交易的复杂性和隐蔽性使得商业银行很难及时发现风险隐患并采取有效控制措施。加之企业集团内部成员连环担保十分普遍，使得信用风险通过贷款担保链条在企业集团内部循环传递、放大，贷款实质上处于无担保状态，导致大量的不良资产。

3. 企业信用度低，道德风险较高

目前无论是企业征信体系还是个人征信体系都不完善，对借款人的约束乏力，因此会有一部分企业不讲信用，即使有偿还能力，也不愿意还贷款。更有甚者，一些不法企业会编造一些假资料故意骗贷。银行贷款面临较大的道德风险，由此会形成一定量的不良资产。

4. 中介机构提供的资料缺乏可信度

随着银行贷款业务量的加大，银行业务人员显现不足，为了解决人员不足，同时也为了增强贷款相关资料的真实性，进一步保证贷款的安全性，银行往往通过中介机构对借款人的有关情况进行调查或评估。然而一些中介机构不具备这方面的能力或不全面履行其义务，致使其提供的资料虚假，银行以中介机构提供的虚假资料作为决策的主要参考发放贷款，必然会形成不良贷款。

5. 同行业过度竞争

由于资金过剩，各家银行盲目地竞相追逐大户，非理性降低贷款条件和下浮贷款的利率，这将放大信贷的风险、利率的风险。一旦某贷款大户出现问题，参与贷款的各家银行无不受此牵连，形成大量的不良资产。

6. 借款人遭受不可抗拒力影响

各种自然灾害，如地震的出现、山洪的暴发、飓风的骤起、久旱无雨、农作物遭病虫害侵袭等。借款人遭受不可抗拒因素影响，直接影响其收入，影响贷款的归还，致使贷款形成不良贷款。

7. 其他方面的原因

一是政策因素。由于宏观经济政策缺乏连续性，经济波动的频率高、幅度大，使信贷扩张和收缩的压力相当大，在宏观紧缩、经济调整时期，往往形成大量贷款沉淀。 二是行政干预因素。主要表现为地方政府压，地方财政挤，迫使银行发放大量贷款。贷款行为行政化直接削弱了贷款产生经济效益的基础，形成不良贷款。三是国际因素。国际贸易、信贷、利率、汇率变化，使一些外贸企业经营受阻，效益滑坡，无法及时足额偿还贷款本息，使其沦为不良贷款。

三、不良贷款的监控和考核

(一)不良贷款监控考核的目的、意义和范围

为了进一步完善商业银行资产负债管理体系,加强贷款风险管理,及时、真实地反映信贷资产的质量,提高信贷资金的流动性、安全性、效益性,商业银行普遍都在全行实施了不良贷款的监控考核制度。

不良贷款监控是以提高信贷资产质量为目的,通过设立一组简明易行的指标,对不良信贷资产的总量、结构及其变化定期进行监控考核的一项管理制度。

不良贷款监控考核的适用范围,包括各项人民币贷款及外汇贷款,不包括委托贷款及投资业务。

不良贷款的监控考核实行系统管理,纳入各行资产负债管理体系。在各行行长及资产负债管理委员会领导下,由授信、会计、风险资产管理、计划、稽核等部门分工负责,组织实施。

(二)不良贷款的考核与奖惩

1. 商业银行总行一般对各分、支行的信贷资产质量都要定期考核

考核指标为"贷款逾期率"、"贷款呆滞率"、"贷款呆账率"。如交通银行总行要求其分支机构"贷款逾期率"不高于 6%,"贷款呆滞率"不高于 3%,"贷款呆账率"不高于 0.25%。并对信贷资产质量好的分、支行要进行表彰奖励;对信贷资产质量差、管理不善的分、支行要通报批评,限期改正,或实行必要的惩罚措施。

2. 按总行要求,各分、支行一般也都建立相应的不良贷款考核和奖惩制度,落实到信贷部门和人员

对工作认真、管理严格、指标完好的,给予精神和物质奖励;成绩卓著者,在评选先进或晋级提职时优先考虑。对贷款管理不善或收回不力,有问题贷款占比指标过高,要进行批评教育;对玩忽职守、不负责任造成信贷资金损失的,要扣发奖金或给予必要的行政处分,不宜担任信贷工作的要调离信贷岗位;对以贷谋私、贪污渎职等造成资金重大损失的,要依法追究刑事责任,还要追究领导责任。

(三)不良贷款监控考核的组织领导

不良贷款监控考核工作是商业银行资产负债管理体系中的一个重要组成部分,在各行行长领导下,由各行资产负债管理委员会统一组织执行。

实行分级管理办法。总行负责全行不良贷款监控考核工作,并对各管辖分行、直属分

行实施监督、检查和指导；各管辖分行负责全辖的不良贷款监控考核工作，并对所属分、支行实施监督、检查和指导。

建立报表制度。商业银行各级分、支行一般都要按季分别本、外币编制《信贷资产监控考核汇总表》及《呆滞、呆账贷款明细表》，并附文字说明，逐级汇总上报商业银行总行。上述报表由信贷部门编制，并与会计、统计数字核对相符，经稽核部门审核，由主管行长签章后上报。

各级商业银行资产负债管理委员会一般至少每半年召开一次会议，对信贷资产质量进行分析检查，研究改进措施，并将分析结果和改进措施写出书面报告，报上级行。

四、不良贷款的处置方式

商业银行对不良贷款进行监控和考核后，要在深入分析不良贷款成因的基础上，有针对性地采取以下方式化解不良贷款。

1. 清收

对于借款人尚存在一定的偿还能力，或是银行掌握部分第二还款来源时，银行可尝试通过催收、依法诉讼等手段进行清收。

2. 重组

对于借款人经营、管理或是财务状况等方面存在问题而形成的不良贷款，银行可尝试对借款人、担保条件、还款期限、借款品种、借款利率等进行恰当的重组，重新组合和安排借款要素，改善借款人财务状况，增强其偿债能力，使重组后的贷款能够降低银行的信用风险，从而改善银行的贷款质量。这需要银行付出更多的尽职调查，以确保重组的必要性，重组方案的合法合规性，重组后的实际效果，有效防范企业逃废银行债务。

3. 以资抵债

以资抵债是指因债务人(包括借款人和保证人)不能以货币资产足额偿付贷款本息时，银行根据有关法律、法规或与债务人签订以资抵债协议，取得债务人各种有效资产的处置权，以抵偿贷款本息的方式。它是依法保全银行信贷资产的一种特殊形式。

4. 核销

对于通过各种方式均无法实现回收价值的不良贷款，银行应该在完善相关手续的前提下予以核销。

随着我国不良资产交易市场、不良资产评估市场的不断发展，银行将有更多、更合理的途径和方式转移和化解不良贷款。

小常识 国有商业银行不良贷款出现反弹

截至 2008 年年底,建设银行的不良贷款余额为 838.82 亿元,较去年三季度末增加 53.42 亿元,不良贷款率也按季增加 4 个基点至 2.21%;同期,交通银行的不良贷款余额为 255.20 亿元,较去年三季度末增加 28.4 亿元;不良贷款率也按季增加 17 个基点至 1.92%;中国银行的不良贷余额为 874.9 亿元,不良贷款率为 2.65%,较三季度末分别增加 24.83 亿元和 7 个基点。工商银行,其 2008 年末不良贷款余额及比例,虽较上年三季末仍是双降,但其关注类贷款占比由 2008 年 6 月的 4.45%上升至 5.20%,余额上升 442 亿元至 2379.03 亿元,较 2007 年末增加约 50 亿元。同样,中国银行 2008 年末关注类贷款较 2007 年末则增加了 141.9 亿元。

(资料来源:金融网)

第二节 不良贷款的清收

随着金融行业经营风险的增大,商业银行原有不良贷款逐渐暴露,目前,我国绝大多数商业银行都面临着强化不良贷款管理的紧迫任务。强化不良贷款的清收,减轻不良贷款的沉重负担事关银行的兴衰成败。

一、不良贷款清收的原则

在不良贷款清收中,要坚持"责权利相结合原则、责任明确原则、先易后难原则、分类施策原则和能收必收原则"。

1. 责权利相结合原则

责权利相结合原则是指对不良资产清收人员要实现责任、权利、义务相对应,调动不良资产清收人员的工作积极性。

2. 责任明确原则

责任明确原则是指对不良贷款要坚持谁放谁收原则。即谁是发放人,谁就是主要责任人,谁就要承担清收任务。通过明确责任,增大压力和动力。

3. 先易后难原则

先易后难原则是指在不良贷款的清收工作中,要分析清收的难易程度,据此,按先易后难的顺序进行清收。

4. 分类施策原则

不良贷款产生的原因是复杂多样的，同时，企业的情况也各有不同，因此，在清收管理中，必须进行分类排队，区别情况，对症下药，只有这样才能收到清收的实际效果。

5. 能收必收原则

在不良贷款的清收工作中，为了将贷款损失减少到最低程度，要不分大小，对贷款本息尽力、尽量予以收回。

二、不良贷款的清收准备

贷款清收准备主要包括债权维护及财产清查两个方面。

(一)债权维护

资产保全人员或信贷营销人员至少要从以下三个方面认真维护债权：

(1) 妥善保管能够证明主债权和担保债权客观存在的档案材料，如借款合同、借据、担保合同及抵、质押登记证明等；

(2) 确保主债权和担保权利具有强制执行效力，主要是确保不超过诉讼时效、保证责任期间，确保不超过生效判决的申请执行期限；

(3) 防止债务人逃废债务。

向人民法院申请保护债权的诉讼时效期间通常为两年。诉讼时效一旦届满，人民法院不会强制债务人履行债务，但债务人自愿履行债务的，不受诉讼时效的限制。诉讼时效从债务人应当还款之日起算，但在两年期间届满之前，债权银行提起诉讼、向债务人提出清偿要求或者债务人同意履行债务的，诉讼时效中断；从中断时起，重新计算诉讼时效期间(仍然为两年)。

保证人和债权人应当在合同中约定保证责任期间，双方没有约定的，从借款企业偿还借款的期限届满之日起的 6 个月内，债权银行应当要求保证人履行债务，否则保证人可以拒绝承担保证责任。

(二)财产清查

清查债务人可供偿还债务的财产，对于清收效果影响很大。对于能够如实提供经过审计财务报表的企业，财产清查相对容易一些。但是，债务人往往采取各种手段隐匿和转移资产。为了发现债务人财产线索，需要查找债务人的工商登记和纳税记录。有些债务人还没有完全停止经营活动，往往会采取各种手段包括互联网向其客户作正面宣传，如营业收入和资产实力等，从债务人对自己的正面宣传中，往往能够发现一些有价值的财产线索。

三、常规清收

不良贷款的清收途径主要包括常规清收和依法清收两种。

常规清收包括直接追偿、协商处置抵质押物、委托第三方清收等方式。

直接追偿主要是信贷营销人员通过正常的行政手段清收贷款。一是依据借款合同，冻结借款人在本行开立的存款账户，所有的款项，只汇入不汇出，以从该账户扣款归还贷款本息，直至贷款全部还清为止。或主动从借款人在其他金融机构中的存款账户中扣收款项。二是根据借款保证合同，向借款保证人追索，要求其承担连带责任，在规定的期限内履行其义务，偿还合同项下借款人到期应偿付的贷款本息和费用或其所保证的金额。

协商处置抵质押物是指借款人确实没有偿还贷款的能力，愿意以抵质押物偿还贷款，经双方协商处置抵押物收回贷款。协商处置抵质押物的方式主要有两种：一种是经银行同意抵押人或出质人主动寻找抵押物或质物的购买人，将其变现资金偿还银行贷款；另一种是借款人将抵押物或其他财产折价抵偿贷款。

委托第三方清收是指商业银行将不良贷款委托社会上的中介服务机构代为清收。委托第三方清收要支付一定的费用。

对于常规清收需要注意以下几点：一是要分析债务人拖欠贷款的真正原因，判断债务人短期和中长期的清偿能力；二是争取政府和主管机关的支持，使债务人迫于压力尽力偿还贷款；三是要从债务人今后发展需要银行支持的角度，引导债务人自愿还款；四是要将依法收贷作为常规清收的后盾。

四、依法清收

采取常规清收的手段无效以后，要采取依法收贷的措施。

(一)依法收贷的途径

1. 申请支付令

根据民事诉讼法的规定，债权人请求债务人给付金钱和有价证券，如果债权人和债务人没有其他债务纠纷的，可以向有管辖权的人民法院申请支付令。债务人应当自收到支付令之日起15日内向债权人清偿债务，或者向人民法院提出书面异议。债务人在收到支付令之日起15日内既不提出异议又不履行支付令的，债权人可以向人民法院申请执行。可见，如果借款企业对于债务本身并无争议，而仅仅由于支付能力不足而未能及时归还的贷款，申请支付令可达到与起诉同样的效果，但申请支付令所需费用和时间远比起诉少。实际上，对于目前大多数依法收贷案件，银行选择申请支付令最为简便易行。

2. 提起诉讼(起诉)

对无抵押或质押，又不愿还款的；或虽有保证，保证人拒不履行连带偿付责任的，或抵押、质押品处置所得款项不足以偿还贷款，借款人又不愿提供新的还款来源的，可提起诉讼，以通过法律占有并出售属于债务人的财产作为还款来源。起诉书递交法院后，先由法院决定是否受理、立案，立案后审判员进行调查，根据事实，依照法律作出决定。

人民法院审理案件，一般应在立案之日起 6 个月内作出判决。银行如果不服地方人民法院第一审判决的，有权在判决书送达之日起 15 日内向上一级人民法院提起上诉。

(二)注意的问题

1. 申请财产保全

银行在依法收贷的纠纷中应申请财产保全。申请财产保全有两方面的作用：一是防止债务人的财产被隐匿、转移或者毁损灭失，保障日后执行顺利进行；二是对债务人财产采取保全措施，影响债务人的生产和经营活动，迫使债务人主动履行义务。但是，申请财产保全也应谨慎，因为一旦申请错误，银行要赔偿被申请人固有财产保全所遭受的损失。

财产保全分为两种：诉前财产保全和诉中财产保全。顾名思义，诉前财产保全，是指债权银行因情况紧急，不立即申请财产保全将会使其合法权益受到难以弥补的损失，因而在起诉前向人民法院申请采取财产保全措施；诉中财产保全，是指可能因债务人一方的行为或者其他原因，使判决不能执行或者难以执行的案件，人民法院根据债权银行的申请裁定或者在必要时不经申请自行裁定采取财产保全措施。

2. 申请强制执行

对于下列法律文书，债务人必须履行，债务人拒绝履行的，银行可以向人民法院申请执行：①人民法院发生法律效力的判决、裁定和调解书；②依法设立的仲裁机构的裁决；③公证机关依法赋予强制执行效力的债权文书。此外，债务人接到支付令后既不履行债务又不提出异议的，银行也可以向人民法院申请执行。

申请执行应当及时进行。申请执行的法定期限，双方或者一方当事人是公民的为一年，双方是法人或其他组织的为六个月。申请执行期限，从法律文书规定履行期间的最后一日起计算；法律文书规定分期履行的，从规定的每次履行期间的最后一日起计算。

3. 申请债务人破产

当债务人不能偿还到期债务而且经营亏损的趋势无法逆转时，应当果断申请对债务人实施破产。尤其对于有多个债权人的企业，如果其他债权人已经抢先采取了法律行动，例如强制执行债务人的财产，或者债务人开始采取不正当的手段转移财产，此时债权银行应当考虑申请债务人破产，从而达到终止其他强制执行程序、避免债务人非法转移资产的目的。

申请企业破产的条件，有关法律规定并不相同。《企业破产法(试行)》第3条规定："企业因经营管理不善造成严重亏损，不能清偿到期债务的，依照本法规定宣告破产。"《民事诉讼法》第199条规定："企业法人因严重亏损，无力清偿到期债务，债权人可以向人民法院申请宣告债务人破产还债，债务人也可以向人民法院申请宣告破产还债"。《公司法》第189条规定："公司不能清偿到期债务，被依法宣告破产的，由人民法院依照有关法律的规定，组织股东、有关机关及有关专业人员成立清算组，对公司进行破产清算。"《公司法》把"不能清偿到期债务"，作为宣告债务人破产的唯一原因，而不论债务人有无亏损或亏损程度如何。

小常识　诉讼时效的计算

　　向人民法院申请保护债权的诉讼时效期间通常为两年。诉讼时效从债务人应当还款之日起算，不同情况有不同的计算方法。

　　(1) 有期限的债权，从期限届满日的第二天起计算。例如，一般银行信贷合同规定的贷款期限满期之日的次日就是诉讼时效起计之日。

　　(2) 附有条件的债权，从条件具备之日的次日开始计算。有抵押或担保的贷款是附有条件的债务。当附带的前提条件满足后，债权人就可以行使权利，债务人也应履行义务。债务人此时不履行义务的，债权人就可以起诉。

　　(3) 分期履行的债务，从任何一次应履行而未履行债务的次日计算时效。例如，分期偿还的贷款，无论以前历次履行的程度多好，只要有一次未按期履行义务，都可以对违约方起诉。

(资料来源：中国法制网)

第三节　不良贷款的重组

一、贷款重组的概念

　　贷款重组是指在借款人发生及预见其可能发生财务困难或借款人、保证人发生资产重组，致使其不能按时偿还银行贷款的情况下，银行为维护债权和减少损失，在切实加强风险防范的前提下，与借款人达成修改贷款偿还条件的协议，对借款人、保证人、担保方式、还款期限、适用利率、还款方式等要素进行调整。贷款重组是对贷款通则的一种突破，银监会鼓励商业银行在风险可控的条件下，对公司治理完善、信用记录良好、有市场竞争力的企业给予信贷支持，支持银行对其实施贷款重组。特别是针对暂时受金融危机的影响而经营困难的外向型小企业，允许银企双方根据企业生产规律、建设周期和进度、信用记录及违约记录，来重新设定贷款品种、利率和贷款期限。

贷款重组固然有缓解企业的资金压力、维护社会稳定、保全银行债权等诸多好处，但如果认识发生偏差，它也会被不正当地运用。由于不良贷款余额及比率是考核银行信贷资产质量的重要指标，某些银行为了应付考核要求，可能会通过贷款重组，将不良贷款显现的时间延后，达到本期不良贷款余额及比率下降，至少是不增加的目标。

二、贷款重组的原因

贷款重组的成因主要有以下四个方面。

1. 借款人无力偿还到期贷款本息

在市场经济的激烈竞争中，一些企业因自身经营管理不善或受外部经济、金融、社会、法律环境等不利因素的影响，盈利能力下降，甚至发生经营亏损，资金周转困难，难以按时偿还到期贷款本息。

2. 贷款银行出于保全资产的动机

在大多数情况下，贷款银行深知申请执行借款人抵押物或破产对己并非有利，首先是抵押物变现存在困难，各项变现费用支出、价值损耗折扣难以估计。即使借款人进入破产程序，也会因为诉讼费用高、清算时间长、过程复杂、执行难度大等，需要耗费大量人力物力财力，不可能如数收回贷款本息。出于保全资产的目的，贷款银行往往同意作出部分让步，以最大限度地维护债权、控制风险、减少损失。

3. 政府对经济结构调整、干预的保护行为

一定时期内，政府为了进行经济结构的调整、减轻企业负担、促进经济增长，同时为了维护社会的稳定、避免激化矛盾，特别是地方政府从保护地方经济利益的角度出发，经常牵头组织企业的债务重组，对银行做工作。借款人上级主管单位通常也会申请外部整顿，促成借款人和贷款银行达成和解协议。由于政策导向的影响和经营环境的限制，银行不得不牺牲局部利益，引发了重组贷款的大量产生，这种情况最为典型的就是前一阶段许多地方实行的"债转股"。

4. 部分金融监管行为导致贷款重组

由于某些特定时期的特殊原因，金融监管当局作出的监管决策可能导致贷款重组。如人民银行进行企业账户清理、多头贷款清理、银行资产证券化试点等过程中，由于期限要求，借款人一时难以筹措到足额资金还贷，或者由于发行证券对银行资产进行组合包装的需要等，都引发了部分重组贷款的产生。

三、贷款重组的主要情形及必备条件

(一)贷款重组的主要情形

对下列情况的贷款，可以进行贷款重组。

(1) 借款人或保证人进行资产重组或经营管理体制发生重大变化，致使其不能按期偿还贷款本息，需要通过贷款重组落实银行债权。

(2) 由于国家政策调整使借款人出现财务困难，不能按期还款。

(3) 国际市场或项目实施环境突变，项目执行受阻，使借款人不能按期还款。

(4) 由于企业项目执行情况发生变化，借款人原定生产经营计划发生变化，导致暂时还款困难。

(5) 不可抗力、意外事故影响借款人按期还款。

(6) 银行认为可以进行贷款重组的其他原因。

(二)贷款重组的必要条件

贷款重组必须符合以下基本条件。

(1) 借款人具有还款意愿，无逃废银行债务记录。

(2) 借款人生产经营活动基本正常，通过贷款重组有望在近年内逐步走出困境，具有一定偿还贷款的能力。

(3) 借款人能够按时支付利息或虽未按时支付利息但能够在贷款重组时还清全部欠息，或除此之外尚能偿还部分本金。

(4) 未发生影响借款人偿债能力的诉讼。

四、贷款重组的申请资料

借款人申请贷款重组应提交以下资料。

(1) 贷款重组申请报告。

主要内容包括：①借款人近两年生产经营情况和财务状况；②项目执行及贷款使用情况；③资产重组或经营管理体制变化的详细情况；④不能按时还款的主要原因；⑤对今后三年生产经营及财务状况的预测；⑥偿还贷款的计划和资金来源安排；⑦担保落实情况等。

(2) 表明贷款重组原因的各项证明文件。

(3) 借款人、保证人近两年的财务报表。

(4) 保证人对重组贷款提供担保的书面承诺，抵(质)押财产的权属证明、评估报告。

(5) 银行认为需要的其他材料。

五、贷款重组的重组方案

贷款重组方案应包括以下基本内容。

(一)贷款重组条件和效果的评估

通过审查借款人提供的资料和项目具体情况，对该项贷款是否符合贷款重组基本条件，重组能否对借款人生产经营和财务状况产生积极影响，能否维护银行债权、促进贷款回收等进行客观评价和分析预测，为贷款重组决策提供依据。

(二)降低风险的措施

主要包括：①将贷款转移给具有良好资信和清偿能力的新借款人；②增加或更换担保人、改变担保方式；③接受借款人以实物资产抵偿部分贷款；④其他降低风险的措施。

(三)贷款结构的调整

主要包括：①贷款期限的调整；②贷款偿还的安排；③重组贷款的适用利率；④其他事项。

六、常用的贷款重组方法及流程

(一)常用的重组方法

贷款重组方法很多，但常用的信贷重组的方法主要有如下五种。

1. 展期(即延长还款期限)

展期的条件一般包括：不可抗力的影响；市场变化以及国家政策影响等暂时不能偿本付息。应该提及的是，展期不能超过一次，短期贷款的展期不应超过原贷款期限，中长期贷款不应超过原贷款期限的一半，同时最长不能超过三年。

2. 借新还旧

借新还旧又称再融资贷款，即银行发放新贷款偿付原有旧贷款。借新还旧的条件一般包括：不可抗力的影响；企业因产权制度变革、兼并重组等原因需要进行债务转移；抵押担保等方式改变需要重新签订贷款合同。展期贷款是不良贷款重组的重要方法，然而它可能给银行带来不利影响，例如，占用银行资金、影响资金周转、贷款利率可能受到损失等。

3. 追加或调换担保方式

当贷款风险变大，或者原来担保不足以补偿可能发生的贷款损失时，银行应要求贷款人追加新的担保或者转换担保以增加对贷款本息的保障程度。

4. 贷款转让

贷款直接转让是信贷资产二级市场发展初期的主要形式。贷款转让的方式有：①债务更新。它是一种简单的贷款转让形式，这是因为它终止初始贷款人(称为贷款卖方)与债务人之间的借款合同，再由贷款买方与债务人之间按原合同条件订立新合同替代原合同，这样初始的债权债务关系发生了变更。由于更新债务要求获得借款人的许可，不适用于大额贷款交易。②债务转让。贷款卖方将待转让贷款项下的债权转让给买方。债权转让的实现方式可以使用单独的转让协议，或是买方在贷款文件上替代卖方成为签名者。贷款权利的转让以书面形式通知债务人，如无贷款转让的书面通知，债务人享有终止债务支付的法定权利。③从属参与。贷款卖方与债务人间的原合同继续保持有效，贷款也不必从卖方转移给买方，而是由卖方向买方发行贷款出售契约或参与证。买方须依靠卖方收取本息，买方与借款人之间没有法律关系。

5. 资产证券化

按照美国证券交易委员会(SEC)的定义，资产证券化是指"将企业(卖方)不流通的存量资产或可预见的未来收入构造和转变成为资产市场上可销售和流通的金融产品的过程。在该过程中存量资产被卖给特设交易载体(special purdose vehicle，SPV)，然后 SPV 通过向投资者发行资产支持证券以获取资金"。信贷资产证券化就是以银行的信贷资产为资产证券化的对象。

将商业银行的信贷资产进行证券化，无论是对银行本身，还是对宏观经济以及相关市场的发展都是非常有利的。信贷资产证券化可以增强商业银行资产的流动性，解决商业银行短存长贷的矛盾；信贷资产证券化可以降低商业银行的经营风险；信贷资产证券化可以提高商业银行的资本充足率和资本收益率；信贷资产证券化有利于房地产业的快速发展；信贷资产证券化有利于商业银行加大对大型基本建设项目提供贷款支持；信贷资产证券化有助于微观信用基础的建立；信贷资产证券化有利于债券市场、保险市场和中介市场的发展。

鉴于信贷资产证券化的种种好处，和资产证券化在国际范围内的广泛发展的实际所展示的旺盛生命力，我国商业银行要想在进一步的深化改革中发挥更大的作用，在与外资银行的竞争中立足并发展，开展信贷资产证券化业务对必要的有关问题进行研究具有重大意义。

(二)贷款重组的流程

贷款重组流程一般包括以下三个步骤。

1. 成本收益分析

在成本收益分析中，重组成功的可能性(包括发生的概率)要与重组给商业银行带来的成本相权衡，特别是当重组需要商业银行进一步发放贷款时，必须仔细审查给商业银行进一步带来的风险。

2. 准备重组方案

重组方案应包括以下五个方面：
(1)　基本的重组方向；
(2)　重大的重组计划(业务计划和财务计划)；
(3)　重组的时间约束；
(4)　重组的财务约束；
(5)　重组流程每阶段的评估目标。

3. 与债务人磋商和谈判

为就贷款重组的措施、条件、要求和实施期限达成共识，贷款重组主要包括但不限于以下措施。

(1)　调整信贷产品，包括：从高风险品种调整为低风险品种，从有信用风险品种调整为无信用风险品种，从项目贷款调整为周转贷款，从无贸易背景调整为有贸易背景的品种，从部分保证的品种调整为 100%保证金的业务品种或贴现。

(2)　减少贷款额度。

(3)　调整贷款业务的期限(贷款展期或缩短信贷产品期限)。

(4)　调整贷款利率。

(5)　增加控制措施，限制企业经营活动。

在实施贷款重组的过程中，应该定期检查债务重组是否按重组计划实施，并对重组流程的阶段性目标的实现与否进行评估。评估结果要报告给相关决策人员，由相关人员据此对所重组贷款的下一步行动作出决策。

七、贷款重组应注意的问题

贷款重组即商业银行为了降低客户违约风险引致的损失，而对原有贷款结构(期限、金额、利率、费用、担保等)进行调整、重新安排、重新组织的过程。贷款重组应注意以下几个方面。

一是否属于可重组的对象或产品。通常，商业银行都对允许或不允许重组的贷款类型有具体规定。例如，许多商业银行不允许对标准化的产品进行重组，在这方面应严格执行相关规定。

二是为何进入重组流程。对此应该有专门的分析报告并陈述理由。

三是否值得重组，重组的成本与重组后可减少的损失孰大孰小。对将要重组的客户必须进行细致科学的成本收益分析。

四是对抵押品、质押物或保证人一般应重新进行评估。

小常识　贷款重组与重组贷款的区别

(1) 概念不同。贷款重组是指在借款人发生及预见其可能发生财务困难或借款人、保证人发生资产重组，致使其不能按时偿还贷款的情况下，银行为维护债权和减少损失，在切实加强风险防范的前提下，与借款人达成修改贷款偿还条件的协议，对借款人、保证人、担保方式、还款期限、适用利率、还款方式等要素进行调整。重组贷款，《贷款风险分类指导原则》解释，"是指银行由于借款人财务状况恶化，或无力还款而对借款合同还款条款作出让步的贷款"。

(2) 贷款重组是操作过程，重组贷款是操作结果。

(3) 重组前的贷款可称为被重组贷款，重组后的贷款就是重组贷款。被重组贷款经过贷款重组，就变为重组贷款。

(资料来源：金融网)

第四节　以 资 抵 债

以资抵债是指因债务人(包括借款人和保证人)不能以货币资产足额偿付贷款本息时，银行根据有关法律、法规或与债务人签订以资抵债协议，取得债务人各种有效资产的处置权，以抵偿贷款本息的方式。它是依法保全银行信贷资产的一种特殊形式。本节主要介绍以资抵债的定义、抵债资产的接收及抵债资产的管理与考核。

一、以资抵债的条件及抵债资产的范围

(一)债务人以资抵债的条件

对债务人实施以资抵债，必须符合下列条件之一。

(1) 债务人因资不抵债或其他原因关停倒闭、宣告破产，经合法清算后，依照有权部门判决、裁定以其合法资产抵偿银行贷款本息的。

(2) 债务人故意"悬空"贷款、逃避还贷责任，债务人改制，债务人关闭、停产，债务人挤占挪用信贷资金等其他情况出现时，银行不实施以资抵债信贷资产将遭受损失的。

(3) 债务人贷款到期，确无货币资金或货币资金不足以偿还贷款本息，以事先抵押或质押给银行的财产抵偿贷款本息的。

(二)抵债资产的范围

抵债资产应当是债务人所有或债务人依法享有处分权并且具有较强变现能力的财产，主要包括以下几类。

(1) 动产，包括机器设备、交通运输工具、借款人的原材料、产成品、半成品等。

(2) 不动产，包括土地使用权及其建筑物及其他附着物等。

(3) 无形资产，包括专利权、著作权、期权等。

(4) 有价证券，包括股票和债券等。

(5) 其他有效资产。

下列资产不得用于抵偿债务，但根据人民法院和仲裁机构生效法律文书办理的除外。

(1) 抵债资产本身发生的各种欠缴税费，接近、等于或超过该财产价值的。

(2) 所有权、使用权不明确或有争议的。

(3) 资产已经先于抵押或质押给第三人的。

(4) 依法被查封、扣押、监管的资产。

(5) 债务人公益性质的职工住宅等生活设施、教育设施和医疗卫生设施。

(6) 其他无法或长期难以变现的资产。

二、抵债资产的接收

商业银行在取得抵、质押品及其他以物抵贷财产(下称抵债资产)后，要按以下原则确定其价值。

(1) 借、贷双方的协商议定价值。

(2) 借、贷双方共同认可的权威评估部门评估确认的价值。

(3) 法院裁决确定的价值。

在取得抵债资产过程中发生的有关费用，可以按以上原则确定的抵押品、质押品的价值中优先扣除，并以扣除有关费用后的抵押品、质押品的净值作为计价价值，同时，将抵债资产按计价价值转入账内单独管理。

商业银行在取得抵债资产时，要同时冲减贷款本金与应收利息。抵债资产的计价价值与贷款本金和应收利息之和的差额，按以下规定处理。

(1) 抵债资产的计价价值低于贷款本金时，其差额作为呆账，经总行批准核销后连同表内利息一并冲减呆账准备金。

(2) 抵债资产的计价价值等于贷款本金时，作为贷款本金收回处理；其表内应收利息经总行批准核销后冲减呆账准备金。

(3) 抵债资产的计价价值高于贷款本金但低于贷款本金与应收利息之和时，其相当于贷款本金的数额作为贷款本金收回处理；超过贷款本金的部分作为应收利息收回处理，不足应收利息部分经总行批准后冲减呆账准备金。

(4) 抵债资产的计价价值等于贷款本金与应收利息之和时，作为收回贷款本金与应收利息处理。

(5) 抵债资产的计价价值高于贷款本金与应收利息之和时，其差额列入保证金科目设专户管理，待抵债资产变现后一并处理。

三、抵债资产的管理

(一)抵债资产的管理原则

以物抵债管理应遵循严格控制、合理定价、妥善保管、及时处置的原则。

1. 严格控制原则

银行债权应首先考虑以货币形式受偿，从严控制以物抵债。受偿方式以现金受偿为第一选择，债务人、担保人无货币资金偿还能力时，要优先选择以直接拍卖、变卖非货币资产的方式回收债权。当现金受偿确实不能实现时，可接受以物抵债。

2. 合理定价原则

抵债资产必须经过严格的资产评估来确定价值，评估程序应合法合规，要以市场价格为基础合理定价。

3. 妥善保管原则

对收取的抵债资产应妥善保管，确保抵债资产安全、完整和有效。

4. 及时处置原则

收取抵债资产后应及时进行处置，尽快实现抵债资产向货币资产的有效转化。

(二)抵债资产的管理内容

抵债资产的管理主要涉及抵债资产的保管、抵债资产的处置、监督检查及考核等四个方面的内容。

1. 抵债资产的保管

银行要按照有利于抵债资产经营管理和保管的原则，确定抵债资产经营管理主责任人，指定保管责任人，并明确各自职责。

银行在办理抵债资产接收后应根据抵债资产的类别(包括不动产、动产和权利等)、特点等决定采取上收保管、就地保管、委托保管等方式。在抵债资产的收取直至处置期间，银行应妥善保管抵债资产，对抵债资产要建立定期检查、账实核对制度。银行要根据抵债资产的性质和状况定期或不定期进行检查和维护，及时掌握抵债资产实物形态及价值形态的变化情况，及时发现影响抵债资产价值的风险隐患并采取有针对性的防范和补救措施。每个季度应至少组织一次对抵债资产的账实核对，并做好核对记录。核对应做到账簿一致和账实相符，若有不符的，应查明原因，及时报告并据实处理。

2. 抵债资产的处置

抵债资产收取后应尽快处置变现。应以抵债协议书生效日，或法院、仲裁机构裁决抵债的终结裁决书生效日，为抵债资产取得日，不动产和股权应自取得日起两年内予以处置；除股权外的其他权利应在其有效期内尽快处置，最长不得超过自取得日起的两年；动产应自取得日起 1 年内予以处置。银行处置抵债资产应坚持公开透明的原则，避免暗箱操作，防范道德风险。抵债资产原则上应采取公开拍卖方式进行处置。选择拍卖机构时，要在综合考虑拍卖机构的业绩、管理水平、拍卖经验、客户资源、拍卖机构资信评定结果及合作关系等情况的基础上，择优选用。拍卖抵债金额 1000 万元(含)以上的单项抵债资产应通过公开招标方式确定拍卖机构。抵债资产拍卖原则上应采用有保留价拍卖的方式。确定拍卖保留价时，要对资产评估价、同类资产市场价、意向买受人询价、拍卖机构建议拍卖价进行对比分析，考虑当地市场状况、拍卖付款方式及快速变现等因素，合理确定拍卖保留价。不适于拍卖的，可根据资产的实际情况，采用协议处置、招标处置、打包出售、委托销售等方式变现。采用拍卖方式以外的其他处置方式时，应在选择中介机构和抵债资产买受人的过程中充分引入竞争机制，避免暗箱操作。

抵债资产收取后原则上不能对外出租。因受客观条件限制，在规定时间内确实无法处置的抵债资产，为避免资产闲置造成更大损失，在租赁关系的确立不影响资产处置的情况下，可在处置时限内暂时出租。银行不得擅自使用抵债资产。确因经营管理需要将抵债资产转为自用的，视同新购固定资产办理相应的固定资产购建审批手续。

四、抵债资产管理的检查和考核

(一)抵债资产管理的检查

银行应对抵债资产收取、保管和处置情况进行检查，发现问题及时纠正。在收取、保管、处置抵债资产过程中，有下列情况之一者，应视情节轻重进行处理；涉嫌违法犯罪的，应当移交司法机关，依法追究法律责任。

(1) 截留抵债资产经营处置收入的。

(2) 擅自动用抵债资产的。

(3) 未经批准收取、处置抵债资产的。

(4) 恶意串通抵债人或中介机构，在收取抵债资产过程中故意高估抵债资产价格，或在处理抵债资产过程中故意低估价格，造成银行资产损失的。

(5) 玩忽职守，怠于行使职权而造成抵债资产毁损、灭失的。

(6) 擅自将抵债资产转为自用资产的。

(二)抵债资产处理的考核

建立抵债资产处理考核制度。考核年度待处理抵债资产的变现成果可以用以下两个指标进行考核：

(1) 待处理抵债资产年处置率

其计算公式为

$$\frac{\text{一年内已处理的抵债资产总价(列账的计价价值)}}{\text{一年内待处理的抵债资产总价(列账的计价价值)}} \times 100\%$$

(2) 待处理抵债资产变现率

其计算公式为

$$\frac{\text{已处理的抵债资产变现价值}}{\text{已处理抵债资产总价(原列账的计价价值)}} \times 100\%$$

小常识　以物抵债所涉及税种

以物抵债是债务人、担保人或第三人以实物资产或财产权利作价抵偿金融企业债权的行为。在此环节涉及的税收主要有以下几个。

(1) 营业税：未付利息、出租、转让的征收营业税。

(2) 所得税：超过债权不返还部分，持有环节的收益、处理抵债资产的收入征收所得税。

(3) 契税：获得土地、房屋等抵债资产的所有权时，应缴纳契税。

(4) 印花税：取得抵债资产、出租抵债资产、转让抵债财产征收印花税。

(5) 房产税：通过抵债方式获得了抵债房地产的所有权，应按规定缴纳房产税。

(6) 土地使用税：获得的土地使用权应缴纳土地使用税。

(7) 土地增值税：取得的国有土地使用权、地上的建筑物及其附着物时征收土地增值税。

(8) 车船使用税：拥有并且使用抵债的车船时，缴纳车船使用税。

第五节　呆账贷款的核销

呆账核销是指银行经过内部审核确认后，动用呆账准备金将无法收回或者长期难以收回的贷款或投资从账面上冲销，从而使账面反映的资产和收入更加真实。健全的呆账核销制度，是会计审慎性和真实性原则的要求，是客观反映银行经营状况和有效抵御金融风险的重要基础。

1988 年，银行开始根据财政部规定计提呆账准备金，从而逐步建立起呆账核销制度。2001 年 5 月，财政部发布《金融企业呆账准备提取及呆账核销管理办法》。2008 年对其进行修订，目前各家商业银行根据修订的《呆账核销管理办法》制定自己的呆账贷款的核销办法。

一、呆账的认定

(一)呆账的条件

财政部《呆账核销管理办法》修订版第三条规定，呆账是指商业银行承担风险和损失，符合认定的条件，按规定程序核销的债权和股权资产。

1. 债权或者股权呆账认定条件

商业银行经采取所有可能的措施和实施必要的程序之后，符合下列条件之一的债权或者股权可认定为呆账。

(1) 借款人和担保人依法宣告破产、关闭、解散或撤销，并终止法人资格，商业银行对借款人和担保人进行追偿后，未能收回的债权。

(2) 借款人死亡，或者依照《中华人民共和国民法通则》的规定宣告失踪或者死亡，商业银行依法对其财产或者资产进行清偿，并对担保人进行追偿后，未能收回的债权。

(3) 借款人遭受重大自然灾害或者意外事故，损失巨大且不能获得保险补偿，或者以保险赔偿后，确实无力偿还部分或者全部债务，商业银行对其财产进行清偿和对担保人进行追偿后，未能收回的债权。

(4) 借款人和担保人虽未依法宣告破产、关闭、解散、撤销，但已完全停止经营活动，被县级及县级以上工商行政管理部门依法注销、吊销营业执照，金融企业对借款人和担保人进行追偿后，未能收回的债权。

(5) 借款人和担保人虽未依法宣告破产、关闭、解散、撤销，但已完全停止经营活动或下落不明，未进行工商登记或连续两年以上未参加工商年检，金融企业对借款人和担保人进行追偿后，未能收回的债权。

(6) 借款人触犯刑律，依法受到制裁，其财产不足归还所借债务，又无其他债务承担者，金融企业经追偿后确实无法收回的债权。

(7) 由于借款人和担保人不能偿还到期债务，金融企业诉诸法律，借款人和担保人虽有财产，经法院对借款人和担保人强制执行超过两年以上仍未收回的债权；或借款人和担保人无财产可执行，法院裁定执行程序终结或终止(中止)的债权。

(8) 商业银行对债务诉诸法律后，经法院调解或经债权人会议通过，并与债务人达成和解协议或重组协议，在债务人履行完还款义务后，商业银行无法追偿的剩余债权。

(9) 对借款人和担保人诉诸法律后，因借款人和担保人主体资格不符或消亡等原因，被法院驳回起诉或裁定免除(或部分免除)债务人责任；或因借款合同、担保合同等权利凭证遗失或丧失诉讼时效，法院不予受理或不予支持，金融企业经追偿后仍无法收回的债权。

(10) 由于上述(1)～(9)项原因借款人不能偿还到期债务，金融企业依法取得抵债资产，抵债金额小于贷款本息的差额，经追偿后仍无法收回的债权。

(11) 开立信用证、办理承兑汇票、开具保函等发生垫款时，凡开证申请人和保证人由于上述(1)～(10)项原因，无法偿还垫款，商业银行经追偿后仍无法收回的垫款。

(12) 按照国家法律法规规定具有投资权的金融企业的对外投资，由于被投资企业依法宣告破产、关闭、解散或撤销，并终止法人资格的，金融企业经清算和追偿后仍无法收回的股权。

被投资企业虽未依法宣告破产、关闭、解散或撤销，但已完全停止经营活动，被县级及县级以上工商行政管理部门依法注销、吊销营业执照，金融企业经清算和追偿后仍无法收回的股权。

(13) 商业银行经批准采取打包出售、公开拍卖、转让等市场手段处置债权或股权后，其出售转让价格与账面价值的差额。

(14) 金融企业因案件导致的资产损失，经公安机关立案两年以上，仍无法收回的债权。

(15) 经国务院专案批准核销的债权。

2. 信用卡呆账认定条件

经采取所有可能的措施和实施必要的程序之后，符合下列条件之一的银行卡透支款项可认定为呆账。

(1) 持卡人和担保人经依法宣告破产，财产经法定清偿后，未能还清的透支款项。

(2) 持卡人和担保人死亡或经依法宣告失踪、死亡，以其财产或遗产清偿后，未能还清的款项。

(3) 经诉讼或仲裁并经强制执行程序后，仍无法收回的透支款项。

(4) 持卡人和担保人因经营管理不善。资不抵债，经有关部门批准关闭，被县级及县级以上工商行政管理部门依法注销、吊销营业执照，商业银行对持卡人和担保人进行追偿后，未能还清的透支款项。

(5) 涉嫌信用卡诈骗(不包括商户诈骗)，经公安机关正式立案侦查 1 年以上，仍无法收回的透支款项。

(6) 余额在两万元(含)以下，经追索两年以上，仍无法收回的透支款项。

3. 助学贷款(含无担保国家助学贷款)呆账认定条件

经采取一切可能的措施和实施必要的程序之后，符合下列条件之一的助学贷款(含无担保国家助学贷款)可认定为呆账。

(1) 借款人死亡，或按照《中华人民共和国民法通则》的规定宣告失踪或宣告死亡，或丧失完全民事行为能力或劳动能力，无继承人或受遗赠人，在依法处置其助学贷款抵押物(质押物)及借款人的私有财产，并向担保人追索连带责任后，仍未能归还的贷款。

(2) 借款人经诉讼并经强制执行程序后，在依法处置其助学贷款抵押物(质押物)，并向担保人追索连带责任后，仍无法收回的贷款。

(3) 贷款逾期后，在商业银行确定的有效追索期限内，对于有抵押物(质押物)以及担保人的贷款，商业银行依法处置助学贷款抵押物(质押物)和向担保人追索连带责任后，仍无法收回的贷款；对于无抵押物(质押物)以及担保人的贷款，商业银行依法追索后，仍无法收回的贷款。商业银行应本着实事求是的原则，自主确定有效追索期限，并报主管财政部门备案。

(二)不得作为呆账核销的情况

下列债权或者股权不得作为呆账核销。
(1) 借款人或者担保人有经济偿还能力，未按期偿还的金融企业债权。
(2) 违反法律、法规的规定，以各种形式逃废或者悬空的金融企业债权。
(3) 行政干预逃废或者悬空的金融企业债权。
(4) 金融企业未向借款人和担保人追偿的债权。
(5) 其他不应当核销的金融企业债权或者股权。

二、呆账核销的申报与审批

呆账核销必须按照严格认定条件，提供确凿证据，严肃追究责任，逐户、逐级上报、审核和审批，对外保密，账销案存的原则。

(一)呆账核销的申报

呆账发生后，能够提供确凿证据、经审查符合条件的，按随时上报、随时审核审批、及时转账的原则处理，不得隐瞒不报、长期挂账和掩盖不良资产。申报核销贷款呆账，必须提供以下相关材料。

1. 核销申请材料

包括呆账核销申报表(金融企业制作填报)及审核、审批资料，债权、股权发生明细材料，借款人(持卡人)、担保人和担保方式，被投资企业的基本情况和现状，财产清算情况等。

2. 债权证明材料

借款合同、借据、担保合同，经办行(公司)的调查报告，报告的内容包括呆账形成的原因，采取的补救措施及其结果，对借款人(持卡人)和担保人具体追收过程及其证明，抵押物

(质押物)处置情况，核销的理由，债权和股权经办人、部门负责人和单位负责人情况，对责任人进行处理的有关文件等。

3. 其他相关材料

1) 债权或者股权呆账核销需要的相关材料

借款人破产、关闭、解散的，提交破产、关闭、解散证明、撤销决定文件、县级及县级以上工商行政管理部门注销证明和财产清偿证明；借款人死亡、失踪的，提交死亡或者失踪证明、财产或者遗产清偿证明；借款人遭受重大自然灾害、意外事故的，提交重大自然灾害或者意外事故证明、保险赔偿证明和财产清偿证明；借款人被吊销、注销营业执照的，提交县级及县级以上工商行政管理部门注销、吊销证明和财产清偿证明；借款人两年未年检，或下落不明的，提交县级及县级以上工商行政管理部门查询证明和财产清偿证明；借款人触犯刑律，依法受到制裁，其财产不足归还所借债务，又无其他债务承担者的，提交法院裁定证明和财产清偿证明。

依法收贷，强制执行两年以上未收回，或无财产可执行的、法院裁定执行程序终结或终止(中止)债权的，提交强制执行证明或法院裁定证明；依法收贷，与债务人达成和解协议或重整协议，在债务人履行完还款义务后，金融企业无法追偿剩余债权的；提交法院裁定证明、金融企业和债务人签订的和解协议以及债务人还款凭证；借款人和担保人诉诸法律后，被法院驳回起诉或裁定免除(或部分免除)债务人责任；或法院不予受理或不予支持，商业银行经追偿后仍无法收回的债权，提交法院驳回起诉的证明，或裁定免除债务人责任的判决书、裁定书或民事调解书；因权利凭证遗失无法诉诸法律的，提交台账、贷款审批单等旁证材料、追索记录、情况说明以及商业银行法律事务部门出具的法律意见书；因丧失诉讼时效无法诉诸法律的，提交商业银行法律事务部门出具的法律意见书；商业银行依法取得抵债资产，抵债金额小于贷款本息的差额，经追偿后仍无法收回债权的，提交抵债资产接收、抵债金额确定证明。

凡信用证的开证申请人和保证人因前述原因无法偿还垫款，商业银行经追偿后仍无法收回垫款的，提交垫款证明。

被投资企业破产、关闭、解散的，提交被投资企业破产、关闭、解散证明、撤销决定文件，县级及县级以上工商行政管理部门注销、吊销证明和财产清偿证明；被打包出售、公开拍卖、转让等市场手段处置债权或股权后，核销其出售转让价格与账面价值的差额的，提交资产处置方案、监管部门批复同意处置方案的文件、出售转让合同(或协议)、成交及入账证明和资产账面价值清单。

商业银行因案件导致的资产损失，经公安机关立案两年以上，仍无法收回的债权，提交公检法部门出具的法律证明材料；经国务院专案批准核销的债权，提交国务院批准文件。

2) 核销信用卡透支需要提供的资料

核销持卡人和担保人经依法宣告破产，财产经法定清偿后，未能还清的透支款项，提交法院破产证明和财产清偿证明；核销持卡人和担保人死亡或经依法宣告失踪、死亡，以其财产或遗产清偿后，未能还清的款项，提交死亡或失踪证明和财产或遗产清偿证明；核销经诉讼或仲裁并经强制执行程序后，仍无法收回的透支款项，提交诉讼判决书或仲裁书和强制执行书证明；持卡人和担保人因经营管理不善，资不抵债，被工商行政管理部门依法注销或吊销营业执照，商业银行对持卡人和担保人进行追偿后，未能还清的透支款项，提交有关管理部门批准持卡人关闭的文件和工商行政管理部门注销持卡人营业执照的证明；核销涉嫌信用卡诈骗(不包括商户诈骗)，经公安机关正式立案侦查 1 年以上，仍无法收回的透支，提交公检法部门出具的法律证明材料；核销余额在两万元(含)以下，经追索两年以上，仍无法收回的透支款项，提供追索记录，包括电话追索、信件追索和上门追索等原始记录，并由经办人和负责人共同签章确认。

3)　核销助学贷款需要提供的资料

核销借款人死亡、失踪、伤残的助学贷款，提供法院关于借款人死亡或失踪的宣告；或公安部门、医院出具的借款人死亡证明；或司法部门出具的借款人丧失完全民事行为能力的证明；或县级以上医院出具的借款人丧失劳动能力的证明；对助学贷款抵押物(质押物)处置和对担保人追索的情况。

核销借款人经诉讼并经强制执行程序后，在依法处置其助学贷款抵押物(质押物)，并向担保人追索连带责任后，仍无法收回的贷款；应提供法院判决书或法院在案件无法继续执行时作出的法院终结裁定书；对助学贷款抵押物(质押物)处置和对担保人追索的情况。

核销贷款逾期后，商业银行采取一切可能的措施依法追索，仍无法收回的贷款，商业银行应本着实事求是的原则，自主确定有效追索期限，并报主管财政部门备案，应提供银行确定有效追索期限报主管财政部门备案的文件；对抵押物(质押物)处置情况和对担保人追索记录。

申报核销无担保国家助学贷款的，应提供对债务人的追索记录，无须提供对助学贷款抵押物(质押物)的处置和对担保人追索情况的材料。

(二)呆账核销的审批

各级分支行发生的呆账，要逐户、逐级上报，上级行接到下级行的核销申请，应当组织有关部门进行严格审查并签署意见，由总行审批核销。

对于小额呆账，可授权一级分行审批，并上报总行备案。总行对一级分行的具体授权额度根据内部管理水平确定，对报主管财政机关备案。一级分行不得再向分支机构转授权。

呆账核销审查要点：呆账核销理由是否合规；银行债权是否充分受偿；呆账数额是否准确；贷款责任人是否已经认定、追究。

对符合条件的呆账经批准核销后，作冲减呆账准备处理。对上述经批准核销的呆账表内应收利息，已经纳入损益核算的，无论其本金或利息是否已逾期，均作冲减利息收入处理。

除法律法规和《呆账核销管理办法》修正版的规定外，其他任何机构和个人包括债务人不得干预、参与银行呆账核销运作。

三、呆账核销的管理

(一)建立呆账责任认定和追究制度

每核销一笔呆账，必须查明呆账形成的原因，对确系主观原因形成损失的，应明确相应的责任人，包括经办人、部门负责人和单位负责人。特别要注意查办因决策失误、内控机制不健全等形成损失的案件。对呆账负有责任的人员，视金额大小和性质轻重进行处理。涉嫌违法犯罪行为的移交司法机关。

商业银行要完善呆账核销授权机制，明确股东大会、董事会和经营管理层职责，要按照有关会计制度和核销的有关要求，健全呆账核销制度，规范呆账核销程序，及时核销已认定呆账，并防范虚假核销。

商业银行总行必须按照呆账发生和呆账核销审批的有关情况建立呆账责任人名单汇总数据库，以加强呆账核销的管理。

(二)建立呆账核销责任追究制度

对呆账没有确凿证据证明，或者弄虚作假向审核或审批单位申报核销的，应当追究有关责任人的责任，视金额大小和性质轻重进行处理。虚假核销造成损失的，对责任人给予撤职或降级(含)以上级别的处分，并严肃处理有责任的经办人员。涉嫌违法犯罪的由司法机关依法处置。

呆账责任人不落实而予核销的，应当追究批准核销呆账的负责人的责任。

对应当核销的呆账，由于有关经办人、部门负责人和单位负责人的责任原因而不核销、隐瞒不报、长期挂账的，应对有关责任人进行处理或者处罚。

商业银行应及时向各监管部门报告责任追究工作，对违规违纪行为，必须在认定责任人后两周内进行处理，处理结果在1周内书面向各监管部门报告。

对已被商业银行处理的责任人，金融企业应视情节轻重，限制内部任用；对责任人继续任职或录用的商业银行，监管部门将予以重点检查，以防范风险。

商业银行对呆账认定和核销过程中发现的各类违规违纪行为，不追查、不处理或隐瞒不报的，一经发现，监管部门将依照有关法规给予处罚。

(三)建立呆账核销保密制度

商业银行按照规定核销呆账，应当在内部进行运作，做好保密工作。已核销的呆账，作"账销案存"处理，建立呆账核销台账和进行表外登记，单独设立账户管理和核算，并按国家档案管理的规定加强呆账核销的档案管理，有关情况不得对借款人和担保人披露。

任何单位和个人未经国务院批准，一律不得对外披露商业银行内部呆账核销安排和实际核销情况。金融企业实际呆账核销金额按国家规定对外披露。财政专员办工作人员必须保守商业银行的商业秘密。

(四)建立呆账核销后的资产保全和追收制度

除法律法规规定债权与债务或投资与被投资关系已完全终结的情况外，金融企业对已核销的呆账继续保留追索的权利，并对已核销的呆账、贷款表外应收利息以及核销后应计利息等继续催收。

(五)建立呆账核销的检查制度

审批核销呆账的总行应当对核销后的呆账以及应当核销而未核销的呆账进行检查，发现问题及时纠正，并按照有关规定进行处理和处罚；通过检查，审查规章制度执行情况，从中汲取经验教训，提出改进措施，提高呆账核销工作质量，并有效保全资产，切实提高资产质量。

呆账核销后进行的检查，应将重点放在检查呆账申请材料是否真实。一旦发现弄虚作假现象，应立即采取补救措施，并且对直接责任人和负有领导责任的人进行处理和制裁。触犯法律的，应移交司法机关追究法律责任。

四、呆账核销制度的发展方向

我国现行的呆账核销制度存在以下不足：呆账贷款标准过于严格；呆账核销程序过于严格。

银行业正在逐步推行以贷款风险分类法为基础的呆账核销制度。这一制度有以下两大特点。

(1) 分类提取呆账准备金。在实行贷款风险分类法的国家，银行一般计提以下三种呆账准备金：一是普通呆账准备金，按照各类贷款余额的一定比例提取；二是专项呆账准备金，根据资产分类的结果，对各个类别的贷款按照一定的风险权重分别计提；三是特别呆账准备金，针对风险较大的某个地区、行业或某一类贷款专门计提。

(2) 商业银行自主决定呆账核销，但是呆账核销的政策、程序和结果要接受来自金融监管当局和税务部门两方面的监督。

📑**案例点击**

工行巧用抵押物承租人收回不良贷款

2009 年 2 月，工商银行广西玉林分行收回一笔 300 多万元的个人不良贷款。这是该行巧妙利用抵押物承租人清收大额个人不良贷款的成功案例。

2006 年 10 月，吴某以房屋作抵押，向工商银行广西玉林分行办理期限为 15 年的个人经营贷款 300 万元，房地产抵押期间租给陈某办厂经商。从 2007 年底开始，该笔贷款出现违约现象，经该行催收人员多次打电话及上门催收，吴某仍不履行还款义务，且开始躲避催收人员，存在恶意逃债行为。鉴于这笔贷款数额较大且已出现多期违约，该行于 2008 年 9 月向法院诉求借款人清偿贷款本息，并递交财产保全申请，查封了贷款抵押物。

该行经综合市场信息得知，如果拍卖这笔贷款抵押物，扣除各项费用后，可能收入低于 300 万元。为了避免贷款损失，该行经多次研究后，针对这笔贷款抵押物已租给陈某办厂经商，法院对抵押物查封后，陈某经商业务受到影响，并且其已支付了数十万元的租赁费用，损失较大的情况，决定利用承租人陈某协助清收贷款。于是，该行一是与陈某推心置腹地交谈，指出化解已付租金风险的办法；二是利用陈某与借款人吴某是亲戚关系易于沟通的实际，让其向对方陈述利弊；三是主动与陈某表明维护银行合法权益的态度，告诉承租人陈某如果替借款人吴某还清欠款，银行将协助解封并让其同时取得该抵押物的他项权证。经过与借款人、承租人充满诚意的反复协商，终于在法院的主持下达成并签订了由承租人替借款人还款取得抵押物的协议。2009 年 2 月 18 日，陈某将 320 万元划交该行为吴某付清了贷款本息及相关费用，使这笔大额个人不良贷款清收画上了圆满的句号。

(资料来源：中国工商银行网)

点石成金

这是一起银行巧妙利用抵押物承租人清收大额个人不良贷款的成功案例。从中我们可以得到如下启示：一是依法清收并进行财产保全是不良贷款收回的前提。该笔贷款发放刚刚一年就出现违约，经多次上门催收未果，且发现债务人存在恶意逃债的行为，为保全债权 2008 年 9 月银行向法院起诉要求借款人还款，同时采取保全措施，为贷款的最终收回提供了前提保障。二是拍卖抵押物并不是收回贷款的最好方法。大多数抵押贷款清收的办法是拍卖、变卖抵押物，但抵押物的拍卖和变卖会产生很多费用，扣除费用以后，收入较低，贷款的本金和利息会损失一部分。本案通过与承租人进行有效的沟通与合作成功地收回贷款本息 320 万元，保证了贷款的安全。三是讲究工作艺术和方法是收回贷款的根本保证。该行巧妙地利用承租人与债务人的亲属关系进行有效的沟通，充满诚意与借款人、承租人进行反复协商，最终达成并签订了由承租人替借款人还款取得抵押物的协议，保证了贷款的安全收回。

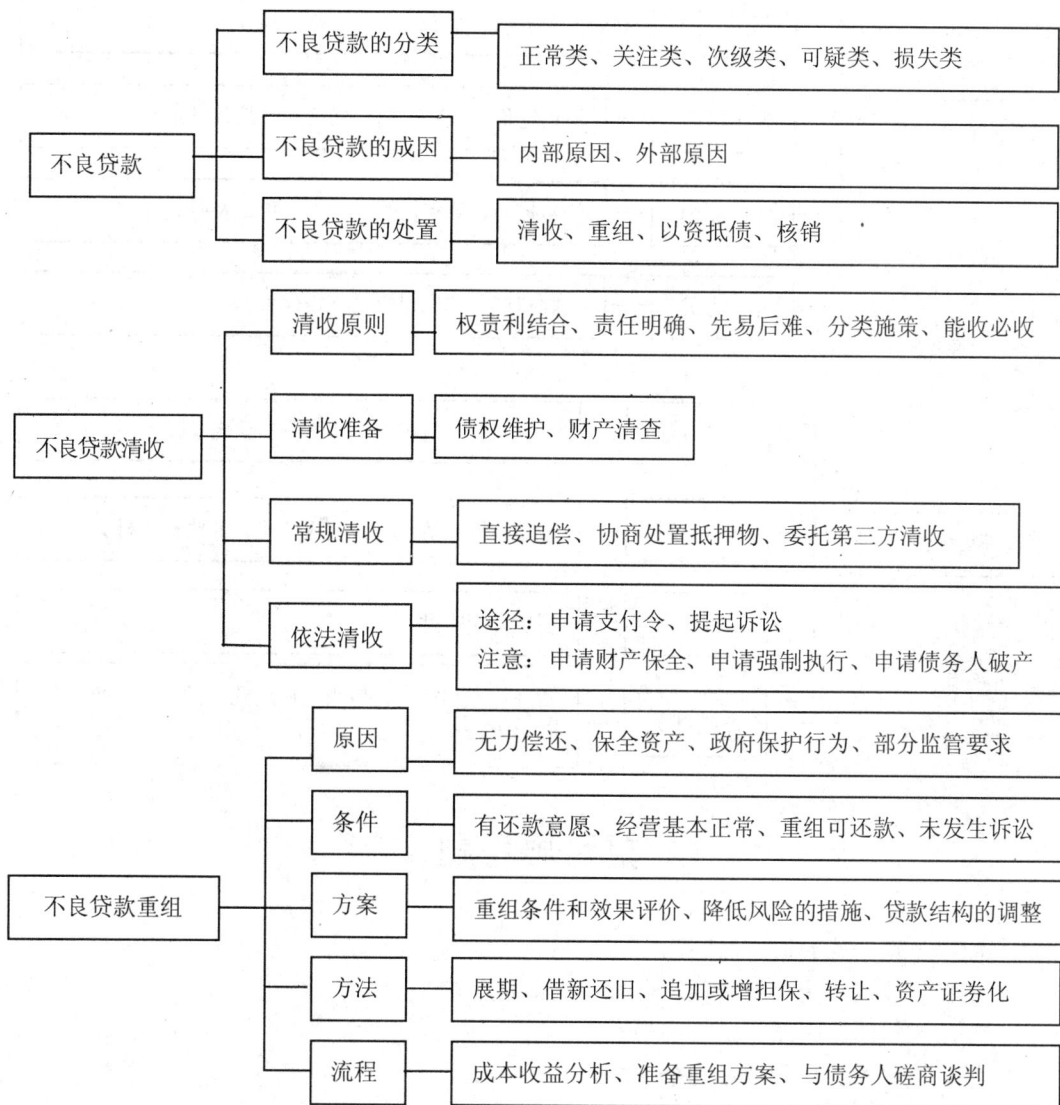

本 章 小 结

```
                   ┌─ 不良贷款的分类 ──── 正常类、关注类、次级类、可疑类、损失类
                   │
   不良贷款 ───────┼─ 不良贷款的成因 ──── 内部原因、外部原因
                   │
                   └─ 不良贷款的处置 ──── 清收、重组、以资抵债、核销
```

```
                   ┌─ 清收原则 ──── 权责利结合、责任明确、先易后难、分类施策、能收必收
                   │
                   ├─ 清收准备 ──── 债权维护、财产清查
   不良贷款清收 ───┤
                   ├─ 常规清收 ──── 直接追偿、协商处置抵押物、委托第三方清收
                   │
                   └─ 依法清收 ──── 途径：申请支付令、提起诉讼
                                    注意：申请财产保全、申请强制执行、申请债务人破产
```

```
                   ┌─ 原因 ──── 无力偿还、保全资产、政府保护行为、部分监管要求
                   │
                   ├─ 条件 ──── 有还款意愿、经营基本正常、重组可还款、未发生诉讼
                   │
   不良贷款重组 ───┼─ 方案 ──── 重组条件和效果评价、降低风险的措施、贷款结构的调整
                   │
                   ├─ 方法 ──── 展期、借新还旧、追加或增担保、转让、资产证券化
                   │
                   └─ 流程 ──── 成本收益分析、准备重组方案、与债务人磋商谈判
```

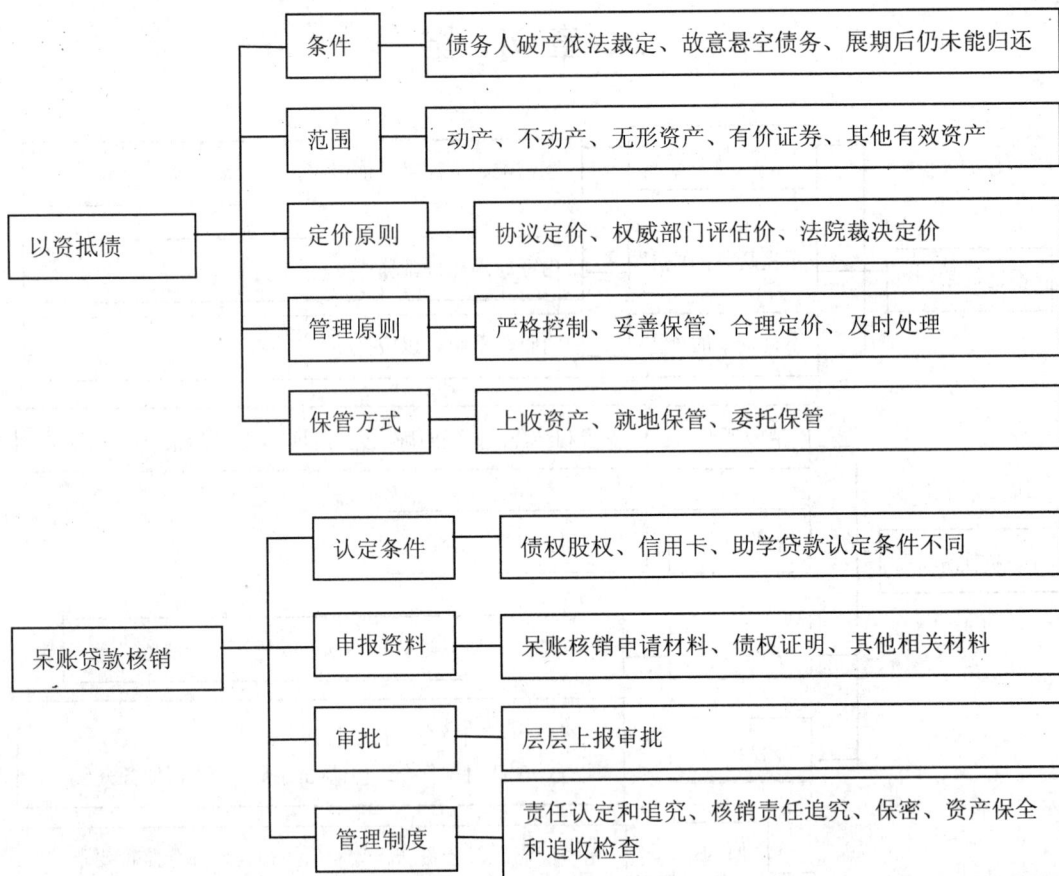

```
                    ┌─ 条件 ──── 债务人破产依法裁定、故意悬空债务、展期后仍未能归还
                    │
                    ├─ 范围 ──── 动产、不动产、无形资产、有价证券、其他有效资产
                    │
  以资抵债 ─────────┼─ 定价原则 ── 协议定价、权威部门评估价、法院裁决定价
                    │
                    ├─ 管理原则 ── 严格控制、妥善保管、合理定价、及时处理
                    │
                    └─ 保管方式 ── 上收资产、就地保管、委托保管


                    ┌─ 认定条件 ── 债权股权、信用卡、助学贷款认定条件不同
                    │
                    ├─ 申报资料 ── 呆账核销申请材料、债权证明、其他相关材料
  呆账贷款核销 ─────┤
                    ├─ 审批 ──── 层层上报审批
                    │
                    └─ 管理制度 ── 责任认定和追究、核销责任追究、保密、资产保全
                                  和追收检查
```

复习思考题

1. 简述不良贷款的形成原因。
2. 不良贷款依法清收的途径及有哪些注意问题？
3. 贷款重组的原因及方法有哪些？
4. 呆账核销的管理包括哪几个方面？

第十三章 商业银行信贷业务的营销

【学习目标】

- 了解市场营销的基本原理。
- 了解与认识商业银行的营销目标与市场细分。
- 了解商业银行的产品定价策略与商业银行的产品营销策略。

【重点难点】

- 商业银行的产品定价策略。
- 商业银行的产品营销策略。

章前导读

中银理财，圆奥运之梦

2007 年 3 月 27 日，中国银行启动"迎接奥运 中行与您同行"大型营销服务计划，以奥运会门票、奥运特许商品以及奥运赞助企业的产品作为奖品回馈客户。计划覆盖面广，市场营销案例丰富，持续时间长。此外，"住理想之家，看精彩奥运"消费贷款促销活动、"中银理财，圆奥运之梦"中银理财亲友推荐活动以及回报老客户等专项抽奖活动还将陆续推出。自 2004 年 7 月成为北京 2008 年奥运会银行合作伙伴以后，中国银行迅速制订了奥运营销战略："以奥运促发展，以发展助奥运"，充分利用奥运平台，力图建立中国银行的差异化竞争力。中国银行分别制定了不同年度的奥运营销主题：2006 年，期盼奥运，中行与您携手；2007 年，迎接奥运，中行与您同行；2008 年，喝彩奥运，中行与您共赢。中国银行从奥运宣传与品牌管理、现场服务与准备、业务奥运营销、奥运市场营销四大领域系统展开奥运营销推广计划，并取得了初步的成果。

(资料来源：中国银行网)

关键词：市场营销　市场营销管理　商业银行业务营销　商业银行营销策略

第一节　市场营销的基本原理

一、市场营销的定义

(一)市场营销的概念

市场营销是指企业的这种业务活动：识别目前尚未满足的需要与欲望，估量和确定需要量的大小，选择和决定企业能最好地为它服务的目标市场，并且决定适当的产品、劳务和计划，以便为目标市场服务。(菲利普·科特勒)

(二)关于市场营销的阐述

(1) 市场营销不能看作一个单独的功能，……从它的最终结果来看，也就是从顾客的观点来看，市场营销是整个企业活动。(彼得·杜拉克)

(2) 市场营销由一个公司自身适应它的环境的全部活动所组成——创造性和盈利能力，市场营销工作是把社会需要转化为有盈利的机会。(雷·高利)

综上所述，市场营销(marketing)又称为市场学、市场行销或行销学，简称"营销"。它是指个人或集体通过交易而创造的产品或价值，以获得所需之物，实现双赢或多赢的过程，是创造、沟通与传送价值给顾客，及经营顾客关系以便让组织与其利益关系人受益的一种组织功能与程序。

(3) 市场营销这一概念的把握。

① 区分 Marketing 的双重含义。Marketing 一词在英语中有两种含义：其一指一种经济行为，一种实践活动，即由企业等组织的市场营销活动，中文译为市场营销；其二是指一门科学，即以市场营销活动为研究的对象，中文译为市场营销学。

② 区分市场营销的微观和宏观层次。宏观市场营销是一种社会经济活动过程，其目的在于求得社会生产与社会需求之间的平衡，满足社会需要，实现社会目标；微观市场营销是一种企业经济活动过程，其目的在于满足目标顾客的需要，实现企业的目标。

③ 市场营销不等于推销。菲利普·科特勒说："推销不是市场营销的最重要部分，而只是市场营销冰山的尖端。推销是企业的市场营销人员的职能之一，但不是最重要的职能。"

④ 市场营销的含义不是固定不变的。市场营销的含义是从工商企业的市场营销活动和实践中概括出来的，因此，它是随着工商企业的市场营销活动和实践的发展而发展的。

⑤ 市场营销的核心观念是交换。企业的一切市场营销活动都与市场、商品交换有关，都是为了实现潜在交换，与顾客达成交易。按照菲利普·科特勒的观点，市场营销是一种买卖双方互利的交换，即所谓"赢—赢游"(win-win came)。也就是说，卖方按买方的需要供给产品或劳务，使买方得到满足；买方则付出相应的货币，使卖方也得到满足，双方各得其所，而不是一方盈利，一方就必定亏损。

总体而言，市场营销有两种含义：一种是动词理解，指企业的具体活动或行为，这时称之为市场营销或市场经营；另一种是名词理解，指研究企业的市场营销活动或行为的学科，称之为市场营销学、营销学或市场学等。市场营销是企业经营活动的职责，它将产品及劳务从生产者直接引向消费者或使用者以便满足顾客需求及实现公司利润，同时也是一种社会经济活动过程，其目的在于满足社会或人类需要，实现社会目标。

案例阅读

> 美国一家制鞋公司想开拓国外市场，公司总裁派一个推销员到非洲一个国家，让他了解一下能否向该国销售鞋。这个推销员到非洲后发回一封电报："这的人不穿鞋，没有市场。"于是总裁又派去另一名推销员。第二个推销员在非洲待了一个星期，然后发回一封电报："这的人不穿鞋，市场巨大。"总裁还是不满意，又派了第三个推销员去。这个推销员到非洲待呆了三个星期，发回一封电报："这的人不穿鞋，但有脚疾，需要鞋；不过不需要我们生产的鞋，因为我们的鞋太瘦，我们必须生产肥些的鞋。这里的部落首领不让我们做买卖，除非我们搞大市场营销。我们只有向他的金库进一些贡，才能获准在这里经营。我们需要投入大约 1.5 万美元，他们才能开放市场。我们每年能卖大约 2 万双鞋，在这里卖鞋可以赚钱，投资收益率约为 1.5%。"后来，公司重用了这个推销员。

> （资料来源：管理资源网）

思考题：试分析三个推销员的态度和行为为什么会有不同，公司为何重用了第三个推销员。

(三)市场营销理论的发展

市场营销理论发展，经历了四个阶段。

第一阶段：初创阶段。市场营销于 19 世纪末到 20 世纪 20 年代在美国创立，源于工业的发展。这时市场营销学的研究特点是：①着重推销术和广告术，没有出现现代市场营销的理论、概念和原则；②营销理论还没有得到社会和企业界的重视。

第二阶段：应用阶段。20 世纪 20 年代至"二战"结束为应用阶段，此阶段市场营销的发展表现在应用上。市场营销理论研究开始走向社会，被广大企业界所重视。

第三阶段：形成发展时期。20 世纪 50 年代至 80 年代为市场营销学的发展阶段，市场开始出现供过于求的状态。

第四阶段：成熟阶段。20 世纪 80 年代至今，为市场营销学的成熟阶段，表现在：①与其他学科关联；②开始形成自身的理论体系。20 世纪 80 年代是市场营销学的革命时期，开始进入现代营销领域，使市场营销学的面貌焕然一新。

二、市场营销管理是企业战略规划的组成部分

(一)企业战略规划的概念

企业战略规划是指企业的最高管理层通过规划企业的基本任务、目标及业务(或产品组合)，使企业的资源和实力同不断变化的营销环境之间保持加强战略适应性的过程。换一句

话说，就是企业为了使自己的资源和实力同营销环境相适应，以加强自己的应变能力和竞争力而制定的长期性、全局性和方向性的规划。战略规划对一个企业的生存和发展具有决定性的指导意义。没有正确战略指导的营销活动，就像一艘无舵的船，将随风漂泊，不知所终。特别是在市场环境变化无常的情况下，长期性、全局性、方向性的规划正确与否，对企业的前途和命运至关重要。

(二)企业战略规划的步骤和内容

1. 企业战略规划的步骤

(1) 在整体层次上规定企业的基本任务。

企业战略规划首先要规定企业任务。规定企业任务一般要回答以下问题：本企业经营的业务是什么？顾客是哪些人？顾客最需要的是什么？本企业将要经营的业务是什么？将来应向哪个方向发展？等等。

① 任务书必须规定企业的经营范围，包括产品范围、顾客范围、市场的地理范围等。

② 任务书要有激励性，要能使全体员工感受到他们的工作的重要性，对社会的重要贡献。

③ 任务书要强调企业的优良传统和共同价值观，使全体员工有所遵循。

(2) 根据基本任务的要求确定企业的目标。

企业任务确定后，还要将这些任务具体化为企业各管理层的目标，形成一套完整的目标体系，使每个管理人员都有自己明确的目标，并负起实现这些目标的责任。

目标应尽量数量化，以便于企业编制具体计划和计划的实施与控制。如"提高市场占有率"这一目标可具体为"在一年内将市场占有率提高到15%"之类的具体的、数量化的目标。

(3) 安排企业的业务组合(或产品组合)并确定企业的资源在各业务单位(或产品)之间的分配比例。

在确定了企业任务和目标的基础上，企业的决策层还要对业务(或产品)组合进行分析和安排，即确定哪些业务或产品最能使企业扬长避短，发挥竞争优势，从而能最有效地利用市场机会和占领市场。这项工作需分两步进行：一是分析现有的业务(或产品)组合，以确定对哪些业务(或产品)追加投入，对哪些减少投入；二是制定企业的增长战略，即增加哪些新业务和新产品，从而达到优化业务(或产品)组合的目的。

(4) 在业务单位、产品和市场层次上制订营销计划及其他各项职能计划(如生产计划、人力资源计划等)。

2. 企业战略规划的内容

战略规划规定了企业的任务、目标、发展方向与增长战略，并对各业务单位作出安排。各业务单位为了实现企业的任务和目标，还要制订各项具体的职能计划，包括市场营销计划、财务计划、生产计划、人事计划等。在制定这些职能计划时，应明确市场营销在企业战略规划中的地位，处理好各种职能之间、各部门之间的关系特别是营销部门同其他职能部门之间的关系，正确处理各个职能部门之间的矛盾。

关于市场营销部门在企业中的地位和作用，大致可分为五种类型(如图 13-1 所示)。

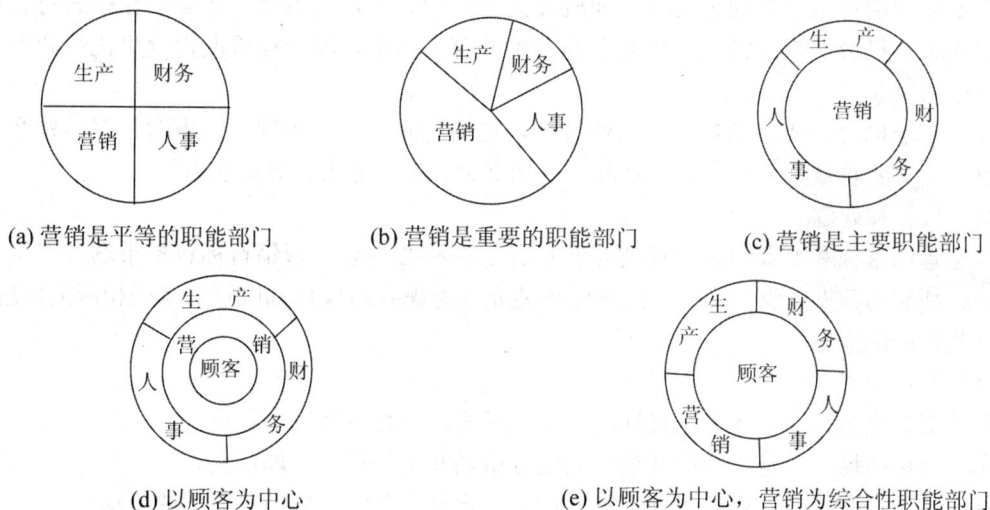

图 13-1　营销部门在企业中的地位

图(a)：营销部门与财务、人事、生产等其他部门处于同等地位。在营销战略规划中，各种职能的作用相等，平分秋色，没有主次之分。

图(b)：突出营销部门。营销虽然只是管理职能之一，但却是最重要的职能。

图(c)：营销是核心部门。由营销部门规定企业任务，确定产品范围及目标市场。

图(d)：顾客是中心，各部门地位平等。各个部门都应当贯彻以顾客为中心的经营思想，彼此平等地为顾客服务。

图(e)：营销是综合部门。营销在管理中处于仅次于顾客的中心位置，营销部门一方面要努力吸引并保持顾客，另一方面还要向其他部门贯彻以顾客为中心的营销观念。

3. 制定企业的市场营销计划

从企业战略规划的内容和步骤中我们可以了解到企业战略规划与市场营销计划的关系，在各项职能计划中，市场营销计划是重要的职能计划。市场营销计划一般包括以下八个部分。

1)　市场营销计划内容概要

市场营销计划首先要有一个内容提要，即对主要营销目标和措施的简要概括说明。

2) 当前营销状况

对企业当前的营销状况进行简要而明确的分析，包括市场情况、产品情况、竞争情况、分销渠道情况等。

3) 风险与机会

对市场营销中所面临的主要风险和机会进行分析。风险是指营销环境中存在的对企业的不利因素；机会是指营销环境中对企业营销的有利因素，即企业可取得竞争优势和差别利益的市场机会。

评估市场机会一要看是否符合企业目标，包括利润率、销售额、销售增长率、顾客中的形象等；二要看是否符合企业的资源，包括资金、生产能力、分销能力等。

4) 目标和课题

确定营销目标和所要解决的课题是营销计划的核心内容。营销目标包括市场占有率、销售额、利润率、投资收益率等。同时，还要充分考虑到达成目标应解决哪些相应的问题，采取哪些相应的措施。

5) 营销策略

营销策略是指达到上述营销目标的途径或手段，一般包括以下各项。

(1) 目标市场。决定企业所要进入的细分市场并正确进行市场定位。

(2) 营销组合。设计企业目标市场的产品、定价、分销、促销等方面的策略。

6) 营销活动程序

营销策略还要转化成具体的活动程序，包括：要做什么？何时开始，何时完成？由谁负责？需要多少成本？等等。要为每项活动编制出详细的程序，以便执行和检查。

7) 营销预算

营销预算基本上是一个关于预计盈利或亏损的报告。企业的各业务单位编制出营销预算并由决策层审批后，就成为各种营销支出的依据。

8) 营销控制

在营销计划的实施过程中，要对其进行监督控制，这是保证营销计划得以顺利完成的重要环节；同时，也可以随时发现问题，对计划进行调整。监督控制可以以月或季度为周期，检查阶段指标完成情况，及时总结和反馈。

案例阅读

黑妹牙膏

广州牙膏厂位于广州市西南部，是中国南方最有名气的牙膏厂之一。早在 20 世纪 70 年代，它生产的各种牙膏就占有广东、广西等地的大部分市场份额。不过，那时它的产品是通过国家商业部门统一进行销售的。

1984 年 8 月，焦荣典从广州日用品公司来到广州牙膏厂担任厂长。那时，正是中国实行改革开放政策的第四个年头。他的上任，真可以说是临危受命：当时广州牙膏厂的经营状况异常严峻，全厂400多名职工对企业的未来忧心忡忡。该厂虽有20多种牌号的产品，但没有几种是销路好的。从1983年以来，销售量逐年下降，到1984年，该厂产品市场占有率在情况最好的广东省内也只有30%，年销售量约为3300万支。这对于每支牙膏仅能盈利几厘钱的广州牙膏厂来说，无疑是到了亏损的边缘。

常言道"新官上任三把火"，可是焦荣典只烧了两把火，就把广州牙膏厂烧红了，把全厂职工的心烧热了。来到该厂不久，焦荣典就烧了第一把火，他在上级领导部门的支持下，唯贤是举，建立了一个强有力的领导班子。黄本坚就是由他建议提拔起来的年轻干部。此后他又烧了第二把火：组织开发了具有时代特色的"黑妹"牙膏，使全厂职工看到了希望。

黑妹牙膏的开发始于1985年。在那一年的2月，基本完成了新领导班子建设的焦荣典开始将注意力转向企业外部，转向市场，厂里自1983年以来销量跌落所导致的财政匮乏也加速了他的这种转向。他与厂里干部经过仔细讨论，决定对全国牙膏市场，尤其是广东牙膏市场进行调查研究，以寻找市场机会。

市场调查人员首先将牙膏市场分为药物牙膏和普通牙膏两部分市场，又根据消费者对香型的要求不同，将普通牙膏市场进一步分为留兰香型和水果香型两个更细分的市场，然后对各细分市场进行分析研究。在分析研究过程中，他们发现普通牙膏市场片上的产品，几十年来没有多大变化，香型平淡单一，消费者对此颇为不满，纷纷以药物牙膏取而代之。

这些调查人员还通过调查分析了当时消费者心理和需求变化的趋势。

(1) 改革开放以来，消费者生活水平大大提高，吃香口食品越来越多，因而以往香味淡的牙膏已不能适应需要，消费者需要香味更加浓郁的牙膏。

(2) 人们的社交活动增多，对口腔卫生更为重视，他们愿意以较高的价格购买质量好的洁齿能力强的牙膏。

(3) 中高档的、装潢美观的商品越来越受到消费者欢迎，牙膏也不例外。

基于以上认识，市场调查人员指出，普通牙膏市场之所以不景气，是因为市场上商品陈旧，不能满足顾客要求的缘故。所以，如果能够推出新型产品，在普通牙膏市场上，未必就没有前途。

新产品开发构想确定后，下一步就是要采取行动将它迅速付诸实施。

广州牙膏厂抓住这个时机，迅速将"黑妹"投入市场。当时采取的黑妹牙膏开拓市场的宣传和广告策略如下。

(1) 选择广播、电视作为主要媒介，将绝大部分的广告费用(80%以上)投放到这两种媒体上。广播、电视广告节目形式多样，短小精悍，一天播出多次。

(2) 广告宣传，着重突出"黑妹"牙膏别树一帜的特点，例如，"国际香型"、"清新爽口"、"内含口洁素"等。说明这些特点的广告语不但出现在广播、电视上，还出现在产品包装上。

(3) 在派销售人员与各商业部门、各商店接触的同时，也动员本厂职工到工矿企业以优惠价进行销售，请公众试用。

(4) 利用产品鉴定会和展销会的机会，大力向社会传播黑妹牙膏的有关信息。

广州牙膏厂认为，上述黑妹牙膏的宣传和广告手段与黑妹牙膏的产品特点是非常吻合的，也比较适合于 1986 年企业财政拮据的状况。

广州牙膏厂对黑妹牙膏的定价方法也作了一些调整，与过去厂里习惯的定价策略有很大不同。首先，该厂以较高的单位产品利润率来定价，将黑妹牙膏视为中、高档产品。其次，该厂决定不采取按销售批量作价的方法，而是按中间商类型作价，将中间商分三级，各级之间加价 8%，具体加价情况如下：

级　　别	一　　级	二　　级	三　　级
价格	1.7	1.84	1.99
销售对象	国营百货公司 百货店、大商店	市内区级批发站 公司、中型商店	供销社、个体户 小商店

这样做，明显减少了个体摊贩和小商店对国营商店的市场压力，从而使国营商店对销售黑妹牙膏兴趣大增。为什么广州牙膏厂对国营商业部门如此偏爱？焦荣典解释说：这是因为国营商店在中国经济中起着主销售渠道的作用，市场覆盖面大，而且它们信誉好，从不拖欠货款。

黑妹牙膏最终被消费者接受了，这使全厂职工备受鼓舞，但也面临着许多新的问题。

思考题：分析广州牙膏厂黑妹牙膏的营销管理过程及其特点？

三、市场营销管理的哲学理念

(一)市场营销管理哲学理念的含义

市场营销管理哲学理念，就是企业在开展市场营销管理过程中，在处理企业、顾客、社会及其他利益相关者所持有的态度、思想和观念，这是指导企业从事市场营销活动的基本思想，核心是正确处理企业、顾客和社会三者之间的利益关系(如图 13-2 所示)。

图 13-2　企业、顾客和社会三者之间的利益关系图

(二)市场营销管理的理念

有四种互相竞争的哲学对企业的营销活动产生强烈影响，这些哲学通常被称为生产观念、销售观念、营销观念以及社会营销观念。

1. 生产观念

生产观念(production orientation)是一种注重企业的内部能力而不注重市场的愿望与需求的哲学。生产观念是指管理层评估企业的资源并提出下列问题：

"我们最擅长做什么？"

"我们的工程师能设计什么？"

"考虑到我们的设备状况，生产什么最容易？"

对于一个服务性组织，经理们的问题是：

"本企业最适于提供什么服务？"以及"我们的优势在哪里？"

评估企业的能力并没有错，事实上这些评估是战略性营销计划中主要考虑的因素。生产观念的不足之处是它没考虑企业以最高效率生产的商品和服务是否能满足市场需求。

2. 销售观念

销售观念(sales orientation)基于这样的思想，即如果使用进攻性的销售技巧，人们会购买更多的商品和服务，而高销售带来高利润。这种观念不仅强调对最终购买者的销售，而且也鼓励中间商更加主动地推销生产者的产品。持销售观念的企业，其经营的核心在于推销和促销而非消费需求。

销售观念的根本问题与生产观念一样，就是缺乏对市场需求的了解。以销售为导向的企业经常发现，尽管它们有高素质的销售队伍，却也不能说服人们购买他们不想要或不需要的商品或服务。

3. 营销观念

营销观念(marketing concept)是一种很简单但却具有直观吸引力的营销哲学，是指企业管理者在组织和谋划企业的营销管理实践活动时所依据的指导思想和行为准则。营销观念认为，一个组织存在的经济和社会原因就是，它在实现自己的目标的同时满足了顾客的需求和需要。它是建立在这样一种理念之上，即销售不依赖于积极主动的销售队伍，而是取决于顾客购买产品的决定。企业的营销活动，是一种管理实践活动的过程，它必须在一定的营销观念支配下进行。顾客认为他们要购买什么——被感知的价值——决定了企业的成败。

营销观念认为，顾客之所以购买一个组织提供的产品，是因为这些产品在一定程度上能够比竞争对手的产品更好地满足顾客的需求和需要。接受并实施营销观念的企业被称为市场导向型(market oriented)企业。

营销观念的发展分为两个阶段：一是以企业内部为中心的传统营销观念阶段，一是以企业外部为中心的现代营销观念阶段。"为产品寻找用户"的营销观念已经过时，"为用户寻找产品"在营销大潮中百炼成金。

4. 社会营销观念

市场导向型的企业有时可能不提供顾客所追求的利益，这样做的原因是这些得益可能对个人或社会没有好处，这种哲学就称为社会营销观念(societal marketing orientation)。这种观念认为，一个组织的存在不仅要满足顾客的需要和需求及实现组织自身的目标，而且要保持或提高个人和社会的长期最佳利益。与社会营销观念相一致的营销活动是销售的产品或产品的容器比正常情况毒性更小、更耐用、含可再利用的成分。

第二节　商业银行业务的市场营销

商业银行是以存贷款为主要业务，以利润为经营目标，以盈利性、流动性和安全性为经营原则的金融企业。长期以来，银行一直是比较保守的行业，处于卖方市场的地位，等客上门。但是，随着银行经营环境的变化，特别是随着市场经济的不断发展完善，从计划经济体制中发展而来的银行业逐步转变为"买方市场"，面对国内买方市场与外资银行涌入的双重压力，银行业竞争愈演愈烈，市场营销成为商业银行获得竞争优势、参与国际金融竞争、建立银行核心竞争力的必然选择，商业银行步入营销时代。

一、商业银行的营销目标与市场细分

(一)商业银行营销目标的多样化与差异化

1. 商业银行营销目标的多样化

从商业银行的企业性质来看，其经营目标是实现企业利润最大化和股东收益最大化。从商业银行服务行业的特性来看，它具有产品无形性(服务)、提供的服务具有契约关系、服务无差异性、服务领域的广泛性，及经营原则的多样性等特征。

一般来说，商业银行被看作经营货币的特殊企业，就其本质而言，商业银行是提供服务的企业，货币或金融产品只是其提供服务的一种载体。但是，处于国家金融政策严厉管制下的商业银行区别与一般的服务企业，有其特殊性，具体表现为提供的服务受基准利率限制，同质化现象突出，创新有限，易模仿。商业银行受其业务特殊性的限制，一直难以走出"盈利能力差"的困境。那么，在愈演愈烈的市场竞争中，使商业银行生存环境更加恶化，突破"同质化"壁垒，创造自身核心价值，已成为商业银行在激烈的竞争中求得生存、获得发展的唯一出路。而突破"同质化"壁垒，就要求商业银行必须推行差异化营销，根据不同细分市场的不同需求，不断推出新的服务，满足客户个性化、多样化的需求，这样才能在市场竞争中保持市场领先地位。因此，商业银行营销目标也就应该是具体而多样的，其目标主要包括以下几个方面。

(1) 利润。利润是企业的本质要求，是企业的经营目标，也是企业营销的根本目标。

(2) 风险。银行与其他服务行业最主要的不同点，就是银行提供的很多产品具有很大的风险性(如贷款不能按时收回带来损失的风险)，这种风险对银行的盈利甚至生存都有极为重大的影响。因此，银行应追求风险最小、利润最大的营销目标。

(3) 市场占有率。市场占有率的大小表明银行的实力和竞争力。商业银行必须在异常激烈的竞争环境中，通过有效的市场营销，巩固和提高市场占有率。

(4) 客户规模。银行为客户提供的服务是无形产品，这种无形产品的消费具有连续性和关联性，特别是个人客户可能很长时间甚至一辈子只选择一两家银行办理业务，而银行则可以为其提供不断增多的产品(服务)，因此，银行开发的客户越多，银行业务持续快速增长的能力就越强。

(5) 提升银行形象。银行形象是银行的无形资产，良好的银行形象可以吸引更多的客户，要提高银行形象，银行必须不断地开发新产品，提高人员素质、服务水平和服务效率。

商业银行营销目标量化指标包括利润指标、业务量指标、资产质量指标等方面，如利润目标，存款、贷款量及市场份额目标，不良资产控制目标等。

2. 商业银行营销目标的差异化

(1) 商业银行的差异化营销。这是指银行在提供金融服务时，通过科学的市场细分，评估自身的实力和所处的具体市场环境，针对不同的细分市场内不同客户的金融需求，提供不同的优质服务，采取不同的营销组合策略，最大限度地满足顾客的需求。差异化营销有利于解决开放环境下顾客日益个性化、多样化的需求和有限的银行内部资源能力之间的矛盾，符合市场发展趋势。营销大师菲利普·科特勒也曾对金融服务业的范式转变发表过自己的预测："银行应被看作具有柔性生产能力的车间，而不是提供标准服务的装配线。银行的中心是一个完整的客户数据库和产品利润数据库。银行将能识别用于任何客户的所有服务、有关这些服务的利润(或亏损)以及能为客户创造潜在利润的服务。"

(2) 商业银行差异化营销基础。商业银行推行差异化营销，需要按照"市场细分目标市场选择市场定位"的原则，从银行内部资源能力、外部竞争、客户需求等多方面考虑，科学确定商业银行的目标市场，明确市场定位，从而实现商业银行差异化营销。

(二)商业银行业务的市场细分

银行服务市场细分变量的选择，应根据行业、企业、市场、消费者等方面的具体情况而定，必须具有可衡量性、可占领性和效益性。具体来说，银行个人客户在年龄、性别、职业、收入、文化程度、业务特点、经营状况、风险大小等方面存在着差异，他们对银行金融产品和服务的需求也各不相同，故可依据上述变量将个人客户市场分割为具有不同特征客户的集合。

根据其行业特性，商业银行一般根据服务对象不同将市场细分为个人客户市场和企业客户市场，然后再按地理、人口、消费心理、市场容量、利益等标准进一步细分。

1. 个人客户市场细分

影响个人客户需求差异性的因素错综复杂，在不同时期、不同区域、不同社会经济环境下，区分的标准不尽相同。从总体上来讲，人口因素和利益因素是个人客户市场细分的主要因素。例如，根据人口因素可以把个人客户市场细分为富人市场、高消费阶层退休者市场、较高收入者市场、较低收入者市场、储蓄者大众市场、挥霍者大众市场、低收入者市场和有固定收入退休者市场。不同细分市场群体对商业银行的服务要求是不同的，获得的基本利益也是不同的，相对应的，银行期望从不同的群体中获得的利益也是有差别的。因此，银行必须从不同的需求、不同的利益出发确定不同的营销战略。例如，银行针对富人市场可以提供高端理财产品，营销手段可采取下班后与富人客户业务约会，召开投资研讨会，免费提供保管箱服务等；对低收入者市场客户，一般只为他们提供标准化的产品(服务)，采用低成本高效率服务方式或手段，如让他们通过营业柜台或自动柜员机存取款等。

2. 企业客户市场

企业客户与个人客户主体特征和市场需求特征有很大差异，因此，企业客户市场细分标准也极不相同，一般有以下几种划分标准。

1) 按客户所属行业划分

随着科学技术的进步和人们生产生活需求的日益多样化，行业越来越多，一些行业历史十分悠久，一些行业才刚刚诞生，不同行业在不同发展时期，其发展前景和经营效果是不同的。新兴行业市场广阔，投资回报高，成熟行业情形则相反，衰落行业则步履维艰，因此，商业银行必须非常注意研究各行业发展态势，以制定出恰当的客户发展战略和策略。

2) 按企业规模划分

一般根据企业资产和营业收入的多少将企业划分为大、中、小型企业，不同规模的企业其经济实力和抗风险能力是不同的，对银行提供的服务需求也有差异，大型企业对存款、贷款、结算和其他业务的需求量大，需求品种多，因此是各家银行争夺的重点。不过银行选择什么样的客户也需要考虑自身条件，为企业提供全面良好的服务，否则，会对企业及银行自身造成不良影响。

3) 按企业性质划分

主要是根据企业产权(资本)结构和组织形式的特性来划分。在我国，目前企业产权结构和组织形式都比较复杂，从企业产权结构看，有国有独资、国有控股、国有参股、民营资本、外资、中外合资等类型企业；从企业组织形式来看，有股份公司、有限责任公司、独资企业、合伙企业等类型。随着我国市场经济不断发育成熟，国有资本占主导的企业会越来越少，混合资本结构企业会越来越多，对于不同性质的企业，商业银行可能会选择不同的经营策略。

4) 按企业资信等级划分

主要根据企业的经济实力、财务状况、管理水平、借贷历史记录等综合因素将企业划分为 AAA、AA、A、BBB、BB、B 等级别，级别越高，表明企业资信状况越好，企业对银行的潜在风险越小，银行据此对不同级别的企业采取不同的信贷政策。

(三)商业银行经营的目标市场选择与市场定位

1. 商业银行的目标市场选择

在市场细分的基础上，商业银行可从众多细分市场中选择与银行内部资源能力相匹配，并且能为银行带来良好获利机会的子市场，将其确定为银行的目标市场，重点针对目标市场需求投入产品和服务。商业银行选择目标市场时需综合考虑自身实力、规模服务优势、软硬件水平、员工素质等各方面的因素，还要考虑同行竞争对手的市场定位、服务优势、公司实力等。目标市场的选择是否正确，关系到银行能否充分发挥自身资源能力优势，能否与竞争对手有所区别，能否在竞争中处于优势地位。

2. 商业银行的市场定位

建立科学的市场定位，选择适合自己特点的客户群，实施相应的营销策略，才能在激烈的竞争中掌握主动权。因此，实施不同的营销策略和方法，而且根据自身的战略定位，判定和选择相应的市场组合，才能做到银行营销的市场定位准确，从而达到营销的预期效果。根据目标市场的不同，采取相应的市场竞争策略，对优质特大型客户宜采取集中性目标市场策略，对现有优质大中型客户宜采取差异性目标市场策略和防御性竞争策略，对新兴行业和新型企业优质客户宜采取拓展性竞争策略。

3. 差异化营销深化

金融产品不享有专利权且易模仿，所以金融产品的差异主要体现在产品的品牌和银行的形象上。作为无形资产的品牌创造以及与此密切相连的形象设计，将对一个银行的竞争能力产生长远的影响，形象和品牌是商业银行真正的灵魂。

树立商业银行品牌是一个整体概念和系统工程，要加大管理力度，一是不遗余力地塑造和提升核心品牌；二是注重品牌发展的科学规划；三是重视以品牌为中心的整合营销传播运作，使客户能够正确地选择适合自己的金融产品。通过银行形象、金融产品特征、优质服务等形式，努力创造产品特色，以便自身的产品与竞争对手的产品区分开来，使用户建立起品牌偏好与忠诚，使客户在第一次购买时愿意试用，经常购买后由于转换的主观成本较高而很难放弃使用。在服务举措上，向良好的整体形象塑造发展，把 CIS(企业识别系统)导入银行竞争,在经营、服务、形象上创造出自己的特色,这是我国银行品牌创造和形象设计的现实选择。

4. 差异化营销内涵

银行的企业文化是差异化营销的内涵。企业文化是企业成员思想观念、思维方式、行为方式以及企业规范、企业生存氛围的总和,涉及三个层面:精神层(共同目标、价值观、企业精神、服务理念等)、行为层(各种规章制度、经营活动等)、物质层(银行形象识别系统)。银行在实施差异化营销过程中,应培育和发挥自身独特的企业文化。将企业文化注入营销活动中,有助于传递商业银行的差别优势,吸引和稳固目标客户群,从深层次树立目标客户对企业的认同。

通过科学的市场细分,商业银行选择与银行资源价值相匹配且具有良好市场机会的目标市场,明确其市场定位,为银行实行差异化战略奠定了坚实的基础。在目标市场战略准确的基础上,银行可通过树立优质形象,提升品牌认同,进一步深化其差异化战略,使客户建立品牌偏好与忠诚度。银行的企业文化是支撑差异化的软竞争力,银行要想实现持续的差异化,企业文化是根本。

小常识　客户需求差异化与商业银行定制营销

20 世纪 90 年代以来,我国商业银行的经营环境发生了重大变化。由于非银行金融机构的扩张、经济全球化的趋势、信息技术的迅猛发展和市场准入的门户开放政策等多个因素的共同影响,使得银行业的内、外部竞争变得异常激烈。花旗银行抢滩上海以及南京"爱立信"撤资事件表明,银行间的市场竞争已演变成为直接争夺客户和满足客户需求的竞争。客户选择银行,强调差异化、个性化金融产品和服务的时代已经来临。因此,银行业的创新不应仅仅是产品的创新,更重要的是程序的创新和营销管理的创新(著名管理学家彼得·德鲁克曾指出,现代企业最重要的职能只有两个:一个是创新,一个是营销)——"定制化营销"就被引用到银行业的经营过程中。

所谓"定制化营销"作为对以往各种营销观念的总结和发展,是指以个别客户为分析单位,利用信息科技和数据库等工具建立完整的个性化客户档案,提供为其量身定做的个性化产品或服务,建立与客户间长期性的合作关系以获取其终身价值。定制化营销是相对于大众化营销(mass marketing)或无差异营销而言的。后者是指经营商大量生产、大量配销一种产品给所有的消费者,忽略市场需求中几乎全部的个性化因素。该模式以亨利福特提供 T 型车给所有的购买者为典范,从 20 世纪 20—30 年代在美国广泛传播,到"二战"后成为全世界的主导营销模式。而伴随着知识经济时代的到来,人类在充分体验信息、网络等高新技术的同时,比以往更加注重人文关怀,强调人性回归,关注人的个性的充分满足。金融产品设计的人性化、个性化发展趋势体现得更为明显。为此,作为满足个性化需求最佳方式的金融定制营销,也将成为新时期商业银行营销战略的必然选择。

(资料来源:经理网)

二、商业银行的产品定价策略

商业银行不仅要有良好的产品，还必须对产品制定出合适的价格，才能实现营销目标。从理论上讲，价格的确定既要考察银行本身的情况，使价格足以补偿成本，又要从客户的角度出发，使价格能被广大消费者所接受，具有较强的市场竞争力。

(一)银行产品定价的主要因素

影响银行新产品的定价的主要因素有：产品研发和推介成本、产品内在风险和资本收益率等。

在银行的新产品的推介初期，银行可采取低价政策吸引客户，待产品推介成功后再逐步提升至目标价格。国外许多银行一直保持一种动态定价的做法，即根据市场的变化随时对有关产品重新定价。比如，住房贷款市场竞争十分激烈，主要体现在价格上，客户一旦发现其他银行贷款更优惠，就有可能提前还款而转向别家银行。因此，根据市场行情适时重新定价是银行保持竞争力的重要手段。同时，银行还可以根据住房信贷客户经济实力的强弱区别对待，如对高薪、经济实力较强的专业人士在住房贷款利率上给予适当优惠，以吸引这些高收入、高素质的低风险客户。

但在实践中，我国商业银行产品价格的决策权在政府主管部门或行业协会手中，如存、贷款基准利率由中国人民银行决定，各家商业银行只能在基准价格允许的上下限之间有自主选择权。这也是我国银行产品定价的一大特点。因此，我国商业银行在产品价格的制定和选择上并无较大的空间，在很大程度上只是价格的执行者。不过，随着市场经济的不断完善，这种状况正在发生变化。

(二)商业银行产品价格的分类

商业银行产品多种多样，价格形式也多种多样，根据银行所提供的服务不同，产品价格分为三类：利率、汇率和手续费。

1. 利率

利率是银行产品最主要的价格。在我国，商业银行主要从事资金借贷业务，即通过吸收存款、借入款项等途径取得资金，然后通过贷款或投资活动将取得的资金运用出去。在借贷业务中，商业银行一方面，要向资金出让者支付利息；另一方面，也要向资金借入者收取利息。支付或收取利息的多少是由本金、利率、时间三个因素决定的。其中利率就是资金的价格，在本金和时间一定的情况下，利率越高，利息就越多，利率越低，利息就越少。银行利率分存款利率和贷款利率，贷款利率高于存款利率，存贷款利差是银行的主要利润来源。存贷款期限长短不同，利率高低也不一样。一般来说，期限较长的存、贷款业务的利率水平高于期限较短的存、贷款业务的利率水平。

2. 汇率

汇率也称为外汇行市或汇价，是指两个国家货币之间的兑换比率，即把一定单位的某国货币折算成另一国家货币的数量，例如，美元对人民币的比率为 1：8.251，表明 1 美元可兑换人民币 8.251 元。汇率从不同的角度出发有不同的分类，按照汇率决定的不同可以分为官方汇率与市场汇率；按汇率是否可以变动分为固定汇率与浮动汇率；按照交易成交交割期不同可以分为即期汇率与远期汇率；从银行买卖外汇的角度可以分为买入汇率、卖出汇率与中间汇率；按照银行营业时间的不同可以分为开盘汇率与收盘汇率。商业银行经营外汇业务就需要利用不同的汇率进行产品定价，例如，企业或个人向银行出售美元换取人民币，首先必须确定美元与人民币的兑换比率，然后才能办理兑换业务。

3. 手续费

手续费是商业银行为客户提供服务后向客户收取的费用，用于补偿银行员工工资支出、银行设备折旧费等项目支出。如商业银行为客户办理汇款业务，要向客户收取汇款手续费。一般说来，银行的手续费收入主要来自银行中间业务。如前所述，银行中间业务品种繁多，因此，银行必须针对每一种具体中间业务制定相应的手续费收取标准。需要特别指出的是，随着我国商业银行改变许多中间业务不收取费用的做法，中间业务手续费收入已成为银行越来越重要的收入来源。

(三)商业银行产品定价的策略

综合世界各地银行的定价策略，大致有以下 9 种。

1. 高价策略

高价策略是指主要在新产品推出初期使用，这对竞争的影响不大，而服务质量更为重要，客户对象是有特别需要而又愿出高价者。例如，在 20 世纪 90 年代各家银行推出"网上银行"业务初期，目标市场是高收入、高学历的年轻中产阶层，客户数量有限，但对高收费的承受力较强。因此，网上银行初期的收费比传统银行的高，但仍然有市场，近年来则通过降价来扩大推广范围。

2. 渗透性定价

渗透性定价是指以较低的价格扩大市场占有率，主要用于对价格敏感和可薄利多销的产品，以及防止竞争对手取得较大的市场占有率。如各家银行和其他金融机构均提供住房贷款，这一市场已近饱和，因此近年来在住房贷款业务方面，主要以价格优惠吸引客户，导致住房贷款利率和收费连年下降。

3. 竞争性价格

竞争性价格是指为参与竞争而确定的价格，但也需弥补成本和保证一定的盈利。当银行打算在某种服务或某一市场上获得一定的经营经验时这一政策较为有用。例如，汇丰银行澳大利亚分行作为外资银行在进入澳大利亚市场初期为争取市场份额，推出了比本地银行优惠的存款、贷款利率吸引客户，而近年来随着市场对汇丰银行的认可和该行市场份额的扩大，利率水平已与本地银行接近。

4. 市场价格

市场价格是指跟随市场竞争对手的定价，而不考虑自身的成本和收入目标，以保护现有的市场占有率。

5. 亏损价格

亏损价格是指在以低价吸引客户的同时，向客户推销其他更能盈利的服务。各银行都以较低的贷款利率作为引子和杠杆，向大公司客户推销现金管理、支票清算和衍生工具合约等服务，虽然其中某项服务盈利甚微乃至亏损，但就对客户的综合服务来看，银行仍然获利。

6. 差别价格

差别价格是指对特定市场制定特殊价格。

7. 关系定价

关系定价是指取决于客户对银行的全面关系而非某单一的业务关系。

8. 战略定价

战略定价是指旨在刺激需求和增加业务量，主要用于短期业务推广期间。例如，一些银行宣布在一定时间内提供较低的优惠利率以吸引按揭贷款客户。

9. 成本定价

成本定价是指上述定价政策一般以市场为导向，还有一些以成本为导向。但以成本定价不一定能刺激销售，因此银行往往采取低成本定价政策，即根据对可吸引最低业务量的估计确定一个价格，使银行可以取得规模经济效益，减少每笔业务的实际成本。

三、商业银行的产品营销策略

商业银行的目标市场，就是要让客户在一定的时间和地点方便地得到他们所需的产品(服务)，才能实现商业银行的经营和营销目标。那么，我们必须认识到，金融产品是商业银行的生命线，尤其在面临外资银行产品花样迭出、服务优良的竞争压力下，我国的商业银行除了在金融产品生命周期的不同阶段有目的、有重点地使用不同的策略外，还应在产品的开发和创新上多下工夫，以促进金融产品的营销。

(一)产品营销阶段性差异的策略

金融产品具体到银行产品是指银行向金融市场提供的，可以为客户带来收益或客户可用于消费的一切产品和服务，其基本要素包括发行者、认购者、期限、价格和收益、流通性、偿还性。金融产品也有其生命周期。一般地，一项金融产品的生命周期大致分为导入期、成长期、成熟期、衰退期四个时期，金融产品在各生命周期呈现不同的特点，其营销策略也各有千秋。

1. 导入期的营销策略

处于导入期的金融产品刚投放市场，未被广泛接受，其销售量肯定不大，商业银行对该产品短期内难以建立高效率的分销模型和最理想的营销渠道，而且风险大、费用多，利润也较少。商业银行可以选择以下的营销策略搭配：高价格高促销的双高策略在金融产品新颖有特色、客户求新心理强的情况下容易奏效，它以高价格配合大量促销活动可先声夺人，迅速占领市场；可选择渗透性策略适用于市场规模较小、竞争威胁不大的情况，在可供选择的种类少的情况下适当调高价格易于为客户接受；低价位低促销的双低策略适用于产品规模较大、价格弹性大、促销弹性小，且已为众多用户所了解的状况；密集型渗透策略则用于市场规模较大，市场对本产品不太了解，同业竞争非常激烈的状况，可以用最快的速度进行市场渗透。

2. 成长期的营销策略

金融产品经过导入期的试销进入成长期后，已为客户所了解、熟悉和接受，形成了广泛的市场需求，同时成本开始下降，利润开始上升。但由于金融产品易于仿效，会有大量同行进入市场，同业竞争激烈。针对这种情况，具体的营销策略有：提高金融产品质量，开拓新渠道、拓展新市场、建立新网点；加强促销，增加客户对本产品的信任感和忠诚度；在适当的时机调整价格，争取更多新客户等。

3. 成熟期的营销策略

进入成熟期，金融产品和销售量基本已达到饱和状态，销售量增幅趋缓，利润开始稳中有降，此时的营销对策有：

(1) 市场改革策略，即开发新市场，寻求新客户，重新为产品定位；

(2) 产品改革策略，即产品的再推出，包括质量的提高和用途的拓广；

(3) 营销组合改革策略，即通过改变定价、销售渠道以及促销方式来加强服务，延长产品的生命周期。

4. 衰退期的营销策略

在衰退期，金融产品销售量的急剧下降引起利润下降，商业银行因无利可图而终止销售该产品，此时可以以最有利的市场来赢得尽可能多的利润或大大降低销售费用，增加眼前利润，并开始进行新用途的开发。

我国商业银行针对不同的金融产品和金融产品的不同生命周期，采用了各种不同的产品策略，如双高与密集型渗透策略、提高与完善策略等，这些策略在一些金融产品的市场营销中发挥了重要作用。但综观几年来我国商业银行的发展，产品策略的运用仍是乏力的：银行新产品和新服务的创新速度慢，缺乏有效的激励机制；已有的金融产品不能及时根据市场需求的变化作适当的改进，使原有客户失去兴趣；没有充分了解本国金融市场的特点，缺少适应中国市场的有特色的金融产品；同业竞争不顾实力，盲目跟风，对某一新产品一拥而上，不重质量而对产品造成不良影响；营销策略的选择不够灵活等。

(二)商业银行业务产品的分销策略

商业银行是一种特殊类型的服务行业，这决定了商业银行不仅要采取传统的消费产品分销渠道来销售自己的产品(服务)，而且更要注意采取直接分销渠道为顾客提供服务。

商业银行传统的分销渠道是依靠自己的分支机构和营业柜台直接与顾客面对面地提供他们所需要的服务，如存取款、贷款、转账、查询等业务。

随着科学技术的进步，特别是 20 世纪 70 年代之后，电子计算机在银行业中被广泛运用，顾客可以不必去银行就可以办理从前必须去银行柜台才能办理的业务，这一变化大大改变了银行提供服务的方式。从未来发展趋势看，虽然，银行分支机构仍然是产品分销的基本渠道，但一些新的方式(电子网络系统)将在银行产品分销中占有越来越重要的地位。此外，近年来，银行协议联盟产品分销方式也开始流行起来了。

1. 银行分支机构产品分销的策略

一直以来，商业银行产品分销的传统做法是在不同地区设立分支机构为该地区居民和企事业单位、机关团体提供金融服务。就全国性的商业银行来说，商业银行内部管理体制和组织结构一般采用总分行组织形式，总行总部都会设在省会以上城市，特别是金融业发达的城市，如北京、上海、深圳等，总行之下设若干个分行，分行一般设在大中城市，分行之下再设若干个支行，支行为商业银行的基层分支机构。就城市商业银行而言，按政策规定，营业范围不能超出所在地城市行政范围，一般在所在地城市设置若干个支行开展业务。无论是全国性商业银行还是城市商业银行，支行是银行产品分销的主要渠道。

由于银行服务不能离开银行网点，银行分支机构营销效果在很大程度上与其所处的位置有着密切的关系，因此，银行分支机构选址决策就显得十分重要了。分行选址主要服从于银行发展战略和经营目标，例如，全国性商业银行一般都要在全国范围内省会和经济发达城市设置分行，才能保持和提高其市场份额，巩固和扩大市场影响力。支行设置则必须考虑一些非常具体的因素，首先要进行总体分析，例如，设想在城市的某个区域设支行，一般要对该城市不同区域的人口特征、商业结构、工业结构、银行结构等因素进行分析，从而选定较为合适的区域；其次要在选定的区域中确定支行的具体位置，这时需要考虑的因素主要包括出入方便程度、是否引人注目、竞争者的位置、公共交通状况、车程、物业成本等。一般说来，在工商企业多、人流量大、经济发达的地方设置分支机构，前来要求银行提供服务的客户就会更多一些，业务量会更大一些，银行营销人员拓展客户的效果也会更好。

2. 银行电子网络系统产品分销的策略

随着电子计算机技术在社会各行各业的广泛应用，人们的社会生活方式发生了巨大变化，银行为客户提供服务的方式也发生了显著变化，这就是银行通过计算机网络和电子设备向客户提供标准化的产品和服务，顾客不必像从前那样必须亲临银行柜台办理业务，服务效率大大提高了，银行和顾客的成本也大大节省了。目前银行电子网络系统产品分销方式主要有如下几种：

(1) 自动存取款机(ATM)。自动存取款机是向客户提供某些银行服务的自动机器。它一般能提供如下服务：存款、取款、转账支付、账户查询、证券买卖等。自动存取款机可安置在银行网点之内，也可以远离银行网点安置在人流量大的社区或商业区。现在越来越多的人喜欢从自动取款机上取款。

(2) POS 机。POS 机是银行置放在特约商户(如商场)收银台前的金融设备，通过计算机网络与银行电脑主机相连。当客户在商户处购买商品和服务需要付款时，拿出银行卡与 POS 机接触(称刷卡)，POS 机将交易信息传递到银行电脑主机中进行电子付款。

(3) 电话、电脑等通信工具。电话、电脑和手机不仅仅是一种通信工具，现在，银行越来越多地利用电话电脑来扩展业务、提供服务，客户只需要通过拨打特别的电话号码联通银行的电话银行或输入密码联通银行的网上银行，就可以获得银行的服务，如账户查询、转账支付、证券买卖等。所以，电话、电脑等帮助客户获得银行服务的通信工具也被认为销售渠道。

3. 协议联盟产品分销的策略

协议联盟产品分销是指商业银行之间或商业银行与其他机构之间根据各自的优势，通过协议相互提供服务，从而拓展分销渠道，扩大业务范围。例如，中国工商银行目前已与世界各地 300 多家银行建立了代理行关系，并与 3000 多家境外金融机构进行业务往来，大大吸引了国际客户。在国内，也有许多城市商业银行与中国工商银行签订了支付结算代理协议，委托中国工商银行为其办理支付结算业务，以增加本行提供服务的渠道，增加服务能力。除了银行之间的相互代理业务扩大分销渠道外，商业银行与其他机构(如大型零售商、证券公司、保险公司等)开展业务合作，如商业银行与合作机构利用各自网络发展联名卡客户。因此，与银行开展业务合作的机构也成为商业银行产品的分销渠道。

商业银行产品促销是商业银行与客户之间交流信息的活动。促销作为营销组合中的一个环节对于实现营销目标的意义是显而易见的，银行不仅要开发出良好的产品，产品投放市场后，促销工作也必须做好；否则，产品无人购买，营销计划必定落空。

(三)商业银行产品促销的策略

商业银行产品促销的手段，主要可以采取以下几种。

1. 广告促销

广告促销是银行利用报纸、杂志、广播、电视、广告牌、直接邮寄宣传册等传播媒介，对产品(服务)进行宣传介绍，以激发客户的购买欲望。按覆盖范围大小，商业银行广告可分为全国性广告、区域性广告、地方性广告；按广告传播方式的不同，可分为视听广告、印刷广告、户外广告、销售现场广告；按广告的直接目的不同，可分为银行形象广告与银行产品和服务广告。银行广告采取何种方式主要考虑媒体效果、宣传对象、广告内容等因素。一般来说，银行形象广告多采用视听或户外广告的形式，而具体产品(服务)广告采用印刷或销售现场广告方式。形象广告是为了提高银行长期发展的良好声誉和知名度，以获得客户的信任感和安全感，包括银行的发展历史、文化氛围、规模、实力、服务质量、银行办公楼外观形象等。近年来，银行形象广告越来越注重银行经营理念的主题宣传，如招商银行的"点点滴滴、造就非凡"广告词，就体现了招商银行平凡中的不平凡精神。以银行具体产品或服务为主题的广告是银行广告的主要组成部分，这类广告侧重于宣传介绍商业银行的新业务品种，突出显示产品的特色优势，从而激发起客户的兴趣和欲望，达到广告促销的目的。

2. 人员促销

商业银行人员促销是指商业银行员工直接与客户接触促进销售的方式。柜台服务、登门揽存、上门拜访客户等都是人员促销的具体形式。人员促销虽然是最传统的方式，但也是最有效的一种促销方式。这主要是因为：①银行产品(服务)具有复杂性和专业性强的特点，通过与客户的直接接触，能详细说明产品的特点和功能，激发客户的购买欲望；②能及时直接地了解客户的愿望和需求，信息反馈灵敏，能根据客户需求及时调整产品设计方案，体现个性化服务要求；③热情友好的交流，可密切银行与客户的关系，增强客户对银行的信任感。人员促销的长处不仅体现在促销活动的过程中，而且由于促销过程中直接与客户互动，能导致直接有效的结果，具体而言，人员促销是银行员工与客户当面交流，双方可根据对方的反映、性格、愿望和需求采用有针对性的策略，从而促使双方都有机会激发对方的信任、忠诚和责任感，达成购买消费协议。

商业银行员工，特别是营销人员(客户经理)的素质是决定人员促销效果的关键因素。营销人员应具备相当高的素质，才能胜任本职工作，实现营销目标。

3. 营业推广

商业银行营业推广是指为刺激早期需求而采取的能够迅速产生激励作用的促销措施。常用的营业推广手段如下。

(1) 有奖销售。即商业银行对购买、使用其产品和服务的顾客给予一定的奖励。这种方法主要用于存款、信用卡等业务中。例如，刷卡消费积分奖励或抽奖奖励。

(2) 赠品。即商业银行免费向顾客赠送一定的礼品，以促进其产品和服务的销售。如顾客在银行新开户的时候，会得到银行赠送的雨伞、钥匙扣等礼品。

(3) 免费服务。商业银行提供的服务，由于前期需要大量投资，一般采用每年收取年费或收取一次性费用的办法。但为大力推广，商业银行在开始办理这类业务时，往往提供免费服务，如信用卡的持卡人免付会员费。

(4) 关系行销。这种方法与市场学中的赠品印花、折扣赠券等有所相似。如果客户办理某项银行业务累计达到一定数量，商业银行就发给顾客一定的奖品。这种方法被称为数据库行销，它实质上是一次性赠品方式的变种。

(5) 配套优惠。如果商业银行属某跨行业企业集团的成员，而当消费者准备购买物品，并以此申请抵押贷款时，提供物品和申请贷款的公司均属一家企业集团，那么，该企业集团所属的商业银行应该就会提供优惠贷款。如美国三大汽车公司均有自己所属的消费信贷公司，1990 年总共为它们的母公司 1/3 的产品提供了优惠利率和分期还贷的贷款服务。

(6) 策略性促销联盟。这种手段是指商业银行、其他金融机构、生产流通企业联合起来，共同推销各自的产品和服务。这种方法可以充分利用联盟对象现有的各种资源，降低促销费用，提高单一产品和服务的整体配套性，提高市场竞争力。

4. 公共关系促销

银行公共关系促销是指运用一定的公共技巧，在银行和客户、银行和社会、银行与同业(其他银行等金融机构)之间以及银行内部开展双向信息交流和沟通，使社会公众了解银行并增强对银行的好感和信任，从而乐意接受银行提供的产品的一种促销方式。

(1) 银行与客户的公共关系。银行的客户包括个人客户和公司客户。商业银行对待客户关系的指导思想是"顾客至上"，客户既是商业银行的服务对象，又是商业银行的监督对象，因此，商业银行必须为客户提供快速、准确、简便、周到的优质服务，尽量满足客户各种各样的需求，设法预防和避免疏忽、差错等，尽量避免与客户发生矛盾，也应妥善处理这些矛盾。在优质服务和满意服务的基础上，商业银行还要经常向客户进行宣传介绍，让客户更多地了解商业银行及其提供的产品和服务，在客户心目中树立良好的声誉和形象，达到培养客户忠诚度和扩大客户规模的目的。

(2) 银行与社会的公共关系。主要是与政府和社会大众的公共关系。在我国，政府在很大程度上既是商业银行的管理者，又是商业银行的间接客户。从管理者的角度来看，主要表现在政治、组织及其他社会管理方面对银行的影响力；从间接客户角度来看，主要是指各级政府出于对当地建设和发展所负的责任，会投资一些项目或者请求、敦促商业银行对当地经济发展予以信贷支持。商业银行在处理与政府的关系时，一定要顾全大局，积极主动加强与当地政府的联系与沟通，参与当地经济建设，与政府建立起相互支持的良性互动关系。商业银行与社会大众的公共关系，主要是指商业银行不仅要对所在地的居民提供优质服务，而且要通过多种公共手段向社会大众展示自己的良好形象，赢得他们的尊重与信赖，为开展银行业务奠定群众基础。

(3) 银行与同业公共关系。商业银行与同业之间的关系是一种既协作又竞争的关系。协作关系主要表现在银行与银行之间的业务往来关系，如资金拆借、结算、清算、联合贷款等方面；竞争关系主要表现在双方作为独立经营、以盈利为目的的法人，在共同的市场上争夺客户、争夺市场等方面的竞争。从协作的角度看，商业银行应和其他银行保持良好的公共关系，相互支持、共同发展；从竞争的角度看，必须遵循法则，不能用不合法、不正当、不道德的手段进行竞争。

典型案例　电子银行成功营销案例

电子银行业务是银行业的一次革命(无纸化的革命)，是银行柜台业务的延伸和补充，是现代化科技业务发展的需要，是各商业银行必争的领域。随着现代科技日新月异的变化，如何快速而高效地推广电子银行业务，抢占市场份额；同时，捆绑销售金融产品及减轻柜台工作压力是当今各商业银行所考虑的头等大事，也是今后银行业发展的方向。

我行电子银行业务从起步至现在已经历了五个春秋，从一只羽毛未丰的雏鸟，渐渐地长成为展翅高飞的雄鹰。在此期间是工行广大人员一步一个脚印，上下一心，用汗水、智慧和无私奉献的精神编织而成的凯歌。正所谓"一分耕耘，一分收获"，如下是本人一次成功的营销经历，希望与大家一起分享、探讨，共同进步。

听前台柜员说，储户陈某时常一次性办理几十笔的汇款直通车或同城汇款，因其为我行的理财金客户，所以柜员不能让其排队等候，也不好意思让其久等。这样既增加了前台柜员的工作压力，又容易使其他客户产生误会，浪费储户较多的时间。得悉该情况后，我马上酝酿解决方案，经过反复思量决定利用推广期免年费且个人证书半价优惠的举措，向其营销我行的个人网上银行(异地汇款)和 USBKEY(批量转账)，并与陈某约好了见面的时间。见面时，我发现陈某十分健谈，而且总是面带微笑，经了解他还是位个体作坊的老板，其所办理的汇款直通车或同城转账是给付私人手工业者的报酬或押金。到此，我荣幸自己及时抓住了这次机会，并对该次营销充满信心。然而，事情并没有我想象中那么容易，接下来我发现陈老板不仅熟悉银行业务，而且对银行业务持保守的态度，特别是对银行的收费、资金安全等问题仍有保留意见。他还坦白地对我说：之所以开立理财金账户纯粹是为了免排队及汇款直通车的半价优惠。

面对这一客户，正如俗话所说："水瓜打狗，掠(凉)了半截"，但是，作为营销人员要有永不气馁、永不言败的气魄。于是，我静下心来，抓住其想省钱、省力、怕麻烦但又担心的心理，向其说明我行的个人网上银行不但可以足不出户地办理异地汇款、同城批量转账(无须开车来银行，无须等候，无须填单，24 小时服务，可谓省油、省力又省时)，而且可以实时查询余额，及时了解自己资金的运转情况、打印对账单、网上汇市、网上股市等，另外，最重要的是其收费与柜台一致。在推广期间免年费及服务费，USBKEY 工本费半价优惠。即原来的 130 元，减免至 65 元，下一年度恢复原价。在此期间，我还简单地介绍了陈老板熟知的两人使用个人网上银行的情况。听了我的陈述，得知网银免费且证书半价，又无须填单时，陈老板当初不屑一顾的眼神，已开始慢慢转向我放置于台面的各种电子银行刊物。接着，我趁热打铁地介绍《Elite Life》(《财富生活》)中个人网上银行的安全性及客户使用个人网上银行的信息反馈，特别是异地汇款、批量转账的实用性和 USBKEY 的安全性能。听了我的介绍，陈老板当即反问：证书如何安全，收费是否最低，能否免费？我答道：我行是把企业网上银行的加密技术应用到个人网上银行上去，也就是说把你的私人资金免费升级至企业资金的安全级别。至于收费问题，我拿出事先准备好的——我个人购买证书的收费凭证。版权声明：市场营销案例——电子银行业务推广，由找范文网原创首发，作者：某银行开发区支行营业部唐就宽，转载请注明出处，用作商业用途请联系作者取得授权。陈老板释疑后，已对个人网上银行饶有兴趣。我适时地打开个人网上银行的演示版，向其详细讲解网上银行的使用方法。例如：登录、查询、模拟转账、外汇买卖、注意事项等。他也跃跃欲试，自己尝试了几次登录、同城专账等操作。另外，我还以身说法地与其谈谈这几年来本人使用个人网上银行的情况。当他得知通过网上银行还可以卡卡转账、卡折转账归还借款，缴纳水电费等各项日常费用时，他笑着说：不如把所有存款转到工行的账户上来。经过近 1 小时的较量，陈老板终于欣然办理了个人网上银行，并购买了个人客户证书。望着他远去的身影，成功的喜悦油然而生，我想事情应告一段落了。可是，到了午休时间，我的电话响了，里面传来陈老板急促的声音，说网上银行转不了账，并想退回个人证书，要我过去看看。我唯有放弃中午休息时间，赶到陈老板的办公室。见到我时他焦急而惘然地对我说：我以为你们银行只管销售，不管售后服务了。经查为证书驱动安装不正确，卸载后重装问题迎刃而解。当陈老板点击几下鼠标，账款已应声汇出时，他欣慰地笑了。我离开陈老板的办公室时，还隐约听到他向远方的朋友推介我行的个人网上银行业务……

银行服务是永无止境的，在讲求售后服务的今天，电子银行业务也需要售后服务。在成功营销产品的同时，售后服务是对顾客无尽的"爱"。只有这样才算营销成功，成功并非偶然。

(资料来源：金融网)

四、商业银行产品营销的意义

(一)商业银行为服务客户提供信息

商业银行产品营销的根本目的是银行与客户之间通过信息交流建立起交易关系。一般来说，客户比较喜欢购买他们所了解的产品，他们对某家商业银行及银行信息知道得越多，就越有可能选择该商业银行提供服务。所以，商业银行全面、准确、及时地向市场和目标客户传递银行及产品的信息是发展客户的前提条件。

(二)商业银行指导客户的消费

银行的产品(服务)比较复杂，通过促销宣传，可以使客户知道怎样使用银行产品，特别是当银行新产品和新服务推出以后，更需要通过促销活动指导客户使用。

(三)刺激客户的需求

从客户对银行服务的需求行为来看，客户的需求可分为初始需求与需求选择。初始需求是客户第一次选择银行服务；需求选择是客户在众多银行中选择某家银行服务，对银行来说，通过促销活动不仅要吸引客户的初始需求，更重要的是要维护好客户的需求选择，因为对银行服务需求是客户的长期金融需求，保持客户对银行的忠诚度是银行促销活动的重要目标。

(四)扩大商业银行业务产品的销售

随着金融业竞争的日益加剧，银行的经营环境越来越不稳定，通过有计划地开展各种促销活动，银行可以稳定和扩大各项产品(服务)销售量，提高市场占有率。特别是推出新服务品种或某项服务销量下降时，通过促销活动，可以取得立竿见影的效果。

(五)树立商业银行的良好形象

通过商业银行的业务与产品营销活动，特别是通过商业银行的公共关系手段，强化了对商业银行自身形象的宣传，可以让目标客户了解本行的基本情况、特点，树立客户对银行的信心，增进客户对银行的信任感和认知度，从而将目标客户和潜在客户转化成银行现实的客户。

总而言之，随着社会的进步，金融业的营销也是在不断发展中各个金融机构每天都在创造新的营销策略和竞争方法，金融营销的竞争将会越来越激烈。由于银行作为经营货币的特殊企业，也如一般流通性服务行业一样，具有服务需弹性大、提供产品的同一性和易模仿性等特点。但是，现代企业市场营销的实质就是要充分了解消费者的需求，设计出适合这种需求的产品并以符合消费者心理的方式传递给消费者。满足客户需要的问题，在西方营销学界有人称之为"外部营销"，而金融企业营销还必须解决"内部营销"问题。"内部营销"就是企业决策层和领导层必须擅长管理人，帮助下属做好工作，这对金融企业来说更为重要。金融企业从事第一线工作的广大员工与客户直接广泛地打交道，对客户会产生重要的影响，因此必须重视和抓好对内部员工的培养和训练工作。同时通过制订企业工作准则、服务标准，以及对内强化营销文化的宣传、教育，使广大员工树立营销服务观念，认识员工与客户交流反应过程对本企业经营业务成败的重要作用，由此，使得金融企业营销走向全面营销的时代。

📖 案例点击

细分客户，整合推广——招商银行"伙伴一生"金融计划项目规划纪实

一向以创新出众的招商银行，在竞争日趋激烈的今天，为实现战略转型，加强零售业务，以期再创佳绩。2005年，在我们的协助下，进一步细分客户，推出"伙伴一生"金融计划，对零售产品和服务进行整合。我们为招行"伙伴一生"金融计划进行了系统的规划设计，鲜明独特的形象隆重推出，并采用整合传播手段进行全面推广。

在这一项目中，我们将招行的零售客户进行细分，将客户群踏入工作后的人生分为几个阶段，分别为初涉社会阶段、成家立业阶段、养儿育女阶段、事业有成阶段、安享晚年阶段。相应地，它根据各个阶段的生活形态特点、理财需求、投资风格，有针对性地提供不同的金融产品和服务。在为人生各个阶段所提供的具体产品和服务方面，我们以零售银行部现有的产品和服务为主，进行全面的产品整合，"打包"推出，具有非常强的针对性和适用性。它的推出，是国内银行业的一个创举具有历史性的意义。

此前，国内商业银行几十年来都是"以财富的多寡来区分客户"，往往"嫌贫爱富"。这一做法对有钱人全面照顾、服务周到，而让普通客户感到受到忽视而不满。我们从"关爱"客户的角度出发，创造性地根据客户所处不同人生阶段，针对性地提供相应服务，体现了银行对客户的关爱，从而更为科学、有针对性、更为人性化。

事实上，每个人从踏入社会工作后有一个成长与发展的过程，个人的财富也有一个从少到多、不断积累的过程。更重要的是，在人生所处的不同阶段，生活形态有所差别，理财需求、投资风格会有明显的不同，因此所需要的金融产品和服务是不同的，服务渠道也有所区别。以创新见长的招商银行准确把握住了这一点，率先在国内银行中推出这一计划，具有非常强的针对性和适用性。"伙伴一生"金融计划的推出，顺应了这一客户细分的趋势，在业界是一个突破性的创举。它体现了招商银行关爱客户、人性化的一面，体现了招商银行一贯的 "因您而变"的理念，更是招商银行经营战略转型的重要一步！

招商银行战略转型的重要一步，"伙伴一生"金融计划的推出，突显出招商银行对零售银行业务的重视，也是招商银行战略转型中的重要一步。招商银行马行长认为，银行要用有限的资本创造更多的利润，就必须发展资本消耗少的中间业务和零售业务。2006年年初，

马行长提出"2006年是招商银行的颠覆年"。要"颠覆"一切旧思维，彻底扬弃，才能表现招商银行不同凡响的"战略转型"之役。他提出，用三到五年，零售业务要占到总体业务的40%。为此，招商银行开始了全面的战略调整，着力提升零售业务和中间业务，通过以全面推进资产、负债、客户、收入结构的调整，重点发展七大中间业务，将零售银行业务作为未来发展的战略重点。

在国内商业银行中，招商银行是比较早提出做零售银行业务和中间业务的。从十年前在业内最早推出的全国联网、一卡通行的卡——"一卡通"，到2005年推出第一张白金信用卡，以及号称"第三代"全新个人金融服务产品——"财富账户"，已经显示出招商银行的雄心。招商银行此次推出整合零售产品的一个全盘计划——"伙伴一生"金融计划，将零售产品进行了全面的整合，并根据不同的客户群实施不同的产品组合方案，更体现了招商银行将零售银行业务作为未来发展的战略重点的决心。招商银行"伙伴一生"金融计划的推出，为加强零售业务，走出了重要的一步。2006年3月底，招商银行在北京举行新闻发布会，隆重推出"伙伴一生"金融计划。不久后，在招商银行全国400多个营业网点可以看到海报和宣传单页，网站广告、户外路牌、报纸广告也紧跟推出。2006年，招商银行将"伙伴一生"金融计划作为一个重点项目进行推广，足见招商银行对它的重视。

关爱客户一生的伙伴，"伙伴一生"金融计划是招商银行秉承"因您而变"理念、关爱客户而进行的一大变革。它为处于人生不同阶段的客户，量身定做产品和服务，体现了对客户一生的关心、帮助和爱护。在项目规划中，这一理念得以充分体现：从这一计划的项目命名"伙伴一生"中，我们可以看出，招商银行希望与客户建立一种"伙伴式"的关系——关爱客户一生的金融伙伴。它与客户是一种没有高低贵贱之分，没有社会地位的不同，没有谁强谁弱的差异，她就是您的伙伴，与您一起成长，一起发展，在生命中互相帮助、互相照顾。正如我们为招行"伙伴一生"金融计划所创作的广告语所述的——"金融伙伴，一生相伴"。这一点，我们所创作的"伙伴一生"金融计划的LOGO中也很明显地得以体现。"伙伴一生"金融计划的LOGO，由两个牵着手的人组成，他们又像是两朵向日葵花，象征着招商银行与客户，他们两手相牵，迈步向前。让人想到他们像是自己与儿时天真无邪的玩伴，不分彼此，互相帮助和照顾，一起慢慢长大。人的一生，是一个成长的过程。招商银行"伙伴一生"金融计划，像是一个伙伴，伴随着客户的成长，给他们关怀、鼓励和悉心照顾，让他们在人生旅程中，处处感受到它所带来的关爱。

点石成金

第一，细分客户，合理规划。

如何细分客户？根据客户群踏入工作后的生活形态特点不同，我们将客户群分为以下五个阶段：初涉社会阶段、成家立业阶段、养儿育女阶段、事业有成阶段、安享晚年阶段。那么，如何给客户群一个直观的命名？经过多次的创意和讨论，我们将各阶段客户群分为炫彩人生、浪漫人生、和美人生、丰硕人生和悠然人生。这一组命名，非常直观。

第二，推销手段适当。

为便于日后推广，我们根据各阶段人群的心理和理财需求，分别创作了各阶段的广告语。分别为：

炫彩人生：炫彩青春，因我更精彩；

浪漫人生：浪漫生活，因我更真情。

和美人生：和美家庭，因我更幸福；

丰硕人生：丰硕成果，因我更辉煌。

悠然人生：悠然岁月，因我更逍遥！

以上系列广告语紧扣各阶段段客户群的特点，体现了招行对他们的关心，向他们准确地诉求他们所关心的利益点，针对性强、结构工整、诉求准确，形成一个完美的组合。

第三，整合产品，个性服务。

如何为处于不同人生阶段的客户群度身定做产品和服务？

在"伙伴一生"金融计划中，我们将招商银行现有零售银行业务进行有机整合，具有非常强的针对性和适用性。考虑到人生不同阶段其生活形态有所差别，理财需求、投资风格会有明显的不同，因此所需要的金融产品和服务是不同的，服务渠道也有所区别。

(1) 对于刚刚踏入社会、刚参加工作的客户群(处于炫彩人生阶段)来说，他们一般为18～25岁未婚的年轻人。群体特征表现为年轻、有活力、对新生事物有强烈的兴趣，追求时尚，对自己和未来充满信心，喜欢交结朋友，经济收入比较低，但花销大。他们的投资风格是风险承受力较低，投资活动较少。理财需求以转账、汇款需求较多，对刷卡购物的方式比较接受。针对这一阶段的人群，招商银行"伙伴一生"金融计划为他们推出居家服务、储蓄融资方面分别提供刷卡消费、网上支付、自助缴费、网上转账汇款、定期定额、教育学资贷款、信用卡循环授信等服务，以及15万安心无忧健康及保障计划和5万的安享人生两全保险(分红型)自选保障计划，还特别倾情奉献个性化产品及增值服务——QQ一卡通。在服务渠道方面，针对年轻人容易接受新鲜事物的特点，鼓励他们使用电话银行、手机银行、网上银行、自助银行这些更方便的服务渠道。

(2) 对于事业上小有成就、成家立业阶段的客户群(处于浪漫人生阶段)来说，他们一般为23～30岁的人。正谈婚论嫁，经济收入增加而且生活稳定，乐观自信、积极向上，为提高生活质量往往需要较大的家庭建设支出，如购买一些较高档的用品、贷款买房。有一定风险承受能力，更加注重投资收益。以温和进取型投资风格为主。招商银行"伙伴一生"金融计划为他们推出个人住房按揭贷款、个人汽车消费贷款、信用卡循环授信、信用卡免息分期付款、信用卡调高临时额度、预借现金等融资业务，为便于他们投资，提供了银证通、开放式基金等产品，以及个性化产品——溢财通，并开通财富账户、95555出行易等电子银行服务。

(3) 对于养儿育女阶段的客户群(处于和美人生阶段)来说，他们一般为28～40岁的三口之家。群体特征表现正是家庭和社会的中流砥柱，经济上渐具实力，逐渐成为中高层管理人员，处于家庭成长期，孩子是家庭的中心，一切都以孩子为优先考虑，重视成长教育和文化环境，培养孩子是家庭的一项重要支出，着手准备子女教育、投资增值计划，他们以进取型投资风格为主，投资品种多样化。针对这一阶段的人群，招商银行"伙伴一生"金融计划为他们推出特色储蓄、居家服务、融资业务、投资业务方面分别提供教育储蓄、结汇/购汇、境外汇款、通知存款、自助缴费、代理扣款、教育学资贷款、住房循环授信、个人汽车消费贷款、自助贷款、信用卡循环授信、开放式基金、外汇买卖、银证通、本外币理财计划等服务，以及"一张保单保全家"的 10 万安享人生两全保险(分红型)自选保障计划，还特别倾情奉献个性化产品及增值服务——留学金融服务套餐。

(4) 对于事业有成阶段的客户群(处于丰硕人生阶段)来说，他们一般为 38～55 岁中老年人士，子女已成年自立，有了自己的生活空间，处于家庭成熟期。自身的工作能力、工作经验、经济状况都达到高峰状态，成为中高层，事业达到高峰，生活压力逐渐减轻，开始为退休生活和保持健康做准备。他们的投资风格更加注重投资风险，以均衡型投资风格为主。针对这一阶段的人群，招商银行"伙伴一生"金融计划除为他们特别推出特色储蓄、居家服务、融资业务、投资业务等有针对性的服务外，还面向"金葵花"客户专门推出白金品质的尊贵服务，包括"一对一"的理财顾问、优越专属的理财空间、丰富及时的理财资讯，以及最高等级的全国漫游服务：快易理财服务、"金葵花"贵宾登机服务、星级酒店预订和 VIP 服务、远程医疗紧急救援服务、预订机票、天气交通咨询服务、免费临时保管箱服务、应急取款、紧急挂失、免费手机短信或 E-mail 理财秘书通知服务等，甚至是白金信用卡的顶级服务，包括一卡双币全球通行的多重享受、全球上万家特约商户倾情奉献的贵宾待遇、全球全领域知名企业精心营造的国际化生活、全球 24 小时白金贵宾服务。

(5) 对于安享晚年阶段的客户群(处于悠然人生阶段)来说，他们一般为 55 岁以上的老年人士，他们对生活没有太高的要求，但希望过得悠闲而丰衣足食、身体健康，享受生活乐趣……针对这一阶段的人群，招商银行"伙伴一生"金融计划为他们推出存折、存单、汇入汇款等服务，以凭证式国债、开放式基金、本外币理财计划等稳健型的投资方式，让他们在兼顾安全性的同时，使财富跟随资本市场趋势获得稳健增长。另外，度身定造 10 万的放心理财(万能型)自选保障计划，还特别倾情奉献个性化产品及增值服务——医疗健康计划，让他们晚年过得安康快乐、悠闲逍遥！

我们可以看到，"伙伴一生"金融计划为人生不同阶段的客户群提供了有针对性、差异化的产品和服务。这种客户的差异化管理，体现了招商银行因您而变的理念，将更好地为客户提供高质量的服务，提高客户的满意度。

第四，重点项目，整合推广。

"伙伴一生"金融计划的推出，只是个开始。完成这一项目的前期规划工作，招商银行感到非常满意，他们表示，作为 2006 年的一个重点项目，将通过电视、报纸、户外等媒体资源，以强大的推广力度全力推动本项目。同时，招商银行将针对各个阶段客户群的特点，推出更多的针对性的、个性化的产品和服务。相信不久以后，随着招商银行这一项目推广的展开，它将加快战略转型的步伐，零售银行业务将有更大的发展！

（资料来源：中国营销咨询网）

本 章 小 结

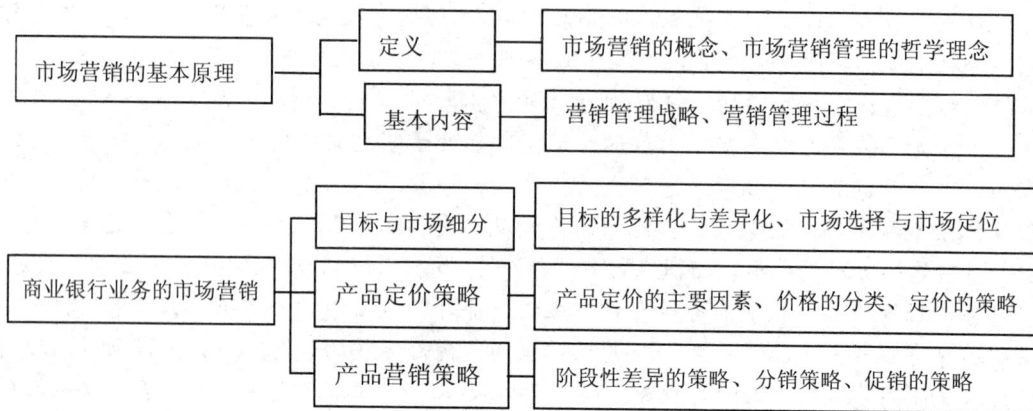

复习思考题

1. 商业银行应如何分析市场营销环境？
2. 商业银行在产品成熟阶段，应采取怎样的营销策略？
3. 商业银行分析定价目标有何重要意义？试结合某种产品分析这一问题。

参 考 文 献

[1] 季爱东. 银行消费信贷业务与风险控制[M]. 北京：中国金融出版社，2007.

[2] 中国银行业从业人员资格认证办公室. 风险管理[M]. 北京：中国金融出版社，2008.

[3] 中国银行业从业人员资格认证办公室. 个人贷款[M]. 北京：中国金融出版社，2008.

[4] 中国银行业从业人员资格认证办公室. 公司信贷[M]. 北京：中国金融出版社，2008.

[5] 刘华，贺立蘅. 个人消费贷款[M]. 北京：海关出版社，2003.

[6] 钟灿辉，陈武. 银行信贷实务与管理[M]. 成都：西南财经大学出版社，2007.

[7] 陈嘉霖. 授信与风险(银行授信系列)[M]. 上海：立信会计出版社，2008.

[8] 冯禄成. 商业银行贷款风险管理[M]. 北京：中国金融出版社，2006.

[9] 张静琦. 商业银行信贷管理[M]. 成都：西南财经大学出版社，2004.

[10] 张吉光，梁晓. 商业银行全面风险管理[M]. 上海：立信会计出版社，2006.

[11] 严红玉. 商业银行信贷与营销[M]. 北京：清华大学出版社，2006.

[12] 张功平. 农村信用社贷款五级分类操作手册[M]. 北京：中国金融出版社，2004.

[13] 朴明根. 商业银行经营管理学[M]. 北京：清华大学出版社，2007.

[14] 项义军，吕佳. 国际结算[M]. 北京：清华大学出版社，2007.

[15] 江其务，周好文. 银行信贷管理学(第4版)[M]. 北京：中国金融出版社，2004.

[16] 邱俊如，金广荣. 商业银行授信业务[M]. 北京：中国金融出版社，2009.

[17] 贾芳琳. 商业银行信贷实务[M]. 北京：中国财政经济出版社，2009.

[18] 温晓，王榕. 商业银行实务[M]. 成都：西南财经大学出版社，2005.

[19] 薛长斌. 商业银行信贷管理与实务[M]. 北京：中国书籍出版社，2003.

[20] 邓世敏. 商业银行信贷业务[M]. 北京：中国金融出版社，2000.

[21] 刘明彦. 商业银行操作风险管理[M]. 北京：中国经济出版社，2008.

[22] 李燕君. 农村信用社信贷管理[M]. 成都：西南财经大学出版社，2004.

[23] Robert Hubner 等著. 李雪莲译. 金融机构操作风险新论[M]. 天津：南开大学出版社，2005.

[24] 李志辉. 现代信用风险量化度量和管理研究[M]. 北京：中国金融出版社，2001.

[25] 徐莉. 项目融资[M]. 武汉：武汉大学出版社，2006.

[26] 英国 Clifford Chance 法律公司著. 龚辉宏，陆瑜译. 项目融资[M]. 大连：东北财经大学出版社，2006.

[27] 中国银监会. 项目融资业务指引[J/OL]. 中央政府门户网站.

[28] 中国法制出版社编. 担保法(实用版) [M]. 北京：中国法制出版社，2008.

[29] 中国人民银行. 贷款通则[J/OL]. 中国金融网.

[30] 李斌，张海鹏. 商业银行信贷业务理论与实务[M]. 沈阳：白山出版社，2006.

[31] 《信贷资产风险管理与分类指导》编写组编. 信贷资产风险管理与分类指导[M]. 北京：中国金融出版社，1999.

[32] 熊江宁. 常用合同实务及范例大全[M]. 北京：中国纺织出版社，2009.

读者回执卡

QING HUA WEN YUAN 清源

欢迎您立即填妥回函

您好！感谢您购买本书，请您抽出宝贵的时间填写这份回执卡，并将此页剪下寄回我公司读者服务部。我们会在以后的工作中充分考虑您的意见和建议，并将您的信息加入公司的客户档案中，以便为您提供全程的一体化服务。您享有的权益：

★ 免费获得我公司的新书资料；
★ 免费参加我公司组织的技术交流会及讲座；
★ 寻求解答阅读中遇到的问题；
★ 可参加不定期的促销活动，免费获取赠品；

读者基本资料

姓　名＿＿＿＿＿＿　性　别□男　□女　年　龄＿＿＿＿＿＿
电　话＿＿＿＿＿＿　职　业＿＿＿＿＿　文化程度＿＿＿＿＿＿
E-mail＿＿＿＿＿＿　邮　编＿＿＿＿＿
通讯地址＿＿＿＿＿＿

请在您认可处打√ （6至10题可多选）

、您购买的图书名称是什么：＿＿＿＿＿＿＿＿＿＿
、您在何处购买的此书：＿＿＿＿＿＿＿＿＿＿

、您对电脑的掌握程度：	□不懂	□基本掌握	□熟练应用	□精通某一领域
、您学习此书的主要目的是：	□工作需要	□个人爱好	□获得证书	
、您希望通过学习达到何种程度：	□基本掌握	□熟练应用	□专业水平	
、您想学习的其他电脑知识有：	□电脑入门	□操作系统	□办公软件	□多媒体设计
	□编程知识	□图像设计	□网页设计	□互联网知识
、影响您购买图书的因素：	□书名	□作者	□出版机构	□印刷、装帧质量
	□内容简介	□网络宣传	□图书定价	□书店宣传
	□封面，插图及版式	□知名作家（学者）的推荐或书评		□其他
、您比较喜欢哪些形式的学习方式：	□看图书	□上网学习	□用教学光盘	□参加培训班
、您可以接受的图书的价格是：	□ 20 元以内	□ 30 元以内	□ 50 元以内	□ 100 元以内
0、您从何处获知本公司产品信息：	□报纸、杂志	□广播、电视	□同事或朋友推荐	□网站
1、您对本书的满意度：	□很满意	□较满意	□一般	□不满意

2、您对我们的建议：＿＿＿＿＿＿＿＿＿＿

请剪下本页填写清楚，放入信封寄回，谢谢！

```
1 0 0 0 8 4
```

北京100084—157信箱

读者服务部　　　　　　收

贴邮
票处

邮政编码：□□□□□□